上海金融法院文库

金融审判前沿

FINANCIAL TRIALS VOL.3

第 3 辑

赵红 主编

法律出版社
LAW PRESS·CHINA

图书在版编目(CIP)数据

金融审判前沿. 第3辑 / 赵红主编. -- 北京 : 法律出版社, 2022
ISBN 978-7-5197-6910-9

Ⅰ. ①金… Ⅱ. ①赵… Ⅲ. ①金融法－判例－上海 Ⅳ. ①D927.510.228.05

中国版本图书馆CIP数据核字(2022)第126656号

金融审判前沿(第3辑)
JINRONG SHENPAN QIANYAN (DI-3 JI)

赵 红 主编

策划编辑 沈小英
责任编辑 沈小英 刘雪莲 邹 星
装帧设计 李 瞻

出版发行 法律出版社
编辑统筹 法治与经济出版分社
责任校对 王晓萍 王语童
责任印制 吕亚莉
经　　销 新华书店

开本 710毫米×1000毫米 1/16
印张 27　**字数** 457千
版本 2022年8月第1版
印次 2022年8月第1次印刷
印刷 北京中科印刷有限公司

地址:北京市丰台区莲花池西里7号(100073)
网址:www.lawpress.com.cn
投稿邮箱:info@lawpress.com.cn
举报盗版邮箱:jbwq@lawpress.com.cn
销售电话:010-83938349
客服电话:010-83938350
咨询电话:010-63939796

书号:ISBN 978-7-5197-6910-9　**定价**:146.00元
凡购买本社图书,如有印装错误,我社负责退换。电话:010-83938349

“双循环”新发展格局下金融司法功能的创新研究（代序）

司法的定位随着社会发展而发生变化。在“双循环”新发展格局下，创新金融司法功能是回应时代发展的必然要求。金融司法功能的创新必须坚持党的领导，站稳人民立场，坚定中国特色社会主义法治道路，正确把握新发展格局内涵，准确理解国家金融发展战略，精准服务金融高质量发展和高水平开放。

一、“双循环”新发展格局下的金融发展

（一）“双循环”新发展格局的基本认识

“双循环”新发展格局的核心要义是“以国内经济大循环为主，国内国际双循环相互促进”。“双循环”的主要抓手在以下四个方面：一是以扩大内需为战略基础，深挖增长潜力，改革要素市场结构性障碍；二是以提升自主创新能力为主攻方向，抓住新经济革命“换道超车”优势；三是统筹处理好“双循环”关系，以扩大开放提升利用外国技术、资金的充分性；四是处理好“引进来”与“走出去”关系，从“被地球转动”到“转动地球”，以双向开放促进新全球化格局形成。

（二）“双循环”新发展格局下我国金融发展的机遇与挑战

金融是现代经济的核心，是国家的核心竞争力之一。我国金融市场发展始终立足基本国情，主动、渐进、可控、审慎地推进金融市场系统化进程，以系统化提高“走出去”的竞争力，提升“引进来”的吸引力，增强抵御风险的防范力。

当前，我国金融发展面临新的形势和任务。百年未有之变局加速演进，外部环境更趋复杂严峻，世界经济有望保持恢复性增长，但不稳定、不确定、不平衡的特点突出。我国经济发展面临需求收缩、供给冲击、预期转弱三重压力，对金融加大支持实体经济、完善风险处置机制、加强资本有效监管等提出了新要求。"十四五"开局良好，构建新发展格局迈出新步伐，高质量发展取得新成效，国家金融发展战略正在稳步推进中。上海进入建设具有更强全球资源配置能力的国际金融中心新阶段。2021年4月23日，中共中央、国务院出台《支持浦东新区高水平改革开放　打造社会主义现代化建设引领区的意见》，推动浦东高水平改革开放，打造全面建设社会主义现代化国家的窗口。金融加快改革创新、深化制度型开放迎来新的历史机遇。

2021年中央经济工作会议指出，做好2022年经济工作，要坚持以经济建设为中心，要稳字当头、稳中求进，坚持高质量发展。在"双循环"新发展格局中，发挥金融的重要作用，完成金融市场发展的新任务，要进一步加强对金融规律性的认识，正确认识和把握金融的特性和行为规律。

深化金融供给侧结构性改革、防范化解金融风险及推动金融改革开放落实，是当前我国金融业发展的三大主要目标。围绕这三大目标，金融高质量发展任务有以下四个方面：一是要准确定位金融在双循环经济中的发展方向，加快金融供给侧结构性改革，配合实体经济的创新发展，致力解决新发展格局中的难点和痛点；二是要健全结构性货币政策工具体系，加大金融对实体经济支持力度，推动形成统一国内大市场，为国内经济大循环提供需求动力；三是要发展多层次资本市场，大力发展供应链金融，增强金融与产业链的融合与协同，为支持"双循环"构建高效完备的生产供给体系；四是要稳步推进人民币国际化，促进人民币在跨境贸易、跨境投融资、跨境结算方面的深入广泛应用，加强跨境人民币支付基础设施建设，创新人民币离岸业务产品，不断提升金融支持我国参与国际经济金融循环的能力。

二、"双循环"新发展格局对金融司法功能创新的要求

（一）引导金融服务实体经济，鼓励支持金融正向创新

金融须服务实体经济，金融创新能够为实体经济发展提供更多有效支撑。

随着市场发展和需求变化，金融创新使交易结构日趋复杂，新类型金融纠纷层出不穷，与跨境投融资、跨境担保、跨境支付结算、跨境金融服务密切相关的金融民商事纠纷将不断涌现。金融司法应充分尊重市场主体意思自治，对既符合立法精神又符合金融发展规律的交易行为，及时予以确认和保护，依法妥善审理涉及新技术、新产业、新业态、新商业模式的金融纠纷，充分保障市场交易主体的合法权益，不断提升金融交易的便捷程度，激发金融创新活力，引导保障金融创新正向发展，为实体经济提供更多金融支持。

（二）规范金融交易行为，促进金融市场可持续发展

金融市场的开放活力需要既活跃又稳定的金融市场主体支撑。吸引更多投资者并为投资者的合法权益提供高效专业的司法保障，是新格局下金融市场高质量发展的关键。在法律制度中充分保护产权、尊重合同自由、提高合同执行效率、规范政府干预行为，才能发展出良性的金融制度，促进金融发展和经济增长。① 在金融业扩大对外开放、外资金融机构和境外投资者更深入地进入中国金融市场的背景下，应厉行法治，以规范金融交易行为，营造诚信市场环境，促进金融市场可持续发展。

（三）保障金融市场开放秩序，防范系统性金融风险

在金融领域，由点及面是金融活动的特征之一，个案风险处置不当易引发系统风险。从国家安全的角度看，安全、高效的金融市场对国民经济的健康稳定发展至关重要。金融市场的双向开放，既有利于境内外金融资本和交易的汇聚，又面临金融风险集聚的考验。因此，要高度警惕境外金融市场风险向境内传导，筑牢境内外金融风险隔离墙，加强金融司法与金融监管的协同合作，把握金融对外开放的政策导向，推进金融风险的源头治理。

（四）维护国际规则，提升金融司法国际竞争力

金融市场的系统性与国际化在引进来与走出去的过程中得到充分体现。金

---

① See R La Porta et al., *Legal Determinants of External Finance*, 52(3) The Journal of Finance 1131(1997).

融交易在场景、主体、内容、规则等各方面都表现出国内国际的双向影响,由此,金融案件纠纷在诉讼主体、法律适用、判决执行等方面越来越多地呈现跨境化特点。这些发展变化需要我国的金融市场运行、监管、纠纷解决机制等更加深度地与国际接轨。一方面,要立足国情,进一步增强金融司法服务保障国家更高水平对外开放和经济社会发展的主动性与创造性,充分利用现有制度空间,特别是新发展格局下金融开放的制度政策红利,推动实验性金融法治机制建设,积极回应金融创新开放的司法需求。另一方面,更加积极地参与国际规则制定,提升国际金融法治话语权,推动全球金融治理规则变革。

三、金融司法功能创新的实现路径

金融司法功能创新具有特定的时代背景,其功能不仅在于实现司法效率、司法公正和司法能动这三大价值目标,在新发展格局下,金融司法不仅要做到公正与高效,还要服务好国家发展大局,积极参与金融市场综合治理,保障金融发展战略实施。

(一)金融司法功能创新的目标定位

习近平总书记指出,“在统筹推进伟大斗争、伟大工程、伟大事业、伟大梦想的实践中,在全面建设社会主义现代化国家新征程上,我们要更加重视法治、厉行法治,更好发挥法治固根本、稳预期、利长远的保障作用,坚持依法应对重大挑战、抵御重大风险、克服重大阻力、解决重大矛盾”。这是对社会主义法治功能功效的新阐述新要求。金融法治是社会主义法治的重要组成部分,金融司法功能创新的目标定位也必须紧紧围绕这一新阐述新要求。

1. 固根本:保障以经济建设为中心,营造法治化金融营商环境

法治对于国家制度和治理体系具有“固根本”的保障作用。实践证明,实行社会主义法治,坚持全面依法治国,是坚持和完善中国特色社会主义制度,推进国家治理体系和治理能力现代化的必然选择。金融法治是依法治国基本方略在金融市场治理中的具体体现,金融司法功能创新的首要目标是巩固经济建设成果,维护国家金融制度,保障金融市场基本面平稳。

以经济建设为中心,是党在社会主义初级阶段的基本路线,是发展中国特

色社会主义的工作重点。经济社会发展是一个相互关联的复杂系统,金融在国家经济建设中的作用举足轻重。一方面,金融市场的发展和产品供给的创新,扩展了社会资源重新配置的渠道和复杂程度。① 现代金融市场规模巨大、交易复杂,创新日新月异,金融纠纷频发,需要充分发挥金融司法的规范引领和价值导向作用,通过公正高效便捷的金融司法化解各类金融纠纷,平等保护中外当事人合法权益,规范金融市场的行为和秩序,营造良好的法治化营商环境。另一方面,金融市场高质量发展,意味着在全球范围内参与金融竞争,而竞争的本质是撬动更多的资源为自身服务,竞争秩序需要规则规范。法治是社会秩序的最后防线,也是利益分配的主导方式。中国要在世界新格局构建中发挥应有作用,必须掌握法律博弈的主动权,善于在国际规则的制定中清晰地表达中国立场,发出更多中国声音,注入更多中国元素,努力在全球治理中抢占先机,赢得主动。因此,唯有坚持以法治固根本,才能切实巩固发展国家经济建设成果,有效维护、参与有序竞争,更好维护国家主权、安全与发展利益。

2. 稳预期:加强金融司法的规则引领作用,提振金融市场信心

法治对社会成员的各种行为和活动具有“稳预期”的保障作用。稳预期是树立对未来趋势的信心,也是对当前治理规则合理性的认可。在金融高质量发展过程中,需要通过高效的规则治理,稳定各类金融主体的合理预期,进而形成市场秩序的信心基础,发挥金融配置资源的功能作用。因此,金融法治体系也是重要的金融基础设施,充分发挥金融司法的功能,通过司法裁判确立和实施稳定、公开、规范的法律制度与行为规范,能够为金融市场发展提供牢固基础、持久动力和广阔空间。

在法治框架内开展金融市场竞争,也是国际投资者十分看重的制度优势,是国际金融竞争的关键变量。在金融市场双向开放中,“走出去”与“引进来”的不仅是流动的资金,更是碰撞的规则。成为重要的全球资源配置中心,首先要充分尊重国际金融市场规则。从目前世界范围内的国际金融市场规则看,基本是发达金融市场主导形成的规则体系,积极投入国际金融市场,尊重已有的规则是参

① 参见[美]威廉·戈兹曼:《千年金融史》,张亚光、熊金武译,中信出版集团2017年版,“导论”部分。

与国际金融竞争的前提。但尊重不等于盲从,合理、科学地理解和利用现有规则是融入国际金融市场的有效途径。已然形成的国际金融市场秩序是建立在过去世界经济格局基础之上的,随着时代发展,国际经济形势正在经历复杂变化,因此要有理、有力、有节地推动国际规则创新。金融司法通过典型案件的审理裁判,全面、准确、客观解释国际,向金融市场传递法律视野中的市场规则内涵;打造具有规则国际竞争力的金融司法,以法治的力量稳定市场主体预期,助力金融市场开放。

3. 利长远:服务金融风险源头治理,建设健康金融生态

法治"利长远"的保障作用,取决于它是否适合社会经济、党和国家各项事业发展的需要。法治应当是经验的总结、规律的反映、社会的共识,并且能够随着社会发展变化与时俱进。

从金融与实体经济的互动关系看,形成运行有秩序、创新有活力、风险有规制的健康金融生态,是实体经济与金融体系良性互动的基础。对金融体系风险进行有效管控是实现健康金融生态循环的关键。由点及面是金融活动的特征之一,个案风险处置不当易引发系统风险。从国家安全的角度看,安全、高效的金融市场对国民经济的健康稳定发展至关重要。过于复杂的金融业务和产品设计会干扰风险定价并加速风险传导。金融市场在双向开放的过程中,随着境内外金融资本和交易的汇聚,必然面临着金融风险集聚的考验。因此,完善应对金融市场系统性风险的预警和处置机制,筑牢境内外金融风险隔离墙,是金融司法功能创新的另一项重要目标。金融司法要加强与金融监管的协同合作,把握金融市场发展政策导向,助力风险隔离体制机制建设,维护金融系统稳定运行。金融司法要充分运用大数据分析技术,提升数据采集和分析能力,研判金融纠纷态势,研究前瞻性法律适用问题,推进金融风险源头治理。

(二)金融司法功能创新的基本原则

原则是实现功能创新目标定位的根本遵循,金融司法功能创新必须坚持以下基本原则。

1. 坚持党的领导,站稳人民立场

坚持党的领导、人民当家做主、依法治国有机统一,是我国社会主义法治建

设的基本经验,是中国式法治现代化新道路的制胜法宝。① 党的领导是社会主义法治的最根本保证,必须把党的领导贯彻到依法治国的全过程和各方面。通过发挥金融司法功能,保证党的理论和路线方针在金融领域得到不折不扣的贯彻落实。人民是依法治国的主体和力量源泉。金融司法功能创新必须坚持为了人民、依靠人民、造福人民、保护人民,金融司法裁判必须维护人民利益、反映人民愿望,增进人民福祉。

2. 坚持中国特色社会主义法治道路,统筹国内法治与涉外法治

《中共中央关于党的百年奋斗重大成就和历史经验的决议》明确提出,“方向决定道路,道路决定命运”。习近平总书记明确指出,“中国特色社会主义法治道路,本质上是中国特色社会主义道路在法治领域的具体体现”。在习近平法治思想指引下,坚持中国特色社会主义法治道路,要胸怀以中国式现代化推进中华民族伟大复兴的“国之大者”。金融司法服务保障“双循环”发展大局,功能创新必须坚定中国特色社会主义法治道路,为实现中国式现代化贡献金融法治力量。

法治是人类政治文明的重要成果②,坚持中国道路,全面实现依法治国,要协调推进国内治理和国际治理。坚持统筹推进国内法治和涉外法治是党治国理政、统筹国内国际两个大局在法治领域的重要体现。国内法治与涉外法治是相互联系、相互支持和协同发展的。国内法治是基础,为涉外法治提供基本前提,涉外法治是国内法治的拓展,为国内法治提供展示平台。③ 在建立以国内大循环为主体、国内国际“双循环”相互促进的新发展格局中,金融司法要充分发挥其功能,必须统筹运用国内法和国际法,创新审判机制,提高涉外金融司法水平,通过个案裁判,增强规则解释能力和规则影响能力,更好维护国家主权、安全和发展利益。

3. 坚持服务保障金融市场健康发展,兼顾鼓励市场创新与风险防范化解

2021 年中央经济工作会议强调,要促进经济运行保持在合理区间,继续做好“六稳”“六保”工作。金融稳定发展是经济稳健运行的关键点,在经济高质量发

---

① 参见张文显:《论中国式法治现代化新道路》,载《中国法学》2022 年第 1 期。

② 参见王轶:《坚持统筹推进国内法治和涉外法治》,载《人民日报》2021 年 3 月 19 日,第 11 版。

③ 参见王轶:《坚持统筹推进国内法治和涉外法治》,载《人民日报》2021 年 3 月 19 日,第 11 版。

展基础上实现共同富裕,也要求金融高质量发展、保持动态均衡稳定。金融在空间与时间不同维度配置资金,不同的配置方式意味着风险与收益的不同比例。不断创新的金融产品,通过各种结构化的复杂设计,在带来高收益的同时也意味着更多风险的暴露。创新是市场活力源泉,而市场愈加创新,风险也可能愈加集聚。全球金融市场面临经济增长动力不足,单边主义、逆全球化思潮导致大国博弈加剧等风险威胁;国内金融市场结构、运营理念和服务竞争方式等与经济高质量发展要求之间仍存在差距,不断迭代的科技创新对金融业态产生巨大影响,金融体系长期积累的风险隐患并未彻底消除,金融监管制度、风险化解体系存在短板。因此,金融司法作为金融市场健康发展的规则引领力量,要筑牢金融稳定的根基,对市场进行双向司法规制。一方面,鼓励创新,激发市场活力,通过典型案例为市场主体传递司法对专业交易规则的理解和态度,弥补立法与监管供给不足,主动为金融市场创新发展提供司法保障。另一方面,积极参与金融市场综合治理,加强金融法律风险预警和司法处置,防范市场运行中可能发生的重大系统性风险。

(三)金融司法功能创新的主要路径

新发展格局下,金融司法功能创新要始终服务国家战略大局,把握金融本质和规律,契合金融发展态势,满足金融主体司法需求,补足规则供给,助力金融市场在法治轨道上良性运行。

1. 在全面精准解读金融市场行为的基础上,系统化定分止争

(1)金融司法要贯通法律逻辑与金融逻辑

金融司法裁判的客体是金融纠纷。从现代金融市场发展的趋势看,金融产品创新表现出结构复杂、多领域混合等特点。对跨市场跨领域复合型金融行为进行精准法律解读,既是化解金融纠纷矛盾的必然要求,也是金融司法专业性的必然要求。这意味着,法律权威必须建立在对金融纠纷内在本质的理解之上,司法裁判必须贯通金融市场行为的商业逻辑与法律逻辑。在金融交易中,通过法律行为约定各方权利义务是固定金融交易的过程,适用法律是从法律视角解读金融行为的过程。具体交易不仅涉及合同法、担保法、企业组织法、市场监管法等国内法律,还可能涉及国际法、国际交易惯例等。在精细化社会分工中,全方位适用法律是贯通不同领域的必然要求。对金融司法而言,案件裁判结果要被

国际市场认同,意味着在兼顾程序法与实体法的同时,还要符合国际金融市场规则与行业惯例。

(2)金融司法要创新系统化金融纠纷解决机制

金融市场愈加发展,各类深度融合的金融行为引发的金融纠纷愈加呈现交易结构复杂、牵涉不同金融领域、涉及不同金融市场主体、联通实体经济等特征。从纠纷处置方式来看,司法程序是纠纷解决的最后一道防线,单一的诉讼方式无法全面满足金融纠纷化解对效率性、便捷性的需求。在现代社会治理体系中,社会矛盾的化解也应是系统性的,司法的力量需要也必然要与各种其他纠纷解决方式联合,满足不同金融市场主体对纠纷化解的需求。因此,构建系统化纠纷解决机制,是金融司法积极回应金融市场创新发展,在纠纷解决功能上的创新。

首先,系统化纠纷解决机制要联合各种纠纷解决方式,发挥各种纠纷解决方式的特长。在新发展格局中,金融开放进程加快,上海国际金融中心建设进入能级提升新阶段。随着跨境创新金融业务的蓬勃发展,相关金融纠纷在主体范围、法律适用、财产执行等方面越来越多地呈现"跨境化"特点,需要我国的金融纠纷解决机制更加深度地与国际接轨。多元纠纷化解机制是司法、调解、仲裁的有机融合,是诉讼程序与非诉讼程序的贯通联合,从理论上到实践中已得到世界各国的认可。推进和完善金融纠纷多元化解决机制,依托专业调解和仲裁力量,尊重国际惯例和行业规则,妥善解决争议,有助于拓宽市场主体诉求表达渠道,提高金融纠纷化解效率。金融司法应积极参与金融纠纷诉源治理,努力推动建设融合调解、仲裁、诉讼为一体的国际化金融纠纷解决体系。

其次,系统化纠纷解决机制要精准把握金融纠纷的特点。现代金融市场是多层次的,金融主体多样,金融交易类型丰富,金融纠纷涉及多种法律关系,因此金融司法功能创新,应根据不同金融案件特点,构建分类分层的金融案件审理机制,实行快慢分道、轻重分离、繁简分流。上海金融法院始终高度重视金融案件分类施策、精准处置,促进金融司法资源科学配置,实现金融纠纷高效能化解。其作为全国民事诉讼繁简分流试点法院,探索出符合金融案件特点的"五分法"纠纷化解机制。一是诉调案件专业化调解,通过强化诉调对接中心功能,打造行业全覆盖、流程全链条、服务全线上、司法监督和保障全周期的金融多元解纷机制,贯彻"能调则调、应调尽调"原则,促进纠纷高效率、低成本化解。二是平行案件集约化审理,发挥证券群体性纠纷示范判决机制效用,依法将示范判决认定的事实和法律适用标准扩张适用至平行案件,高效能处置群体性证券纠纷案件。三是简单案件快速化审理,严把简单二审金融案件审理节点,实现快速立案、快速审理、快速结案。四是重大案件精品化审理,建立精品案例发现、培育和评选机制,建立专家陪审、专家咨询和专家辅助三合一的专家支持工作机制,为重大案件的高质量审理提供智力支持。五是普通案件常规化审理,加强审判管理精细化水平,确保普通案件的审理程序规范,设立银行、证券、保险法官专业委员会,加强金融类案适法统一。

(3)金融司法要依靠技术赋能提升纠纷解决质效

在全面依法治国进程中,要确立以人民为中心的发展思想,认真贯彻习近平总书记在2019年中央政法工作会议上关于"政法机关承担着大量公共服务职能,要努力提供普惠均等、便捷高效、智能精准的公共服务"的重要指示精神,金融司法应积极回应人民群众关切,优化司法便民利民举措,努力提供优质高效便捷的金融司法服务。

在现代社会治理中,信息化是助力金融司法功能创新的捷径。上海金融法院坚持以精准服务办案、服务群众、服务决策为导向,深度融合人工智能、区块链、大数据等现代信息技术,全力打造金融智慧审判新模式,建设"智源、智审、智管、智慧法庭"四位一体金融智慧法院,以数字正义推动更高水平的公平正义。

打造更加便捷智能的"一站式"诉讼服务平台、中英文双语智助立案系统、智能诉讼风险提示系统,实现全程自助立案。创新研发深度融合智能语音、大数据、语义理解等多种人工智能应用的中小投资者保护智慧舱,优化中小投资者诉讼服务体验。针对证券群体性案件计算量大但同质化的特点,开发证券纠纷解决智能办案系统,打造符合代表人诉讼机制需求的电子诉讼平台,方便法官办案和当事人参加诉讼。建设更符合电子化庭审需求的科技法庭,研发"AI智审传译系统",为涉外案件提供智能实时翻译和中英文双语字幕实时生成,方便外籍当事人参加诉讼。研发大宗股票司法协助执行平台和金融财产处置智慧管理系统,提升金融案件执行效率。深化大数据分析应用,打造金融风险防范预警信息平台,通过案件类型、涉诉标的、当事人等多个维度数据分析,研判潜在金融风险,为司法建议提供数据支持,为金融监管提供数据参考。

2. 在统筹国内法治与涉外法治的基础上,全方位保障金融市场双向开放

在金融市场双向开放过程中,金融纠纷的涉外因素越来越多,创新金融纠纷

解决功能,必须统筹国内法治与涉外法治,更好把社会主义法治优势转化为提高中国金融司法国际话语权的实际效果。

(1)积极加强涉外金融纠纷专业化审判机制

应制定涉外金融审判指南,规范涉外金融案件审理程序,进一步完善涉外案件识别机制,完善域外送达、证据远程认证、调查取证、远程庭审等程序,提高涉外金融案件审理水平。

理顺域外法查明制度,高效查明、全面精准适用域外法。参考相关域外经验,设立专业化域外法查明中心,避免适法不准确问题。同时进一步完善域外法查明的国际私法协作机制,与域外机关、机构、专业组织等进行国际协作,规范查明机制、提高查明质量。在查明和适用域外法的过程中,还应充分考虑国际规则和国际惯例,结合我国的实践情况,作出符合国际交易习惯的裁判。

建立国际专家支持工作机制,提升金融审判专业水准。金融纠纷的专业程度较高,需利用专业知识准确理解复杂的金融交易结构,解释其所涉及的域外法律与国际规则惯例,厘清交易所涉法律关系性质。通过邀请精通金融法律、具有丰富实务经验和较高国际声誉的专家组建专家咨询委员会,就涉外金融案件所涉及的国际条约、国际规则惯例、域外法律的查明和适用等专门性法律问题及金融业务焦点问题提供咨询意见,加强对案件审理的专业支持。

(2)努力提升金融司法的规则供给功能

以涉外金融纠纷管辖示范条款为抓手用足用好司法管辖权。针对涉外金融交易合同多约定争议由外国机构管辖的情况,上海金融法院积极推行涉外金融合同的“争议解决”示范条款,支持涉外金融交易主体选择我国法院管辖。让更多具有示范意义的跨境金融交易纠纷进入我国司法程序,提升我国对国际金融交易规则的解释权和话语权。针对涉“一带一路”倡议、沪深港通、沪伦通和境外红筹企业境内上市等情形下可能出现的跨境诉讼,鼓励当事人协议选择中国法院管辖。加强对离岸人民币交易、海外融资交易等跨境金融纠纷的司法管辖权,为金融市场开放提供优质金融法治保障。

金融司法对金融交易规则的态度,是司法话语权的最直接表现形式。要通过妥善审理具有规则创设意义、影响国际金融市场走向的案件,适用当事人约定的法律、国际条约、国际规则依法审理涉外金融案件,作出有影响力、高质量的裁判,为金融市场主体提供稳定的裁判预期。要通过金融类案裁判指南,总结审判规律，统一裁判标准，构建"具有中国特色的金融审判案例"体系，积极发挥金融案例的示范功能，为规范市场秩序与市场主体行为指明方向。

（3）着力培养"三化合一"的金融审判人才

人才是践行法治的核心，金融司法功能创新最终要通过高素质的审判力量实现。建设一支知识能力专业化、审判思维现代化、司法视野国际化的高层次复合型金融审判人才队伍，对服务和保障更高水平的金融对外开放至关重要。要创新金融审判人才培养机制，在高素质人才培养、金融法律咨询、金融风险防范专题研究等领域与国内外一流院校开展深度合作，构建丰富多元的应用型审判业务培训机制和综合素质养成机制，推动形成金融审判人才培养的国际化格局，强化金融审判的智力支持，为统筹国内法治与涉外法治提供坚实的人才基础。

（4）不断提高中国金融司法的国际影响力

金融法治作为营商环境的重要组成部分，司法声誉与金融市场信用密切相关。放眼全球，越来越多的国家建立了国际化专业审判机构，不仅在组织结构、审判制度、诉讼机制等方面有所突破创新，还形成了以审理发布重大国际案件为核心、组织参加国际交流合作为辅助的一系列宣传措施，以此来增强其国际影响力和竞争力。

加强双向交流，拓展中国金融司法的国际化视野。中国金融市场的开放和国际化是大势所趋，加强与国内、国际相关法律信息平台合作，积极向国际社会推介金融典型案例，发布裁判文书英译文本，形成解决金融纠纷的"中国标准"，通过金融典型案件，在国际舞台上唱响中国金融司法好声音。

3. 在加强金融司法与金融监管协作的基础上，主动参与金融市场综合治理

构建国内国际"双循环"相互促进新格局需要多方面的制度协调和创新，解决社会纠纷的各种机制之间并不是孤立平行的，而是相互影响的。为增加金融司法功能的边际效应，金融司法要主动延伸审判职能，从纠纷的事后解决走向前端，主动参与金融市场综合治理，加强金融司法与金融监管、金融基础设施的协同治理，一方面，规范市场行为，维护市场秩序；另一方面，鼓励市场创新，防范市场风险。

（1）立足市场全周期治理，加强金融司法与金融监管协作

金融监管的实践表明，金融监管与金融市场发展之间的长期博弈和互动已成为一种常态。金融监管随着金融周期性波动，同时金融市场，特别是金融商事

交易也具有明显受金融监管影响的特征。从金融市场发展、经济社会变迁与金融法的关系维度出发,金融法应具有回应性,以更好地实现对金融市场效率、安全、公平乃至秩序的维护。① 因此,金融监管和宏观金融政策具有随金融周期性波动而不断调整的特征。金融司法应主动参与金融市场的全周期治理,并借助市场与监管的力量,在日新月异的市场创新中准确探究金融交易的结构和目的,提高法律逻辑解读金融逻辑的专业性,确保金融司法的权威与公正。

金融司法应当主动加强与金融监管的合作交流,构建重要信息共享、重大工作共商、重要问题共研、重大风险共防的协同善治新格局,夯实金融市场健康发展的监管基础。金融司法可以将金融纠纷审理结果及反映的市场问题及时与金融监管沟通,参与金融交易的事后规范;也可以通过信息简报、司法建议等形式,揭示金融市场运行风险,向金融监管风险预警,参与市场管理的事前规划与事中调整。此外,通过"专家咨询 + 监管政策查明 + 人才培养"实现金融司法与金融监管资源共享。借助监管专家的专业知识,更加精准解读金融交易内涵;依靠监管力量,查明纠纷所涉金融政策;通过人才交流,加快法律逻辑与金融市场逻辑的衔接。

(2)积极运用数据治理,实现金融数据互通与市场秩序共建

金融基础设施为金融市场运行提供服务并履行自律监管职责,在这一过程中积累了丰富的数据资源。数据是现代社会治理的基本元素,妥善运用可以助力治理的精准与高效。金融司法与金融基础设施在各自领域中汇集的金融纠纷及金融市场运行第一手数据,均反映了纠纷的基本面与市场运行态势。建立金融司法与金融基础设施合作交流机制,打造金融法治大数据平台,实现数据双向共享,充分运用大数据分析技术,全图景反映金融交易前端、中端、后端运行情况,有助于监管未雨绸缪,保障市场健康运行。此外,金融司法还可以立足案件审理中发现的金融市场治理问题,常态化发布金融纠纷风险防范化解报告,预警市场风险,为规范行业发展提供参考。

(3)配合"沙盒监管"治理,完善金融改革创新容错纠错机制

步入"十四五"时期,上海国际金融中心建设进入 3.0 版,实现《上海国际金

---

① 参见席月民:《我国金融监管方式的法定化及其合理匹配》,载中国法学网,http://iolaw.cssn.cn/zxzp/200912/t20091203_4604191.shtml。

融中心建设“十四五”规划》确定的发展目标,坚持“市场化、国际化、法治化、数字化和绿色化”五大方向,进一步扩大金融制度型开放是关键。[①] 夯实基础补短板,抓住机遇开新局,健全完善的容错纠错机制是鼓足干劲、提高效率的重要保障。在做大金融市场规模的同时,要更加强调金融产业体系的完整与高质量,更加强调金融市场的活力与创新。因此,需要进一步健全完善我国制度创新中的容错纠错机制,加强金融司法与金融监管、金融基础设施的协同治理,为金融创新活力提供制度保障。探索建立“金融市场案例测试机制”,研究国际金融司法实践,通过对市场中前瞻性、重要性法律问题可能引发的纠纷,进行案例测试,明确权利义务,为支持鼓励金融市场创新开放提供明确规则指引,为上海国际金融中心强化“全球资源配置功能、科技创新策源功能、高端产业引领功能、开放枢纽门户功能”四大功能[②]大胆试、大胆闯保驾护航。

贯彻习近平法治思想,必须“坚持在法治轨道上推进国家治理体系和治理能力现代化”。金融市场发展离不开金融司法的服务保障。“双循环”新发展格局下,金融司法功能创新应准确把握新发展阶段,深入贯彻新发展理念,推动金融高质量发展和高水平开放,充分发挥金融审判职能作用,找准金融司法服务金融工作大局的切入点和着力点,更新服务理念、创新服务机制,为推动金融法治建设、服务国家金融战略实施和助力上海国际金融中心新发展提供更有力的司法保障。

赵红*

2022年8月

---

① 参见屠光绍:《上海国际金融中心建设进入3.0版,进一步扩大金融制度性开放是关键》,载腾讯网,https://view.inews.qq.com/a/20211214A0CUBO00。

② 参见屠光绍:《上海国际金融中心建设进入3.0版,进一步扩大金融制度性开放是关键》,载腾讯网,https://view.inews.qq.com/a/20211214A0CUBO00。

* 上海金融法院党组书记、院长。

目　录

专题:新发展格局下的金融司法功能创新

《证券法》与《全国法院审理债券纠纷案件座谈会纪要》视角下的受托管理人诉讼担当的困境与进路
——基于上海法院115份判决的实证分析 …………………… 杨　晖　3

论中国直接适用法判断的实体法方法
——以转介条款在解决公私法冲突中的作用为视角 ………… 董金鑫　19

金融案件简案识别机制的探索与建构
——基于上海金融法院简案快审机制运行实践的考察
………………………………………………………… 周　荃　楼雨薇　38

速与率:多元解纷背景下证券示范判决机制的功能和进路
——基于上海市证券纠纷司法实践及十省(市)机制运行态势双重视角 ……………………………………………… 翟　爽　54

金融审判中专家陪审制度的功能厘定及规则构建 …………………… 胡文丰　74

司 法 实 务

功能主义视角下有追索权保理合同纠纷的司法裁判
…………………………………………………… 上海金融法院课题组　89

金融资产处置的新思路 …………………………… 上海金融法院课题组 106
规范私募基金行业 防范金融风险
——2014～2020年上海法院涉私募基金案件审理情况分析
及对策建议 ………………………… 杨 晖 黄佩蕾 徐佳云 119
审视与思考:金融仲裁司法审查案件问题研究
——以上海金融法院成立3年来案件为样本 ……… 朱婧婧 阮申正 145

前沿探讨

新型助贷类借款纠纷案件法律问题研究 …………… 上海金融法院课题组 163
金融法领域的域外管辖与适用研究
——以证券法域外适用为例 …………………… 上海金融法院课题组 193
国际视野下中国企业债券违约的若干法律问题研究 ………………… 符 望 208
发行人承担证券侵权责任后向董事追偿的司法裁判路径研究
——以证券法与公司法的互动为视角 ………………… 孙 倩 王 倩 226

他山之石

美国证券交易委员会《投资顾问投票代理责任指引》解读 ………… 杨 晖 239
德意志帝国最高法院某原告诉被告苏黎世保险公司案评析 ……… 黄佩蕾 246

典型案例

资管业务差额补足协议的法律性质及效力认定
——招商银行股份有限公司与光大资本投资有限公司其他合
同纠纷案 ……………………………………… 单素华 黄佩蕾 259
证券纠纷代表人诉讼制度双重结构之法理透视与实践问题
——丁某等315名投资者诉上海飞乐音响股份有限公司证券
虚假陈述责任纠纷案 …………………………………… 孙 倩 268
贷款机构未披露实际利率不得据此收取利息
——田某、周某诉中原信托金融借款纠纷案 ……………… 沈竹莺 281
涉港金融担保合同纠纷中的管辖认定及法律适用
——恒生银行有限公司诉上海天盛仓储有限公司、林某某保

证合同纠纷案 …………………………… 周　欣　潘　祎　294
管理人的实控人参与推销、管理私募基金造成投资者损失的责任承担
——钜洲资产管理(上海)有限公司、上海钜派投资集团有限
公司与周某某私募基金纠纷案 ………………… 葛　翔　阮申正　316
建筑工程质量潜在缺陷保险投保人任意解除权的限制
——中国太平洋财产保险股份有限公司上海分公司诉上海骏
丰嘉陆房地产开发有限公司财产保险合同
纠纷案 …………………………………… 吴峻雪　翟　爽　328
融资租赁承租人破产情形下租赁物优先受偿权的司法认定
——浦银金融租赁股份有限公司诉汉邦(江阴)石化有限公司
融资租赁合同纠纷案 ………………………… 朱颖琦　李瑶菲　339
我国香港特别行政区仲裁裁决与内地裁判是否冲突及社会公共利益的厘定
——野村控股株式会社申请认可和执行香港特别行政区仲裁
裁决案 …………………………………… 朱　瑞　黄佩蕾　347
涉私募基金财产在执行程序中的救济路径
——以未登记的基金份额持有人提起的执行异议之诉为
切入点 …………………………………… 孙雪梅　翟　爽　355
人民法院将财产抵债过户至资管计划名下的合法性及审查标准
——网信证券有限责任公司与科瑞天诚投资控股有限公司质
押式证券回购纠纷申请执行案 ……………………… 徐　俊　375
香港特别行政区仲裁程序中当事人申请内地法院财产保全之审查
——瑞士联合银行集团新加坡分行与上海国储能源集团有限
公司香港特别行政区仲裁程序在内地申请财产保全案
………………………………………… 徐　玮　潘　祎　384
涉外独立保函不符合受益人滥用付款请求权情形下应依法驳回止付申请
——上海船用柴油机研究所(中国船舶重工集团公司第七一
一研究所)与巴基斯坦法蒂玛能源公司、第三人中国建设
银行上海市分行申请中止支付保函项下款项
纠纷案 ……………………………………………… 周　荃　394

会议综述

《民法典》视野下证券侵权的司法适用问题

——“《民法典》司法实务论坛”第十期研讨活动会议综述 ……………… 401

专题:新发展格局下的金融司法功能创新

《证券法》与《全国法院审理债券纠纷案件座谈会纪要》视角下的受托管理人诉讼担当的困境与进路

——基于上海法院115份判决的实证分析①

杨　晖*

引　言

最高人民法院在《全国法院审理债券纠纷案件座谈会纪要》(以下简称《会议纪要》)中明确了受托管理人的诉讼主体资格。2019年修订的《中华人民共和国证券法》(以下简称《证券法》)第92条首次在立法层面肯定了债券受托管理人的委托授权诉讼主体资格。但债券受托管理人制度主要是通过交易所规则和监管规定构建,在运行中作为债券市场整体规则中的一部分,往往还与债券持有人会议等制度相关。因而,对审判实践中涉及债券受托管理人诉讼担当的相关法律问题,需要作观念上的厘清和实务中的探索。尤其要解决好协调债券违约诉讼中受托管理人与债券持有人、债券持有人会议的关系问题,这是债券受托管理人诉讼担当制度构建的重要方面,亦是在诉讼中认定受托管理人诉讼主体资格的重要问题。

---

① 本文获中国法学会审判理论研究会金融审判理论专业委员会2021年研讨会一等奖。

* 法学博士,上海金融法院申诉审查及审判监督庭法官助理。

一、受托管理人诉讼担当的现实冲突：受托管理人/持有人/持有人会议

随着我国金融市场对外开放步伐的加快,我国债券市场融入全球金融市场的范围越来越广、程度越来越深。从广义讲,债券因发行主体不同,交易市场不同而有不同分类,本文仅以公司企业作为债券发行主体范畴,①探讨公司债券纠纷的现状。自2014年我国出现首只违约债券后,债券违约总体上呈量额齐升趋势。债券违约事件也会反映到诉讼中,自上海法院2015年受理首起公司债券纠纷案后,2019年全年受理该类案件147件、标的金额106.3亿元,2020年标的金额达到39.08亿元。“债券市场打破刚性兑付后,上海法院受理的债券违约纠纷从无到有,案件数量及标的额高速增长。该类纠纷标的金额较大,涉及众多债券持有人权益,且存在债券的合同属性与证券属性叠加、持有人的个体诉求与集体行动并行等新情况、新问题,司法裁判的导向引起金融界高度关注。”②

(一)受托管理人的职能

建立健全受托管理人制度,是债券市场发展中需要重点推进完善的重要方面。受托管理人在债券发行、募集、违约救济等行为中发挥了重要作用。作为全体债券持有人集体行动之形态,受托管理人履行如下职能:

一是代理债券持有人对债券发行人(债务人)履行债券契约事项进行监督。受托管理人作为专业机构,一方面,其具备监督发行人规范财务及资金用途等经营行为的能力。另一方面,对于发行人是否按照发行契约履行义务,也必须由专业机构(人士)加以监督,方能保障发行人规范信息披露、持续合法经营、规范使

① 中国债券市场从1981年财政部恢复发行国债开始至今,经历了曲折的探索和发展历程。从债券市场来看,目前我国的债券市场形成了交易所(上海证券交易所、深圳证券交易所)市场、银行间市场和商业银行柜台市场3个子市场在内的统一分层的市场体系。按照交易场所划分,上海证券交易所、深圳证券交易所市场属于场内市场,银行间市场和商业银行柜台市场属于场外市场。目前,场外市场的交易量占到我国债券市场的交易总额的95%以上;场内市场以上交所为主,交易量占比达90%以上。从债券市场参与主体来看,债券发行主体包括财政部、中国人民银行、地方政府、政策性银行、商业银行、财务公司等非银行金融机构、证券公司、非金融企业或公司等。

② 参见上海市高级人民法院:《2019年度上海法院金融商事审判情况通报》,载上海市高级人民法院网,http://www.hshfy.sh.cn/css/2020/05/15/20200515154906148.pdf。

用债券募集资金等。

二是在发生债券违约等情况下，受托管理人接受持有人或者持有人会议委托进行维权，这也是本文所主要探讨的受托管理人诉讼担当的功能基础。当发生或者将要发生损害持有人权益的情形时，受托管理人依照持有人或者持有人会议委托授权进行诉讼、仲裁。另外，发行文件或者持有人会议决议等文件也可限制持有人单独采取诉讼等维权行动，即只有在某些特定情况下允许持有人的并行诉讼（如后文提到的有条件不起诉条款、发行人或者债务人破产等情形）以保护全体持有人的公平受偿权益。

（二）生效判决反映的公司债券违约纠纷诉讼主体冲突现状

本文通过分析2018～2020年及2021年第一季度上海市人民法院公司债券纠纷生效法律文书，发现公司债券纠纷中受托管理人与持有人之间的诉讼主体地位冲突凸显。详细内容见表1。

表1　公司债券纠纷生效判决反映的诉讼主体情况

纠纷案件所涉债券市场类型	纠纷所涉债券类型	纠纷数量/件	涉及诉讼标的金额/元	起诉主体	是否有持有人会议决议约束
证券市场发行债券	公开发行公司债券	41	1,997,128,328.89	债券持有人，购买债券的资管计划管理人	有
	非公开发行公司债券（中小企业私募债）	13	559,372,743.02	债券持有人，购买债券的资管计划管理人	无
银行间市场发行债券	中期票据（26件）	43	2,767,555,890.48	债券持有人，通过资管计划持有中期票据的管理人	仅3件纠纷有
	短期票据（8件）			债券持有人，通过资管计划持有短融票据的管理人	无
	超短期票据（9件）			债券持有人，通过资管计划持有短期票据的管理人	无

在上述纠纷中,证券市场债券纠纷与银行间债券市场纠纷的起诉主体均存在嵌套结构的资管计划持有,由资管计划管理人代表持有人提起诉讼。银行间债券市场纠纷中,短期票据和超短期票据并无持有人会议机制约束,中期票据纠纷也仅有3起案件涉及持有人会议约束情形。而在证券市场债券纠纷中,公开发行公司债券纠纷均涉及持有人会议决议约束情形,但在非公开发行债券纠纷中,则没有持有人会议决议约束情形。

(三)公司债券违约纠纷中诉讼主体冲突之原因

1. 受托管理人缺位,未尽勤勉义务,持有人自行起诉

纠纷中反映出,管理人长期怠于履行基本的信息披露义务,未能在底层交易违约的情况下积极采取债务追索措施,亦不对投资人分配基金份额收益,实质性损害债券专项财产并严重影响投资人的根本权益,管理人行为已实质表明其不履行管理人主要义务且投资人的合同目的已无法实现。综合上述理由,持有人以“合同目的无法实现”、管理人未尽勤勉义务为由起诉。

2. 不同债券市场类型中持有人会议集体行动机制缺位

从115份法律文书反映的情况看,在银行间债券市场产品债券违约纠纷中,银行间债券市场发行的短期票据及超短期票据,因发行时间周期短,且大多面向机构投资者,持有人的信息力与执行力相对较强,客观上造成该类债券项目对债券持有人会议等集体行动机制未予以重视。在证券市场中小企业私募债相关债券违约纠纷中,也未见持有人会议决议机制发挥作用。在证券市场非公开发行的中小企业私募债,鉴于其私募债性质,该类公司债券在交易所“备案”即可,投资者除了包括批准设立的金融机构外,还包括上述金融机构发行的理财产品、法人企业、合伙企业以及交易所认可的其他合格投资者,投资多以为投资者与发行人量身定做的通道形式完成,该类债券项目中持有人会议机制也往往缺位。

3. 现有持有人会议无法有效运行

在2019年《证券法》修订前,受托管理人制度缺乏上位法依据,主要靠交易所业务规则进行规范,即使是修订后的《证券法》规定得也比较原则,在实践运行中存在一些问题。一方面,债券持有人会议未充分发挥债券治理中的代理决议作用。在出现债券违约时,债券持有人会议依据募集说明书,通过债券持有人集体行动作出决议,包括债务延期、债务和解、要求追加担保、采取法律措施、申请

发行人破产、申请破产债权等。但由于债券持有人会议的召集以及决议的效力等缺乏法律明确规定,受托管理人是否具有诉讼主体资格也缺乏债券发行合约(募集说明书)的明确支持或是持有人会议授权。因此债券持有人会议以何种形式行使诉讼主体资格,存在疑问。另一方面,一旦发生债券违约,债券持有人为有效维护自身权利,往往不会选择通过持有人会议制度协商维权,而会以自己名义直接诉讼。此时,便出现持有人会议、受托管理人、债券持有人三类主体对诉讼主导权的冲突协调问题。

二、受托管理人诉讼担当的法理分析:信托/委托代理

探讨受托管理人的诉讼担当问题,首先要明确债券的法律属性。目前关于公司发行债券行为的法律属性有两种比较流行的说法,一是信托关系,二是委托代理关系。

(一)信托与委托代理比较

一是两种关系的性质不同。信托关系以信托财产为中心,是财产性的,受托人是信托财产的名义所有人,其控制信托财产的权利得到法律和合同的认可。在委托关系中,代理人并不必然控制委托人的财产,委托关系是一种对人关系。

二是两种关系中的当事人关系不同。在委托代理关系中,委托人与代理人通过契约建立委托代理关系,代理人是委托人的代表,其处理委托代理事务、与第三人订立合同的后果一般由委托人承担法律责任。在信托关系中,受托人与委托人之间可以基于合同或者法律规定建立信托关系,但是受益人并不决定这种关系的建立。受托人作为信托财产的名义所有人,可以自己名义处分管理信托财产,但信托运作的利益由受益人承受。

(二)不同性质法律关系下受托管理人与债券持有人关系分析

基于信托说与委托代理说,针对不同类型的公司债券,受托管理人与持有人关系的法律属性有所不同。

1. 委托代理关系下的受托管理人与债券持有人关系

债券发行人为融入资金而发行公司债券,以特定财产份额出售给债券持有

人,并通过募集说明书等协议形式,将该债券项目资金委托受托人管理。在此种公司债券结构中,债券持有人(委托人)并未让渡其债券所有者权益,受托人只是受托管理该债券的运作,受托管理人并不承担资金运作风险,持有人(委托人)需承受信托财产(资金)的现状(盈亏)。受托管理人不可向持有人(委托人)承诺固定收益,但可以采用外部担保、风险保留等信用增级措施。就其内部关系而言,受托人与持有人(委托人)之间的实质仅以"代客理财"为限,受托人只要尽到谨慎管理义务,尽到善良管理人的责任,特定资产(资金)运作的风险由持有人(委托人)自担。受托人与委托人(持有人)法律关系的实质更倾向于委托代理。

2. 信托关系下的受托管理人与债券持有人关系

公司企业为获取资金,通过将目标公司的特定资产、权益或者股权标准化为资管计划的特定资产(以下简称特定目的载体),以标准化份额向投资人(持有人)转让其资产受益权,投资人(持有人)融出资金,获取资产受益权(信托受益权)。在这种交易模式中,受托人作为融资人与债券持有人的金融中介,主动设计资管计划结构,管理资金的融出与融入。且在委托人将其特定资产收益固定化、份额化之后,相当于在该特定资产上设置了依资管计划合约确定的特定权益,该特定权益不可随意撤销、收回。在资管计划存续期间,该特定资产的收益,持有人不可处分。通过这种结构,债券持有人让渡了该特定资产的管理权,该特定资产具备了财产的独立性(信托财产的独立性)。此外,债券持有人可以依照资管计划合约,要求受托人履行在资管计划合约项下的谨慎管理义务,并要求在特定资产收益(信托财产现状)范围内分配收益、承担风险。因此,从上述交易模式看,此类债券的法律性质更多倾向于信托法律关系,债券持有人与受托人的法律关系应考虑为信托关系下的权责关系。

(三)不同法律关系下的受托管理人诉讼担当比较

诉讼担当是对传统当事人适格理论的突破。传统的当事人适格理论认为,诉权主体必须拥有实体法权源,实体权益主体和诉权权益主体是统一的,两者不能分离。而诉讼担当则将两者分开,在法律规定的情形下,即使不是实体权利主体也可以基于诉的利益,对他人的实体权利行使诉权。诉讼担当人的这种权利被称为法定的纠纷管理权。

1. 信托或委托关系下受托管理人的诉讼担当

(1)信托法律关系下受托管理人法定诉讼担当

在信托关系中,受托管理人的诉讼担当源于其作为信托财产的名义所有人,与信托财产存在法定的利害关系。虽然受益人对信托财产的收益享有强制实施权,但受托管理人的名义所有权亦是法定之权利。因此在资管计划(债券)发生纠纷时,受托人以自身名义行使诉讼权利,属于为维护自身所有权之法益。因此,受托管理人以自己名义提起法律程序,属于法定的诉讼担当。

(2)委托代理法律关系下受托管理人意定诉讼担当

大陆法系国家由于不承认信托财产的双重所有权,且基于物权法定、代理法对民商事行为的统领,出于对诉讼的稳定性考虑以及团体诉讼比较发达的现状,通过债券持有人代表人团体诉讼来维护债券违约诉讼的程序稳定性。但是在委托代理关系下,代表人有效诉讼的前提,一是代表利益的广泛性认可,二是道德风险的防范。受托管理人基于契约获得授权,代表债券持有人提起诉讼,受托管理人的决策风险事先通过其善良管理人条款得以排除。受托管理人的任意诉讼担当的有效性,可以通过有条件地适用"不起诉条款",排除债券持有人的另外诉讼加以保证。

2. 受托管理人诉讼担当的诉的利益

在民事诉讼法上,提起民事诉讼的条件之一是原告与本案有直接的利害关系,即具有诉的利益。首先,在信托关系中,受托管理人是信托财产的名义所有人,法定的所有权产生法定的诉的利益。这种诉的利益具有实体法上的含义,即受托人承受信义责任,谨慎管理信托财产。在寻求法律救济时,受托人以自己名义,以承担信义责任为由,与信托财产发生直接的利害关系。其次,在委托代理关系中,受托管理人基于代理法,为委托人(投资人、债券持有人)利益,受托人需尽到善良管理人之责任,基于合约授权,受托人被赋予意定的诉讼担当资格。这里更多的是程序意义上的诉的利益。因此,无论在信托关系还是委托代理关系中,受托管理人获得的诉讼担当都必须建立在一定实体或程序的诉的利益基础之上。

在法定的诉讼担当中,基于信托关系,受托管理人是信托财产的法定名义所有权人。受托管理人在履行管理信托财产的义务过程中,衍生出对信托财产的信义义务,即维护信托财产安全,维护持有人权益。受托管理人与被告之间具有法定的诉的利益。在意定的诉讼担当中,基于委托代理关系,受托人作为特定资产的管理人,为尽到善良管理人的注意义务,基于债券持有人(债券持有人会议)的合约授权,而产生了与被告的诉的利益,获取了意定诉讼担当资格。

三、受托管理人诉讼主体资格的困境解决:分类/协调

综合前文所述,在信托关系项下的受托管理人的法定诉讼担当以及委托代理关系项下的受托管理人的意定诉讼担当中,对受托管理人的诉讼担当与债券持有人的诉讼主体资格的不同态度,反映出两大法系对债券融资的公权力介入的不同逻辑,以及对私人自治的尊重程度。① 在《证券法》第92条规定的前提下,最高人民法院在《会议纪要》中明确了受托管理人的诉讼主体资格,从第5、6、7条行文的字面理解看,司法实践层面进一步明确了在债券违约合同纠纷中,受托管理人因持有人会议的授权或者当事人的协议约定进行代表诉讼与持有人自行诉讼的并行制度,并同时认可了资产计划管理人的诉讼主体资格。《证券法》与《会议纪要》对受托管理人诉讼主体资格的规定见表2。

---

① 在美国,在信托法律关系架构下,受托人的法定诉讼担当得以确立,允许债券持有人单独提起法律程序,但是其并不排除通过契约形式赋予债券持有人的独立诉讼资格。而在英国,因为衡平法意义上的信托财产之构造已经十分完美,因此其通过“不起诉条款”来限制持有人的单独诉讼。英国采纳了“不起诉条款”(No Action Clause),以防止债券持有人单独采取法律行动。但是,受托管理人一般会征求债券持有人的意见,债券持有人基于自身考虑提出修改建议,明确其对关系到商业的、复杂的或者具有潜在争议的事项的意见。但是,受托管理人有权以自身名义代债券持有人提起法律程序,其有权作出是否采取法律措施的独立决定,债券持有人自身无权采取法律措施。因此,在英国信托法中,否认了债券持有人的意定诉讼担当,而承认了受托人的法定诉讼担当。在大陆法系国家,德国法规定,在必要情况下,允许债券持有人(投资者、委托人)以自己名义提起诉讼,也采纳了“不起诉条款”,共同代理人有权代债券持有人提起法律程序,而债券持有人原则上不是适格的原告。参见吴凌翔、王哲:《债券受托管理人原告适合性适格性研究》,载搜狐网2019年1月9日,https://www.sohu.com/a/287700828_100017141。但是,对于“不起诉条款”,德国2009年修订的《债券法》也规定了例外情况,法律授权共同代理人实施债券持有人的权利,在没有大多数债券持有人同意的情形下,债券持有人个人无权提起诉讼。此外,第19(3)条规定,只有共同代理人有权在破产中实施债券持有人的主张。因此,德国可以视为是有条件地适用“不起诉条款”,受托管理人的法定诉讼担当与债券持有人(委托人)多数决(75%)在破产中独立行使诉讼权利。参见甘霈原、成睿:《持有人会议制度的德国启示》,载和讯新闻网,http://news.hexun.com/2020-02-10/200244937.html。

表 2 《证券法》与《会议纪要》对受托管理人诉讼主体资格的规定

法律法规名称	具体内容
《证券法》	第 92 条第 2 款规定，债券发行人委托受托管理人，履行受托管理职责，维护债券持有人利益，同时，债券持有人会议也有权变更受托管理人。从上述规定看，《证券法》采用了委托代理说，持有人与受托管理人是一种委托授权关系。第 3 款进一步规定，在债券违约时，受托管理人可以接受全部或者部分债券持有人的委托，以自己名义代表债券持有人提起、参加民事诉讼或者清算程序
《会议纪要》	明确受托管理人诉讼主体资格。第 5 条规定了债券受托管理人的诉讼主体资格。债券发行人不能如约偿付债券本息或者出现债券募集文件约定的违约情形时，受托管理人根据债券募集文件、债券受托管理协议的约定或者债券持有人会议决议的授权，以自己的名义代表债券持有人提起、参加民事诉讼，或者申请发行人破产重整、破产清算的，人民法院应当依法予以受理。第 6 条规定了债券持有人自行或者共同提起诉讼。在债券持有人会议决议授权受托管理人或者推选代表人代表部分债券持有人主张权利的情况下，其他债券持有人另行单独或者共同提起、参加民事诉讼，或者申请发行人破产重整、破产清算的，人民法院应当依法予以受理。债券持有人会议以受托管理人怠于行使职责为由作出自行主张权利的有效决议后，债券持有人根据决议单独、共同或者代表其他债券持有人向人民法院提起诉讼、申请发行人破产重整或者破产清算的，人民法院应当依法予以受理。第 7 条规定了资产管理产品管理人的诉讼地位。通过各类资产管理产品投资债券的，资产管理产品的管理人根据相关规定或者资产管理文件的约定以自己的名义提起诉讼的，人民法院应当依法予以受理

上述规定从立法层面首次明确受托管理人因委托授权而获得诉讼主体资格。但在具体纠纷中，如何协调债券持有人、持有人会议、受托管理人之间的诉讼主体资格问题，仍待司法实践加以明确。

（一）债券违约纠纷中不同诉讼主体的冲突

根据前文所分析的债券的法律性质及持有人与受托管理人之间的法律关系性质，在债券违约诉讼中，常见的诉讼主体资格冲突有以下几种情况。

1. 受托管理人与债券持有人的诉讼主体资格的冲突

（1）在信托关系下，受托管理人因信托法而获得诉讼主体资格。但若出现受托管理人未履行信托关系下的谨慎管理职责，在资管计划（信托）处于无法实现信托目的等需要终止的状态下,持有人请求终止信托,以自己名义主张债券本息等权利时,出现持有人与受托管理人的诉讼主体资格的冲突状态。

(2)在委托代理关系下,受托管理人根据持有人的授权委托或者持有人会议决议而获得授权诉讼主体资格。若受托管理人未履行委托代理职责,持有人以自己名义行使诉权,此时也易发生诉讼主体资格的冲突。

2. 资管计划受托管理人的法定诉讼主体资格与持有人诉讼主体资格的冲突

一方面,发行债券可以采取资管计划形式,将债券融资形成特定目的载体,管理人代表资管计划行使诉讼权利。中国人民银行、发展改革委、证监会《关于公司信用类债券违约处置有关事宜的通知》规定,债券持有人为各类资产管理产品的,资产管理产品的管理人可以根据相关规定或资产管理文件的约定代表债券持有人提起诉讼、仲裁或参与破产程序。受托管理人应当根据规定、约定或债券持有人会议决议的授权,忠实履行受托管理职责,切实保障债券持有人合法权益。

另一方面,投资人(债券持有人)也有权对资管产品主张获取权益,债券持有人会议作为持有人的代表组织形式,其也可以持有人集体名义委托持有人代表行使诉权。在此种情况下,若资管计划以信托方式成立,那么管理人的诉权便是法定的,若持有人会议作为持有人的集体代表组织作出决议,持有人可另外单独或者代表其他持有人行使诉权,此时便发生资管计划管理人与持有人的诉讼主体资格冲突。

3. 持有人依发行人(第三方)的另行承诺行使诉权与受托管理人诉讼的冲突

上述两种诉讼资格冲突的前提是持有人与受托管理人均基于募集说明书等授权文件而主张债券违约纠纷的诉讼主体资格。但在司法实践中,还出现另外一种情形。持有人依据其与发行人(或者第三方)另行签订的“抽屉协议”,以债券回购、买卖或收益差补承诺等形式,诉请要求发行人或者第三方履行该协议就持有人持有债券的相关回购及收益差补义务。在这类诉讼中,若同时存在该募集债券的受托人依据募集文件或者持有人会议决议授权而代理其他同期债券持有人诉讼,此时产生的诉讼主体资格的冲突,从形式上看,其诉讼请求是依据不同的法律关系,但是两条诉讼线指向的均是同期债券的兑付,焦点集中在是否影响对同期债券持有人的公平受偿。这里更多的是实质利益公平的冲突,需要从实体法角度来探讨。

(二)受托管理人的法定与意定诉讼担当的司法解构路径

1. 当前立法及金融监管规定的委托代理说下的受托管理人的诉讼担当

(1)目前的立法及金融监管规定均明确了受托管理人的诉讼主体资格

以《证券法》为主要依据,最高人民法院发布了《会议纪要》,证监会、人民银行、证券业协会、交易所等已经陆续制定了一系列监管规范对公司企业债券业务中的受托管理人职责、持有人会议制度进行了规定。这为受托管理人的诉讼担当确立了法律规范渊源。

(2)司法明确了受托管理人与持有人并行的诉讼主体资格

在《证券法》已经确立了受托管理人可依委托授权而行使诉权的基础上,《会议纪要》同时赋予债券持有人以共同诉讼的形式,通过契约、授权受托管理人的意定的诉讼担当,确立持有人与受托管理人的并行的诉讼主体资格。《关于公司信用类债券违约处置有关事宜的通知》再次肯定要充分发挥受托管理人和债券持有人会议制度在债券违约处置中的核心作用,明确了受托管理人依授权享有相应诉权,但同时也认可在受托管理人未履行职责等情形下,持有人可自行诉讼。上述规定与《证券法》的规定相一致,再次明确了受托管理人、债券持有人分别享有诉讼主体资格。

(3)无论在立法、司法还是监管层面,均是从委托授权角度来明确受托管理人的诉讼主体资格(见表3)

表3　监管部门关于受托管理人诉讼主体资格的相关规定

法律法规名称	具体内容
中国证监会《公司债券发行与交易管理办法》	第59条第8款规定,发行人不能按期兑付债券本息或出现募集说明书约定的其他违约事件的,可以接受全部或部分债券持有人的委托,以自己名义代表债券持有人提起、参加民事诉讼或者破产等法律程序,或者代表债券持有人申请处置抵质押物
中国证券业协会《公司债券受托管理人执业行为准则》	第23条规定,发行人不能偿还债务时,受托管理人应当督促发行人、增信机构(如有)和其他具有偿付义务的机构等落实相应的偿债措施。发行人不能按期兑付债券本息,或出现募集说明书约定的其他违约事件,受托管理人可以接受全部或部分债券持有人的委托,以自己名义代表债券持有人提起、参加民事诉讼、仲裁或者破产等法律程序,或者代表债券持有人申请处置抵质押物。显然证监会的上述监管规定直接从受托管理人的职责规定其诉讼担当,这是一种务实的做法

续表

法律法规名称	具体内容
《上海证券交易所非公开发行公司债券业务管理暂行办法》(已失效)	第5.9条规定,发行人信息披露文件存在虚假记载、误导性陈述或者重大遗漏,致使债券持有人遭受损失的,或者公司债券出现违约情形或风险的,受托管理人应当及时通过召开债券持有人会议等方式征集债券持有人的意见,并根据债券持有人的委托勤勉尽责、及时有效地采取相关措施,包括但不限于与发行人、增信机构、承销机构及其他责任主体进行谈判,提起民事诉讼,申请仲裁,参与重组或者破产的法律程序等。交易所的上述规定进一步落实了监管机构的规定,细化了受托管理人的职责,但同时上述监管规定均是从委托代理关系角度来解释受托管理人的诉讼主体资格来源

总体来看,上述规定均一致认为受托管理人因委托授权而获得诉讼主体资格;受托管理人获得诉权的来源是持有人委托授权、持有人会议决议、资管计划文件、债券募集说明等文件;受托管理人的诉讼担当是一种意定的诉讼担当,即其权利源于委托授权;受托管理人在债券违约诉讼中享有的是程序利益。

2. 受托管理人与债券持有人诉讼主体资格的协调问题

从诉讼制度设计的角度看,对受托管理人、债券持有人诉讼主体资格的并行承认:一方面是基于相对完备的代表诉讼制度;另一方面是基于代理法对民商事行为的统领作用,受托管理人基于委托授权,主动管理,这恰恰契合了我国"大资管"金融监管新规(《关于规范金融机构资产管理业务的指导意见》)所确立的"去通道"方向。在诉讼程序中,受托管理人不管是基于法定的名义所有权抑或是基于债券持有人或者持有人会议的授权采取法律救济行动,都可以视作所有权一项权能的让渡。而这种让渡在我国的现有立法框架下,更多的是一种意定契约的转移结果。从《证券法》及《会议纪要》的思路看也是认可了这种通过契约转移授权的双重诉讼主体资格并行制度。

(1)受托管理人依照债券持有人会议授权或者持有人委托而行使诉权

《会议纪要》第5条认可了受托管理人因契约或持有人会议授权的意定诉讼担当。结合我国《民事诉讼法》第51条的相关规定,可以将受托管理人诉讼资格上升为法定的诉讼担当,并允许债券持有人有条件地提起诉讼,即允许公司债券合约意定委托人(持有人)在受托管理人出现道德风险的情况下,以及存在特殊利益情况下(如债券中的结构性安排,优先级与劣后级持有人的利益分配)的独立诉讼权利。司法实践中,要注意审查受托管理人委托授权的来源,是基于持有人委托授权还是债券持有人会议决议，以明确受托管理人诉讼的权利、代理范围及受托人诉讼的法律关系基础。从程序法方面看，我国民事诉讼法的诉讼代表人制度可以为委托代理关系下的受托管理人的诉讼担当开辟通道。但因诉讼代表人制度的自然人范畴限制，又使受托管理人行使诉权存在诉讼法障碍。

(2)以受托管理人意定的诉讼担当为主，辅之债券持有人的独立起诉

《会议纪要》第6条规定，债券持有人可以自行或者共同提起诉讼。在债券持有人会议决议授权受托管理人或者推选代表人代表部分债券持有人主张权利的情况下，其他债券持有人另行单独或者共同提起、参加民事诉讼，或者申请发行人破产重整、破产清算的，人民法院应当依法予以受理。实践中，存在以下几种情形：

一是债券持有人会议决议在授权受托管理人行使诉权的同时，也明确持有人可以单独以自己名义行使诉讼权利。针对这类约定，需要明确，若持有人单独提起诉讼有通知受托管理人的义务，诉权可以并行，但是在这类并行债券违约诉讼中，对诉请的实体裁判，则要注意并行案件的协调，尤其是对担保权利的行使的比例判定。

二是有条件允许持有人单独行使诉权的情形。《会议纪要》第6条第2款规定，债券持有人会议以受托管理人怠于行使职责为由作出自行主张权利的有效决议后，债券持有人根据决议单独、共同或者代表其他债券持有人向人民法院提起诉讼、申请发行人破产重整或者破产清算的，人民法院应当依法予以受理。即在一般情形下，受托管理人依持有人会议授权或者受托管理协议及募集说明书等文件之约定，统一代理持有人行使诉权，但是在出现特别情形下，如受托管理人怠于履行职责，不积极行使诉权时，则持有人可以自己名义起诉。具体要求如下：①首先，委托人(持有人)的多数决比例，具体应计算债券(资管计划)的持有份额，以2/3持有份额多数决定债券纠纷诉讼启动程序要件。如果存在交叉违约情形，债券发行不同批次的持有人应以其在本期债券中的持有份额统计。其次，必须是存在涉及持有人根本利益之状况，持有人具有有别于受托管理人之诉讼行动的特别利益诉讼请求的情况，如受托管理人怠于诉讼，影响持有人公平受偿，以及存在道德风险等。②权利行使通知程序，持有人必须及时通知受托管理人其即将采取的诉讼行动，与受托管理人主导之诉讼程序的协调。③在管辖方面，应明确同一法院管辖原则，鉴于债券之财产特定性以及持有人团体之债券利

益的同一性,在债券纠纷进入司法程序时,应考虑集中司法处分原则。可借鉴破产案件的受理法院规则,在受托管理人之诉后,持有人再诉应由受托管理人之诉法院集中受理。④明确委托人(持有人)提起独立诉讼的时间段,即在受托人诉讼的一审庭审结束前。

(3)对因发行人等另行承诺而引发的持有人诉讼与受托人诉讼的冲突,司法审判应注重衡量同期债券持有人是否公平受偿

显然,两条诉讼线是不同债券持有人分别诉请要求偿付持有债券,但依据的法律关系不同,一方是依据募集文件约定,另一方是依据发行人的另行承诺,从法律程序看,两类诉讼并不冲突。

因发行人等另行承诺而引发的持有人诉讼与受托人诉讼的冲突的司法考量。从实体法律方面看,两条诉讼线均指向了同期债券的兑付。从同期债券持有人公平受偿的角度看,要着重考量其诉请要求债券兑付或回购的时间、利息或违约金的计算方法、有无担保等额外的增信措施等,以及持有人依据另行承诺是否获得优于同期其他债券持有人依据募集说明书等文件的额外收益。并从程序方面核实,同期持有人通过仲裁等获得的清偿情况。若仲裁裁决已经确认的同期其他持有人获得债券兑付清偿的收益并未明显有别于持有人依据另行承诺的诉请收益,也可以作为裁量同期债券持有人公平受偿的依据。

3. 债券持有人会议制度与受托管理人诉讼主体资格的协调问题

2019年修订的《证券法》虽已明确了受托管理人基于持有人的委托,可以在债券违约时行使诉讼权利,但从立法层面未明确授予各类证券投资基金管理人、投资顾问在直接融资交易产品等资管计划中的诉讼主体资格。而实践中,资管计划的管理人也是通过契约方式明确其受托管理职责,包括发生兑付纠纷时,以自己名义代替投资人行使诉讼权利。《会议纪要》第7条规定了资产计划管理人的诉讼地位。通过各类资产管理产品投资债券的,资产管理产品的管理人根据相关规定或者资产管理文件的约定以自己的名义提起诉讼的,人民法院应当依法予以受理。

从金融业务实践看,若认可债券的"特定目的载体"的组织性质,即债券以资管计划的载体出现,该特定目的载体(公司、契约、合伙)可以成为一种独立的诉讼主体,只不过对该"其他组织"的诉讼代表人的确定存在争论。这其实是对公司债券这一直接金融活动的理解误区。如果承认了债券资产之特定性,受托管

理人无论从信托关系角度，还是委托代理角度，抑或是从法定名义所有权人角度、债券（资管计划）合约的意定代理角度，受托管理人均可称为债券的诉讼代表人。因此，《会议纪要》第7条对资管计划管理人的诉讼主体资格的确认，是司法实践对金融交易结构的法律解读，是对《证券法》第92条规定的适用空间的进一步明确。

（1）受托管理人一般均为"持牌机构"

从世界金融监管范围看，持牌的受托管理人一般都是以机构的形式存在，包括实际履行受托管理人职责的投资顾问。以组织体形式存在，并不能成为否认受托管理人具备诉讼担当的理由。组织成为诉讼主体，员工可以作为委托诉讼代表人参加诉讼。受托管理人基于信义义务，直接以自己名义提起诉讼，其作为组织性的法律拟制主体的诉讼资格应予以承认。或者受托管理人基于债券持有人会议授权，行使持有人的诉讼权利。其中的法律依据《民事诉讼法》的规定，对于个体工商户（无论有无商号）、个人合伙作为诉讼主体时，可以将合伙事务执行人，实际经营者作为诉讼代表人。受托管理人是债券（资管计划或特定目的载体）的实际事务执行人，因此，其从持有人会议决议获得授权，具有法理基础。若因《民事诉讼法》第51条规定，"公民、法人和其他组织可以作为民事诉讼的当事人。法人由其法定代表人进行诉讼，其他组织由其主要负责人进行诉讼"，而担心债券持有人会议被认定为"其他组织"，而受托管理人不是自然人，不能作为该会议的主要负责人，进而质疑受托管理人的诉讼资格，实为一种逻辑错乱。因为债券持有人会议的授权，将受托管理人的对债券运作管理的职责范围延伸至纠纷发生后的特别代理之范畴，故其诉权具有合同依据。

（2）明确债券持有人会议作为债券持有人的代理决策的权利组织

《公司债券发行与交易管理办法》第54条规定，发行公司债券，应当在债券募集说明书中约定债券持有人会议规则，债券持有人会议规则应当公平、合理。如同股东大会（股东会）作为公司的权力机构一样，债券持有人会议有权对涉及债券（资管计划）的维系运作作出重要决策。尤其是在《中华人民共和国信托法》没有规定信托财产双重所有权制度的情况下，将债券持有人会议作为债券特定目的载体的代理决策权利机构，以债券持有人会议的委托授权，由受托管理人代表全体债券持有人利益而行使诉讼权利，理顺受托管理人的诉讼主体资格与债券持有人会议的关系。

(3)在不同法律属性中,债券持有人会议的团体性质、法律属性应有不同解释

在委托代理关系中,债券持有人会议应视作持有人的代理机构,是持有人的集体行动机制,如果持有人会议授予了受托管理人的诉讼权利,但同时又在特别条件下允许持有人独立采取诉讼行动,其实本质是为防范受托管理人的道德风险,另外也弥补受托管理人诉讼的不足,考虑持有人独立诉讼的效率及特殊利益诉求。因此,在委托代理关系项下,受托管理人与债券持有人会议的诉讼资格并不矛盾,是授权关系。但同时存在与持有人独立诉讼的协调。在信托关系中,可能存在持有人会议作为持有人集体行动机构的情况,也有可能持有人并未建立这种集体行动机制,而受托管理人的诉讼担当系基于法定,而非持有人会议的授权,或者持有人的授权。那么在此种债券架构中,如果赋予持有人会议代表持有人提起诉讼的权利,会导致诉讼程序重叠。因此,如前文所述,受托管理人可以与持有人诉讼并存,但是不建议受托管理人与持有人会议独立诉讼并存。

结　语

在司法实践中,焦点问题之一便是对债券违约主张诉权的不同主体的权利来源、权利协调及诉权行使必要条件的审查和把握。对债券受托管理人的诉讼担当的探讨离不开对其法律关系性质的探究,无论是信托说还是委托代理说,受托管理人均具有诉的利益,其诉讼担当具备审判性基础。司法审判在充分尊重金融市场发展客观逻辑的前提下,司法智慧应有理有力地回应金融市场健康发展的迫切需求。

论中国直接适用法判断的实体法方法

——以转介条款在解决公私法冲突中的作用为视角①

董金鑫*

一、引　言

在全球化时代，频繁的跨国商事交往引发诸多纠纷。根据国际私法原理，涉外合同由当事人选择的准据法支配，且一般不加以对象或联系限制。然由于市场作用的失灵，各国纷纷加大对私人交易的监管，表现为反垄断、进出口管制、外汇管制等立法措施的大量出现。上述基于自身性质和目的确定适用范围的公益立法不宜由当事人选择，从而推动了直接适用法理论和实践的勃兴。2010 年颁布的《中华人民共和国涉外民事关系法律适用法》（以下简称《法律适用法》）第 4 条首次确立了我国直接适用法制度，即我国法律对涉外民事关系有强制性规定的，直接适用该强制性规定。结合 2008 年欧盟《罗马条例Ⅰ》第 9 条第 1 款的定义，此类强制性规定特指国际私法中的强制规范，即为维护一国在政治、社会、经济与文化等领域的重大公共利益，无须多边冲突规范的指引，直接适用于国际民商事案件的实体强制规范。②

虽然目前学界对直接适用法的研究方兴未艾，日益成为国际私法的增长点，但其中的弊病十分明显。即使《法律适用法》出台后研究的重点转向如何判断此

---

① 本文获中国法学会审判理论研究会金融审判理论专业委员会 2021 年研讨会一等奖。

* 中国石油大学（华东）文法学院副教授，自贸区法治研究中心主任。

② 参见肖永平、龙威狄：《论中国国际私法中的强制性规范》，载《中国社会科学》2012 年第 10 期。

类规范,也难以摆脱机械的做法。① 规范的类型化依赖司法解释给出明确答案,②由此形成甲法是而乙法不是的固化观念。与国内强制规范的判断考虑条文是否使用“不得”“应当”“禁止”之类的用语不同,直接适用法的判断过程要复杂得多。毕竟它不构成单独的规范类型,而是实体法上独特的强制规范在国际私法法律适用问题上的投射。同时,目前多数观点认为《法律适用法》第4条之类的我国直接适用法制度可用以解决直接适用法和准据法的适用冲突。由此,其虽从规范层面对直接适用法进行功能分析,但最终仍只发挥选法作用,此种认识不免过于简单。仅从合同的角度,该制度不仅仅要打通直接适用法进入合同准据法体系的通路,还要同时解决此种干预性规范如何作用于合同效力,是国际私法和实体法的有机结合。凡此种种,都表明有必要从实体法的角度对我国直接适用法进行剖析。

由于直接适用法构成如何解决跨国交易背景下的强制规范发生私法效果这一合同法的重要命题,故问题的核心在于如何发挥解决公私法冲突的转介条款的作用。作为管制型强制规范介入私人生活的渠道,转介条款一直是我国民法学研究的热点。特别自原《中华人民共和国合同法》(以下简称原《合同法》)颁布以来,最高人民法院先后出台数份司法解释对该法第52条第5项的强制性规定进行界定。甚至在2017年原《中华人民共和国民法总则》(以下简称原《民法总则》)、《中华人民共和国民法典》(以下简称《民法典》)制定的过程中,转介条款的设置也是各界争论的焦点之一。然长期以来,国际私法学界对此类条款未足够重视,认为它只是冲突规范援引之准据法的一部分,并非法律选择过程中所要考虑的问题。实际上,其不仅在国内实体法层面具有重要地位,对涉外合同的法律选择也有重大影响。在合同准据法为外国法的情况下,直接适用于涉外合同纠纷的我国管制规范同样要援引之。本文主要从转介条款的解释功能、解释标准以及解释范围阐述实体法方法,为我国直接适用法的判断提供新的研究

① 参见董金鑫:《论法国国际私法视阈下的公序法》,载《环球法律评论》2015年第5期。

② 《关于适用〈中华人民共和国涉外民事关系法律适用法〉若干问题的解释(一)》第8条规定,有下列情形之一,涉及中华人民共和国社会公共利益、当事人不能通过约定排除适用、无需通过冲突规范指引而直接适用于涉外民事关系的法律、行政法规的规定,人民法院应当认定为涉外民事关系法律适用法第4条规定的强制性规定:(1)涉及劳动者权益保护的;(2)涉及食品或公共卫生安全的;(3)涉及环境安全的;(4)涉及外汇管制等金融安全的;(5)涉及反垄断、反倾销的;(6)应当认定为强制性规定的其他情形。

视角。

二、转介条款的解释功能与我国直接适用法的判断

所谓直接适用法而无须冲突规范的援用,只是单纯现象的描述,这种说法不仅是表象的,而且会引人误解。直接适用法理论的兴起,并非说明某些特殊的强制规范的适用原来由冲突规范指引,而是因其内在的公法性以及该领域法律冲突的差异本身就需要特别对待。直接适用法与冲突规范是相伴而生的,只是在当前各国普遍干预经济生活的背景下更加显现。

(一)直接适用法的实体法形态

具体到合同领域,合同法多表现为在当事人没有约定的情况下才适用的任意性规定,强制性规定的设置主要为平衡合同当事人、相关第三人的利益以及维护社会公共秩序。当强制性规定导致合同发生无效外的效力瑕疵时,则主要考虑平衡私人利益的因素,需要当事人提起主张;如导致合同自始、绝对、当然无效,并且其适用与否由法院主动完成,则出于维护公益的考虑。前者内设于民法典之中,旨在为私人交易设置框架,[①]如有关合同成立、对价要求以及违约责任等强制性规定,反映在国际私法层面,即作为各国合同法的基础内容原则上根据萨维尼式的双边冲突规范能够实现普遍的国际交换,只有在极为例外情况下才能运用公共利益保留排除,无直接适用的必要。后者则表现为位于私法体系之外的公法强制规范,传统上属于强行法(jus cogens)而非合同准据法的范畴,不能通过冲突规范进行交换。其无论根据属地、属人还是其他标准适用,都由规范自身的意图决定。[②] 此种实体法上的公法性质正是作为直接适用法判断依据的公益的生动反映。

虽然直接适用法表现为前置于民法典的行政法、刑法等较典型的公法,但这不代表一切公法性强制规范都能直接适用于涉外合同关系。由于国际私法着眼

---

① See Peter E. Nygh, *Autonomy in International Contracts*, Oxford University Press, 1999, p. 203.

② See Jieying Liang, *Statutory Restrictions on Party Autonomy in China's Private International Law of Contract: How Far does the 2010 Codification Go?*, 8 J. Priv. Int'l L. 105 (2012).

于公法对私法关系产生的法律效果,特别是对合同效力的影响,而不关注它的行政或刑事制裁,[①]故需要借助实体法方法作进一步明晰。

(二)转介条款在明确合同效力上的解释功能

目前来看,合同并非违反任何强制规范都发生无效的后果。就一国的法律体系而言,除法律明确规定违反强制规范的私法效果外,单纯公法性强制规范对缔约、履行行为的禁止不能用于评判合同效力,公法进入私法领域需要借助转介条款。此类条款如原《合同法》第52条第5项、《德国民法典》第134条,[②]皆是判断合同效力的媒介。然而,基于公法优位主义观念的盛行,转介条款曾被视为单纯将公法传送到私法体系的引致规范(Verweisungsnorm),本身不具有任何的解释功能。[③] 强制规范对合同效力的影响全凭规范目的而定,既不考虑私益等维护合同机制的需要,又不关注当事人缔约时的主观意图以及违法后果可否归于合同一方,故违法即意味着合同无效。然不能仅以强制规范自身决定合同的效力,法官需要在规范目的之外明确国家管制和合同自由的关系。

从国际私法的角度,直接适用法体现公法和私法的双重价值,[④]其不仅伴随公法或准公法规范,还同时发生私法效果,即构成所谓"双面规范"(Doppelnormen)。首先,直接适用法只有在涉外民事审判中才能体现其价值。如果发生公法诉讼,由于公法的适用具有严格属地性,不存在通过冲突规范从中选择的可能。即使出现本国公法适用受限的情形,只能驳回诉讼请求,根本没有区别对待的必要。其次,直接适用法必须能够作用于涉外民事案件,成为裁判的依据,对私人关系不发生效果的公法规范不构成直接适用法。故对于因管理、管制目的设置的强制规范,只有那些能通过转介条款纳入私法体系当中的才可具

---

① See Frank Vischer, *General Course on Private International Law*, 232 Recueil des Cours 151 (1992).

② 又如《法国民法典》第1133条、《意大利民法典》第1354条、《葡萄牙民法典》第280~281条、《荷兰民法典》第3编第40条、《瑞士债法典》第20条。

③ 转介条款,是指本身没有独立的规范内涵,不具有解释规则的意义,单纯引致某一具体规范,法官需要从所引致的具体规范的目的确定其效果的法律条款。参见苏永钦:《私法自治中的经济理性》,中国人民大学出版社2004年版,第35页。

④ Frank Fischer, "*Revolutionary Ideas*" *and the Swiss Statute on Private International Law*, in K. Boele-Woelki, eds., Convergence and Divergence in Private International Law: liber amicorum Kurt Siehr, Eleven International Publishing, 2010, p. 107.

有直接适用的资格。

三、转介条款的解释标准与我国直接适用法的判断

转介条款的作用在于明确哪些强制性规定能够进入私法领域。目前为止，关于转介条款下的强制性规定的解释存在法律位阶、规范分类以及利益平衡三种标准，这些实体法的解释标准对我国直接适用法的判断同样有助益。

(一)法律位阶标准与我国直接适用法的判断

1.法律位阶标准在实体法中的表现

法律位阶标准，是指通过限制法律位阶的方式来明确能认定合同无效的强制性规定的层级范围。最初，原《民法通则》第58条规定，违反法律的合同无效，这可以解释为任何位阶的法律。随后，原《合同法》第52条第5项将能导致合同无效的强制性规定限于法律和行政法规。① 原《关于适用〈中华人民共和国合同法〉若干问题的解释(一)》[以下简称原《〈合同法〉解释(一)》]第4条重申只有全国人大及其常委会制定的法律以及国务院颁布的行政法规构成原《合同法》第52条第5项的强制性规定，而将地方性法规、行政规章等其他规范性文件排除在外。此种做法在改革开放初期这一特定的历史环境下具有重要意义，其特别针对那些地方行政机构下发的红头文件，也反映了我国法院不具有司法审查职能而无权宣告规范性文件不法的无奈，②但有失灵活。在我国法治日益完善的今天，似乎难以为继。高位阶的立法更容易体现重要的公共利益，但违反它并非一概希望引起合同无效的后果，而低位阶的立法有时也存在需要司法维护的价值。

首先，效力位阶论在比较法上不受欢迎。③《德国民法施行法》第2条规定，《德国民法典》中的法律包括授权行政机关制定的法规、社团制定的自治规章、条

① 原《关于适用〈涉外经济合同法〉若干问题的解答》第3条第6项曾将合同根据我国法律和行政法规应当由国家主管机关批准成立而未经批准作为无效情形之一。

② 参见朱庆育:《〈合同法〉第52条第5项评注》，载《法学家》2016年第3期。

③ 评注c同时认为，应特别注意低位阶的法律是否能维护大众的福利。Restatement (Second) Contract Laws § 178 cmt. a, c. 这说明强制规范的位阶不是决定性因素，是否适用仍需要具体分析。

约或欧共体的规定以及习惯法等各种类别的渊源,而不仅仅是民法或基本法层面的狭义法律。同样,美国《第二次合同法重述》第178条评注a的解释,规定合同不可强制执行的法律,包括制定法、宪法、地方法令和行政规章以及依冲突规范指引的外国法。而日本近代早期虽然存在法规渊源区别说的主张,但自20世纪30年代以来普遍认为将府县颁布的命令排除于行为效力评价的做法缺乏宪法依据。①

其次,我国法院对效力位阶论的运用做法不尽一致。中国人民银行制定的《贷款通则》第61条②和中国人民银行制定的原《境内机构对外担保管理办法》第17条等部门规章的条款仍被法院作为判定相关类型合同无效的依据。③ 为了使后者能够在审理对外担保案件中适用,最高院通过制定司法解释这一变通的方式将之"法律化"。这使法官不屑于对强制规范进行整体判断,而是盲目求助于法律文件的效力等级,难以达到公众对个案正义的期待。更何况我国立法体系尚不十分完善,部门立法往往是全国人大及其常委会制定的法律和国务院颁布的行政法规的缺位的无奈之举。

最后,通过适当解释我国原《合同法》第52条第4项的公共利益,理论层面对法律位阶标准作了一定的修正。权威观点认为,首先,应该根据地方性法规、部门规章是否存在上位法、上位法是否得到授权解释等方面判断是否构成原《合同法》第52条第5项的强制性规定;其次,对仍不满足法律、行政法规要求的部门规章等规定,如果其违反将必然损害国家和社会的公共利益,可以原《合同法》第52条第4项为由确认合同无效。④ 对于原国家质检总局颁布的禁止进口农产

---

① 参见孙鹏:《私法自治与公法强制——日本强制性法规违反行为效力论之展开》,载《环球法律评论》2007年第2期。

② 该条规定企业之间不得违反国家规定办理借贷或者变相借贷融资业务。2015年《最高人民法院关于审理民间借贷案件适用法律若干问题的规定》部分改变了对企业间借贷效力的看法,其直接适用法的资格值得商榷。此前已有法院认为,由于出借资金源于自有资金,且出借行为系偶尔,并不存有从事资金出借的长期行为,也未有以资金经营为常态的情况,借贷行为未违反法律法规的效力性强制性规定,参见(2012)浙商终字第77号判决书。关于企业间借贷合同效力的集中论述,参见黄忠:《企业间借贷合同无效论之检讨》,载《清华法学》2013年第4期。

③ 参见最高人民法院民事判决书,(2008)民二终字第111号;最高人民法院民事裁定书,(2013)民申字第2250号。

④ 参见王利明:《论无效合同的判断标准》,载《法律适用》2012年第7期。

品的公告，[①]不能仅以此类规范性文件不具有法律、行政法规的资格而否定它对外贸合同效力的影响，而应该探求此种抽象行政行为的法律依据。对此，2004年修订的《中华人民共和国对外贸易法》第16条第2项"为保护人的健康或者安全"而可以采取限制或禁止进出口，以及《中华人民共和国食品安全法》第95条在特定情况发生时"国家出入境检验检疫部门应当及时采取风险预警或者控制措施"的规定才是原《合同法》第52条第5项的强制性规定。同样，在依法行政的原则下，行政机关关于特定事件的行政处罚（befehlende Verwaltungsakte）只是基于法律或命令的强制禁止规范对个案或通案的具体化，本身不创设强制或禁止，真正发挥作用的是其据以作出的法律依据。[②]

2. 法律位阶标准对我国直接适用法判断的启示

关于我国直接适用法所处的法律位阶，从《法律适用法》第4条的内容看，"中华人民共和国法律"似乎指全国人大及其常委会制定的法律文件。但在国际私法的语境下，其重在强调中华人民共和国，而非法律，本身不构成对我国直接适用法位阶上的限制。[③] 考虑到该条与原《合同法》第52条第5项的联系，[④]其法律位阶判断虽有不足，但对我国直接适用法的界定必然产生影响。

《关于适用〈中华人民共和国涉外民事关系法律适用法〉若干问题的解释（一）》［以下简称《〈法律适用法〉解释（一）》］第10条[⑤]将《法律适用法》第4条的强制性规定明确为法律、行政法规的规定，与原《合同法》第52条第5项所要求的位阶一致，这表明我国直接适用法主要存在于原《合同法》第52条第5项所指的强制性规定当中。严格按照规范位阶论的要求，地方性法规、规章及以下文件的强制性规定如出于维护我国重大公益的必要而确实需要认定涉外合同无效的，除了少数存在上位法授权的情况外，只能借助公共秩序保留制度排除外国准据法，再援引原《合同法》第52条第4项合同违反我国公共利益的规定加以考

① 如在日本福岛核泄漏发生之后，原国家质检总局下发的《关于禁止部分日本食品农产品进口的公告》禁止进口原产自该地以及附近地区的农产品。

② 参见苏永钦：《寻找新民法》，北京大学出版社2012年版，第267页。

③ 参见肖永平、张弛：《论中国〈法律适用法〉中的"强制性规定"》，载《华东政法大学学报》2015年第2期。

④ 关于法院的态度，参见广东省高级人民法院课题组：《关于涉外民事关系法律适用法的若干问题及起草司法解释的建议》，载《人民司法》2013年第1期。

⑤ 2021年修订后为第8条。

量。此时,地方性法规、规章及以下的强制性规定在涉外合同案件中发挥作用的途径与我国的基本道德观念相似,都需要根据外国准据法的适用结果决定其是否能发挥作用。

(二)规范分类标准与我国直接适用法的判断

1. 规范分类标准在实体法中的表现

1993年《最高人民法院〈关于印发全国经济审判工作座谈会纪要〉的通知》即认为如合同约定仅违反一般行政管理性规定的,[①]可按照违反有关行政管理规定进行处理,而不因此确认合同无效。而后,区别于不影响合同效力的单纯管理性规定,2009年《关于适用〈中华人民共和国合同法〉若干问题的解释(二)》[以下简称原《〈合同法〉解释(二)》]第14条采用学理上的概念,将原《合同法》第52条第5项的强制性规定限于"效力性强制规定"。[②]

效力性强制规定和管理性强制规定的表述也与禁止性规定和命令性规定对应。[③] 若被规制的合同行为发生即绝对损害国家利益或社会公益,则该规定应被认定为效力性强制规定;那些针对具体履行行为的细节问题或通过处罚即可实现规制目的的规范,则构成单纯的管理性强制规定。故买卖人口因违反刑法等公法性规定当然无效,而超出公司经营范围订立的合同仍为有效,除非违反国家的特许专营制度。该标准借助空洞的公式以问答问,[④]往往陷入循环论证的境地。毕竟只有得出否定合同效力的结果才能说明其构成效力性规范。但这体现了私法审判对公法干预的警惕以及维护正当的交易机制的意图,并依赖法官的经验认识作出是否合理的判断。

---

① 例如一般地超范围经营、违反经营方式等,而不是违反专营、专卖及法律禁止性规定,合同标的物也不属于限制流通的物品。

② 参见《中华人民共和国民法典·民法总则专家建议稿(征求意见稿)》第137条,违反法律、行政法规效力性强制性规定的法律行为,无效。另外,《最高人民法院关于审理民间借贷案件适用法律若干问题的规定》第13条将违反法律、行政法规效力性强制性规定作为认定民间借贷合同无效的依据。

③ 参见梁慧星:《民法总则立法的若干理论问题》,载《暨南学报(哲学社会科学版)》2016年第1期。

④ 参见苏永钦:《以公法规范控制私法契约——两岸转介条款的比较与操作建议》,载《人大法律评论》2010年第1期。

2. 规范分类标准对我国直接适用法判断的启示

强制性规定的类型化对《法律适用法》第 4 条的界定也有启发。国际私法着眼于公法对私法关系产生的法律效果,即当事人违反法律所要承担的民事责任,尤其是对合同效力的影响。对公法性强制规范而言,只有能够作用于合同效力的强制性规定才有可能构成我国直接适用法。以往在司法实践中,法院大多以我国法律存在强制性规定为由援用《法律适用法》第 4 条,没有明确强制性规定的种类。

但在朱某某与 A 公司等服务合同纠纷上诉案中,[①]针对上诉人在中国内地操作美股交易的行为,上海市第一中级人民法院以《中华人民共和国证券法》对该案所涉服务合同的效力具有强制性规定为由对《法律适用法》第 4 条进行了直接适用。将证券法中的从业经营资质[②]视为效力性强制规定的做法为学者所质疑,[③]但法院开始尝试使用实体法上的规范分类标准对我国直接适用法进行判断值得肯定。不过,《〈法律适用法〉解释(一)》第 10 条未明确将《法律适用法》第 4 条的强制性规定限于效力性强制规定。最高人民法院民四庭负责人特别强调此强制性规定与原《合同法》上的效力性或管理性强制规定不同,似乎认为我国直接适用法属于更为例外的情形。[④] 更何况效力性强制规定与单纯的管理性强制规定的区分本身存在模糊之处,故《法律适用法》第 4 条的强制性规定即我国直接适用法的判断仍需要进一步分析。

(三) 利益平衡标准与我国直接适用法的判断

1. 利益平衡标准在实体法中的表现

在对强制性规定进行二元分类之后,民法学界又相继提出了比例原则和公序良俗原则作为转介条款下强制规范适用的评判依据,其核心思想是对所涉及

---

① 参见上海市第一中级人民法院民事判决书,(2012)沪一中民四(商)终字第 S1217 号。

② 根据《中华人民共和国证券法》第 118 条的规定,设立证券公司,须经国务院证券监督管理机构批准。未经国务院证券监督管理机构批准,任何单位和个人不得以证券公司名义开展证券业务活动。

③ 参见黄进、周园、杜焕芳:《2012 年中国国际私法司法实践述评》,载《中国国际私法与比较法年刊》2013 年卷。

④ 参见《最高人民法院民四庭负责人就关于适用〈中华人民共和国涉外民事关系法律适用法〉若干问题的解释(一)答记者问》,载最高人民法院网,http://www.court.gov.cn/xwzx/jdjd/sdjd/201301/t20130106_181593.htm。

的私益和公益进行平衡。由此,学界普遍认为转介条款具有诚实信用、公序良俗之类概括条款①的功能,是需要法官在个案中进行价值补充从而确定事实构成的抽象原则。

考虑到规范分类标准的不足,最高人民法院在《印发〈关于当前形势下审理民商事合同纠纷案件若干问题的指导意见〉的通知》中不仅强调了效力性和管理性强制规定的区分,还明确给出要考虑的因素,即法院应当综合法律法规的意旨,权衡相互冲突的权益,如权益的种类、交易安全以及其所规制的对象等,综合认定强制性规定的类型。通过利益平衡能够实现个案正义,并取得良好的审判效果,这在我国现阶段仍是比较可行的做法。

在原《民法总则》制定的过程中,虽然从专家建议稿到人民代表大会讨论的草案第三稿一直使用效力性强制规定的表述,但这最终没有获得立法的正式认可。原《民法总则》第153条规定,违反法律、行政法规的强制性规定的民事法律行为无效,但是该强制性规定不导致该民事法律行为无效的除外。此种做法能够为利益平衡标准的采用提供足够的解释空间,亦为《民法典》第153条的认可。

2. 利益平衡标准对我国直接适用法判断的启示

(1)目前的情况——公益的过分强调

以往在国际私法层面判断我国直接适用法时缺乏适当的平衡机制,不满足利益平衡的需要。首先,过分强调立法的内在意图会对直接适用法的判断产生不良的后果,那些对法律适用至关重要的因素,如国际协调、对司法活动简单和容易的期望以及结果确定、统一和可预见的需要,会被忽略。② 其次,随着法律现实主义和功能主义的发展,现代国家的立法无不以维护经济、社会等公共利益为目的,何况公共利益在实践中存在解释差异。如果定位于合同效力,则更容易发现问题的端倪。合同是当事人意思自治的产物,除非绝对必要,否则应当予以维护。

虽然当合同违反法律强制性规范而整体无效时,有理由认为该强制性规范反映了国家干预经济活动的强烈意愿,即反映了一国重大而根本的公共利益,但

---

① 本身不具有法律适用时的完全性规范所具备的事实构成而需要价值补充的一般条款(*Generalklauseln*)。参见耿林:《民法典的规范表达研究》,载《清华法学》2014年第6期。

② See David St. L. Kelly, *Localising Rules in the Conflict of Laws*, Woodley Press, 1974, p. 88 – 89.

是否可以说只要反映了我国的重大公共利益即构成我国直接适用法？对此，根据《〈法律适用法〉解释（一）》第 10 条的定义，至多限制公共利益的类型，其他包括维护当事人合理预期在内的一切考虑都是多余的。结合《法律适用法》第 4 条的措辞，完全可以认为法官必须适用我国的直接适用法，不存在任何裁量的可能。

关于该问题，最高人民法院民四庭负责人认为，此类规定一定要适用于涉外民事关系，是出于立法目的的考察。强制性规定的直接适用，与公共秩序保留条款一样，都是排除外国法适用的制度，故应严格谨慎，不能滥用。[①] 然而，这种态度只是从维护国际私法作用机制的价值层面上考虑，于立法和司法解释条文内容的本身不能得出这一结论，更无法说明《〈法律适用法〉解释（一）》第 10 条试图引入的实体法上的利益平衡标准。

（2）利益平衡的前提——自由裁量的赋予

作为利益平衡的前提，直接适用法的判断必然伴随着法官的自由裁量。目前以 1980 年《罗马公约》第 7 条第 1 款和《罗马条例 Ⅰ》第 9 条第 3 款为代表的外国直接适用法制度都规定了自由裁量的条件，即在决定是否给予此类强制规范以效力时，应考虑它们的性质、目的以及适用或不适用所发生的后果，此种做法值得注意。在比较法上，根据罗马法学者（Romanist）的观点，[②]一旦法院地的强制性规定具有直接适用法的资格，则即使案件在法院地没有产生实质影响，也应无条件地赋予其适用上的优先地位。而根据 1966 年荷兰最高法院审理的 Alnati 案[③]确立的原则，只有直接适用法的目的能够在个案中得以增进，才能作出适用的决定。[④] 即使面对《罗马公约》第 7 条第 2 款或《罗马条例 Ⅰ》第 9 条第

---

① 参见《最高人民法院民四庭负责人就关于适用〈中华人民共和国涉外民事关系法律适用法〉若干问题的解释（一）答记者问》，载最高人民法院网，http://www.court.gov.cn/xwzx/jdjd/sdjd/201301/t20130106_181593.htm。

② See Th. M. De Boer, *The EEC Contracts Convention and the Dutch Courts: A Methodological Perspective*, RabelZ, Bd. 54, H. 1, 59 (1990).

③ Van Nievelt, Goudriaan & Co's Stoomvaartmij N. V. v. N. V. Hollandsche Assurantie Societieit and Others, Hoge Raad, 13. 5. 1966, NJ, (1967), No. 3, 16. 该案的英文介评，参见 J. E. J. Deelen, *Private International Law: Carriage of Goods by Sea. Party Autonomy*, N. 15 Int'l L. R. 82-96 (1968).

④ See Seyed Nasrollah Ebrahimi, *Mandatory Rules and Other Party Autonomy Limitations*, Athena Press London, 2005, p. 349.

2款,也应该给予法官一定程度的适用裁量权。①

故而,以《法律适用法》第4条为代表的直接适用法制度从字面上理解为法官必须适用,但在运用中必须赋予其裁量的权力。严格依据适用制度的措辞,则只要符合公益要求并满足适用范围,必须予以适用。但问题远没有如此简单,当法院地存在能够使合同无效的规则时,《罗马条例Ⅰ》第9条第2款授权法院地界定适用此类实体规则的利益,并权衡其他影响法律选择的考量因素,如支持当事人期待的基本政策、国际贸易的便利开展、法律的确定性以及准据法主义所要达到的结果一致性,从而最终决定是否要给予认定合同无效的利益以优先效力。② 由此法官需要综合平衡法院地国的利益、准据法所属国的利益以及当事人的利益之后才能作出是否适用的决定,虽然在必要时应优先考虑法院地国的利益,但不应过分地推崇,否则会导致直接适用法制度的滥用。

(3)利益平衡的方法——比例原则的运用

当法院地的直接适用法与外国准据法存在真实的法律冲突时,需要根据比例原则作出法律适用上的权衡。该原则原为公法尤其是行政法适用的一项原则,即公法的适用不能超过其所追求的正当目的,这项原则多针对行政机关的自由裁量,具体包括手段有助于目的达成的适合性原则、公权力的行使应以对人民最小伤害的方式为之的适合性原则以及实现保护目的与手段之间均衡的均衡性原则。③ 反映在公法作用于私人交易的机制上,谨慎运用比例原则同样可以解决公益需要和私益维护二者之间的矛盾,合同的有效与否应根据个案的具体情形判断。④ 只要可以通过公法制裁实现管制的目的,则没有必要施加私法责任,以维护交易秩序与安全。⑤

延伸至国际私法层面,首先,对当事人意思自治的限制必须追求正当目的。这不仅要确定强制规范所保护的利益,还要运用比例原则分析强制规范的适用

---

① See Peter Kaye, *The New Private International Law of Contract of the European Community*, Aldershot, 1993, p. 262.

② See Peter Stone, *EU Private International Law*, 2nd edition, Edward Eltar, 2010, p. 342.

③ 参见黄忠:《比例原则下的无效合同判定之展开》,载《法制与社会发展》2012年第4期。

④ 参见郑晓剑:《比例原则在民法上的适用及展开》,载《中国法学》2016年第2期。

⑤ 参见谢鸿飞:《论法律行为生效的“适法规范”——公法对法律行为效力的影响及其限度》,载《中国社会科学》2007年第6期。

是否与其本身的政策目标以及所维护的公共利益成比例，①只有在绝对必要时才可以适当限制准据法的作用。② 其次，直接适用法的最终适用还需要法官运用比例原则平衡直接适用法所维护的公益、准据法所属国的利益以及当事人的利益。如交易自身并不违法，只是周围情势存在违法情形，为保护当事人的合理期待，不会单纯因为合同违反直接适用法而否定其效力。在 Euro-Diam 案中，为逃避德国的税收征管法，买卖双方在购买珠宝合同中约定使用虚假价值的发票。由于违法性与交易过于遥远（remote），该违法情形在英国法院看来不影响以合理价值对该案标的物投保的保险合同的效力。③ 相反在 Kulturgüterfall 案，当投保人为一批违反尼日利亚出口管制法的文物投保，德国法院认为运输途中因意外造成的损失不构成向保险人索赔的依据，此时认定保险合同无效不违反比例原则，否则投保人能够享受不法交易带来的利益。④

两种比例原则虽有不同，但融为一体、不易区分。一方面，前者更考虑规则所属国本身的意图和利益。如果规范限定自身的适用意图和范围，表现在合同机制运行上，当其不希望否定具体交易的效力时或可补正，则不存在任何直接适用理由。另一方面，即使其希望适用，仍要借助比例原则综合考虑法院地国以及准据法所属国的利益。总之，比例原则于直接适用法判断上最终表现为公益和私益的冲突，只是在处理跨国交易纠纷时考虑的法律冲突更多、情况更为复杂。

比例原则还特别强调实施手段对所要达成目标的合理性。⑤ 以禁止在国家合同使用中介为例，此种规范的目的多为预防腐败，而反腐败构成国际公认的跨国公共政策。⑥ 没有国家会承认旨在通过贿赂官员获得不正当利益的合同效力。然是否禁止在国家合同中使用中介，各国并未达成一致，实践对此类合同的效力

---

① See Jan-Jaap Kuipers, *EU Law and Private International Law: The Interrelationship in Contractual Obligations*, Martinus Nijhoff Publishers, 2011, p. 82.

② See Tillman Christopher, *The Relationship between Party Autonomy and the Mandatory Rules in the Rome Convention*, J. Bus. L., No. 1, 2002, p. 68.

③ Euro-Diam Ltd v. Bathurst, [1990] 1 QB 1.

④ 59 BGHZ 83(1972) (F. R. G.), 59 BGHZ 1 (F. R. G.). BGHZ 59, 82, 85 = NJW 1972, 1575.

⑤ 涉及便利或推动药物的非法交易、恐怖主义、颠覆政权、卖淫嫖娼、儿童虐待、奴隶制以及其他违反人权的合同会被视为普遍违法而注定无效。See R. Kreindler, *Competence-Competence in the Face of Illegality in Contracts and Arbitration Agreements*, 361 Recueil des Cours 180(2012).

⑥ See Abdulhay Sayed, *Corruption in International Trade and Commercial Arbitration*, Kluwer Law International, 2004, p. 277.

也莫衷一是。在1982年国际商会仲裁院审理的一起案件中,一位伊朗官员曾和希腊公司约定,如他促成后者与伊朗政府达成交易,将会获取不低于合同金额2%的好处。希腊公司未支付中介费,伊朗官员的请求被仲裁员否定,因为这构成国际贸易中的不道德行为。[①] 而审理Northrop案[②]的美国法院认为,在没有确切证据证明贿赂发生的情况下,此类合同能够执行。故而是否符合比例原则是能否适用直接适用法的重要前提。

四、转介条款的解释范围与我国直接适用法的判断

关于合同违反强制性规定的效力情形,早在罗马法时代,学者就已经根据制裁方式的不同将强制规范区分为规定违反时行为无效的完全法律(*Lex perfecta*)、违反时行为人受制裁但效力不受影响的次完全法律(*Lex minus quam perfecta*)、违反时不受任何制裁的不完全法律(*Lex imperfecta*)以及违反时行为无效且受刑事制裁的最完全法律(*Lex plus quam perfecta*)。[③] 一般认为上述已经明确其违反将导致合同无效的完全法律和最完全法律不需要援用转介条款发挥解释功能。反映在国际私法层面,就转介条款在我国直接适用法判断问题上所能发挥作用的解释范围,关键在于是否以及如何区分完善法和非完善法。

(一)完善法与我国直接适用法的判断

从实体法的视角,并非所有能导致合同无效的强制性规定都需要借助我国原《合同法》第52条第5项实现自身的适用。基于文义解释,那些明确了违反后果的强制性规定一般不必借助该款。从比较法上也可以得出这一结论。在德国法上,《反限制竞争法》第1条[④]的规定属于完善法的范畴,无须《德国民法典》第

① See ICC Case no. 3916. Also see Triad Financial Establishment v. The Tumpane Company, 611 F. Supp 157 (1985).

② See Northrop Corp. v. Triad International Marketing S. A., 811 F. 2d 1265, 1270 (9th Cir. 1987).

③ 参见孙鹏:《论违反强制性规定行为之效力——兼析〈中华人民共和国合同法〉第52条第5项的理解与适用》,载《法商研究》2006年第5期。

④ 第1条"禁止限制竞争协议"规定,禁止以阻碍、限制或扭曲竞争为目的或者产生阻碍、限制或扭曲竞争后果的企业间协议、企业联合组织的决议以及协同行为。

134 条配合。第 134 条的真正意义是针对那些不属于民法领域且仅仅规定民法以外制裁措施的法律禁令。[①] 这说明如果强制规范是完善法,则一切适用与否的权衡都是多余的。只要满足规范的适用范围条款,则必然发生合同无效的后果。此外,《第二次合同法重述》第 178 条[②]和综合两大法系做法的 2010 年版《国际商事合同通则》第 3.3.1 条[③]都认为只有在强制规范没有明确违反所发生的私法后果时,才存在经由转介条款解释合同效力的可能。

在国际私法层面也是如此,即无论准据法如何规定,都不影响构成完善法的法院地直接适用法在涉外案件中的适用。明确发生何种私法效果的立法情况并不多见。在我国,规定未经审批、登记的对外担保合同无效的原《关于适用〈中华人民共和国担保法〉若干问题的解释》(以下简称原《〈担保法〉解释》)第 6 条是其中的代表。起初,根据 1996 年发布的《中华人民共和国外汇管理条例》,对外担保人需向外汇管理部门履行报批义务,作为配套的《境内机构对外担保管理办法》明确认为未经审批的对外担保无效。由于原《〈合同法〉解释(一)》的存在,作为部门规章的《境内机构对外担保管理办法》对合同效力的规定不能证明完善法的存在。不过,原《〈担保法〉解释》认可了未经审批的对外担保合同无效的做法,而司法解释在我国实际上具有法律的地位,从而可以继续作为此类案件的裁判依据。

在《法律适用法》颁布以后,法院仍然遵守上述解释,并援引《法律适用法》第 4 条直接适用之,法官不存在任何裁量的可能。此种立法预先设计往往是过度的,与转介条款的一般解释也相冲突。以外商独资企业自行提供对外担保为例,此种担保不需要审批,而只要事后登记。此种登记服务于数据统计的功能,无关我国的重大公共利益,最高人民法院曾在星花投资与杭州金马房地产等债

---

① 参见[德]迪特尔·梅迪库斯:《德国民法总论》,邵建东译,法律出版社 2013 年版,第 483、645 页。

② 在考虑执行某一条款的利益时应考虑:(1)当事人的正当期待;(2)拒绝执行所导致的丧失;(3)执行特定条款的任何特殊公益。在考虑拒绝执行某一条款的公共政策时应考虑:(1)由立法或司法裁判所反映的政策强度;(2)条款的拒绝执行对于增进该政策的可能性;(3)所涉及任何不当行为的严重性以及故意的程度;(4)不当行为和条款联系的直接性。

③ 合理性的确定应特别关注如下因素:(1)所违反规则的目的;(2)规则所要保护的人群;(3)规则违反施加的制裁;(4)违反的程度;(5)一方或双方当事人是否知道或应当知道此种违反;(6)合同的履行是否必然伴随此种违反;(7)当事人的合理期待。

务及担保合同纠纷上诉案[①]中突破了原《〈担保法〉解释》的规定,认定此种未经登记的情形仅应受到行政处罚,但担保合同仍然有效。原《〈合同法〉解释(二)》第 14 条提出了效力性强制规定与管理性强制规定的区别,这本应该强化上述认识,但实际并非如此。在香港上海汇丰银行上海分行与景轩大酒店、万轩置业金融借款合同纠纷上诉案[②]中,最高人民法院推翻了上海市高级人民法院的一审判决,再次强调此类纠纷仍应该严格适用原《〈担保法〉解释》第 6 条,不受原《〈合同法〉解释(二)》第 14 条的影响。虽然根据《境内机构对外担保管理办法》的有关规定,外商独资企业提供的对外担保不需要逐笔审批,但仍然需要进行登记,故在审理涉及外商独资企业作为担保人提供的对外担保合同纠纷时,仍应审查提供的对外担保是否已经在外汇管理机关登记,未登记的无效。

值得注意的是,由上海市高级人民法院胡永庆法官担任主审法官的一审判决[③]援用了原《〈合同法〉解释(二)》第 14 条,认定对外担保未办理担保登记的仅是影响其对外履行义务,不影响合同效力,而且未将之限于外商独资企业提供对外担保的情形。因此,对外担保合同以批准为生效前提,是否办理登记不涉及对外担保合同的效力判断。另外,该判决还试图将原《〈合同法〉解释(二)》和原《〈担保法〉解释》进行一致解释,即对后者进行限缩,认为涉案抵押不属于原《〈担保法〉解释》第 6 条第 2 项规定的情形。法院认识的不一致说明原《〈担保法〉解释》第 6 条的完善法地位存在疑义。虽然其仅仅针对担保合同,某种程度构成特别法,但其对公私法的认识无法满足转介条款的解释,明显存在历史局限性。根据新法优于旧法的原则,理应为原《〈合同法〉解释(二)》第 14 条所取代。总之,出于利益平衡的需要,在预设完善法条款时应该保持必要的谨慎。

(二)不完善法与我国直接适用法的判断

从实体法的角度,如果强制规范不构成完善法,即本身没有规定所能发生的私法效果,需要通过转介条款加以解释的方式判断合同效力。反映在国际私法层面,当需要直接适用法院地的强制规范时,应该由哪一国的转介条款解释?直接适用法,是指该规范对合同或某一条款效力的单独支配,还是仅仅作为法律禁

---

① 参见最高人民法院民事判决书,(2004)民四终字第 21 号。

② 参见最高人民法院民事判决书,(2010)民四终字第 12 号判决书。

③ 参见上海市高级人民法院民事判决书,(2009)沪高民四(商)初字第 2 号。

止合同事实发生的判断依据？这反映了是将直接适用法视为裁判规范还是行为规范的争议。① 前者不仅需要考虑是否存在法律禁止，而且该禁止对合同效力的影响也应承认；后者支配合同中涉及的不法性，但此种不法能否发生无效后果仍须交由外国准据法的转介条款判断。

1.外国准据法所属国的转介条款与我国直接适用法的判断

关于这一问题，可以考虑由外国准据法所属国的转介条款决定我国法院地的直接适用法发生何种私法效果。此时形成我国法院地直接适用法和外国准据法并存的状态，即当我国直接适用法要求合同必须经过批准，但没有规定未经批准对合同的后果时，则需要根据外国准据法判定该条款的不生效是否影响整个合同的效力。② 这使合同准据法不仅支配因直接适用法造成的合同无效后财产返还等后果，而且还决定直接适用法对合同有关事实禁止所产生的私法效果。③从准据法全面支配包括合同无效在内的有效性事项的角度可以得出这一结论。④

然而，此种做法割裂了直接适用法与该法律体系的转介条款之间的有机联系，不应推崇。其一，从利益分析的角度，外国准据法所属国未必与基础交易存在实质联系，即便适用该国转介条款仍不产生利益；其二，如果当事人选择某些过分有利于维护合同效力的外国法律体系，将达到变相规避我国直接适用法的目的；其三，一国私法体系当中的转介条款虽然并非公法性质，但毕竟构成公法和私法的连接纽带，其参与国际交换的程度取决于各国对公法作用合同效力的理解能否达成共识。就目前来看，虽然该领域的研究较为深入，但尚不能说明各国对转介条款的理解完全一致。另外，准据法对合同有效性的支配更宜限制在中立型强制规范的范畴，如构成各国合同法的基础内容的欺诈、胁迫、乘人之危

---

① See Ali Mezghani, *Méthodes de Droit International Privé et Contrat Illicite*, (303) Recueil des Cours, 300(2003).

② Standinger Magnus, Art. EGBGB, Rn. 82. 转引自王葆莳:《德国国际私法中关于“强制性规范”的理论和司法实践研究》，载《武大国际法评论》2014 年第 2 期。Kerstin Ann-Susann Schäfer, *Application of Mandatory Rules in the Private International Law of Contracts*, Peter Lang Publishers, 2010, p. 116.

③ 高橋宏司「外国仲裁判断の取消訴訟は積極的意義を有しうるか——内国取締法規違反による取消しを中心に」ワールドワイドビジネスレビュー，10 巻公開セミナー特集号(2009 年)226 頁以下。

④ 应该由合同准据法决定不法的后果，如是否能在其他地域履行或者予以变更、解除。See Anathan Harris, *Mandatory Rules and Policy under the Rome Ⅰ Regulation*, *in Franco Ferrari*, *Rome Ⅰ Regulation*, Sellier European Law Publishers, 2009, p. 312.

等有关意思表示不真实、不自由的规定。总之,我国直接适用法的适用效果不能仅仅因当事人选择法律的不同而有所差异,否则将违反国家统一管制的意图,造成法律适用的不公。

2. 法院地的转介条款与我国直接适用法的判断

如果不选用外国准据法所属国的转介条款,则只能由作为法院地的我国转介条款决定直接适用法产生何种私法效果。此时的法院地构成强制规范的所属国。① 一方面,只有结合规范的意图才能决定其所禁止的内容及发生何种后果;另一方面,无论从积极运用还是消极防御的角度,我国法院在法律适用时需要维护本地的公共秩序,这在解释和运用转介条款的过程中同样须发挥作用。

法院地的转介条款不构成直接适用法,而是被纳入我国直接适用法制度当中,使之具有复合的选法功能。或许有观点认为属于国际私法范畴的直接适用法制度只宜解决跨国意义即各国法律之间的冲突,至于公法能否以及如何影响私人关系应由各国民法中的转介条款处理,二者存在先后顺序。这一主张看似合理地分配国际私法和实体法的功能,实质上仍停留在传统双边冲突规范指引准据法所在法律体系的范畴,并未意识到作为单边主义复兴的直接适用法制度的特殊性。作为一种结果定向的选法模式,其根据法律适用的效果来决定法律选择的过程。二者浑然一体、密不可分。我国直接适用法制度必然要承担我国转介条款的功能,以实现法律适用过程中的公法和私法、公益和私益的平衡。总之,作为一项有待法官引申的空白条款,我国直接适用法制度解决我国直接适用法在国际私法层面的适用资格即完成其在实体法层面的适用结果,在法律适用过程中实现自身的双重转介功能。

五、结　　语

从实体法的角度,国内民法对公私法关系的研究如火如荼地开展,利益分析已成为常态,然而这在国际私法学界没有引起太多关注。国际私法学界对直接适用法,以往多从比较法的角度予以介绍,未深究该问题发生的根源。《法律适

① 干预的强度由直接适用法决定,故只有禁止规范本身才能决定所禁止的内容及发生何种后果。在绝对必要时可以否定合同效力。Dieter Martiny, VO (EG) 593/2008 Art. 9 Eingriffsnormen, in Münchener Kommentar zum BGB, 5. Aufl. 2010, Rn. 54.

用法》第4条虽然确立了我国的直接适用法制度,但如何解释这一条款却构成法教义学上的一道难题。经济管制立法在各国的大量出现使强制规范通过何种途径作用于合同效力从一国法的范畴扩大到多国法律体系的适用冲突,必然波及涉外合同的法律适用,故有必要借助实体法方法作为我国直接适用法的判断依据。

作为公法进入私人生活的渠道,转介条款对该难题的解决有所启发。关于该款的强制性规定的解释,晚近国内民法对效力性强制规定和管理性强制规定的区分虽较以往求助于法律位阶的做法有所进步,但实际上是用判断的结果代替判断的过程。公法性强制规范在何种程度上介入私人生活应取决于在个案中如何运用比例原则来权衡其中涉及的公益和私益。与之类似的是,直接适用法是从法律适用的角度对强制规范作出分类,而不是固定范畴的角度。只有在具体案件中进行利益平衡之后,才能决定某一规范是否需要超越冲突规范的指引直接适用。故《民法典》第153条之类的转介条款应该被纳入《法律适用法》第4条当中,使我国直接适用法制度具有同时解决国家法冲突和公私法冲突的复合选法功能。国内民法立足对转介条款的解释进而在解决公私法关系的命题上有所建树,但国际私法如何借以建构我国直接适用法制度仍有待探索。后者或许是对效力性强制规定的再限定,尚且缺乏可靠的标准以及有效的考虑因素。所谓界定直接适用法的性质、目的,不仅内容模糊,甚至不如实体法方法精确。毕竟民法学界不仅对强制性规定的公益属性进行深度分析且对强制性规定本身进行类型化处理,还根据强制性规定在个案中的适用结果考虑公私利益的比例平衡。

由此,在对我国直接适用法进行实体法分析时不可避免地产生如下矛盾:如果在直接适用法判断上照单全收国内民法学界的成果,那么其不构成需要国际私法层面特别研究的问题,完全可以采用"拿来主义"的态度;如果就直接适用与否还要考虑特别的事项,如国际交往利益、国际法和国际关系、国际礼让及普遍价值等要求,那么利益分析的全面引入会使法律适用问题十分复杂,往往超出受案法官的能力。故就直接适用法的判断,未来应该从两方面着手。从理论层面,不应将重心放在设计能直接作出答案的系统公式,而在于阐明该问题时需要考虑的诸多因素,从而为我国直接适用法提供更加适当的判断方法;从实践层面,从事涉外民事审判的我国法官应该具备宽广的国际视野,系统掌握其中涉及的公法与私法甚至国际公法知识,全面提升个人准确运用法律适用中的自由裁量的素养,在维护我国的重要公共利益和实现国际交往利益当中寻求平衡之道。

金融案件简案识别机制的探索与建构

——基于上海金融法院简案快审机制运行实践的考察

周　荃[*]　楼雨薇[**]

引　言

在司法改革的大背景下,推进繁简分流,破解人案矛盾,已经成为当前司法机关的普遍共识。简案识别作为分流的前提和基础,对于实现案件审理阶段"简案简审,繁案精审"的目标至关重要。多年来,虽然各法院经过"量体裁衣"式的多轮探索创新,积累了诸多宝贵经验,但关于繁简案件的识别尚未形成明确、系统的规范流程,尤其在专门法院更是缺少繁简案件分流的有力探索。2019 年 12 月 28 日,全国人大常委会作出《关于授权最高人民法院在部分地区开展民事诉讼程序繁简分流改革试点工作的决定》,授权上海金融法院为开展民事诉讼程序繁简分流改革试点法院。从为期一年多的金融简案快审机制初步实践探索与现实运行情况来看,简案识别环节的机制设计呈现粗放型特征,存在选案标准精细化、规范化的优化空间。直面这一现实困境,在立足金融案件收结案特点的基础上,借鉴吸收中级法院层面繁简分流优秀成果,明确简案识别标准设计理念,以智能识别应用软件为载体,从初次筛选、二次分流、末端退出三个层面设计出符合金融案件特点的高效、多元、全面、动态的金融简案识别机制,为推动金融简案

---

* 法学博士,上海金融法院综合审判二庭法官、审判团队负责人。

** 法学硕士,上海金融法院综合审判三庭法官助理。

快审机制运作的进一步优化完善打下坚实基础。

一、现状描摹：上海金融法院简案快审机制运行情况分析与问题检视

（一）实证考察：影响简案识别的各类要素现实情况测评

本文选取了上海金融法院简案快审团队自2020年3月至2021年3月的样本数据，通过对简案快审机制运行一年来在人员配置、识别流程以及案件审理等影响简案识别的相关要素的测算总结，为后续简案识别机制的构建提供参考依据。

1.审判人员配置："一审一书一助"

2020年3月，上海金融法院院成立简案快审专项审判团队，团队由3人组成，采取"一审一助一书"的人员配置模式，并为团队配置外包人员1名负责快审团队立案、归档等相关辅助工作。审判员为团队负责人拥有博士学历，且具有办理快审案件的多年经验，法官助理为硕士研究生学历，前期亦有一定的办案经验积累。

2.简案筛选方式："自动筛选+人工辅助"

根据《上海金融法院推进简案快审工作实施细则（试行）》（以下简称《快审实施细则》），简案快审团队的收案范围系针对民事裁定提起上诉的案件和第一审适用简易程序审结，事实清楚、法律适用正确的上诉案件。《快审实施细则》同时采用列举的方式将以下几类案件排除在外，即涉及国家利益、公共利益的；涉及群体性纠纷，可能影响社会稳定的；产生较大社会影响，人民群众广泛关注的；新类型或疑难复杂的；与本院或者上级人民法院已经生效的类案判决可能发生冲突的；涉外、涉港澳台案件。在具体运作中，简案识别主要采用"自动筛选+人工辅助"的方式（见图1）。

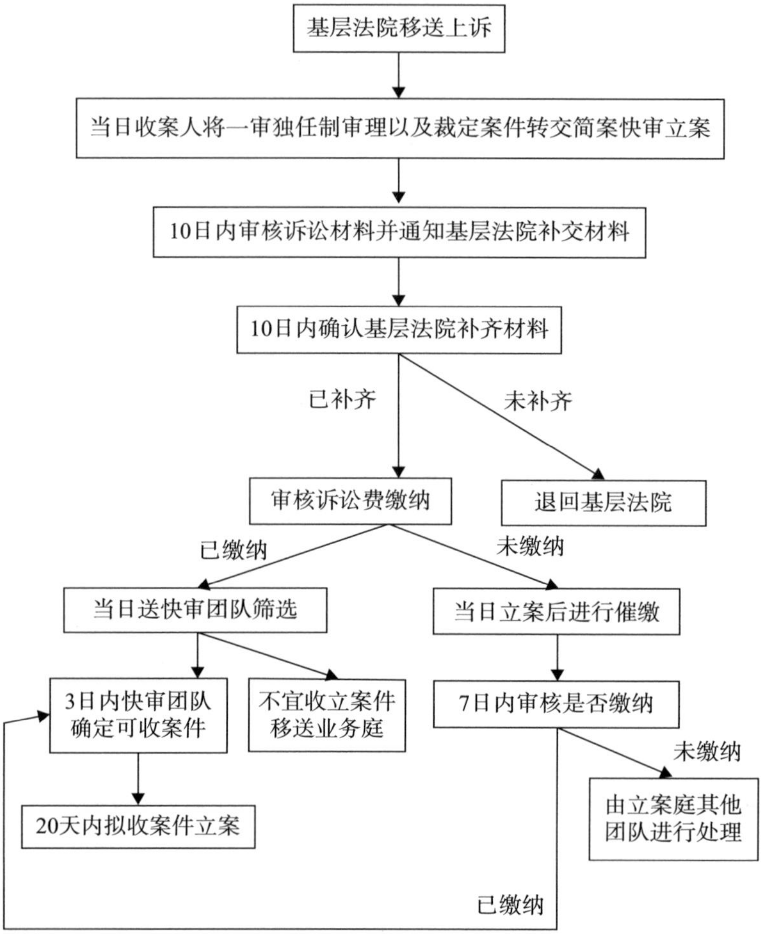

图1　金融案件简案收案流程

3. 简案收案占比:超过半数

从运行实践来看,自2020年3月至2021年3月简案快审团队运行一周年来,上海金融法院共受理二审案件1428件。其中符合受理条件的案件,即一审适用独任制审理的案件及以裁定驳回起诉方式结案的案件共计649件(其中不包含立案庭其他团队受理的二审案件,这部分案件主要为因未在规定期间缴纳上诉费按撤诉处理的案件,故将它们归入其他二审案件),简案快审团队从中收案341件,占比达到52.54%,收案数量占比情况见图2。

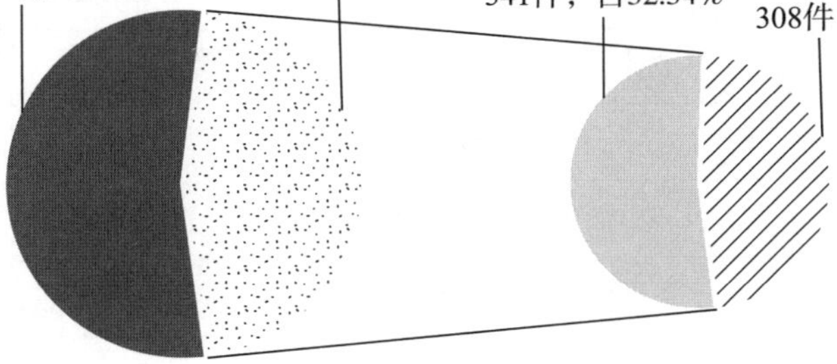

图 2 金融案件简案收案比例

4. 受理简案案由结构:案由集中度较高

从收案类型来看,位列前五的案由分别为:金融借款合同纠纷、融资租赁合同纠纷、财产保险合同纠纷、信用卡纠纷、委托理财合同纠纷。具体案由占比情况见表1。

表 1 金融简案案由结构

总类	案由类型	数量/件	占比/%
合同纠纷（297 件，占 87.1%）	金融借款合同纠纷	72	21.11
	融资租赁合同纠纷	65	19.06
	财产保险合同纠纷	42	12.32
	信用卡纠纷	40	11.73
	委托理财合同纠纷	21	6.16
	其他合同纠纷	13	3.81
	保险人代位求偿权纠纷	7	2.05
	借款合同纠纷	5	1.47
	人身保险合同纠纷	5	1.47
	责任保险合同纠纷	5	1.47

续表

总类	案由类型	数量/件	占比/%
合同纠纷(297件,占87.1%)	健康保险合同纠纷	4	1.17
	证券投资基金交易纠纷	3	0.88
	典当纠纷	2	0.59
	小额借款合同纠纷	2	0.59
	意外伤害保险合同纠纷	2	0.59
	证券投资咨询纠纷	2	0.59
	追偿权纠纷	2	0.59
	财产损失保险合同纠纷	1	0.29
	储蓄存款合同纠纷	1	0.29
	金融委托理财合同纠纷	1	0.29
	民间借贷纠纷	1	0.29
	其他期货交易纠纷	1	0.29
权属、侵权纠纷及其他(44件,占12.9%)	其他侵权责任纠纷	21	6.16
	票据追索权纠纷	14	4.11
	财产损害赔偿纠纷	5	1.47
	票据利益返还请求权纠纷	3	0.88
	票据付款请求权纠纷	1	0.29
总计		341	100.00

5. 案件审理情况:审理周期较长

从一年以来团队的收结情况来看,简案快审团队共计结案328件,月平均结案数达到27.3件。其中,判决维持165件,调解49件,裁驳57件,裁定撤诉42件,撤裁13件,改判2件,调解撤诉率28.09%,平均审理天数为25.92日。结案方式占比情况见图3。

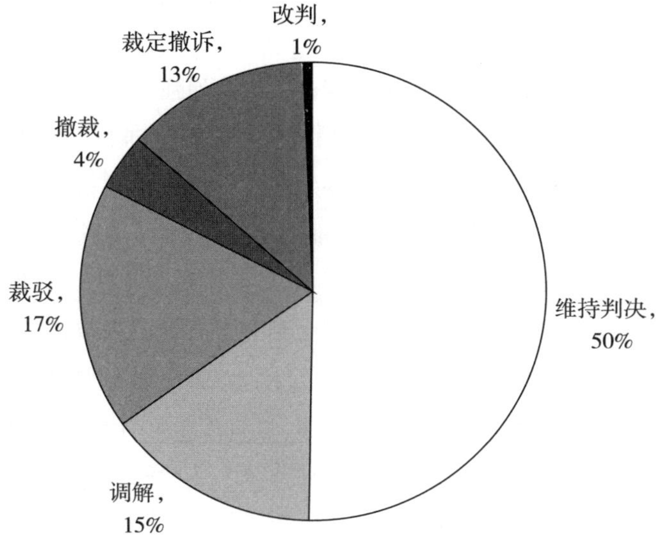

图3　金融简案结案方式比例

6. 小结

从人员工作量测算来看，在当前“一审一书一助”的人员配置模式下，简案快审团队受理了超过可收案件50%的案件量，在结案的同时，团队成员需完成案件开庭率、当庭宣判率等指标，并要满足案件在一个月内审结的审限要求，就结案方式来看，调解、撤裁占比亦不处高位。同时简案团队成员还需兼顾院庭室相关活动及事务性工作，根据上述收结案情况来看，团队成员工作量基本已趋向饱和。在后续简案筛选中需以此作为单人收案数量评定的一个标准，根据团队人员数量在一定范围内作出浮动修正。

（二）金融简案识别机制运行中的问题及局限

1. 前端初步识别智能化程度低，识别精准度有待提升

从前述简案筛选流程可以看出，因简案自动筛选软件尚未稳定运行，加之目前根据已有原则尚无法准确界定简案的内涵外延，法律事实是否清楚及案件法律关系是否简单亦难以直接在自动筛选软件上进行体现。相应的识别标准及规则设计需要进一步细化完善。另外，程序分流员作为人工辅助识别简案的重要环节，存在人员经验不足、工作量较大、选案标准难把握等问题，由此导致在分案环节容易出现案件流转阻滞、二审立案不及时以及形式上符合简案标准的案件

收立案之后发现具有不适合简案快审工作机制的因素而应流转至审判业务庭的情况。

2. 中端二次分流机动性欠缺,识别综合度有待加强

当前简案二次筛选分流主要依靠法官的经验识别,难以在案件筛选时进行综合全面地考量影响收案的各类要素,导致案件分流中出现一系列问题,具体表现为:(1)实践中快审案件的收案范围限制于部分二审金融商事案件,决定了快审收案存在随机性、被动性和波动性的特点,即收案数量取决于当事人是否有上诉的自主意愿,而难以通过一审法院整体金融商事案件裁判数量进行准确衡量,快审案件收案量无从预计或估算;(2)每个月上诉案件来案类型差异较大,尤其当存在批量化的系列案件时,案件数量激增,将直接影响月均收案数量和结案数量的均衡度,亦对平均审理天数的指标产生影响;(3)鉴于每个案件事实情况的独特性,案件是否为简案需具体情况具体分析,每段统计期间的简案数量随机性较明显,对快审工作合理化安排造成较大压力;(4)因移送二审案件的分流员人员流动较频繁,加之凭借经验的二次识别可能存在偏差,未能充分挖掘简案资源,导致一部分简案溢出,而在其他时段分流简案的法官则可能面临收案或存案不足的阶段性问题,继而易产生"简案不简""快审不快"的新问题。故有必要根据每阶段的收案数量,并综合考虑人员学习培训、调研任务、家庭事务等各项时间安排,在某一阶段内或某个时间点对工作量进行均衡化、动态化调配,在有限的人员配置结构中实行二次分流,并进一步优化二次分流机制。

3. 后端案件退出规范性不足,识别体系化有待完善

《快审实施细则》就程序转化问题作出初步规定,应转为合议庭审理的案件包括需要评估、鉴定、审计或调查取证等不宜适用快审的案件。审判组织的转换由独任法官自行提出或院、庭长依个案监督职权提出。但是就上述规定来看,所列情形较原则,在具体实施过程中缺乏细致明确的判断标准,尤其是在程序转化的发起、评估和最终决定等几个环节欠缺操作规范。对识别不当(错误)或者在审理过程中出现新情况不宜再适用快速审理机制的案件缺乏规范有序的操作流程。如在一审判决后当事人死亡,需追加继承人参加诉讼,但相关的继承人因缺乏有效送达地址而无法向其送达诉讼文书,需公告送达的情况下,因快审一个月的审限限制,难以对此类案件继续审理。简案快审工作机制的提速增效要求建立合理的退出机制,顺畅简案的快速审理转入繁案精细化审理的渠道和途径,这

样才能最大限度减少审理期限的消耗以及审判资源的浪费。

二、比较借鉴：简案识别示范模式要点梳理与简析

（一）简案识别的典型案例

2017年7月以来，最高人民法院共发布11批改革案例，经笔者筛选，其中涉及繁简分流的有7个，本文从中选取了其中中级人民法院的相关案例，即深圳市第一中级人民法院、重庆市第一中级人民法院、淮安市中级人民法院。同时，结合上海市第一中级人民法院以及陕西省榆林市中级人民法院的繁简分流实践，从繁简识别标准、分流环节、程序转换等维度将相关情况梳理如表2所示：

表2 繁简分流典型案例

法院	识别标准	分流环节	程序转换
深圳市第一中级人民法院	“案由+要素”识别模式：一审案件依据案由、标的和诉状字数3个核心要素；二审案件依据案由、标的、主体、审限和诉状字数5个核心要素	速裁案件管理系统，速裁案件电子档案自动生成，上诉案件通过系统自动流转并进行特殊标识，全部交由市中级人民法院速裁庭审理	—
重庆市第一中级人民法院	“实体+程序”识别模式：实体层面，一审适用简易程序，涉及人格权、婚姻家庭等特定案由，上诉请求明显不成立的案件适用速裁；程序层面，一审裁定不予受理和驳回起诉、管辖权异议等程序性上诉案件适用速裁	立案庭初次识别、审判部门二次识别	速裁案件具备特殊情况，在报请庭领导审批后转为普通案件
淮安市中级人民法院	综合考量案件类型、审理时间、当事人需求、系列或关联案件，建立繁简程度核心甄别要素，针对民事一审案件选取“案由、标的、主体”3要素；民事二审案件选取“案由、标的、主体、审限、诉状字数”5要素	信息化识别系统智能归类案件，辅以人工调整	设置“简案退回”网上审批流程，对审理中发现不属于简案的，经领导审批后退回立案庭再次分流

续表

法院	识别标准	分流环节	程序转换
上海市第一中级人民法院[1]	在系统识别环节，要素库、繁简规则库和程序分流员协同运作。要素库主要由案由、诉讼请求、标的金额、证据情况、原审案件权重系数等80余项要素组成；规则库主要由繁案80项、普案11项和简案规则30项组成。在人工分流环节设置排除性和参考性因素	案件繁简分流分类处置平台，辅之以人工调整	—
陕西省榆林市中级人民法院[2]	案件要素分为基本要素、特殊要素、人工要素。基础要素包括：案由、标的金额、原被告主体数、适用程序等。特殊要素包括：是否发回重审、是否诉前保全等。人工要素包括：加分项、减分项	审判立案工作完成后，案件自动转入繁简分流系统中，系统支持电子卷宗OCR功能，自动识别案件信息回填到对应的案件要素中。程序分流员可手动填写案件要素，通过给案件赋分从而实现繁简分流	—

[1]资料来源：一中院繁简分流研究课题组：《案件繁简分流分类处置制度的探索与实践——以上海一中院为样本》，载微信公众号"中国上海司法智库"2020年7月10日，https://mp.weixin.qq.com/s/DsfZVYedUqaYYXrjgj2MOg。

[2]资料来源：陕西省榆林市中级人民法院：《榆林中院案件繁简分流系统》，载法安网2020年12月8日，https://www.faanw.com/zhihuifayuan/5160.html。

（二）简案识别模式的总结分析

在分流方式选择上，上述各中级人民法院基本均采用了智能化分案系统与人工识别相结合的方式，只是人工识别对分案的介入形式有所差别。在分流标准设定上，存在单一或组合要素的识别方式，且部分中级人民法院保持了识别要素的开放度，留有根据实际情况调整的空间。在分流环节设置上，存在立案分流和审判二次甄别方式；在程序转换上，分流不当的案件是由原审判组织继续审理，还是转入其他审判组织审理，或者退回立案庭再次分流，操作方式不尽相同。

三、理念导入:程序本位主义与诉讼经济理念的有机结合

理念是实践的先导。简案识别作为繁简分流的首要环节,其亦应将繁简分流所肩负的公正与效率的双重使命纳入其中。公正这一目标与"程序本位主义"偏重、强调程序独立价值的理论相契合。而效率这一目标要求则与诉讼经济理念的内涵相吻合,即诉讼主体以最小的诉讼成本,实现最大的诉讼效益,最大限度满足人们对自由、正义和利益的需求。简案识别机制的设计应以上述理念为指导,从以下四个方面来对简案识别标准进行细化把握。

(一)金融简案识别应以当事人权利保障为出发点

当事人权利保护是民事诉讼程序和审理机制的出发点和一项重要原则。"诉讼程序应当以'当事人为中心'而构建,尊重当事人的意愿、保障其权利和自由,让其发挥决定、支配和主导作用。"①虽然繁简分流的直接目的在于缓解司法资源与司法需求的不平衡,但所要达到的最终效果绝不仅仅是为了缩短审限或提高结案率,②而是要真正达到"当繁则繁、宜简则简、难案精审、简案快审"的工作目的,以实现公正与效率的合理平衡,以及保障诉讼权利和优化诉讼服务的有机结合。因此,在构建金融简案识别机制的过程中不应过分追求程序简易化、非专业化和便利化,而导致破坏程序的权威保护性和正当保障性的后果。简案识别机制应依循繁简分流改革的内在诉求和基本规律,在民事诉讼法的框架下,强化机制设计本身的正义性与合理性,在案件分流的初始环节即对后续实体审理中会影响案件审理进程以及当事人诉讼权利的相关问题作出预判,同时亦兼顾考虑个案当事人的诉讼需求,通过上述要素的综合考量从而明确是否符合简案的标准。

(二)金融简案识别应以提升诉讼效率为落脚点

简案快审的基本工作思路就是要在时间和空间上有效整合司法资源,以便

① 唐力:《当事人程序主体性原则》,载《现代法学》2003 年第 5 期。
② 参见傅郁林:《繁简分流与程序保障》,载《法学研究》2003 年第 1 期。

利当事人诉讼和人民法院办理案件为原则,通过简速、有效的审理,避免人力、财力和时间上的浪费,防止程序上的损耗,保证案件的高效处理,最大限度地提升司法效率。因此,效率原则应是简案识别原则的题中应有之义。诉讼效率在本质上是诉讼成本与诉讼收益的比值关系,提升诉讼效率可降低诉讼的公共成本和私人成本。但在实践中也应注意到,速度与效率并不等同,因此要树立正确的效率观念,遵循良性的效率增长机制,合理运用效率标准,以效率最优而不是速度最快为构建简案识别机制的价值取向。在这一理念的指导下,具体实践中应从以下三方面来对简案识别的标准进行把握:首先,确保简案识别的准确性。简案识别是繁简分流的首道关口,对选案标准的详细、精确设计可以有效保障繁简案件准确分流,既能实现各类案件审理程序相称、提高审判质效的目的,又能防止因识别错误而导致程序空转,避免司法资源的二次浪费。其次,保证简案识别标准的可操作性。虽然简案识别准确性的要求需要识别标准尽量细化,但受制于电脑识别的有限性和人工识别的成本,简案识别的标准设计也不宜过于复杂,应符合简便、易操作的特征。若识别程序过于烦琐,识别本身耗费过大的工作量,则与这一制度设计的价值取向背道而驰。最后,保障简案识别的灵活性。案件繁简的区别也是相对的,对于简案识别标准下的例外繁案,应给予一定的调整空间,通过繁简的二次分流程序设计,从而保证"漏网"繁案的精准归位。

(三)金融简案识别应以实现资源适配为着力点

繁简分流是推进司法便利化的一项重要举措,而司法便利化注重程序的经济效益价值。诉讼效益不仅体现为结果意义上诉讼成本与诉讼收益的比例,更强调的是在实现这种结果的过程中各种资源的合理适配,[①]因为唯有如此才能真正实现繁简分流提高审理效率、节约司法资源、降低诉讼成本的目的。基于此,繁简分流中应树立起与程序相称的案件快慢分道标准,确保审判组织和审判程序与案件难易程度和司法能力相适配的理念。[②] 具体到简案识别中,主要

---

① 参见邵新:《司法体制改革背景下繁简分流的法理论证》,载《法治现代化研究》2018年第4期。

② 参见陈琨:《扩大民事案件独任制适用范围的现实路径——基于B省近3年独任制适用情况的实践考察》,载《法律适用》2019年第15期。

体现为保证人案配比合理化，即在精确测算人员、案件数量和工作量的基础上，动态调整收案情况，使其与团队审判力量相适配。关于审判力量，主要考量三方面要素：一是理论功底与实践经验的厚实程度；二是办案人员与案件分类的比例相称度；三是办案人员的个体差异与变化趋向。此外，配套机制建设的成熟度亦对简案的识别具有较大影响，简案的收案情况要考虑与技术设备、技术辅助人员、硬件设施等相适应，由此才能最大限度地发挥简案审判团队的优势。

（四）金融简案识别应以推动智能化建设为突破口

周强院长在2019年《最高人民法院工作报告》中指出，要推进诉讼制度改革，实现案件审理繁简分流；要全面建设“智慧法院”，充分发挥司法大数据管理和服务平台作用。这也表明将信息化技术融入民事案件的繁简分流机制，推动简案识别的智能化是当前智慧法院建设大背景下的必由之路。相较于人工选案，推动分案智能化，一方面可以解决简案识别中人力资源紧缺及人员不稳定的问题，另一方面又可以提升案件识别的效率与准确度，是推进繁简分流加速度的一项有力举措。在明确繁简案件识别标准的基础上，研发智能识别应用软件，并内嵌集成至人民法院立案信息系统，再通过设置一系列筛选条件，实现一键识别、标记案件繁简类别的效果，从而达到案件智能归类分流，可以大大减轻繁简分流中分案人员压力，有效节约司法资源。

四、模式重构：以“要素选择 + 分值测评”为基础的智能动态化金融简案识别机制

在前述金融简案快审运行的实践数据基础上，应以智能化简案识别系统为依托，对金融简案筛选流程作出如下的调整与安排。

（一）第一阶段：“正向选案要素 + 负向排除要素”批量化识别

在简案识别的第一道程序关口，通过系统自动识别，将一审独任制审理以及裁定案件预先分流出来，从中通过正向与负向要素的分值设定将达到简案分值标准的案件分流出来，形成简案池。该环节因系简案筛选的第一步，为保

证后续环节筛选调整的灵活度,相关选案要素的设定应尽量保持宽松。同时,该环节采用智能识别方式,要素的设定亦应兼顾系统可识别度和操作的简便性。

1. 正向选案要素。(1)案由。根据前述一年来简案快审团队审理的案件来看,金融简案案由较集中,可先将位列收案案由前茅、中段以及分散的个别案由分别赋予相应分值。同时还可对金融法院运行以来各类案由的平均审理期限进行测算,从而更加全面地对简案集中案由进行划分。(2)标的额。案件标的额大小与案件繁简程度呈正相关关系。该标准可参考简案快审团队运行一年来结案案件一审标的额、上诉费,综合设定二者在测算过程中所占的权重系数以及各自的金额区间,并赋予不同分值。(3)其他要素。上诉状字数,上诉请求的具体项数、案件当事人数量、是否为双方上诉亦可以作为参考因素纳入选案系统。此外,在与一审法院系统实现良好对接的情况下,还可通过分案系统抓取一审法院案件权重系数、一审案件审理天数来对简案进行综合判定。通过多要素的综合评估,可以更全面地框定简案范围,从而实现精准选案。

2. 负向排除要素。对于涉及群体性、系列性和关联案件较多的案件,虽然其所涉标的额不一定大,相关法律关系亦不复杂,但因其涉及面广,可能会引起舆论风险,仍应审慎判别处理。对于此类案件可从初选中筛出并予以标记,由快审选案法官对批量化案件数量、审理难度进行综合把握。对于繁案、普案,在审理部门已对类似案件作出生效文书的情况下,可以将相关案件划定为简案;若尚未有先例的,可以在了解后续可能上诉移送的类似案件数量的情况下,先将批量化中的一案作为繁案分流,形成示范案件文书后,其余案件作为简案认定。

3. 动态调整。简案识别试运行后,可根据各类案由的平均审理时间、调撤率对选定案由进行动态调整,同时加强与普案、繁案审理部门的横向沟通,通过定期的案件审理反馈,可以将部分适合简案审理的案件通过要素设置纳入下一阶段的简案收案范围,从而适应案由的阶段性变化。同时根据简案快审团队人员的变化调整,也需对识别要素选择进行动态调整,以控制简案收案量。

(二)第二阶段:“列举式+兜底式”个案经验识别

为提高案件识别的准确度,减少简案识别错误回转后可能会引发当事人的不满和误会以及案件在庭室之间流转的不便,在系统作出初步筛选后,由快审法官在系统中进行二次筛选,二次识别如果仅依据快审法官的主观标准则会导致随意性过强,但若完全采用客观标准,对案件识别采用“一刀切”的方式也不现实,因而宜采取“列举式+兜底式”的方式进行类型化归纳,再根据法官经验进行动态调整,从而实现案件的合理甄别。列举式要素可有以下几个方面:

1. 存在信访风险。金融案件中的金融借款合同纠纷、信用卡纠纷、融资租赁合同纠纷中上诉人一方往往系个人当事人,个别案件中上诉人年龄较大,缺乏法律基本知识,且未聘请律师,在相关案件审理中,因其对案件所涉法律关系认知不清,法院较难开展调解说理工作,因而在收案后需要对此投入较多时间,但这与简案快节奏的审理工作不相适应。因此,在筛选此类案件时,需综合考量当事人年龄、诉求、聘请律师情况,进而对是否选为简案作出认定。

2. 存在适法统一问题。部分上诉案件中可能会出现同案不同判的情况,如在车险纠纷中,关于未年检免责条款是否属于禁止性规定以及保险公司承保时车辆已过年检有效期是否应予理赔的问题,从业资格证书类免责条款是否产生保险法上的免责效力,保险条款的交付以及保险公司针对免责条款履行提示与明确说明义务的裁量标准在实践中存在法律适用的争议,这类案件初步筛选过程中一般处于简案行列,但因实践中标准把握不一,往往需通过专业法官会议或者其他讨论机制进行分析研判,如此一来,会延长案件审理期限,容易产生耽误审理进程的情况。

3. 存在较大案件事实争议。根据前述快审机制运行的具体情况来看,部分案件中存在当事人对合同签名的真实性产生争议,且一审中未对签章进行鉴定的情形,还有部分车险案件中,虽然案情较简单,但是当事人对双方的评估结果均存在争议,且一审未同意重新鉴定,直接采纳被保险人的评估意见的情况。此类案件经阅看一审判决书及上诉状,负责简案筛选的法官即可以对是否需要鉴定作出初步判断,若需要在二审中进行重新评估和鉴定的可能性较高,则一般应将其从简案范围中剔除。

此外,《快审实施细则》中列明的除外情形,难以直接在系统中进行量化评估鉴别,因而需要选案法官在人工识别环节凭借经验及之前案件审理中的相关信息进行判别后筛选。

(三)第三阶段:审理中的救济性处理与逆向评价

简案的识别贯穿快审审理的全流程,因而对于已进入实体审理的案件也应构建相应的退出机制以供选择,从而真正做到简案简审,繁案精审。

1. 救济性处理。在进入实体审理阶段后,案件的事实、证据以及争议焦点均已全面铺陈。此时,可能会出现一些影响案件审理进程的要素,如二审中需要重新鉴定、当事人死亡需要追加继承人,或是经检索研究对案件处理结果存有不同处理意见,需要进行汇报讨论等,此类案件受限于客观条件,往往需要较长审理期限,因而需要转为繁案处理。这类要素往往不能在前两个阶段中予以识别,需要经过庭审或者讨论才能有所把握,对于需要退出的简案,是退回立案庭进行重新分案还是庭室内部流转亦有不同考量。笔者认为,在简案审判团队设立于业务庭的情况下,简案退出倾向于庭室内不同团队间进行调配,因为如此一来,不仅可以减少审批流程,也增加了案件流转的效率,更符合保障当事人权利以及诉讼经济的原则。关于诉讼程序,对于"简转繁"的案件,应明确转换前已确认事项的程序效力以及已经达成共识的事项,包括证据的固定、争点的归纳等,当事人双方应在法官主持下将其书面列出,并签字确认其效力。在转换后,审理繁案的法官可以将原有案件审理进程继续下去。此外,对于转换的时间亦应有相应的限制,综合考量简案一个月的审理期限以及案件的排期开庭,一般宜将该时限限定为10日内。

2. 逆向评价与修正。对于简案审理中出现的需要转为繁案审理的决定要素,应当进行反向追溯评价,总结识别偏差的原因,抽象出差异化的案件要素,通过对第一个阶段识别要素种类以及分值情况的调整与优化,以及对第二个阶段识别规则的修正与完善,更加精准地确定立案和审前阶段的案件繁简识别标准,使简案识别机制始终处于动态完善中。

整个流程设计可以通过图4简单地勾勒出来:

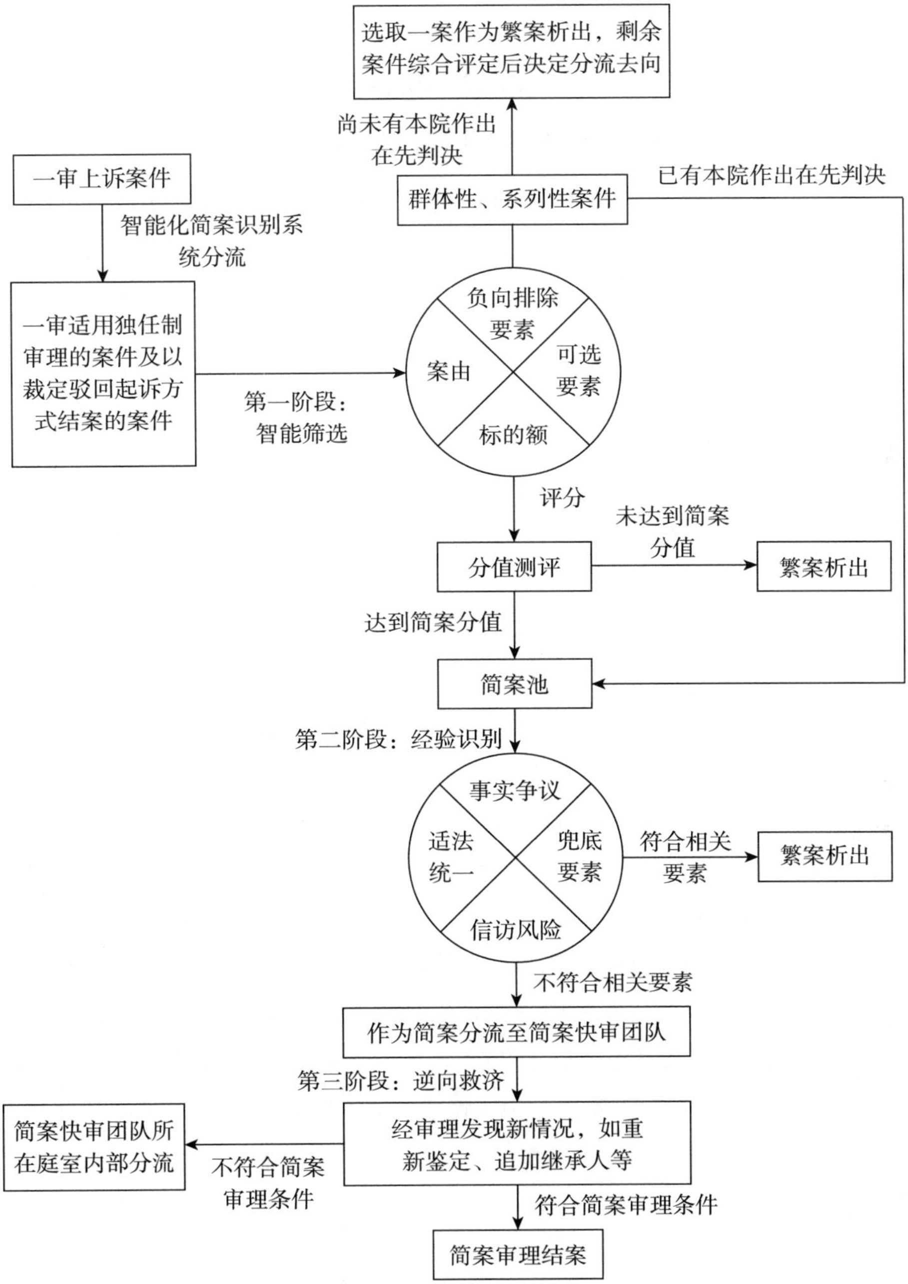
选取一案作为繁案析出，剩余案件综合评定后决定分流去向
尚未有本院作出在先判决
一审上诉案件
群体性、系列性案件
已有本院作出在先判决
智能化简案识别系统分流
负向排除要素
一审适用独任制审理的案件及以裁定驳回起诉方式结案的案件
案由
可选要素
第一阶段：智能筛选
标的额
评分
未达到简案分值
分值测评
繁案析出
达到简案分值
简案池
第二阶段：经验识别
事实争议
适法统一
兜底要素
符合相关要素
繁案析出
信访风险
不符合相关要素
作为简案分流至简案快审团队
第三阶段：逆向救济
简案快审团队所在庭室内部分流
经审理发现新情况，如重新鉴定、追加继承人等
不符合简案审理条件
符合简案审理条件
简案审理结案

图 4　金融简案识别机制

速与率：多元解纷背景下证券示范判决机制的功能和进路

——基于上海市证券纠纷司法实践及十省（市）机制运行态势双重视角

翟　爽*

引　言

随着我国证券市场的飞速发展，各地司法机关受理的证券类纠纷案件也呈井喷式增长，并且呈现案件类型新颖、涉众性特点显著、具有金融市场交易规则引导意义的典型案件不断涌现等特点。但我国证券集体诉讼制度与实践需求还存在一定差距。面对此种状况，中小投资者寻求法律救济的难度较大①。2016年最高人民法院与中国证券监督管理委员会联合印发了《关于在全国部分地区开展证券期货纠纷多元化解机制试点工作的通知》，首次明确了建立证券期货示范判决机制的思路，即"人民法院通过司法判决宣示法律规则、统一法律适用"。在此基础上，2018年两机关又联合印发了《关于全面推进证券期货纠纷多元化解机制建设的意见》，进一步明确"受诉人民法院可以选取在事实认定、法律适用上具有代表性的若干个案作为示范案件，先行审理并及时作出判决；通过示范判决确立的事实认定和法律适用标准，引导其他当事人通过证券期货纠纷多元化解

---

*　法律硕士，上海金融法院申诉审查及审判监督庭法官助理。

①　单独或者共同诉讼不符合诉讼经济原则，代表人诉讼在实践中不易提起或被分解为单独或共同诉讼，因此遭受冷遇。

机制解决纠纷,降低投资者维权成本,提高矛盾化解效率”。至此,具有多元化解纠纷功能的示范判决机制正式成立,各地纷纷制定细化的规定以促进该机制真正落实。笔者选取了十个具有代表性的省(市)作为分析样本,通过横向比较不同地区规定中的共性与区别,研究示范判决机制在我国的具体运行模式及预设功能;同时,辅以2015年至2020年示范判决机制推行前后上海市证券类纠纷的司法实践数据,纵向比较该机制推行后该类纠纷的数据变化,从而直接反映示范判决机制预设功能的实现情况,以此为基础有的放矢地对其实现路径进行优化调整。

一、具体影像:我国证券纠纷示范判决机制功能解构之区域比较

(一)证券示范判决机制的展示及区域比较

1. 证券示范判决机制的总体展示

证券类纠纷的发生量与市场状况高度相关,往往集中爆发且呈现总量大但单笔金额小且较分散的特点,给有限的司法资源带来压力。[①] 同时这类纠纷又相对集中于证券虚假陈述等案由,并且以事实争议为主,被告往往是相同的上市公司,极适合通过示范诉讼的方式化解。示范诉讼是群体诉讼的一种重要的替代方式,[②]与群体性诉讼一直以来面临的与“两造诉讼”[③]之间的紧张关系[④]不同,示范诉讼的创新功能主要在于可以用一对一的精细化诉讼模式解决群体性纠纷中共通的事实或法律问题,通过示范效应引导当事人在诉讼外解决纷争,且与群体诉讼具有互补性。[⑤]

与其他领域的示范诉讼不同,证券示范判决机制具有较强的专业性和资本

---

① 证券纠纷的高发期与证券市场的走向呈现明显的反向关联,市场上升期,纠纷相对较少,处理起来相对容易,而市场处于下滑期时,纠纷大量发生,处理起来的难度也相对较大。参见张华东:《证券纠纷特点呼唤行业纠纷调解机制》,载《中国证券》2012年第7期。

② 其功能主要在于用较小的诉讼规模解决群体纠纷中共通的事实或法律问题,促进当事人在裁判外解决纷争和预防群体性纠纷的发生,且与群体诉讼具有互补性。

③ 任何诉讼都以两方当事人为前提,其中一方针对另一方提出法律保护的请求。在诉讼过程中双方当事人的平等对抗,诉讼终结时裁判仅对双方当事人争议的法律关系有效。

④ 参见杨严炎:《示范诉讼的分析与借鉴》,载《法学》2007年第3期。

⑤ 参见杨严炎:《示范诉讼的分析与借鉴》,载《法学》2007年第3期。

市场的价值导向性。资本市场的特殊性引领着纠纷解决机制的需求和发展方向,塑造着新类型的纠纷解决方式。[①] 在选择纠纷解决方式时更应该考虑成本与效益等理性因素以及资本市场可否通过良性运作的纠纷解决机制促进经济的有序和高效发展。而多元解纷背景下的证券示范判决机制恰恰满足了以上要求。首先,示范判决机制的高效及低成本毋庸置疑。其次,其中包含的多元化解纠纷的理念不仅旨在应对诉讼的增多,更关注当事人在面对利益、价值观念、实际需求时的多元化选择。

证券纠纷示范判决机制,是指在处理群体性证券纠纷中,选取具有代表性的案件先行审理、先行判决,通过发挥示范判决案件的司法引领作用,妥善化解平行案件的纠纷解决机制。[②] 以上对证券纠纷示范判决机制的定义中体现了三个显著特点:群体性、示范性、与平行案件不可分割性。多元化解决平行案件纠纷是示范判决机制的制度初衷。示范案件与平行案件既有区别又不可分割,平行案件,是指群体性证券纠纷中与示范判决有共通事实争点和法律争点的案件。[③] 示范判决可以发挥司法引领作用,妥善化解平行案件的纠纷,这也是示范判决机制与纠纷多元化解机制的重要连接点,示范案件的审理并不能单单只考虑其个案的价值,还应关注其背后的众多平行案件的纠纷化解问题。应通过"示范判决 + 专业调解 + 司法确认"的共同作用,推动证券纠纷的实质化解。

2. 示范判决机制的区域对比

笔者对十省(市)示范判决机制的相关文件进行了汇总整理(见表1),从中可见,虽各地出台的规定各有不同,但大致内容均包括示范判决机制的概念、意义、适用范围、启动程序、审理规则、对平行案件的示范效力、专家支持诉讼、司法公开等内容。

---

① 参见范愉:《以多元化纠纷解决机制保证社会的可持续发展》,载《法学》2010年第5期。

② 笔者通过总结《杭州市中级人民法院关于证券期货纠纷示范判决机制的指导意见(试行)》《深圳市中级人民法院关于依法化解群体性证券侵权民事纠纷的程序指引(试行)》《上海金融法院关于证券纠纷示范判决机制的规定(试行)》等规定,概括出证券纠纷示范判决机制的定义。

③ 笔者通过总结《杭州市中级人民法院关于证券期货纠纷示范判决机制的指导意见(试行)》《深圳市中级人民法院关于依法化解群体性证券侵权民事纠纷的程序指引(试行)》《上海金融法院关于证券纠纷示范判决机制的规定(试行)》等规定,概括出证券纠纷平行案件的定义。

表 1　十省(市)示范判决机制相关文件汇总

法院名称	文件名称	内容	亮点规定
上海金融法院	上海金融法院关于证券纠纷示范判决机制的规定(试行)	第一章　总则 第二章　示范案件的选定 第三章　示范案件的审理 第四章　示范案件的专业支持 第五章　示范判决的效力 第六章　示范案件的审判管理	体系完整 对示范案件的审判管理规定较为详细
浙江省杭州市中级人民法院	杭州市中级人民法院关于证券期货纠纷示范判决机制的指导意见(试行)	第一节　总则 第二节　示范判决机制 第三节　诉调衔接机制 第四节　智能化解平台 第五节　证券期货纠纷专业支持 第六节　附则	智能化解平台和专业支持
北京市高级人民法院	北京市高级人民法院关于依法公正高效处理群体性证券纠纷的意见(试行)	一、适用范围 二、管辖权异议的处理 三、证据选取 四、示范案件及平行案件机制 五、调解 六、专业支持 七、诉讼费用	对调解的规定较为详细
广东省深圳市中级人民法院	深圳市中级人民法院关于依法化解群体性证券侵权民事纠纷的程序指引	第一章　一般规定 第二章　纠纷化解方式 第三章　示范判决机制 第四章　平行案件的处理 第五章　诉讼代表人机制 第六章　送达的特别规定 第七章　财产保全的特别规定 第八章　附则	强调网上诉讼全流程服务 强调与投资者保护组织的对接协调 细化财产保全的特别规定
福建省厦门市中级人民法院	关于建立证券纠纷示范判决机制的规定(试行)	一、示范判决机制的适用范围 二、示范判决机制的启动 三、示范案件的审理要求 四、示范案件的专业支持 五、示范判决对平行案件的示范效力 六、示范案件的司法公开	强调与投资者保护组织的对接协调

续表

法院名称	文件名称	内容	亮点规定
河南省 济源市中级人民法院	关于建立公司和证券类纠纷案件示范判决机制的意见(试行)	全文共二十八条 包括示范判决机制的含义、适用范围、启动程序、审理要求、对平行案件的示范效力、专家支持、示范判决的司法公开等内容	详细规范示范判决的司法公开
四川省 成都市中级人民法院	化解证券群体性纠纷的程序指引	第一章　总则 第二章　示范判决机制(对示范判决机制、平行案件批量调解、简化审理作出规定) 第三章　诉讼代表人机制 第四章　特别规定(送达地址确认、电子送达方式、财产保全、诉讼费用) 第五章　附则	"示范判决+批量调解+平行案件"简化审理 "1+3"集约化全流程线上处理机制 "一站式"平台(证券纠纷智能化解平台)+三个机制(示范判决机制+普通代表人诉讼机制+特殊代表人诉讼机制)
辽宁省高级人民法院	关于全面推进证券期货纠纷诉调对接工作的实施意见(试行)	全文共三十三条,包括基本原则、工作机制、办理流程等7个部分	示范判决机制和小额速调机制相结合
云南省高级人民法院	关于全面推进证券期货纠纷多元化解机制建设的实施意见	工作目的、工作原则、工作范围、工作机制、职责分工、工作流程、工作要求	建立示范判决机制和小额速调机制
陕西省 西安市中级人民法院	西安中院、西安证监局、中证法律服务中心共同签署《陕西辖区证券期货纠纷诉调对接合作协议》	构建"专业调解+示范判决+司法确认"三位一体全方位、全链条的纠纷多元化解合作框架	调解方面较为优化

截至2020年年底,我国有十个省(市)发布规范性文件,积极推行证券纠纷的示范判决机制。但是,因为各个省市之间的区域特征不同,特别是经济发展水

平不尽相同,所以,证券纠纷示范判决机制的运行效果也不相同。首先,区位因素对示范判决机制的运行及完善起到重要的影响意义。十省(市)中规范性文件规定比较完善的上海市、广东省(深圳市)辖区内分别有上海证券交易所、深圳证券交易所,金融业发展相对领先,并且证券纠纷数量大、司法需求较高、纠纷较为新颖,可以作为其他省(市)完善自身关于证券纠纷示范判决机制规则的参考。其次,重示范案件、轻平行案件。十省(市)现有规则中一个普遍的问题就是注重对示范案件的审理规则树立,而轻视对平行案件处理中出现问题的规范。这在一定程度上会影响机制的目的实现。最后,普遍重视示范判决机制与多元解纷机制的有机融合,其中,浙江省的"智能化解平台"及福建的"投保联合"都是有益的尝试与框架搭建。

(二)示范判决机制的功能定位

通过对示范判决机制的立体展现,可以将示范判决机制的价值及功能定位更为直观地凸显出来。示范判决机制的价值并不仅仅及于就案论案的判决,而在于通过示范判决为当事人提供明确的诉讼预期、引导其达成和解或调解,最终使纠纷多元化解。示范判决的价值追求使其具有以下功能定位:

1. 便利诉讼:缓解审判压力,节约司法资源。证券纠纷案件呈现长期稳定增长的态势,法院收案压力逐年增加,并且法院传统的做法是以单独诉讼的方式处理该类纠纷,每个案件都要重复对相同事实进行调查和证据质证,造成大量司法资源的浪费。示范判决机制的推行可以更好缓解审判压力,节约司法资源。

2. 案件分流:强化示范效力,多元化解纠纷。示范案件明确了多数原告与被告之间的责任认定,可以为后续当事人提供明确的诉讼预期,各方可以据此提出更为合理、更容易被接受的调解方案,有利于通过"示范判决 + 专业调解 + 司法确认"引导纠纷多元化解。

3. 适法统一:明确法律适用,促进同案同判。证券类纠纷本身存在诸多审理难点,一方面,该类纠纷往往事实比较复杂;另一方面,对于该类纠纷,有时法律规定不明确、不同地区法院适用法律不统一。通过示范判决明确法律适用,可以避免因中小投资者之间诉讼能力不同及区域不同而导致的"同案不同判"现象。

4. 平衡当事人诉讼能力:保护中小投资者权益,维护证券市场秩序。诉讼能力不均衡是证券类诉讼中中小投资者保护自身合法权益的主要障碍。援引示范判决,不仅可以最大限度地削减诉讼的时间成本,尽快获得赔偿,还可以节省重复的开庭、举证质证等环节。通过遵循示范判决的先例,数量庞大的中小投资者权益可以得到更好的保护,违法主体将被追究责任,可以起到警示董事、监事、高级管理人员勤勉尽责,促进上市公司规范经营的作用,进而维护证券市场的秩序。

二、具体影像:我国证券纠纷示范判决机制功能定位的实践分析

(一)证券纠纷示范判决机制便利诉讼功能的实践检验

1. 缓解审判压力

以证券虚假陈述责任纠纷①为例,从涉及原被告数量的角度看,2015年至2019年上海法院受理该类一审案件共涉及原告投资者9879名,并且数量呈逐年增长态势(见图1)。其中,2015年涉及436名,2016年涉及1062名,2017年涉及2381名,2018年涉及2966名,到2019年已经达到3030名。被告共涉及21家上市公司,涵盖上交所主板、深交所主板及新三板市场等。权益受损投资者数量的逐年增长一方面体现出示范判决机制的推行恰逢其时,另一方面也可以看出自2018年开始,示范判决的广泛应用较好地应对了纠纷逐年增长、当事人逐年增多的趋势,使更多投资者的权益得到司法保护。

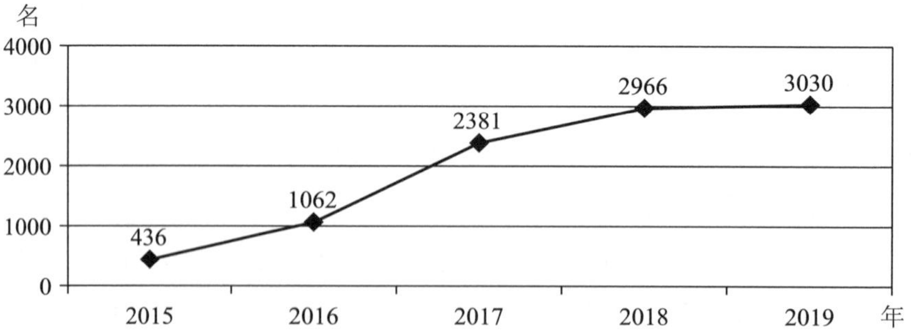

图1 2015~2019年上海法院证券虚假陈述责任纠纷涉及投资者数量

① 在证券类纠纷中虚假陈述纠纷占比高达90%,其中反映的问题更全面,故之后的例子多以证券虚假陈述纠纷为例。

2. 节约司法资源

从案件标的额来看,2015～2019 年上海法院一审共受理该类纠纷的起诉标的总额达 22.56 亿元,并呈现"井喷式"增长的态势(见图 2)。从 2015 年的 0.33 亿元,再到 2016 年的 2.24 亿元,2017 年猛增至 6.41 亿元,2018 年受大盘影响下降至 5.28 亿元,2019 年又回升至 8.3 亿元。投资者人均起诉标的额为 22.84 万元,呈现小额、分散的特点。2019 年起证券纠纷示范判决机制开始施行,该类纠纷开始逐渐批量化解决,一定程度上发挥了节约司法资源的效果。

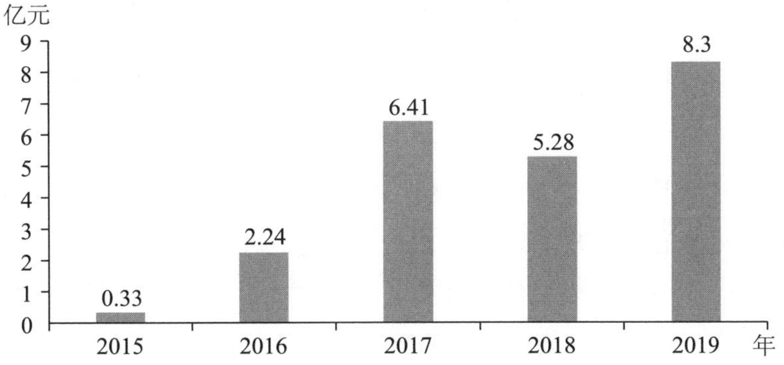

图 2　2015～2019 年上海法院证券虚假陈述责任纠纷一审案件标的额

3. 办案效率进一步提高

2015～2019 年,上海法院受理的证券虚假陈述责任纠纷一审案件中,以判决方式结案的 570 件(涉及 2781 名投资者),其中审理时间超过 180 日的 404 件,平均审理时间为 267 日,诉讼周期较长(见图 3)。与此相比,在推行示范判决机制后,上海金融法院 2021 年 4 月受理证券虚假陈述责任纠纷平行案件 224 件,并全部当月审结,案件从立案至审结平均用时 15 日,较好地发挥了平行案件集约化审理的优势,初步实现了平行案件收结的良性运转。同时,积极探索平行案件简化审理以及全流程网上审理模式,从而优化办案流程,提升审判质效。

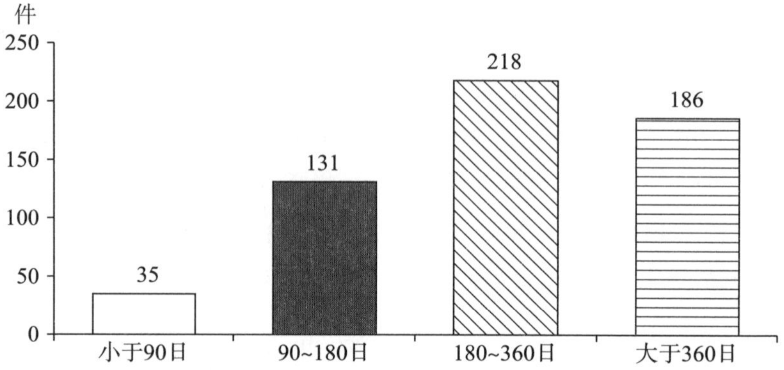

图3　2015～2019年上海法院证券虚假陈述责任纠纷一审案件判决结案审理时间

（二）证券纠纷示范判决机制案件分流功能的实践现状

1. 调解效率有所提升

2017年上海法院该类案件调撤率为55.14%，2018年为44.38%，2019年猛增至88.51%。从2019年之后出现的显著提升的数据可见，通过示范判决机制的推进，上海法院进一步优化"示范判决+专业调解+司法确认"全链条的金融纠纷多元化解机制，引导更多群体性纠纷平行案件当事人通过调解的方式化解纠纷。示范判决机制在调解效率上的优越性已经开始凸显，截至2020年4月，全国首例示范判决机制的案件，即方正科技系列案件调撤率为98.49%，合计1311名投资者通过多元纠纷化解机制解决纠纷。

2. 诉讼费杠杆调节机制初见成效

示范判决生效后，平行案件原则上应先行委托调解，并充分运用诉讼费用的经济杠杆，引导当事人通过证券纠纷多元化解机制解决纠纷。在上海金融法院审理的一起群体性证券虚假陈述案件中，法院首次借助诉讼费杠杆调节机制，结果按照示范判决以调解或撤诉结案的有1208件，占比达91.7%。

（三）证券纠纷示范判决机制适法统一功能的实践检验

1. 案件同质性特征为适法统一功能提供实现可能

从诉讼模型上来看，该类案件多为上市公司的虚假陈述行为损害了投资者的利益而引发的诉讼。故该类案件诉请类型单一，多为赔偿投资差额损失、佣金及印花税等。各被告的抗辩理由也比较类型化,上市公司的抗辩理由多为虚假陈述行为不具有重大性、交易因果关系不成立、部分损失由系统性风险造成等;会计师事务所等中介机构的抗辩理由多为投资损失与其执业行为无因果关系、不存在主观故意、不应承担连带赔偿责任等。示范判决机制的推行可以通过公示先行示范案件的审理结果,为平行案件的当事人提供参考,并且可以根据示范案件的模式变更诉讼请求或追加被告,促进其权益保护最大化。

2. 管辖权异议恒定原则促进适法统一功能实现

依据管辖权恒定原则,在群体性证券纠纷中限制案件当事人逐案以相同理由提出管辖权异议,以此提升诉讼效率,避免当前普遍存在的大量案件因管辖权异议造成的诉讼拖延问题。同时,还可以使该类案件适法统一功能最大限度实现。①

(四)证券示范判决机制平衡当事人诉讼能力功能的实践检验

1. 提高被告在该类纠纷中担责任的比例

以被告涉同一上市公司作为分组,示范判决机制推行后在上海法院审理的21组虚假陈述案件中,除尚未有生效裁决的5组案件外,16组案件中法院判决被告承担赔偿责任的有14组,占比达87.5%。该情况反映出在示范判决机制推行后,投资者对虚假陈述行为的举证责任大大减轻,胜诉比例较高。

2. 损失计算的精细化程度不断提升

损失计算是虚假陈述案件的审理难点之一,同时也是制约审判效率的主要瓶颈,对于损失的计算需要精细化的模型并且对影响股价的因素进行综合考量,这些都超出了普通投资者的能力水平。以上海市为例,示范判决机制推行后,该类案件的损失核定工作均委托第三方专业机构完成,大大提升损失计算的精细化程度,也出现了确立多因子量化模型计算方式的普天邮通案等具有典型性参考价值的案例。

3. 支持诉讼机制仍有待提高

在示范案件的专业支持方面,法院可以经当事人申请或依职权委托第三方

---

① 参见倪培根:《论我国证券期货纠纷示范判决机制的制度化展开》,载《河北法学》2019年第4期。

专业机构调取相关交易数据,进行专业分析,出具损失核定意见。支持诉讼机制的推行一定程度上平衡了当事人的诉讼能力,但是现行的法律对支持诉讼的规定不够完整,还有诸如支持诉讼主体、费用来源、支持方式等问题需要进一步完善。

三、追根溯源:证券纠纷示范判决机制的体系效用及运行瓶颈分析

(一)功能定位——资本市场多元纠纷体系化考量的必然选择

从体系上把握,我国的证券纠纷示范判决机制不仅关乎示范案件是否能与平行案件对接,更关注通过示范案件判决的实际效果,促进大量平行案件通过调解等非诉形式得以解决,以期资本市场健康发展,这也正是"证券纠纷多元化解机制"的核心体现。正如有学者所说,示范判决机制是"囊括了诉讼制度与调解制度的混合物",在证券纠纷领域这一机制最终追求的目标是引导平行案件当事人选择诉讼以外的纠纷解决路径,从而"将纠纷尽可能化解在司法审判的大门之外"。①

在分析了我国证券纠纷示范判决机制的功能定位之后,该机制的整体程序构造可以总结为:诉前(委派)调解—示范判决—诉中(委托)调解。这一模式与司法替代性纠纷解决办法(Alternative Dispute Resolution, ADR)具有高度相似性。司法ADR即通过嵌入人民调解、行业协会等非诉调解资源,以案件分流、诉非衔接的形式,向外延伸司法解纷及司法服务功能,最大限度满足人民群众高效率、多途径、低成本解决纠纷的需求。②

认清我国证券纠纷示范判决机制的法律定位不应孤立把握该制度程序设计的环节,而应将该系统置于繁简分流的多元化解纠纷体系中考量:将其与纠纷解决机制串联起来,从而实现不同程序之间的优势互补,例如,将"示范判决+专业调解+司法确认"结合形成有机联系的纠纷化解机制;通过示范案件生效判决的法律评价因素,增强当事人预测审判效果的可能性,并确保调解方案与审判结果

① 参见倪培根:《论我国证券期货纠纷示范判决机制的制度化展开》,载《河北法学》2019年第4期。

② 参见胡仕浩、柴靖静:《规范特邀调解制度 完善诉调对接机制——〈最高人民法院关于人民法院特邀调解的规定〉的理解和适用》,载《人民法院报》2016年6月30日,第6版。

的趋同;引导当事人通过非诉途径解决纠纷,缓解司法压力的同时也为"繁案"的精细化审理节约资源。

(二)证券纠纷示范判决机制的运行瓶颈分析——快速成长的必然结果

1. 瓶颈一:便利诉讼功能仍有提高空间

(1)平行案件程序性问题突出,制约便利诉讼职能落实

首先,关于送达问题,对于示范案件中已经公告送达的被告,后续平行案件中如果仍需要再次公告送达,将导致诉讼期限的无限延长。其次,追加被告的问题,平行案件中一旦追加了被告,应再次给予答辩期和举证期等,过分拖延诉讼期限。最后,适用示范判决机制的案件,所涉群体性证券纠纷的后续案件投资者可将当事人名称、证券账户开户证件号码、日期等相关信息在法院进行登记,前述登记能否构成诉讼时效的中断是一个问题,该问题的处理在一定程度上影响诉讼平行案件当事人参与诉前调解的积极性。

(2)平行案件原告的程序性权利需重视

示范案件的效力的扩张需要以保障平行案件原告的程序性权利为前提,在现有规定中并没有对平行案件的原告的程序性权利予以明示,通常仅赋予其旁听庭审的权利,这种做法实际上无法真正保障当事人的权利并起到便利诉讼的功能。

2. 瓶颈二:案件分流功能需进一步优化

(1)与调解的衔接存在问题

在示范判决机制的制度构建上,诉前调解—示范判决—诉中调解三个模块紧密相连不可分割。但是在实际操作中,由于中小投资者对于示范判决结果持观望态度,所以示范判决生效后的诉前调解阶段解决纠纷的成效甚微。另外,当事人因为等待示范判决的结果而选择登记但不立案的方式向法院主张权利,对于诉讼时效是否能因此中断并没有定论,导致案件仍不断涌入,诉前解决纠纷的设想障碍重重。

(2)纠纷多元化解的作用未充分释放

示范判决机制推行后,虽然平行案件的调撤率得到显著提升,但实践中也出现不少问题。例如,第一,投资者保护机构兼具主持调解、支持诉讼的原告诉讼代理人、辅助损失计算的第三方专业机构等职能,与投资者存在利益冲突,中立

性不得不受到质疑。第二,部分投资者对调解协议的实际履行效果忧心忡忡,加之被告为拖延赔偿时间,更倾向于等待判决后再上诉,故调解成功率大大降低。第三,部分律师出于自身报酬的考虑,常常诱导当事人进行诉讼而非调解,对当事人的调解意愿不在意甚至反对,这也对调解产生一定的不利影响。

3. 瓶颈三:适法统一功能规则不够明确

示范判决扩张性的平衡尺度难以把握。示范判决的扩张性,是指示范判决中关于共通性事实争点和法律争点的认定,平行案件的当事人无须另行举证。但该扩张性也存在例外,如果双方当事人都对援引示范判决无异议,法院可以根据该援引事实与法律适用意见作出裁判,不再对其进行事实认定和法律适用的审理。但是也要考虑平行案件的当事人并没有直接参与示范案件的审理程序中,如果让其无条件地受示范判决的结果拘束,显然有违程序公平和诉讼参与的基本法理。①

4. 瓶颈四:平衡当事人诉讼能力功能有待进一步释放

(1)对示范诉讼原告的激励不足

在示范案件的审理过程中,法院对双方当事人之间的争议的处理会直接影响到后续平行案件的纠纷解决途径及方案,所以示范案件的原告不可避免地承担了两项责任:一是作为自己案件的原告,对自己负责,维护自身合法权益;二是示范判决中认定的共同事实和法律争点会扩张到众多平行案件中,这在一定程度上使示范案件的原告也要对其背后的公共利益负责。② 所以,示范案件中的原告在整个过程中会投入更多的时间、精力等成本,在当前对其缺少一定激励措施的情况下,当事人主动成为示范案件的原告并对其背后广大中小投资者负责的积极性并不高。

(2)示范诉讼中原、被告之间的对抗力仍属失衡状态

作为原告的中小投资者一方虽然在人数上占多数,但是就单一主体来说,其所受的利益损失较少,在时间及诉讼成本的综合考量下,中小投资者选择主动采取诉讼的方式来维护自己合法权利的情况并不多见,维权的积极性也不高。而被告一方往往是财力较充沛,且拥有良好法律服务资源的上市公司,与有关被告

① 参见张有林、庞云霞:《我国示范诉讼制度的构建》,载《人民论坛》2017年第14期。

② 参见肖建华:《现代型诉讼之程序保障——以2012年〈民事诉讼法〉修改为背景》,载《比较法研究》2012年第5期。

相比,在承担诉讼成本的能力、证据收集能力、专业律师团队等方面皆具有优势。并且,示范案件的本质还是一对一的诉讼,平行案件的原告虽时时关注着示范案件,但其更关注的是案件共同事实和法律焦点等。可见,在示范案件的审理中,原告仍然处于单独的弱势地位。

四、跬步之积:证券纠纷示范判决机制的探索与完善

(一)对便利诉讼功能的优化

1. 平行案件程序性问题的细化

细化平行案件的审理程序时应以调解优先、及时审理、集约化审理、简化审理为原则,积极应用电子送达、在线庭审、庭审记录改革等全流程网上办案改革措施,提高审理效率。示范案件选定后,所涉群体性证券纠纷的后续案件投资者应将相关信息进行登记。投资者完成登记,构成诉讼时效中断。在平行案件的审理中,可以以“异步审理模式”突破时空的双重限制,当事人和法官无须同时在线,实现当事人异时、异地、异步参与诉讼活动,进一步增强诉讼的便利性。具体规则如表2、表3所示:

表2 调解规定的优化

事项	具体内容
先行调解	示范案件选定后示范判决生效前,所涉群体性证券纠纷的后续案件,在征求当事人意愿的基础上,引导当事人在诉讼前先行调解。示范判决生效后,尚未进入诉讼程序的后续案件,应在示范判决的基础上由相关调解组织或通过法院“一站式”多元解纷平台进行诉前调解(以先行调解为原则,以当事人明确拒绝为例外)
司法确认	经法院委派调解,当事人达成调解协议后请求司法确认的,法院依法受理并及时确认,并免于收取案件受理费(示范判决+专业调解+司法确认)
损失核定	平行案件的损失核定参照示范案件委托的损失核定的相关规定。平行案件的损失计算费按照投资者人次分级计收。经生效判决认定被告应承担赔偿责任的,损失计算费用由被告全额负担

表3 审理方面的优化

事项	具体内容
电子送达	经受送达人同意,平行案件可以通过中国审判流程信息公开网、全国统一送达平台、中国移动微法院、全市统一诉讼服务平台、电子邮件等途径送达当事人提交的证据材料、诉讼文书、裁判文书
庭前准备	平行案件当事人可以参照示范判决申请变更当事人、诉讼请求,但应在法院指定的期限内提出。参与示范案件诉讼程序的被告在平行案件审理中主张答辩期、举证期的,应当在法院指定的期限内提出
简化庭审	经当事人同意平行案件可以不开庭审理。 需要开庭审理的,可以采取集中开庭方式对平行案件进行合并审理。已经示范判决认定的事实和证据,当事人可以不再举证、质证
在线庭审	平行案件需要开庭审理的,可以通过互联网或专用网络在线开庭审理。一方当事人选择在线庭审的,法院可以根据案件情况,决定采用线下开庭或一方当事人在线、其他当事人线下方式开庭
庭审记录改革	经过当事人同意,平行案件的开庭审理应优先选择适用录音录像全部替代或部分替代庭审笔录
异步审理	经当事人同意,法院可以指定当事人在一定期限内,分别登录诉讼平台,以非同步的方式展开平行案件的调解、谈话、询问等诉讼活动。 裁判文书方面:简化并且保证质量
简式裁判文书	可以采取表格式、要素式,在判决主文中确定赔偿总额和损害赔偿计算方法,将原告姓名及应获得赔偿金额以列表的方式作为民事判决书的附件。当事人对交易数据、赔偿金额有异议可以向法院提出申请复核,确有错误的,法院以裁定补正

2. 示范案件已有规定的优化

示范案件的审理方面,降低诉讼的时间成本。示范案件当事人需公告送达的,可以将平行案件的范围、审理期间等一并公告送达。专业支持方面,考虑作为原告的中小投资者和作为公司现在股东的中小投资者之间的利益平衡,在损失核定上应更加慎重。具体规则如表4、表5所示。

表 4　选定程序方面的优化

事项	具体内容
优先选定	支持诉讼或提起公益诉讼且符合示范判决案件选定条件的，优先选定
听证程序	法院可以通过阅卷、调查、询问和听证等方式对被诉证券侵权行为的性质、侵权事实等进行审查，并据此选定示范案件
多个示范	为全面解决纠纷共通争点，可以依当事人的申请或依职权选定多个示范案件

表 5　专业支持方面的优化

事项	具体内容
当事人申请损失核定	当事人申请委托专业机构核定损失的，应当在法院指定期间内提出。专业机构需要收取费用的，申请人应一并预交损失核定费用。预期不提出申请或者不预交鉴定费用的，视为放弃申请，应承担相应法律后果
法院依职权委托损失核定	当事人未申请损失核定但案件审理确有需要的，本院可以依职权委托专业机构进行核定
损失核定机构管理及费用标准	依法成立并具有损失核定专业能力的第三方机构，可以申请加入本院专业机构名册。经本院审核在上述名册中列明的专业机构，可以承担案件损失核定工作。为认定和量化系统性风险等损失扣除因素而发生的损失核定费用，属于为解决共同争点而发生的费用，应由败诉方承担
损失核定费用负担	当事人申请损失核定需要预付费用的，应将费用支付给第三方专业机构。示范案件生效判决认定被告侵权行为成立的，相应损失核定费用由被告全额负担。平行案件生效判决认定被告承担侵权赔偿责任的，相应损失核定费用由被告全额负担

3. 案件执行程序的创新突破

案件执行程序的优化方面，要考虑对中小投资者的保护及对控股股东、实际控制人等的司法惩戒力度。在证券群体性纠纷中，投资者相对分散，单个原告的诉请金额较低，为确保其他平行案件投资者的权益，可以对保全金额进行突破。[①] 财产调查方面，由于中小投资者相对上市公司而言是弱势群体，在无法提供财产线索或法院依职权裁定保全的情况下，法院可以主动查询被申请人的财产

① 参见倪培根：《论我国证券期货纠纷示范判决机制的制度化展开》，载《河北法学》2019 年第 4 期。

线索。[①] 具体规则见表6。

表6 执行方面的创新

事项	具体内容
财产保全方面	示范案件选定后,当事人提出财产保全申请或有证据显示被告存在转移、隐匿财产等可能使判决难以执行的情况,可以裁定或法院依职权裁定移送实施保全。在法院依职权移送实施保全的情况下,保全金额可以结合证券登记结算机构等登记的债权信息予以确定
先行执行	依据生效判决,控股股东、实际控制人等对上市公司负有连带赔偿责任的,先行执行对证券侵权行为负有直接责任的股东或个人的财产。其目的在于加强对控股股东、实际控制人等的司法惩戒力度,警示上市公司的所有权人及经营者合法合规运营
民事赔偿优先	被执行人财产因涉行政处罚、刑事案件不足以清偿全部债务的,依法协调行政监督部门、中心投资者保护机构、相关司法机构,落实民事赔偿优先机制

(二)对案件分流功能的优化——对接ADR,完善非诉讼解决机制

裁判是一种奢侈的纠纷解决方式,欲让所有的民事纠纷通过裁判的方法解决是不现实的,如果忽视纠纷的多元化解决路径,就会形成解纷水平长期在低迷中徘徊的局面。[②] 在我国证券多元化解纠纷机制已经初步形成的局势下,[③]相信通过对现有的各项群体性解决机制加以完善,互相衔接、取长补短,最终能够实现解决群体性纠纷的最优路径。

1. 完善以投服中心为基础的调解路径

中证中小投资者服务中心(以下简称投服中心)是按照消费者协会的模式和原理设立的,其担负维护中小投资者的合法权益、投资者教育和中立第三方等综合职能。在实践中投服中心主持的调解呈现数量多、成功率高的特征,显示出巨大的优越性和发展空间。[④] 通过投服中心及时察觉证券纠纷(且不局限于生效的

---

① 参见最高人民法院《关于人民法院办理财产保全案件若干问题的规定》第10、11条也规定,在诉讼保全阶段,法院可以依据当事人申请进行网络查询,这一规定为此方面的路径探索提供了法律依据。

② 参见[日]小岛武司:《诉讼制度改革的法理与实证》,陈刚等译,法律出版社2001年版,第181页。

③ 参见范愉:《证券期货纠纷解决机制的构建》,载《投资者》2019年第4期。

④ 参见刘学在:《请求损害赔偿之团体诉讼制度研究》,载《法学家》2011年第6期。

行政处罚和刑事处罚),并快速采取措施通过调解方式在诉讼之外化解矛盾,有利于缓解取消前置程序带来的诉讼压力。

2. 加强证券行业协会的自律管理

重视对会员的日常诚信引导、规范其行为,不仅可以有效地将违法犯罪行为扼杀于萌芽状态,还可以促进证券业的正当竞争秩序,形成证券市场公平、公正、公开的健康风气。①

3. 加强证券交易所对信息披露的监督

《上市公司信息披露管理办法》明确赋予证券交易所对上市公司及其他信息披露义务人披露信息的监督职能。与此同时,根据2015年《中国证监会委托上海、深圳证券交易所实施案件调查试点工作规定》,加强证券交易所对信息披露的监管,将违法征兆控制在早期,有利于在诉讼外化解矛盾。

(三)适法统一功能的优化——共通事实预判力单项扩张

示范判决的扩张性问题具体体现在是否要免除平行案件的被告对共通事实的举证责任。对此,有两种平衡路径可供选择:一是向平行案件原告提供足够限度的参与机会。由于这些原告已经就事实进行过质证,可以免除被告对共通事实的举证责任。二是不刻意向平行案件的原告提供过多的参与机会,同时不免除被告对共通事实的举证责任。② 因此,考虑到我国的相关法律法规未向平行案件的原告提供足够限度的程序参与机会,宜采用后一种平衡路径。

(四)平衡当事人诉讼功能的优化——支持诉讼模式

1. 投服中心作为诉讼代表人参与示范判决

示范判决机制具有将群体诉讼还原成传统的一对一诉讼构造的特征,因此,示范判决机制不能直接缩小原被告之间的实力差距,引入强势中央代理人能够有效弥补示范判决机制的不足。③ 投服中心在专业性、资源以及起诉动力等方面

① 参见肖建华:《现代型诉讼之程序保障——以2012年〈民事诉讼法〉修改为背景》,载《比较法研究》2012年第5期。

② 参见洪冬英:《代表人诉讼制度的完善——以职权型示范诉讼为补充》,载《华东政法大学学报》2011年第3期。

③ 参见杨严炎:《群体诉讼研究》,法律出版社2010年版,第236~237页。

都优于一般投资者,由其代表受损者的权益,可以发挥其专业和信息优势。

在证券纠纷的示范判决机制的既有实践中,已经有投服中心通过支持诉讼的方式参与其中,维护原告的合法权益。各个地区的示范判决机制也均对投服中心参与示范诉讼均进行了有益的探索与思考。基于对当事人程序性权利保护的考量,示范判决机制应当选择意定赋权模式,由当事人对投服中心进行程序授权,这与当事人自负其责的理念相吻合。① 具体而言,可以采用投资者与投服中心签订一系列协议的方式将诉讼权利委托投服中心,让投服中心作为受损投资者的中央代理人。

2. 公益诉讼

证券民事诉讼制度作为维护资本市场领域公共利益的有效救济措施,在我国仍处于探索阶段。目前,证券民事公益诉讼制度的构建面临科创板试点推行对投资者保护的挑战、证券民事公益诉讼法律依据不完备等困难。可以推行以投资者保护组织和检察机关共同参与的证券公益诉讼机制,在证据搜集、公益诉讼与私益诉讼衔接等方面发挥更好的作用,从而为中小投资者提供诉讼支持,平衡当事人之间诉讼能力差距的问题。

结　　语

资本市场的特殊性引领着纠纷解决机制的需求和发展方向,塑造着新类型的纠纷解决方式。在多元解纷背景下的证券示范判决机制中,示范判决可以发挥司法引领作用,妥善化解平行案件的纠纷。这也是示范判决机制与纠纷多元化解机制的重要连接点,示范案件的审理并不能只考虑个案的价值,还应关注其背后的众多平行案件的纠纷化解问题。应通过"示范判决 + 专业调解 + 司法确认"的共同作用,推动证券纠纷的实质化解。多元化解纠纷是在当前经济转型、司法资源相对紧张的情况下主体通过多元合作整合国内司法资源,突出综合治理、系统解决纠纷的路径,其核心在于通过柔性治理弥补刚性司法的不足。对于证券纠纷示范判决机制的优化,也应抓住多元解纷的核心,从其便利诉讼、案件分流、适法统一、平衡当事人诉讼能力四大功能入手,在内部优化规则,创新平行

---

① 参见刘学在:《请求损害赔偿之团体诉讼制度研究》,载《法学家》2011年第6期。

案件的调解优先;在外部与司法 ADR 对接,完善以投服中心为基础的调解路径。为使证券示范判决机制更能适应资本市场的特征和需求,在充分体现成本与效益等理性因素的同时,应赋予当事人在面对利益、价值观念、实际需求时对多元化解纷方式选择的权利,以期资本市场通过良性运作的纠纷解决机制促进经济的有序和高效发展。

金融审判中专家陪审制度的功能厘定及规则构建①

胡文丰*

引　　言

我国实行的人民陪审员制度兼具"司法审判"与"政治保障"双重职能,②为实现司法公正发挥着不可或缺的作用。但就案件审理而言,人民陪审员欠缺专业知识,很难参与专业问题的讨论和实质审理程序,难以适应高度专业化的审判要求。基于此,本文以金融审判为切入点,尝试探讨在人民陪审制度的基础上,构建专家陪审制度。

一、路径:专家参与金融审判的可行性分析

在专业领域吸纳专家参与诉讼,协助职业法官质证、事实认定以提高裁判结果的专业性,已成为我国司法制度改革的一大趋势。③ 随着金融市场发展与需求变化,金融交易结构日趋复杂,金融创新层出不穷,金融监管政策灵活变化。对此,我国设立金融专门法院,以完善金融审判体系,营造良好金融法治环境。首

① 本文获第三十三届全国法院学术讨论会论文优秀奖。

* 法学硕士,上海金融法院审诉审查及审判监督庭法官助理。

② 参见徐致平、张永会:《人民陪审员参审民主价值与审判功能的协调》,载《人民司法》2015年第11期。

③ 参见颜运秋:《中国环境公益诉讼专家陪审制度的确立与完善》,载《法治研究》2017年第5期。

家金融法院的成立标志着我国金融专业化审判进入新阶段,金融审判的事实认定环节将会面临更多专业化、复杂化的金融法律问题,也对法官的多元知识结构提出了更高要求。当案件审理中出现法官难以解决的法律金融交叉领域的复杂问题时,法官往往更加依赖具有专门知识的人的参与。目前,专家参与金融审判的可行性路径为专家辅助人制度、专家咨询制度以及专家陪审制度。

(一)专家辅助人制度

经人民法院准许,当事人可以向人民法院申请一至二位有专门知识的人员出庭,当事人各自申请的有专门知识的人可以就案件中的有关问题进行对质。①例如,在金融法院审理的群体证券纠纷中,当事人可以申请专家辅助人对损失核定意见进行质证,并当庭询问损失核定人员。若有必要,法院也可以指派专家辅助人出庭就专业性问题作出说明。遗憾的是,目前法律法规未对专家辅助人的诉讼地位、专家辅助人说明的诉讼效力等问题作明确说明。

(二)专家咨询制度

法官在审理金融案件过程中遇到具体的技术性难题时,可以咨询相关领域的专家,从而更好地认定案件事实。专家的选任往往能够突破国别、地域限制,选任来自不同法系、不同国家、不同地区的国际机构负责人、知名学者、资深法官、律师、金融法律领域专家等中外专业人士担任委员成员,②为跨境金融纠纷等案件所涉及的国际条约、国际金融规则、域外法律的查明和适用等专门性法律问题提供咨询意见。但因专家不参加法庭庭审,未全面亲历案件审理流程,却对可能直接影响案件审理结果的技术问题出具意见,一定程度上影响客观性。

(三)专家陪审制度

与专家辅助人制度、专家咨询制不同,专家陪审员不再作为第三方参与诉讼,而是直接作为审判人员负责案件审判。专家陪审制度以全国人大常委会先后颁布的《关于完善人民陪审员制度的决定》、《中华人民共和国人民陪审员法》

---

① 最高人民法院《关于民事诉讼证据的若干规定》第84条规定。

② 最高人民法院《关于聘任国际商事专家委员会首批专家委员的决定》《关于聘任国际商事专家委员会第二批专家委员的决定》。

(以下简称《陪审员法》)为制度基础,基于我国的人民陪审制度而生。随着经济社会的迅速发展,法院审理案件的专业化、复杂化程度加强,专门法院的设立推动专家陪审制度建设。最高人民法院在1991年给北京市高级人民法院的复函中首次认可专家担任陪审员的司法审判实践,承认专家陪审员的身份地位,赋予专家陪审制度政策依据。随后,最高人民法院就知识产权审判、海事审判、涉外民商事审判及金融审判等相继出台司法文件,提出尝试专家陪审机制,强调专家陪审员对于解决专业化问题的意义(见表1)。

表1 不同领域专家陪审制度的运用

领域	发文时间、机关与文件名称	具体规定
知识产权审判领域	1991年最高人民法院《关于审理第一审专利案件聘请专家担任陪审员的复函》(已失效)	人民法院在审理第一审专利案件时,可以根据该案件所涉及的技术领域,聘请有关技术专家担任陪审员
	2009年最高人民法院《关于贯彻实施国家知识产权战略若干问题的意见》	注重发挥人民陪审员、专家证人和专家咨询、技术鉴定的作用,通过多种途径和渠道有效解决专业技术事实认定问题
海事审判领域	2006年最高人民法院《关于海事审判工作发展的若干意见》	进一步完善海事审判陪审员制度。制定陪审员的适用范围、选任等规定,逐步建立海事海商案件专家陪审员制度
涉外民商事审判领域	2021年最高人民法院《关于人民法院为海南自由贸易港建设提供司法服务和保障的意见》	在创新涉外民商事审判机制方面,探索选任港澳台居民担任人民陪审员,引入外籍和港澳台调解员参与纠纷化解,为中外当事人提供优质高效的多元解纷服务
金融审判领域	2012年最高人民法院《关于人民法院为防范化解金融风险和推进金融改革发展提供司法保障的指导意见》	探索构建高效的专业审判模式……要尝试专家陪审机制,通过聘请金融法律专家作为专家陪审员,充分发挥金融专业人士在专业性强、案件类型新、社会影响大的金融案件审判中的作用
	2021年中共中央办公厅、国务院办公厅《关于依法从严打击证券违法活动的意见》	完善证券案件审判体制机制……建立专家咨询制度和专业人士担任人民陪审员的专门机制

二、检视：金融审判中专家陪审制度运行效果

（一）能力不符：普通人民陪审员的金融专业化程度与金融审判实践要求存在差距

目前，专门法院的大部分人民陪审员来自社会各行各业，未经过特殊筛选，金融专业知识不足，金融专业化程度未达到参与专业问题的讨论和裁判的程度。这导致人民陪审员在专业案件的审理过程实质参审，陪审员与法官缺乏角色平衡，出现陪审员“陪而不审、审而不议”等现象，难以适应专业化审判的要求。①

（二）选任困难：选任金融审判专家陪审员的途径须更畅通

专门法院缺失具有金融专业知识背景的陪审员，其首要原因是选任途径不够畅通。金融专门法院目前尚不能单独选任专家陪审员，②其选任途径主要有二：一是可以根据审判活动需要，通过个人申请和组织推荐的方式由专家陪审员住所地或工作单位所在地相关基层法院与区人大推荐专家陪审员进入陪审员队伍。与普通的直接选任不同，通过这一方式选任的人民陪审员数量不得超过选任总数的1/5，③即每产生1名专家陪审员，至少需要配套4名以上的非专家陪审员，容易造成人力资源闲置。二是选任方式是通过所在地基层人民法院的人民陪审员名单中通过2次随机抽取确定专家陪审员。实际上，基层法院其自身也有专家陪审员的选用需求，每次推荐产生的专家陪审员人数有限，导致难以及时满足中级法院的专家陪审员人数需求。

（三）定位模糊：专家陪审员的权利与义务有待明确

在履职过程中，人民陪审员具有与审判员同等的权利和义务④，但目前法律

---

① 参见张嘉军：《人民陪审制度：实证分析与制度重构》，载《法学家》2015年第6期。

② 2005年6月1日，最高人民法院政治部在《关于人民陪审员选任工作若干问题的答复》中规定了铁路法院、林业法院、海事法院不单独选任人民陪审员。

③ 司法部、最高人民法院、公安部《人民陪审员选任办法》第8条规定，通过个人申请和组织推荐产生的人民陪审员，不得超过所在基层人民法院人民陪审员名额数的1/5。

④ 参见《中华人民共和国民事诉讼法》第39条、《陪审员法》第2条。

法规尚未规范专家陪审员的具体职责内容,也未有明确专家陪审员的报酬与权利保障的内容。因此,更需要明确专家在各个审判阶段与法官职责的分工,要求专家陪审员根据其专业能力而作出专业化判断。专家履行义务的同时,也应给予一定的正向激励。

三、回溯:我国金融审判专家陪审制度的定位与价值

(一)正当性:专家陪审制度在金融审判中的功能定位

最高人民法院周强院长指出,人民陪审制改革要"把握好数量与质量的关系,处理好知识水平、职业背景和专业特长等结构性问题,增强人民陪审员队伍的代表性和广泛性,做好法官队伍的职业化与人民陪审员参审案件的大众化结合"①。与高度专业化的专家陪审制度不同,我国目前的人民陪审制度对人民陪审员的学历要求仅为"一般应当具有高中以上学历"。之所以这样规定,是因为要求陪审员具备广泛的民众基础,能够增进整个社会对司法公正的认同感,弥补法官法律职业思维的局限,起到维护司法公正、强化司法监督、提高公民对判决接受度等多重作用。② 因此,有不少学者认为,专家陪审制度精英化、专业化的选任条件与陪审员制度建立的司法理念初衷相悖,专家陪审员大幅提升了陪审员的门槛,会使人民陪审员失去代表性而违背陪审制的民主价值。③ "如果法律人做出的判断离人民的价值观和意志观距离太远,那么人民对于法律人就会积累起越来越多的不信任"④,容易造成陪审员角色定位与司法客观需求脱节。

事实上,人民陪审员的民众基础与专家陪审制度所要求的专业化之间并不

---

① 参见周强院长在人民陪审员制度改革试点工作部署动员会上的讲话,载中国法院网,http://www.chinacourt.org/article/detail/2015/04/id/1605295.shtml。

② 参见彭小龙:《人民陪审员制度的复苏与实践:1998—2010》,载《法学研究》2011年第1期。

③ 参见韩大元:《论中国陪审制度的宪法基础——以合宪论和违宪论的争论为中心》,载《法学杂志》2010年第10期。

④ 丁晓东:《人民意志视野下的法教义学——法律方法的用途与误用》,载《政治与法律》2019年第7期。

存在绝对的矛盾和冲突。[①] 专家陪审制度通过将专家陪审员的价值观念、视角标准等专门知识引入审判，以专家的专业知识优势来弥补其法律知识劣势，[②]能够让陪审员更好地参与案件的事实认定过程，[③]使其对案件处理结果的评议以及最终处理施加实质影响，继而实现“实质参审”。

（二）必要性：金融审判引入专家陪审制度的实质需求

金融行业具有鲜明的集聚性、高风险性、高负债经营性。金融案件具有专业化、涉众性、重大影响性的特点。专业化、涉外性的复杂金融法律问题要求金融司法裁判树立符合金融案件特点和金融市场发展内在需求的价值取向，充分发挥金融司法的规范引领作用，实现在“强监管”背景下与金融监管部门的协调联动。金融专业化审判在发挥对于金融市场交易行为的规则导向作用时，不仅应基于法律视角，也要充分考量金融维度，金融司法既要立足解决金融纠纷，又要考虑整个金融市场的稳定发展，共同维护市场机制高效运转、经济社会稳定发展。部分新型、复杂疑难案件的审理将会对金融市场发展产生重大、深远的影响，单纯由法官审理该类案件往往难以实现厘清市场规则、规范和引导金融交易行为等目标，亟须引入具备丰富金融监管经验和专业知识背景的专家，在遵循商事交易的特点、理念和惯例的前提下，深度把握金融市场的规律性，实现金融审判专业化，推动金融市场更好地满足实体经济多样化的发展需求。

以证券侵权损害赔偿纠纷案件为例，证券虚假陈述责任纠纷等案件专业性较强，通常会涉及资本市场专业领域的问题，投资者的损失是由上市公司虚假陈述行为造成的，还是市场本身的风险因素所致，双方当事人一般争议较大。通过在证券纠纷示范案件审理中引入专家陪审员，提升审判的专业化程度，选用证券领域的专家学者或者是证券监管部门及行业组织的专业人员组成合议庭，能够很大程度上确保示范判决的审判质量和裁判效果。

---

① 参见何家弘：《中国陪审制度的改革方向》，载《法学家》2006 年第 1 期；李玉华：《中国陪审制度的现状与未来》，载《中国司法》2009 年第 8 期；廖永安、刘方勇：《社会转型背景下人民陪审员制度改革路径探析》，载《中国法学》2012 年第 3 期。

② 参见胡充寒等：《知识产权审判专家陪审制度的探索与检视》，载《法学杂志》2011 年第 12 期。

③ 参见刘峥：《人民陪审员制度的价值指向与实践契合》，载《人民司法》2018 年第 22 期。

四、构建:金融审判专家陪审制度规则构建

目前,我国专家陪审制度已在诸多专门法院与基层法院自主实行。以上海市为例,金融法院、海事法院、知识产权法院等专门法院均已实行专家陪审制度,但各个法院的实际运行细则不尽相同。对此,笔者结合我国的专业化审判发展实际,尝试在金融审判领域构建合理、规范的专家陪审制度,完善金融专业化审判模式,以供参考。

(一)适用专家陪审制度的案件范围和审级

受人民陪审制度的限制,专家陪审员参审的案件范围不应超出人民陪审制的案件范围且审级仅限于一审。① 笔者结合《陪审员法》以及最高人民法院《关于适用〈中华人民共和国人民陪审员法〉若干问题的解释》(以下简称《陪审员法司法解释》)等法律法规,尝试罗列金融领域专家陪审制度的案件范围。鉴于日后专业化审判模式的不断深化,不排除将来会有越来越多的各类新型专业案件需要适用专家陪审制度,因此,对专家陪审制度的案件范围可进行非封闭型罗列(见表2)。因上海市金融法院已通过相关规定明确证券纠纷示范案件可选用具有专业知识的人员作为专家陪审员参与案件审理,②并探索建立切合涉科创板案件专业化审判需求的专家陪审机制,③相关规定一并列入金融专家陪审制度适用的案件范围。以此确定普通案件随机分配陪审员,重大案件指定分配专家陪审员的模式。

---

① 参见《陪审员法》第15条与《陪审员法司法解释》第5条。

② 参见《上海市金融法院关于证券纠纷示范判决机制的规定》第37条。

③ 参见《上海市金融法院关于服务保障设立科创板并试点注册制改革的实施意见》;《上海市金融法院服务保障中国(上海)自由贸易试验区临港新片区金融开放与创新发展的若干举措》。

表 2　金融专家陪审制度适用的案件范围

序号	范围
1	涉及专门性问题的解决的案件
2	涉及群体利益、公共利益，人民群众广泛关注或者其他社会影响较大的重大案件
3	涉及独立保函、保理、私募基金、非银行支付机构网络支付、网络借贷、互联网股权众筹等新型民商事纠纷且案情疑难复杂的案件
4	涉及根据民事诉讼法、行政诉讼法提起的公益诉讼案件且案情复杂或者有其他情形的案件
5	具有涉外因素且可能引发国际影响的涉外金融民商事、金融行政案件
6	其他需要纳入专家陪审制度范畴的案件

(二)专家陪审员的选任模式和流程

当前，专门法院需要从所在地基层人民法院的人民陪审员名单中通过两次随机抽取确定专家陪审员，专家的数量有限且操作流程冗杂。一定数量的专家陪审员是专家陪审制度顺利运行的前提，故建议在专门法院取消专家陪审员不超过普通专家陪审员 1/5 的比例限制，允许各专门法院建立专家人民陪审员信息库，[①]通过个人自愿申请与组织推荐相结合的方式，优化专家陪审员选任流程。

专家陪审员的选任应由各专门法院审委会牵头建立专家陪审员信息库，并对提交报名的专家进行资格和专业背景审查。通过审查、遴选、公告与编册等步骤选任专家陪审员，完善专家陪审员专业信息登记，为承办法官根据案件审理实际情况以及争议焦点选任最合适的专家陪审员提供便利，确保专家陪审员在案件审理过程中发挥专业特长。结合各法院选聘专家委员的各项条件要求，笔者认为专家陪审员应当符合如下条件(见图 1)。

① 参见《人民陪审员制度改革试点工作实施办法》第 9 条。

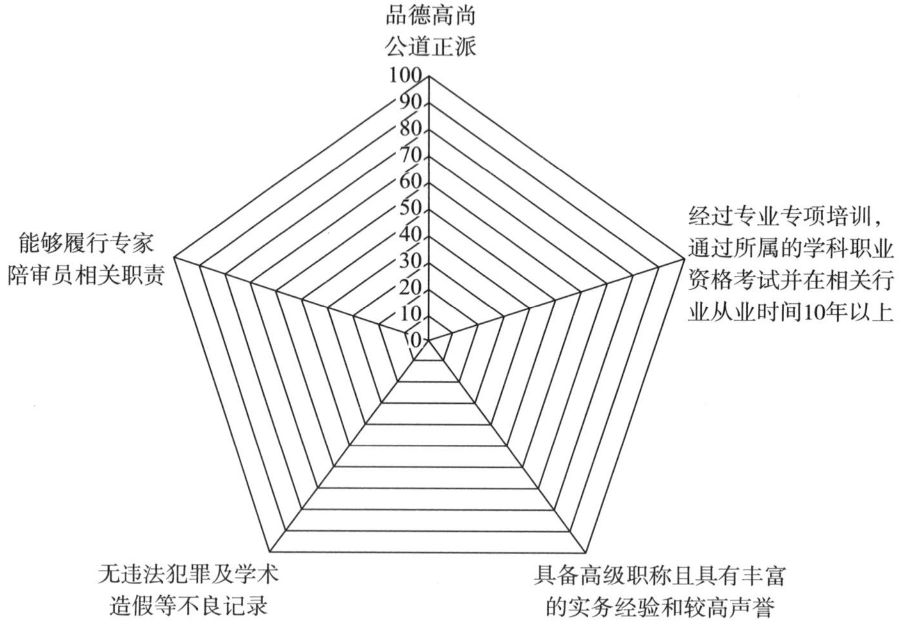

图1　专家陪审员应当符合的五项条件

金融法院的专家陪审员专业背景应涵盖证券、金融、保险等多种学科。符合条件的专家陪审员经初选后,应及时公开专家陪审员名单,公示拟选任专家的相关信息,包括但不限于专家陪审员的专业领域、工作单位、职称等。公示期满应报同级省(直辖市)人民代表大会常务委员会,常务委员会对照人民陪审员相关法律法规要求会对其资格进行审查并任命。建议将专家陪审员的任期设置为5年,任期与人民陪审员一致。因专家群体有限,对于专家陪审员应突破目前人民陪审员不得连续任职的限制,①允许其连续任职。同时为适应案件类型的变化,专家库中的专业背景应随着人民法院的案件范围、管辖以及新型案件所需而进行调整,实现动态更新。

(三)专家陪审程序的启动和抽取

专家陪审程序的启动应采用依职权与依申请启动两种方式,这主要基于

① 司法部、最高人民法院、公安部《人民陪审员选任办法》第24条规定,人民陪审员的任期为5年,一般不得连任。公民担任人民陪审员不得超过2次。

两方面的考虑：一是就人民法院角度而言，应赋予法院依职权启动的权限。法官认为案件审理确有必要且符合专家陪审制度案件范围的，应向诉讼当事人说明情况后依职权启动专家陪审程序。二是就当事人的角度而言，根据辩论主义理论，法院应充分尊重当事人事实认定过程中的自由。[①] 诉讼双方的当事人有权利根据意思自治向法官申请启动专家陪审程序。法院经审查认为确有必要启动的，应当按照案件类型从前述专家陪审员信息库中随机抽取确定专家陪审员。[②] 为了保证公平性，专家陪审员也应参照人民陪审员的回避制度进行回避。

有学者指出，可以参考仲裁制度中确定仲裁员的程序，考虑赋予当事人自主选择具体人民陪审员的权利，先由当事人共同决定专家陪审员名单。如果当事人不能就专家陪审员人选达成合意，则由法院指定专家陪审员。[③] 诚然，由当事人自主选任专家陪审员能够增加当事人对裁判结果的认同感和信任感，但笔者认为，专家陪审员信息库的建立尚需要一段时间的积累，专家陪审制度亦需要一定时间的运行予以精雕细琢、不断调整。现阶段贸然引入当事人自主选任专家陪审员的规则，将会加重司法实践中的程序负担，对专家信息库的专家人数与背景多元化提出了更高要求，为保障专家陪审制度在初期的顺利运行，当事人的自主选择权可以考虑后置落实。

（四）专家陪审制度的参审规则

在合理选任专家陪审员并依法启动专家陪审程序后，应设计专家陪审员具体的参审规则，严格落实专家陪审全程参与庭审全流程，畅通专家陪审员“实质参审”通道，保障专家陪审员实质参与庭审，允许专家陪审员独立发表意见，并通过裁判文书等书面呈现专家陪审员意志。

鉴于采用专家陪审制度的案件普遍较复杂，在庭前阶段，应给予专家陪审员充足的阅卷时间，使其全面、充分地审阅全部案卷材料，保障专家陪审员的阅卷

---

① 参见[日]谷口安平：《程序的正义与诉讼》，王亚新、刘荣军译，中国政法大学出版社 2002 年版，第 139 页。转引自黄海涛：《专家陪审制中的程序保障问题研究》，载《法律适用》2017 年第 13 期。

② 参见《最高人民法院关于适用〈中华人民共和国人民陪审员法〉若干问题的解释》第 3 条。

③ 参见覃红卫等：《人民陪审员随机参审案件的实践探索》，载《人民法治》2019 年第 10 期；胡充寒等：《知识产权审判专家陪审制度的探索与检视》，载《法学杂志》2011 年第 12 期。

权。在庭审阶段,专家陪审员既需要保持中立和适度被动,也应当积极参与鉴定、勘验、庭审等具体诉讼活动。法庭调查时,专家陪审员应当发挥专业特长,协助法官与双方当事人(包括但不限于其代理人、鉴定人、专家辅助人)就专门性问题所涉证据的证明能力、证明力等进行调查、核实、举证、质证,并参与案件事实的认定。法庭辩论时,专家陪审员不直接参与双方当事人的辩论,应保持中立立场,引导控辩双方就技术性问题进行辩论对抗。考虑到法律适用问题上法官更为专业,故专家陪审员应遵循人民陪审员制度要求,只参与事实认定阶段的庭审评议。在庭后评议阶段,专家陪审员应与其他合议庭成员充分合议,共同认定案件事实中的专门性问题。因专家陪审员就专门性问题展开的认定具有高度的专业性,不展开解释将难以被公众接受。为缓和或排除辩论主义之"僵化"现象,保障当事人对专家陪审员技术性立场的知情权,应当遵循"心证公开"原则,对案件中专门性问题所涉技术争议,详细列明专家陪审员在合议过程中发表的个人独立意见,意见未予采纳的,应及时告知原因和法律依据。若存在不同意见,应分别列明不同意见、合议庭表决情况以及合议庭最终采纳意见的理由,并经专家陪审员本人签字确认后如实记录附卷备查。①

通过参与上述阶段的审理活动,专家陪审员可以充分发挥专业知识优势,提高庭审的实质性、完整性以及合议的真实性、有效性,为案件裁判者的自由心证提供基础,也为二审法院、再审法院的事后审查提供资料。

(五)专家陪审制度的权益保障与责任追究机制

专家陪审制度的建立既离不开对专家权益的保障,也不能免去对其相应的责任约束。就权利而言,为保障专家陪审员充分履职,可以从专家陪审员的人身安全保障、后勤保障、参审补助保障和权利救济四方面出发,构建完备、全面、高效的保障体系,免除其参与案件审理的后顾之忧。专家陪审员所在单位要认识到陪审工作的重要意义,支持陪审工作,为陪审员的履职提供保障,并尽可能地为陪审工作提供便利(见表3)。

---

① 参见颜运秋:《中国环境公益诉讼专家陪审制度的确立与完善》,载《法治研究》2017年第5期。

表3 专家陪审制度的权益保障制度

方面	具体内容
人身安全保障	应参照法官人身保障的相关规定,对造成专家陪审员人身伤害和以侮辱、诽谤等方式侮辱其名誉的,及时固定、保全证据材料,进行严厉打击,加大惩处力度,有效防止来自当事人的人身和言语攻击等不利干预
后勤保障	专家陪审员参审期间不得克扣专家陪审员的正常工资及绩效奖金,及时批准专家陪审员因参审需要的请假事项,并作为特假记录,不列入事假范围。专家陪审员所在单位要在发生"工陪"冲突时,尽可能地对陪审员当天承担的工作任务安排他人顶替,以此支持陪审事业,使全社会共同为专家陪审员机制建设提供助力
参审补助保障	要建立专家陪审员专项经费保障制度,将陪审经费列入法院全年经费预算计划,并做到专款专用。对此,应对专家陪审员参审案件的工作量进行科学统计,根据案件繁简程度核定工作时间,及时发给陪审经济补助,因专家陪审员的专业素质较高,建议适当提升专家陪审员的补贴报酬标准,以提高工作的主动性和责任感,最大化发挥司法审判过程中专家陪审员的作用
权利救济	对法官限制专家陪审员庭审中的发问权及评议案件过程中个人裁判意见的独立性表达,干扰陪审权正当、有效行使的,专家陪审员有权向专家陪审员委员会及选举专家陪审员的人民代表大会提出申诉,寻求权利救济,增强陪审权的权力属性,使法官的审判权和专家陪审员的陪审权保持互相制约、平衡

就义务而言,专家若无不可抗力等确实无法参审的正当理由,不得缺席审判。专家故意破坏审判公正性或因误用科学原理或者技术方法而形成错误的判断①,都应当根据过错程度承担责任。因专家恶意或故意导致错误判决,损害审判公正性与当事人合法权益,情节严重的,应当依法论处。与此同时,当专家陪审员不再符合继续履行职责条件,专家陪审员管理部门应及时报同级人大,办理免职手续,依法免除其专家陪审员资格。同时,通过多渠道向社会进行公示,让广大人民群众充分获取相关任免信息,防止被免职的陪审员损害人民群众的切身利益和司法公信。

① 参见常林:《谁是司法鉴定的"守门人"?——〈关于司法鉴定管理问题的决定〉实施五周年成效评析》,载《证据科学》2010年第5期。

结　语

随着专家陪审制度的建立,金融法院必将充分利用人才资源优势,发挥专家智力支持作用,完善专业化审判模式。在实践中,不断总结专家陪审制度的不足,及时予以完善,让更多拥有丰富专业知识与社会阅历、具有行业影响力和社会责任感的专业人士成为专家陪审员,参与司法审判活动,让这一模式更好地为审判实践服务,继而提升金融司法裁判的公信力,更好地维护金融市场秩序,提升金融市场法治化水平。

司法实务

功能主义视角下有追索权保理合同纠纷的司法裁判

上海金融法院课题组*

一、有追索权保理概述

随着《中华人民共和国民法典》(以下简称《民法典》)的出台,保理合同作为一种全新的典型合同类型,首次在我国现行法律层面得到确认。在保理行业的诸多业态中,有追索权保理与无追索权保理无疑是其中最为重要的分类。《民法典》保理合同章专门用第766、767条两个条文分别对有追索权保理和无追索权保理作出了规定。

无追索权保理也称买断型保理,其性质属于"债权买卖",①指的是保理人向应收账款债权人支付价款并受让应收账款后,自行承担债务人的信用风险,即有权就全部应收账款受偿,但无权向债权人主张返还保理融资款或回购应收账款。有追索权保理,是指保理人除收取应收账款外,还有权向应收账款债权人主张返还保理融资款或回购应收账款债权。有追索权保理并不是我国特有的保理类型,据国际保理商联合会(Factors Chain International,FCI)发布的《全球保理行业活跃度报告(2017)》,有追索权保理占据全球保理业务总量的44%,远高于无追

---

* 本课题由上海市高级人民法院金融审判庭庭长单素华主持,课题组成员有孙倩、王倩。本课题节选自上海市高级人民法院2021年度优秀报批课题"《民法典》语境下保理合同纠纷审判研究"。

① 参见李宇:《民法典中债权让与和债权质押规范的统合》,载《法学研究》2019年第1期。

索权保理(占比32%)。[①]

当前,在我国保理行业实践中,有追索权保理主要表现为两种形式。一种是反转让或回购型,即债务人履行不能时,保理人有权将应收账款再次转回给应收账款债权人,例如,中国保理协会制定的《国内商业保理合同(示范文本)(适用于有追索权保理业务)》载明:"12.1　发生下列情形之一时,保理商有权向卖方发送《应收账款反转让通知书》,将未受偿的已受让应收账款再次转让回给卖方:12.2.1　无论何等原因,在该应收账款到期日或宽限期届满日(如保理商已给予宽限期的),保理商未足额收回保理首付款的……"该示范文本在业内也得到广泛运用。另一种是为债权人设定归还保理融资款及相应利息的义务。例如,在中国建设银行上海第二支行与中厦公司、麟旺公司等合同纠纷一案中,[②]保理合同约定,如应收账款因任何原因不能按时收回时,保理人均有权向债权人追索,债权人应无条件按时足额偿还保理人支付的保理预付款及相应利息等费用。形成前述两种业态的主要原因在于,商业保理公司在发展初期为避免触及贷款资质的行业准入限制,回避使用借款合同特有的本金、利息等表述,相应设计出回购条款逐渐成为行业惯例,银行从事保理业务则无此顾忌。

综上所述,有无追索权保理的主要差异在于,保理人除向债务人主张权利外,还能否向应收账款债权人追索。长期以来,我国审判实务中对于有追索权保理的法律性质并未达成统一认识,尤其是保理人能否在向债务人请求支付应收账款的同时,再向债权人行使追索权,存在较大争议。保理合同入典提升了保理的立法层级,对于保理相关纠纷的司法裁判具有重要意义。《民法典》第766条和第767条明确了不同保理形式下保理人的权利救济手段以及有追索权保理中保理人的清算义务,但是,对于有追索权保理的法律性质以及保理人同时或先后向债权人、债务人主张权利时的处理方式,仍未作出清晰的界定。而"法院对于保理合同中应收账款转让行为性质的认定将导致对于责任顺位和责任关系判断的差异"[③]。本文即从有追索权保理的性质出发,探讨《民法典》第766条的具体

---

① 参见《全球保理行业活跃度报告(2017)》,载中国服务贸易协会商业保理专业委员会网2018年11月1日,http://www.cfec.org.cn/view.php? aid=1899。

② 参见上海高级人民法院民事判决书,(2017)沪民终171号。

③ 关丽、丁俊峰、包晓丽:《保理合同纠纷中基础交易合同债务人拒绝付款的司法认定》,载《法律适用》2019年第23期。

实施路径。

二、有追索权保理的法律性质探究

(一)裁判观点之争

从近几年司法裁判来看,《民法典》出台之前,司法在实践探索中主要形成了以下 3 种裁判思路。

1. 附担保条件的债权让与说

有裁判观点认为,有追索权保理可以解释为附担保条件的债权让与行为,保理合同中的主要权利义务关系为基础交易项下的应收账款转让,追索权的行使相当于应收账款债权人对债务人付款行为的担保。① 该观点强调,无论是无追索权保理,还是有追索权保理,保理的核心权利义务关系均为债权让与,这是保理合同作为一种有名合同区别于他种典型合同的本质特征,有追索权保理只是在债权让与中附加了一个担保。

附担保条件的债权让与说统一了无追索权保理和有追索权保理的理论基础,在实践中得到许多法院认可,但未能解决有追索权保理中保理人的清算问题,按此学说,应收账款债权人是在融资款范围内承担担保责任,那么除非合同有明确约定,保理人有权拿到全部的应收账款,而无须向应收账款债权人返还。

2. 间接给付说

间接给付,又称新债清偿、为清偿之给付,是指"因清偿债务而为异于原定给付之给付,因债权人就新给付之实行受满足,而使旧债务消灭"②。间接给付说与传统审判思维的区别在于,把融资关系作为保理合同中的主要权利义务关系,应收账款债权人为清偿旧债(融资款)将应收账款转让给保理人,保理人对债务人的债权成为新债。此时,保理人应先行使新债债权,即先向债务人为请求,债务人履行不能时,再向债权人追索。

最高人民法院在珠海华润银行与江西燃料公司等保理合同纠纷一案中,创

---

① 参见最高人民法院民事判决书,(2014)民二终字第 271 号。上海市高级人民法院民事判决书,(2017)沪民终 171 号。

② 史尚宽:《债法总论》,中国政法大学出版社 2000 年版,第 819 页。

造性地将间接给付理论应用至保理合同法律关系中。① 该判决认定,有追索权的保理业务所包含的债权转让合同的法律性质并非纯正的债权让与,而应认定为是具有担保债务履行功能的间接给付契约。间接给付理论下的有追索权保理包含担保功能和清偿功能,在担保功能方面,追索权的功能相当于应收账款债权人为债务人的债务清偿能力提供了担保,这一担保的功能与放弃先诉抗辩权的一般保证相当。

然而,将间接给付理论运用至有追索权保理场景中还有待商榷。在保理法律关系中,并不存在"新债"和"旧债"之分,应收账款债权人取得融资款后不需要立即还款。如果按照间接给付说推理,则融资款未届清偿期就要同步转让应收账款以清偿旧债,在法理上难为妥当。

3. 让与担保说

让与担保,又称为担保之给付,是指"债务人或者第三人为担保债务的履行,将担保物的所有权移转予担保权人,债务清偿后,担保物应返还予债务人或第三人;债务不获清偿时,担保权人得就该担保物受偿的一种担保形式"②。

虽然我国法律未明文规定让与担保制度,但《全国法院民商事审判工作会议纪要》第71条明确承认了让与担保的效力。在保理法律关系的处理上,让与担保说亦把融资关系作为保理合同中的主要权利义务,但认为转让应收账款是为偿还融资款作担保,而不是为清偿。保理人此时有变价权,但没有变价义务。也就是说,保理人没有义务先行处置担保财产,其既可以向债务人请求偿还融资款,也可以请求应收账款债权人给付或者回购应收账款,但并不负有先行请求应收账款债务人给付的义务。故应收账款债权人无权请求保理人先行变价或以保理人未先行变价为由抗辩。多地法院在裁判中将有追索权保理的法律性质认定为债权让与担保,如福燃煤炭运销有限公司、中国建设银行股份有限公司福州城南支行金融借款合同纠纷案,③中国银行福建省分行诉福州飞皇贸易有限公司等金

---

① 参见最高人民法院民事判决书,(2017)最高法民再164号。

② 高圣平:《动产让与担保的立法论》,载《中外法学》2017年第5期。

③ 参见福建省高级人民法院民事判决书,(2016)闽民终579号。法院认为,有追索权保理中的债权让与实属债权让与担保,保理人向债务人请求给付应收账款受阻时,基础合同债权人负有偿还保理融资款本金并支付利息的责任,所以,基础合同债权人对保理融资款负有最终偿还责任,其与保理人之间形成了资金借贷关系,保理人受让应收账款实际上起到担保作用。

融借款合同纠纷案等。①

让与担保理论将保理融资关系作为主要法律关系，应收账款转让是为担保融资款的实现，弥补了间接给付理论产生的逻辑问题，即转让应收账款的行为并非为清偿融资款，而是用于担保。让与担保理论与间接给付理论最大的区别在于债务履行顺位不同。在让与担保理论下，保理人行使债权请求权并无顺位之分。同时，由于转让应收账款是用于担保，所以保理人对于超额回款负有法定的清算义务。也有观点质疑让与担保理论架构下的保理并非实质意义上的保理，因为应收账款债权人负担首要偿还责任，这违背了保理合同当事人的真实意思和交易成立的基础。②

综上所述，以上3种司法裁判思路在保理合同主要权利义务的认定、保理人行使权利顺位以及清算义务等方面均有所不同，如表1所示。

表1　三种司法裁判思路的不同

不同之处	裁判思路		
	附担保条件的债权让与	间接给付（为清偿之给付）	让与担保（为担保之给付）
主要权利义务的认定	债权转让	借款	借款
保理人行使权利顺位	无	先向债务人主张	无
基础合同债权人责任范围	融资款本息	融资款本息	融资款本息
清算义务	无	有	有

（二）担保体系功能主义背景下的立法选择

“世界银行集团《全球营商环境报告》迎合国际动产担保制度改革的总体趋

---

① 参见福建省福州市中级人民法院民事判决书，(2013)榕民初字第1287号。法院认为，应收账款转让的目的在于清偿主债务或担保主债务得到清偿，当保理银行因应收账款无法收回而要求卖方承担还款责任时，在卖方未清偿保理融资款前，保理银行仍有权向买方收取应收账款用以偿还主债权，故有追索权保理的从法律关系为债权让与担保关系。

② 参见关丽、丁俊峰、包晓丽：《保理合同纠纷中基础交易合同债务人拒绝付款的司法认定》，载《法律适用》2019年第23期。

势,在其指标体系中将各国是否采行基于功能主义的一元化动产担保交易制度作为评估指标之一。《民法典》的编纂正值我国提出要持续优化营商环境之际,在此背景之下,功能主义的立法潮流必然影响到《民法典》担保物权分编的体系重构和规则设计。"[①]《民法典》第388条规定,担保合同包括抵押合同、质押合同和其他具有担保功能的合同。该法条扩张了担保合同的范围,能够对商事活动中新型担保方式进行制度上的兼容,被认为是本次立法的最大亮点之一。一般认为,所有权保留合同、融资租赁合同、有追索权保理合同即属于典型的"具有担保功能的合同"。

从《民法典》第766条的文字表述来看,保理人和债权人之间约定回购应收账款或返还保理融资款本息,均可成立有效的追索权;而且,与二审稿规定"保理人有权选择向应收账款债权人主张返还保理融资款本息或者回购应收账款债权,或者向应收账款债务人主张应收账款债权"不同的是,《民法典》最终使用了"可以""也可以"的表述,保理人并非只得择一行使权利,同时主张权利似乎不存在障碍。同时,该条文明确规定了保理人的清算义务,在有追索权保理中,保理人无权再获取超出融资款本息的收益。显然,立法上未采纳前述第一种裁判观点,即不再认为有追索权保理是附担保条件的债权让与。

至于是间接给付抑或是让与担保,我国台湾地区王千维教授曾专门比较为清偿之给付和为担保之给付,认为从债权人取得一项权利或物,进而就该权利或物之变价所生之利益实现债权而言,二者是相当的,故认定是间接给付还是让与担保,依当事人给付之意思而定,但约定不明时,应认定为让与担保,因为此时债权人仅有变价权,而没有变价义务,债权人负担较轻。[②]《中华人民共和国民法典合同编释义》中明确写道:"在没有约定或约定不明时,由于在为担保的给付中,保理人仅有变价的权利而无变价的义务,对保理人的负担较轻,而无论是何种性质对债权人的最终权益均没有太大影响,因此,基于保理业务的通常实践,避免当事人通过约定排除法定规则的交易成本……故作出本条规定。"[③]也即,全国人大法工委认为,立法本意是将有追索权保理的性质定为让与担保。多数学者也

---

① 高圣平:《动产担保交易的功能主义与形式主义——中国〈民法典〉的处理模式及其影响》,载《国外社会科学》2020年第4期。

② 参见王千维:《论为清偿之给付》,载《政大法学评论》2011年第2期。

③ 黄薇主编:《中华人民共和国民法典合同编释义》,法律出版社2020年版,第613页。

主张,本条规定实际上采纳了让与担保的法律构成。[①]

(三)让与担保与有追索权保理的相容与排异

“成文法下形式决定实质的传统,与借助担保权益概念实现的功能转向,必然面临体系贯通的问题。”[②]对于以所有权为担保手段的交易模式如何进行体系上的兼容,是《民法典》颁布后有待解决的问题。

让与担保理论从功能主义角度解释了应收账款转让的目的和意义,保理人并非以取得应收账款的“所有权”为最终目的,其真正目的在于收回融资款和相应利息,从该理论出发,也自然得出保理人所得不能超出融资款本息、因而负有清算义务的结论。同时,将有追索权保理合同纳入担保合同的范畴,通过应收账款转让登记确定优先顺位,也实现了动产担保交易秩序的统一。但是,将应收账款转让作为担保对待,仍存在保理人权利的实现方式、与应收账款质押规则的统一、所有权的效力认定等现实问题。

1. 多次转让时的权利顺位

《民法典》第 768 条规定了债权人多次转让应收账款时的处理模式,第一重判断规则是看有无登记及登记时间,该项规则与整个民法典体系中动产担保交易规则保持一致;第二重判断规则是看通知到达时间;第三重判断规则为,既未登记也未通知的,按比例取得应收账款。从立法者对于第三重判断规则的设置看,也是意在与《民法典》第 414 条多重抵押的顺位保持一致,但是,与其他担保交易不同的是,保理是对应收账款“所有权”的处分,在多重权利转让的情况下,不可能形成多人共有的局面,而如果仅将保理人的权利视作担保权,也就意味着,不承认其对应收账款的“所有权”,保理就不再是“真正”的权利转让了。况且,这在司法实践中几无实施的可能性,因为在既无登记又无通知的情况下,无从查明到底转让了几次,继而无法确定某一保理人所应享有的比例。另外,其中某一保理人破产时,如何确定该项应收账款的归属以及享有比例,亦不明确。

---

① 参见高圣平:《动产担保交易的功能主义与形式主义——中国〈民法典〉的处理模式及其影响》,载《国外社会科学》2020 年第 4 期;李宇:《保理合同立法论》,载《法学》2019 年第 12 期;黄和新:《保理合同:混合合同的首个立法样本》,载《清华法学》2020 年第 3 期;李志刚:《〈民法典〉保理合同章的三维视角:交易实践、规范要旨与审判实务》,载微信公众号“中国上海司法智库”2020 年 8 月 5 日,http://mp. weixin. qq. com/s/2RMNtd4lhlodnuRTnd7Fiw。

② 张家勇:《体系视角下所有权担保的规范效果》,载《法学》2020 年第 8 期。

2. 与应收账款质押规则的统一

应收账款质押是典型的权利质权之一。基于动产担保交易秩序统一的考量,保理与应收账款质押理应保持一致,然而,在权利设立上,根据《民法典》第445条的规定,应收账款质权采登记生效主义,即自登记时设立,而保理则采登记对抗主义。这其中是存在法律冲突,还是考虑到二者区别有意为之——转移占有是权利质权的成立要件,而应收账款"所有权"转让是保理合同的履行行为,有待明确。如果是后者,又与前述多重转让中不承认保理中的"所有权"相互矛盾。

在权利实现方式上,司法实践中均认定保理人可以直接向债务人收取应收账款。而在应收账款质押中,大多判决质权人通过折价或拍卖、变卖应收账款优先受偿。在最高人民法院53号指导案例福建海峡银行股份有限公司福州五一支行诉长乐亚新污水处理有限公司、福州市政工程有限公司金融借款合同纠纷案中,法院认定,由于本案涉及特许经营收益权,不能按一般质权的实现方式进行折价或拍卖、变卖,故判决质权人有权直接向出质人的债务人收取污水处理服务费。[①] 也有学者呼吁应当赋予质权人可以直接收取应收账款的权利,[②]但目前尚未形成统一的司法裁判规则。

3. 保理人是否享有完整的归属型"所有权"

综上分析,前述问题的症结归根结底在于:保理中的"所有权"到底如何安放?保理一开始即围绕着应收账款的融资、催款、坏账担保等功能而产生,因此,长期以来,应收账款转让被认为是保理合同区别于其他有名合同的特征性内容。但是,在让与担保理论下,保理法律关系中的主权利义务为保理人与应收账款债权人的融资关系,此时保理人是否还享有完整的应收账款"所有权",能否以债权人的身份收取全部应收账款,保理人破产时其名下的应收账款该当如何处理,不无疑问。

所有权的效力认定问题,即"担保性所有权如何与作为制度范型确认的真正的所有权协调"[③]亦是《民法典》第388条"其他具有担保功能的合同"所面临的共性问题。"联合国《动产担保交易立法指南》虽然建议各国动产担保交易法制

---

① 参见福建省高级人民法院民事判决书,(2013)闽民终字第870号。

② 参见赵万一、余文焱:《应收账款质押法律问题》,载《法学》2009年第9期。

③ 张家勇:《体系视角下所有权担保的规范效果》,载《法学》2020年第8期。

采行功能主义立法方法,但考虑到各国间法制传统的差异,为所有权融资担保提供了两种方案。其一是'统一化路径',即将动产上所有担保购买价金偿付的权利都规定为购买价金担保物权;其二是'非统一化的路径',即一方面,在法律体系中规定购买价金担保物权;另一方面,规定所有权保留交易与融资租赁交易中的所有权,但法律应当对购买价金担保物权与所有权平等对待,两者间应适用功能等同的规则。"①我国《民法典》无疑采纳了第二种路径,即动产担保交易功能主义与形式主义相结合。"从担保目的角度看,各种不同的担保权利类型,无论其所有权归属于担保人(如抵押人、出质人等),还是归属于债权人自己(如所有权担保债权人),其核心都不过是以债权人对担保物的优先受偿权保障债权的实现……然而,其意义也仅止于此,一旦超出担保交易的范畴,前述效果将不复存在。这正是担保权益功能化的边界所在。"②因此,在我国《民法典》模式下,赋予所有权担保功能的同时,不能否定所有权本身的归属,即所有权的效力应得到完全承认,只是该所有权与其他具有担保功能的交易采用统一的设立、公示和优先顺位、实现规则。

让与担保理论固然可以解释转让应收账款的功能和意义所在,但其缺陷也恰恰在于过于强调"担保"功能,而忽视了对应收账款"所有权"的处分和归属,正因为如此,司法裁判应对此有所注意,并在具体案件审理中予以调整,实现所有权的回归。保理人可以享有应收账款"所有权",仅在涉及担保功能时准用典型担保规则。在权利的实现方式上,其受偿方式既可以是归属型清算(作为应收账款"所有权人"直接收取款项),也可以是处分型清算(拍卖、变卖应收账款以所得款项受偿)。

三、保理人同时起诉债权人和债务人时的司法裁决

保理人为便于诉讼,往往选择在一个案件中同时起诉应收账款债权人和债务人,要求债权人返还融资款、支付利息和其他费用,并要求债务人按照基础合同支付价款、违约金和其他费用。在此情形下,管辖权如何确定,债权人、债务人

---

① 高圣平:《动产担保交易的功能主义与形式主义——中国〈民法典〉的处理模式及其影响》,载《国外社会科学》2020 年第 4 期。

② 张家勇:《体系视角下所有权担保的规范效果》,载《法学》2020 年第 8 期。

所应承担的债务范围如何,以及二者之间是何种关系,司法裁判尚不统一。

(一)管辖权的确定

有追索权保理中,保理合同和基础合同关系的管辖权约定常出现不一致情形,甚至还存在一个保理合同对应数个基础合同,而基础合同之间约定又不一致的情形。具体表现为两方面:一是法院与其他机关之间的主管问题,保理合同与基础合同一个约定发生纠纷时进行诉讼,一个约定提交仲裁,或是数个基础合同之间有的约定诉讼,有的约定仲裁;二是不同法院之间的管辖问题,保理合同与基础合同均约定以诉讼方式解决争议,但约定的管辖法院不一致。

当前,司法实践中各地法院确定管辖权的规则并不统一,主要存在以下几种观点:

第一,以合同纠纷的一般管辖原则确定管辖权。最高人民法院认为,保理人基于不同原因分别向债权人、债务人主张不同的债权请求权,但最终给付目的只有一个,故追索权之诉与应收账款债权之诉的诉讼标的是共同的,由于一方当事人为2人以上,发生诉的主体合并,属于必要共同诉讼;保理合同与基础合同之间不存在主从关系,在管辖约定矛盾的情况下,无法根据当事人约定确定案件的主管与管辖,故应按照合同纠纷的一般管辖原则确定管辖法院,由被告住所地或者合同履行地人民法院管辖。存在多个被告时,各被告住所地法院均有管辖权。①

第二,以保理合同确定管辖权。有法院认为,应收账款转让后,三方构成保理合同关系,应以保理合同的约定确定管辖权。深圳地区法院也持同样观点。②也有法官认为,保理人同时起诉的情况下,"基于让与担保的对内效力,法院重点审查的是保理人与债权人之间的融资借款法律关系,应收账款转让作为担保居于次要地位,故应依主合同确定案件管辖"③。

第三,以基础合同确定管辖权。天津市高级人民法院认为,保理合同以基础合同的债权转让为前提,保理人受让债权时明知基础合同的管辖约定,且起诉债

① 参见最高人民法院民事裁定书,(2016)最高法民辖终38号。

② 参见深圳前海合作区人民法院:《关于审理前海蛇口自贸区内保理合同纠纷案件的裁判指引(试行)》第6条。

③ 李阿侠:《保理合同原理与裁判精要》,人民法院出版社2020年版,第404页。

权人和债务人或仅起诉债务人时，其法律地位是应收账款债权受让人，故应以基础合同有关管辖的约定确定管辖。①

第四，分案处理，湖北省高级人民法院认为，保理合同当事人之间存在保理合同和基础合同双重法律关系，故如果依法律规定或当事人规定由不同法院管辖的，应当分案审理。②

笔者认为，首先，《民法典》第766条用了“可以”“也可以”的表述，也就意味着，保理人可以一并起诉应收账款债权人和债务人，也可以分开起诉，甚至选择仅起诉其中一方，显然，保理人一并起诉的案件并非民事诉讼法上的必要共同诉讼。其次，在立法者采纳让与担保理论解释有追索权保理的情况下，应收账款实际上起到了担保作用。此时，作为担保的是权利，担保人是应收账款债权人，而非债务人，故难谓保理合同与基础合同之间存在主从关系，债务人是被动成为保理人的债务人，不应因此遭受管辖上的不利益，增加诉讼成本。这也符合债权让与中“债务人不因让与而地位恶化”的一般规则。但如果因保理人系债权受让人的身份以基础合同确定管辖，又不符合保理人与应收账款债权人的真实意思。故此，除非保理人、债权人、债务人在签订保理合同时重新达成管辖合意，或是保理人在债权转让通知时告知变更管辖事宜、债务人对此加以确认，否则，应当分别依据保理合同和基础合同确定管辖权。经审查，确定的管辖机关或管辖法院不同的，则分案处理。当然，分案处理后，管辖法院可能根据具体案情需要追加另一方作为第三人参加诉讼，看起来与前种情况似乎并无实质区别。但是，法院不应出于案件审理的便利性而简单地以保理合同或基础合同确定管辖。该项裁判规则统一后，保理人作为担保交易中的主导方，自然会在受让应收账款时注意审查其中的管辖权风险从而作出相应的商业安排。

（二）应收账款债权人和债务人之间的关系

对于应收账款债权人和债务人所应承担的责任范围以及二者之间的关系，《民法典》第766条并未明确规定，由此带来的实践问题有待在司法裁判中完善。

关于责任范围，当前司法界较清晰的裁判原则是分别根据保理合同和基础

① 参见天津市高级人民法院：《关于审理保理合同纠纷案件若干问题的审判委员会纪要（一）》第5条。

② 参见湖北省高级人民法院民二庭：《当前商事审判疑难问题裁判指引（二）》第30条。

合同判断,应收账款债权人承担返还融资款本息的责任,债务人按照基础合同约定承担支付相应款项及延期给付违约金的责任,并可向保理人主张其对债权人的抗辩。

应收账款债权人和债务人虽均负给付金钱义务,但保理人不得重复受偿毋庸赘言。然而,在司法实务中,必然面临如何表述债权人和债务人所承担责任的性质,以及二者之间的关系难题,特别是裁判主文的拟定,如果在一起案件中同时按照上述责任范围判决,可能造成保理人有权收取双重给付的误解。

首先要明确的是,应收账款债权人与债务人对保理人的义务并不存在连带关系。《民法典》第178条第3款规定,连带责任由法律规定或者当事人约定。显然,保理中并不存在这种情形。即便从担保的角度出发,如前所述,用作担保的是应收账款债权,债务人并非保理融资款的担保人。最高人民法院《关于适用〈中华人民共和国民法典〉有关担保制度的解释(征求意见稿)》中曾规定,保理人请求应收账款债权人和债务人承担连带责任的,法院应予支持。但是,在最终发布的版本中仅从诉权上明确保理人可以一并起诉,这也进一步印证了二者不应承担连带责任。

笔者认为,债权人和债务人之间的关系更接近于不真正连带责任。"不真正连带责任的产生是为了解决在司法实践中出现的各当事人之间的法律关系以不同的法律事实为基础,相同的给付纯属偶然巧合的问题,其宗旨在于避免权利人的不当得利。"①史尚宽先生从债务发生原因和给付目的上对不真正连带债务予以界定,认为:"不真正连带债务谓数债务人基于不同之发生原因,对于债权人负以同一之给付为标的之数个债务,依一债务人之完全履行,他债务因目的之达到而消灭之法律关系。"②也有学者从内部求偿权角度寻求对不真正连带责任的解读。我妻荣教授认为:"不真正连带之债与普通连带之债有两点不同:一是债务人所发生的事由不影响其他人,二是债务人内部关系中不生求偿关系。"③税兵教授进一步解释为,"不真正连带债务人之间不会产生基于内部分担关系的求偿

---

① 陈现杰:《〈关于审理人身损害赔偿案件适用法律若干问题的解释〉的理解与适用》,载《人民司法》2004年第2期。

② 史尚宽:《债法总论》,中国政法大学出版社2000年版,第672页。

③ [日]我妻荣:《新订债权总论》,中国法制出版社2008年版,第394页。

权”，而是非终局责任者在承担责任后，产生对终局责任者的追偿权。[①]

保理合同本质上“可归为混合契约中的并向结合契约，即当事人一方负有数个相互并立且属于不同典型的给付，而他方仅负单一的对待给付”[②]。应收账款债权人是基于保理融资关系对保理人负有归还融资款本息的义务，债务人是基于基础合同关系对受让债权的保理人负有支付价款的义务，两项金钱债务产生的原因并不相同，金额亦不相同。但如果一方完全履行，则保理人的目的实现，其对另一方的付款请求权也即消灭。在追偿关系上，债权人和债务人内部并无份额分摊。如果债权人先行清偿，则因应收账款债权的回转而得向债务人主张债权，也即保理人收到融资款本息后将应收账款请求权让与债权人。而如果是债务人先行清偿，由于其系终局责任人，并不产生对债权人的追偿权。审判实践中，亦有法院在裁判中明确，被告任何一方履行本判决确定的义务的，构成相应债务的消灭，原告（保理人）不得重复受偿。[③] 前述判决体现了不真正连带责任的裁判思路，但是，需要指出的是，一方履行义务的，并非构成债务的消灭，而是保理人付款请求权的消灭，因为在债权人履行返还保理融资款本息的情况下，债务人支付应收账款的义务并不因此消灭，只是请求权人发生了变更。

（三）保理人的清算义务

根据《民法典》第 766 条第 2 款的规定，应收账款债务人履行付款义务的，保理人在扣除保理融资款本息和其他费用后，应将剩余部分返还给应收账款债权人。实践中，有观点提出，既然保理人收取的多余部分要予以返还，那么也就意味着应当判决保理人收取相当于融资款本息部分的费用。笔者认为，保理人作为应收账款的受让人，享有完整的应收账款债权。相较于应收账款质押，质权人可以就应收账款折价或拍卖、变卖，或是直接要求债务人给付，只是多余的要返还，举轻以明重，让与担保就更应如此了。因此，保理人可以要求债务人履行全部的付款义务，收取款项后再行清算。该种制度安排在债务人破产的情况下，尤

---

① 参见税兵：《不真正连带之债的实定法塑造》，载《清华法学》2015 年第 5 期。

② 史尚宽：《债法各论》，中国政法大学出版社 2000 年版，第 961 页。转引自李宇：《保理合同立法论》，载《法学》2019 年第 12 期。

③ 参见上海市高级人民法院民事判决书，（2017）沪民终 171 号；上海市第一中级人民法院民事判决书，（2017）沪 01 民初 1052 号。

具有意义。如果保理人仅得以相当于融资款本息和其他费用的部分申报债权,往往无法全额受偿,如此应收账款则未能发挥其全部担保功能,失去了保理交易结构安排的意义。

个别案件中还出现保理人仅向债务人主张部分应收账款债权的情况。例如,在保理人甲与供应商乙、应收账款债务人A、B、C、D保理合同纠纷一案中,乙将其分别对A、B、C、D享有的共计20亿元的债权转让给甲,甲向其发放融资款2亿元。考虑到诉讼费的承担及后续清算的负担,甲提起诉讼时仅主张融资款2亿元及利息,并要求A、B、C、D在此范围内承担应收账款项下的付款义务。笔者认为,“无论连带债务还是不真正连带债务,债权人均有权起诉一个、数个直至全体的债务人,要求部分或者全部的给付(对于不可分给付只能要求全部之给付)”①。故该案中,甲的诉讼请求可以得到支持。不过,需要注意的是,虽然保理人可以主张部分应收账款债权,但其无权作出放弃剩余款项的许诺。由于保理人收回融资款本息及其他费用后,应当把应收账款债权反转让给债权人,故其在持有应收账款期间,负有妥善管理应收账款的义务。正如有学者所言,保理人“负有相当于一般委托合同受托人或信托合同受托人的义务,在管理和催收债权时应顾及让与人的利益并尽善良管理人的注意”②。因此,在应收账款债权人未予同意的情况下,保理人不能任意放弃应收账款债权。

四、保理人先后提起单独诉讼时的司法裁决

保理人可以择一起诉应收账款债权人或债务人,也可以先后提起单独诉讼。在保理人仅就一方提起诉讼时,由于另一方债务履行情况可能牵涉到保理人是否还享有债权、可主张债权的金额等问题,而本案判决、履行结果也影响另一方的利益,故应追加另一方作为无独立请求第三人。

(一)保理人先向债权人发起诉讼

在反转让或回购型有追索权保理中,保理人提出的诉讼主张通常为要求应

① 马立钊:《连带与不真正连带关系辨析》,载《社会科学辑刊》2015年第3期。

② 李宇:《保理合同立法论》,载《法学》2019年第12期。

收账款债权人支付反转让款或回购款及其他费用,反转让款或回购款的金额相当于融资款本息。在保理人先向债权人提起诉讼的情况下,如果其诉请成立,债权人予以偿还,那么,将引起债权的回转,保理人不再享有应收账款债权,无权再向债务人主张权利。在上海浦东发展银行股份有限公司长沙分行与中联重科股份有限公司保理合同纠纷一案中,①最高人民法院经审查认为,浦发银行已经在另案中请求湾天公司(应收账款债权人)就该应收账款债权承担回购责任,另案生效判决已经支持了其诉讼请求,在此情形下,浦发银行对中联公司不再享有该笔应收账款债权,故浦发银行又在本案中诉请中联公司清偿债务缺乏请求权基础,应予驳回。该起案件体现了债权回转后,保理人不能再主张应收账款债权的裁判思路。但值得商榷的是,该案系以生效判决支持作为债权回转的充分条件,而未考虑到判决的履行情况。笔者认为,只有在应收账款债权人完全履行支付反转让款或回购款的义务后,应收账款方回转至债权人处,如保理人虽得到判决支持,但债权人由于清偿能力不足等因素未能履行生效判决,则保理人仍可继续向债务人主张权利。

在还款型有追索权保理中,保理人提出的诉讼主张通常为要求应收账款债权人支付融资款本息,双方并未在保理合同中明确约定支付完毕后应收账款如何处理。笔者认为,在让与担保体系下,债权人将应收账款转让给保理人实际起到担保作用,保理人所能主张的债权也限于融资款本息及相关费用。因此,债权人向保理人还本付息后,保理人的权利已经实现,此时应收账款的担保应予解除,故保理人仍应将应收账款转回至债权人。

(二)保理人先向债务人发起诉讼

若保理人选择先起诉应收账款债务人支付基础合同价款,那么,由于债务人是终局的责任承担者,在其履行生效判决后,保理人无权再向应收账款债权人主张权利。同时,债权人和债务人之间也不会产生追偿问题。但是,保理人收到款项后负有清算义务,如果保理人未向债权人返还多余款项,债权人可提起不当得利之诉。

---

① 参见最高人民法院民事裁定书,(2017)最高法民申132号。

(三)单独诉讼中的时效问题

由于连带债务中各债务人的债务对外具有连带性、分担性,对于任一连带债务人所生事项的效力具有涉他性,因而在诉讼时效的制度设计上也有其特殊之处,即对其中一个债务人的诉讼时效中断事由及于其他连带债务人。正如最高人民法院《关于审理民事案件适用诉讼时效制度若干问题的规定》第15条的规定,对于连带债务人中的一人发生诉讼时效中断效力的事由,应当认定对其他连带债务人也发生诉讼时效中断的效力。然而,在保理法律关系中,如前所述,应收账款债权人和债务人是基于不同原因对保理人负有债务,二者之间并无份额分担关系,不构成连带责任。因此,保理人向其中一方主张权利,不会对另一方产生诉讼时效中断的效力。

由此产生的问题是,如果保理人先向应收账款债权人提起诉讼,怠于向债务人主张权利,可能导致应收账款罹于时效。根据《民法典》第761条的规定,保理人提供资金融通、应收账款管理或催收、付款担保等服务中的一项即可。审判实践中,保理人仅提供一项资金融通服务亦是常见的合同安排,故保理人并无合同上的催收义务。然而,尽管双方并未约定保理人提供应收账款催收服务,保理人在持有应收账款期间,也应尽到善良管理人的注意义务,对于诉讼时效即将届满的应收账款,应当采取必要措施中断时效。如果因保理人怠于催收等行为导致应收账款超过诉讼时效,可参照《民法典》第432条因保管不善致使质押财产毁损、灭失的规定,保理人应就此对债权人承担赔偿责任,该等赔偿责任可与债权人的还款义务相抵销。

五、结　　语

合同法上的规范大多为任意性规范,当事人可以通过约定加以排除,在合同没有约定或约定不明时,方适用法律规定补充当事人的意思表示。《民法典》第766条也不例外,该法条的出台充分考虑了国内当前保理业务的通常实践,将商事习惯法律化,避免当事人通过约定排除法定规则额外产生交易成本,[①]故能够

① 参见黄薇主编:《中华人民共和国民法典合同编释义》,法律出版社2020年版,第612页。

取得最大限度地共识。尽管如此,各方当事人如果有另外的交易安排,比如明确约定应收账款债权人与债务人承担连带责任,或是按顺位履行还款义务,那么该等约定合法有效,应当按照合同约定处理。例如,在原告远东国际融资租赁有限公司与上海海寓公寓管理有限公司、上海景闳远寓所公寓管理有限公司保理合同纠纷一案中,法院认定,涉案保理合同约定,保理商有权要求应收账款债务人、债权人承担连带赔偿责任,该约定符合《民法典》第 178 条第 3 款规定"连带责任,由法律规定或当事人约定",故判决两被告连带赔偿经济损失。[①]

值得进一步思考的是,保理人的清算义务能否通过合同约定排除?在让与担保解释体系下,保理人所享有的债权为其发放的融资款及因此产生的利息和其他费用,应收账款系该项债权的担保。同时,从《民法典》第 401 条、第 428 条的规定看,法律并不否定债务人不能清偿时担保物归属于债权人条款的效力,但同时也明确规定,该种约定所产生的效力为债权人可就担保物优先受偿,也即要进行归属型清算。就此而言,《民法典》第 760 条中的"应当"应理解为,有追索权保理人负有法定清算义务,该项义务不能通过约定加以排除。

① 参见李姝徵、陈卫锋:《〈民法典〉实施后上海首案:上海浦东法院审理并判决一起保理合同纠纷》,载新浪新闻中心网,https://news.sina.com.cn/o/2021-01-04/doc-iiznctkf0082693.shtml。

金融资产处置的新思路

上海金融法院课题组*

财产处置变价是执行程序中的重要环节，是兑现当事人胜诉权益的重要手段。执行中处置的财产范围为被执行人的责任财产，除了常见的银行存款、不动产、机动车等财产外，近年来随着经济社会的发展和金融创新的推进，股票、债券、信托受益权、基金份额等金融类资产也逐渐成为较常见的财产类型。但当前的执行规范中关于财产执行的规定是以传统类型的财产为基础，不能很好地契合金融资产执行的现实需要。① 目前除了上市公司股票外，整体上金融类资产缺乏流通性，在执行工作中按照传统的财产处置思路进行处置经常会导致处置成功率或者处置价款偏低。② 但金融资产往往账面价值高，如果可以成功变价，对实现当事人胜诉权益、彰显司法权威具有重要意义，基于此，本文力图从影响金融资产处置的规范和实践因素入手，提出金融资产处置的新思路。

一、金融资产处置的现状

（一）关于金融资产的范围

严格来讲，金融资产并不是一个严格意义上的法律概念，而是一种实践的

---

* 本课题由上海金融法院执行局局长钟明主持，课题组成员有陈晓维、刘翔。本课题节选自上海市高级人民法院2021年度报批课题“金融资产处置的新思路”。

① 参见张鲁南、牛晶琦：《问题与应对：金融资产强制执行的理性思考——以证券投资基金与银行理财产品为例》，载《法律适用》2017年第5期。

② 参见欧阳卫民主编：《金融资产交易创新探索》，中国金融出版社2015年版，第32页。

分类方法，一般指主体进行投资所购买的金融产品或商品。① 现行的执行规范中虽然没有直接规定金融资产的范围，但在部分条文中列举了常见的金融资产种类：

《中华人民共和国民事诉讼法》（以下简称《民事诉讼法》）第249条第1款规定，被执行人未按执行通知履行法律文书确定的义务，人民法院有权向有关单位查询被执行人的存款、债券、股票、基金份额等财产情况。此处除存款外，债券、股票、基金份额属于常见的金融资产。

根据最高人民法院《关于民事执行中财产调查若干问题的规定》第5条第1款第1项和第4项，被执行人应当在报告财产令载明的期限内向人民法院书面报告下列财产情况：收入、银行存款、现金、理财产品、有价证券以及债权、股权、投资权益、基金份额、信托受益权、知识产权等财产性权利。此处更为详细地列举了常见的金融资产，即理财产品、有价证券、基金份额、信托受益权以及部分的投资收益。

（二）金融资产司法处置现状

笔者在京东网、淘宝网对执行工作中较为常见的基金份额、信托受益权和债券进行检索，截至2022年4月16日，“基金份额”在京东网无标的，在“淘宝网”中有4个标的，其中2个成交，1个中止，1个二拍流拍。“信托受益权”或“信托收益权”在京东网有2个标的，1个一拍成交，1个二拍失败；在淘宝网无标的。“债券”在京东网无标的，在淘宝网有4个标的，其中2个二拍成交，2个二拍失败。

因此，总的来看，虽然我国金融资产的整体规模很大，但在执行中通过网络拍卖实际处置的并不多，且处置失败的比例较高。

二、金融资产处置面临的现实问题

（一）财产线索查询难

在执行过程中，被执行人财产的查明方式主要包括被申请执行人提供财产

---

① 参见徐孟洲、谭立：《金融法》，高等教育出版社2019年版，第5页。

线索、被执行人向法院申报财产、执行网络查询及线下查询等途径。当前,人民法院网络执行查控系统(通称“总对总”系统)查询被执行人名下信托受益权、基金份额等金融资产的功能有限,如果不是在申请执行人知悉被执行人名下金融资产的具体情况或者被执行人自主申报财产的情况下,很难查明被执行人名下是否有相应的财产。

(二)财产具体信息查明难

金融资产的权属、具体份额、净值、投资期限等具体情况往往在执行中较难查明,且这种情况也十分常见。案件执行中,法院处置财产前必须查明待处置财产的具体状况,不能处置可能存在权属或具体信息不明的财产。同时,为了判断金融资产的可处置性、运行状况等,执行人员必须前往管理人处去调查金融资产的投向信息、对应底层资产状况等情况,而现实中调查的结果也往往不尽如人意,比如难以找到具体联系人,或者出于保密等因素管理人不能提供详细的财务报表或者底层资产具体状况等。

(三)财产控制难

当前,除上市公司股票外,债券、信托受益权、资管产品以及基金份额等金融资产尚未明确统一的登记机关,只能通过向管理人送达执行裁定以及协助执行通知书的方式进行冻结。对这类包括金融资产在内的无形资产的执行,实际是对执行第三人拘束力的实现,是一种“对人”的强制执行。① 一方面,送达的过程中往往会涉及“送达难”的问题,需要耗费大量的执行力量,实践中有时还会出现管理人联系困难或者管理人故意不配合的情况;另一方面,有些金融产品或权益的净值随市场份额波动较大,对于冻结的具体数额等信息无法准确确定,只能以管理人实际结算为限,导致执行的不确定性加大。

(四)财产处置难

金融资产在处置时根据财产具体性质不同有其特殊性。例如,在信托类产

---

① 参见刘君博:《从“查封”到诉讼:无形财产执行的制度逻辑与立法选择》,载《华东政法大学学报》2021年第2期。

品的处置中,根据信托法的规定及信托制度的一般原理,对未到期的信托财产本身并不能够强制执行,如果距离信托到期日较近,可先行冻结,告知管理人不得向作为委托人或受益人的被执行人分配,待到期后,其应将可向被执行人分配的财产直接支付进法院指定账户,或者分配至法院冻结的被执行人名下的信托收益回款账户,由法院扣划后发还申请执行人。但如果信托到期日较长,不可能等到到期以后才能执行,一般采用拍卖、变卖信托受益权份额的方式变价。根据最高人民法院《关于人民法院网络司法拍卖若干问题的规定》(以下简称《网拍规定》),人民法院在执行中处置财产时,原则上优先采用自主网络拍卖的方式进行。但根据前述对相关的金融资产在网拍平台的检索结果,通过网络司法拍卖的方式处置成功的金融资产并不多。

三、影响金融资产处置的原因分析

金融资产处置难的主要原因在于金融产品本身的特殊性,这主要表现在:

其一,信托产品、基金份额等投资类金融资产的架构往往比较复杂,有的产品甚至交织着包含股权、债权等多重权益的"契约群",在多层嵌套的投资结构下,产品的投资收益分配、退出机制等往往也较复杂。同时,因相关产品复杂的投资结构,具体份额的估值也存在不确定性,这些因素都给人民法院强制处置及社会公众竞买人参与竞买带来很大的难度。

其二,投资类金融资产的价值主要取决于其投资底层资产情况和实际运营管理情况,而这类信息往往较隐秘,只由管理人掌握和披露。如果管理人不配合执行甚至管理人本身就是被执行人,则该类资产的现状究竟如何则很难为外界获悉,这种高度的信息不对称之下,意向投资者的顾虑较大。

其三,网络拍卖平台面向的群体和金融资产投资者之间的重合度不高,网络拍卖平台主要的拍品是动产和不动产等传统形式财产,除了股票外,其他类型的金融资产数量不多。而作为金融产品主要交易者和潜在买受人的专业投资者有更为专业的渠道进行投资,他们更多关注金融市场的各类专门交易平台,而较少会关注网络拍卖平台。

四、提高金融资产处置成功率的对策及建议

(一)总体原则

1. 加强与金融基础设施及其运营机构的合作

根据中国人民银行、国家发展改革委、财政部、中国银保监会、中国证监会、国家外汇局 2020 年联合印发的《统筹监管金融基础设施工作方案》,其中提到,我国金融基础设施统筹监管范围包括金融资产登记托管系统、清算结算系统(包括开展集中清算业务的中央对手方)、交易设施、交易报告库、重要支付系统、基础征信系统等六类设施及其运营机构。① 他们涵盖了金融交易的各个方面,尤其是登记、托管和结算类机构。同时,大量的金融从业者和投资者也密切关注其动态。如果可以打通人民法院和金融基础设施的数据壁垒,在案件执行中充分利用金融基础设施相关功能查询涉案金融资产的情况,或利用其在信息发布和宣传推介方面的成熟平台对金融资产的司法处置信息进行推介宣传,甚至直接利用其已有的金融担保品快速处置等交易功能进行财产处置,那将极大提升对金融类资产的查控和处置效率,从而最终提升案件的执行质效和人民群众对执行工作的满意度。

2. 善于借助社会力量,提高处置效率专业化水平

《最高人民法院关于深化执行改革健全解决执行难长效机制的意见——人民法院执行工作纲要(2019—2023)》中提出,要积极引入专业力量参与执行。建立健全仲裁、公证、律师、会计、审计等专业机构和人员深度参与执行的工作机制。② 因此,如果在案件执行中,人民法院利用好市场化、社会化资源,引入合适的社会力量,不仅能够为执行人员减负增效,缓解执行"案多人少"矛盾,还能提高金融资产处置的专业化和规范化,更好地发现和实现金融类资产的自身价值。让专业的人做专业的事情,不仅有利于节约司法资源,促进分工协作,更有利于提升司法的公信力,维护金融市场的稳定和保障当事人的合法权益。

---

① 参见中国人民银行:《人民银行、发展改革委等六部门联合印发〈统筹监管金融基础设施工作方案〉》,载中国人民银行网 2020 年 3 月 5 日,http://www.pbc.gov.cn/goutongjiaoliu/113456/113469/3983135/index.html。

② 参见《最高人民法院关于深化执行改革健全解决执行难长效机制的意见——人民法院执行工作纲要(2019—2023)》第 17 条。

3. 尊重金融市场交易规则，利用金融交易自身的规则进行处置变现

目前，案件执行中涉及的较常见的金融资产包括基金份额、信托受益权、银行理财产品、债券、资管计划份额等。根据财产性质的不同，有的可以办理赎回，有的可以直接扣划，有的则在产品到期前只能通过在二级市场转让等方式进行变价，还有的则需要通过估值竞价的方式进行强制变价。针对金融资产的特殊性，执行部门在案件执行时应针对不同的金融资产采取不同的执行措施，具体问题具体分析。一方面，是充分尊重私法自治规则，防止因公权力的过度介入而影响金融产品的正常运行和其他投资人的合法利益；另一方面，金融市场的交易、允许等有其自身的逻辑，已经形成了较成熟的规则。因此，应尽量按照交易规则进行处置变现，这样更能实现金融资产或产品本身的价值。

（二）金融资产查控途径的扩展

在案件执行中，对处置财产信息掌握得越充分，才能越稳妥、高效地对其进行处置变现。因此，在处置金融类资产时，要扩大协助司法查询的协助范围，与登记结算服务机构建立密切合作关系。

以证券查询为例，上海金融法院目前已与中国证券登记结算有限责任公司上海分公司合作建立了协助司法专线，法院可以直接通过“PROP 终端”在线办理证券查询相关业务，一般当日或者次日即可反馈查询结果，这极大地方便了执行中对证券类金融资产的查询。

目前，中国证券登记结算有限责任公司（以下简称中证登）、上海清算所、中央国债登记结算有限责任公司（以下简称中央结算公司）、中国信托登记有限责任公司、中国基金业协会等登记结算服务机构可以提供股票、债券、金融衍生品、信托产品、基金产品等金融资产的集中登记、存管和结算服务，在今后的案件执行中，上海法院可以借鉴上海金融法院与中证登上海分公司的协助司法模式，通过向上述协助执行机构发送协助查询通知书等方式扩大“点对点”查询范围，以充分掌握被执行人名下的各类金融资产的登记权属信息。

（三）金融资产处置方式之完善

1. 完善网络司法拍卖方式

虽然通过网络司法拍卖方式处置金融资产存在上述问题，但网络拍卖是法

律规定的最基本的财产变价方式,经过多年发展,业已为社会广泛关注并高度接受,故其在规范性和可操作性上有着其他处置方式不可比拟的优势。因此,在处置金融资产时,可以在网络拍卖的基础上,通过对网络拍卖过程中处置参考价的确定等方面进行创新,以达到更好的处置效果。

(1)完善确定处置参考价方式

《最高人民法院关于人民法院确定财产处置参考价若干问题的规定》(以下简称《参考价规定》)第2条规定,人民法院确定财产处置参考价,可以采取当事人议价、定向询价、网络询价、委托评估等方式。针对实践中委托评估效果不佳的问题,笔者认为,可通过以下几个途径进行探索。

①充分利用审计鉴定措施查明财产价值

根据《参考价规定》第3条的规定,人民法院确定参考价前,应当查明财产的权属、权利负担、占有使用、欠缴税费、质量瑕疵等事项。查明上述事项需要审计、鉴定的,人民法院可以先行审计、鉴定。2021年12月颁布的最高人民法院《关于人民法院强制执行股权若干问题的规定》第11条也规定,为确定股权处置参考价,经当事人书面申请,人民法院可以委托审计机构对股权所在公司进行审计。

信托受益权、基金份额、证券等金融资产本身属于无形资产,其价值本身取决于底层资产的价值,且由于往往涉及复杂的投资结构,对其进行审查需要高度专业的知识和经验,法院往往无法自行完成该工作。[①] 在确定财产处置参考价的过程中,对这类财产的评估需要大量依靠财务会计资料,尤其是在被执行人或者协助义务人不配合的情况下,相关财务信息的查明更为困难。在必要时,应及时委托专业的会计审计组织审查相应会计帐目,查明待处置金融资产状况。

而关于审计费用的承担,根据最高人民法院《关于民事执行中财产调查若干问题的规定》第20条,审计费用由提出审计申请的申请执行人预交。被执行人存在拒绝报告或虚假报告财产情况,隐匿、转移财产或者其他逃避债务情形的,审计费用由被执行人承担;未发现被执行人存在上述情形的,审计费用由申请执行人承担。

---

① 参见孙秀芳、杨桐等:《论审计执行的几个问题》,载《法律适用(国家法官学院学报)》2001年第6期。

②充分利用已有金融基础设施的登记信息和相关服务进行辅助定价

执行中可向有登记功能的金融基础设施调取相关的金融资产登记备案材料，以更好地查明财产状况，更合理地确定处置参考价。例如，对于私募基金，中国证券投资基金业协会为证监会确定的依法开展私募基金管理人登记和私募基金备案的机构，按照规定私募基金管理人及其出资人和实际控制人、私募基金托管人、私募基金销售机构和其他私募基金服务机构应提交登记备案信息及其他信息材料，并应当按照规定持续履行信息披露和报送义务。① 中国证券投资基金业协会还要求私募基金管理人应当按照规定通过中国基金业协会指定的私募基金信息披露备份平台报送信息，包括基金合同、招募说明书等宣传推介文件、基金销售协议中的主要权利义务条款（如有）、基金的投资情况、基金的资产负债情况、基金的投资收益分配情况等。② 因此在处置过程中如果相关基金的材料和数据无法获取的，可以向中国证券投资基金业协会调取。

除了可以调取登记备案材料和数据信息，当前金融市场的很多金融基础设施尤其是承担登记与结算职能的金融基础设施及其交易平台都可以提供包括估值在内的信息查询服务，例如，中国信托登记有限责任公司与中债金融估值中心有限公司合作，可以提供信托业第三方估值服务。③ 因此，应当充分利用金融基础设施的相关服务助力金融资产的处置。

（2）探索引进专业化第三方中介机构，建构司法处置新模式，提高处置的成功率

前文已述，目前执行工作中处置金融资产难主要原因，在于信息不对称和不能有效吸引潜在竞买人。针对以上问题，笔者提出一种设想，法院执行机构可以尝试构建一种新型处置模式，即引入第三方“财务顾问”（financial advisor，FA）等投融资中介机构，④在法院执行机构的监管下，由专业投资机构完成评估—定

① 参见《中国证券监督管理委员会关于加强私募投资基金监管的若干规定》第12、13条。

② 参见《中国基金业协会私募投资基金信息披露管理办法》第5、9条。

③ 参见《关于正式提供信托估值及相关服务（第一期）的公告（其他业务公告〔2021〕5号）》，载中国信托登记有限责任公司网，http://www.chinatrc.com.cn/contents/2021/8/18-dfdffc3f92f64243a469f969c0075ff7.html。

④ FA又称融资顾问，这里主要是指帮助创业公司提供投融资服务的机构。FA本质上其实是介于创业者与投资机构之间的第三方，面向双方提供投融资的撮合服务，当然不仅限于私募融资服务，合并收购、战略重组、IPO、定向增发等方面不同机构都各有涉猎。参见彼刻：《2020财务顾问（FA）TOP20》，载《互联网周刊》2020年第9期。

价—推介—撮合—交易的完整处置流程。具体设想如下：

①评估与定价

针对金融资产信息不对称和评估专业性强的问题,可以由中立的第三方专业机构对该金融资产的底层资产情况、投资情况、管理运营状况、财务状况等进行全面调查研究,即“尽职调查”,形成详细报告。① 基于调查结果产生评估价格,意向竞买人可以通过该报告准确了解待处置资产的具体情况,从而准确作出判断。

同时在确定处置保留价上,这类机构也更有经验,可以提供更专业的意见,以期最大限度实现资产的价值,既能保障当事人的合法权益,防止高值低估、高值低卖,也能提高资产处置的成功率和执行的效率。

但是,通过这种方式确定处置参考价,可能会有缺乏法律依据的嫌疑。从现有的规范出发,根据《参考价规定》第2条,人民法院确定财产处置参考价,可以采取当事人议价、定向询价、网络询价、委托评估等方式。从文义上看,此处并非封闭式列举。因此,确定参考价并不只限于列举的4种方式,由专业机构进行调查并形成评估价格的做法并未违反执行中确定参考价的规定。

②推介和撮合

由专业机构进行推介和撮合(或者合称为招商)最大的优势在于有利于目标客户的寻找。FA机构本身从事的就是投资撮合业务,直接对接投资者和资金需求方,掌握大量投资者需求信息,也可以及时将待处置金融资产推介给更多的专业投资者,不仅可以扩大待处置金融资产的竞买人范围从而提高处置成功率,还可以更大限度实现金融资产自身的价格。

同时,为了防止中介机构和意向竞买人串通,财产处置信息和财产基本状况等信息应向社会公开,法院应对“招商”过程严格监管,防止发生“暗箱操作”。

(3)竞价交易

为了保证司法处置程序的公开、公平、公正,处置过程应全程向社会公开,既可借助于现有的网络拍卖平台进行最后的报价竞拍程序,也可采取法院自行搭建报价交易平台或与地方金融资产交易所合作接受报价等方式进行,确保尽可能多的合格竞买人参与竞买过程。执行法院应在平台充分发布待处置财产的详

① 参见刘璐:《财务尽职调查应用探析》,载《财会通讯》2019年第14期。

尽信息，通过特别提示、注意事项等提醒竞买人参与竞买所须了解的事项，确保竞价成功后处置财产权属转移过户的顺畅。

同时，法院应在竞买人资格审核、保证金交纳等环节加强对竞买流程的监管，确保待处置财产的顺利成交。

(4)成交确认与过户

竞价成功后，买受人应当于公告确定的日期前缴纳尾款，尾款缴纳后执行法院应当及时办理解封与过户手续。

2. 灵活运用强制赎回执行方式

开放式基金、半开放式基金和部分银行理财产品，依据法律规定或者合同约定，份额持有人可以在满足一定的条件下对其持有的份额进行赎回。而在执行中，如果被执行人拒绝自行赎回相应的金融资产，执行机构是否可以对被执行人所持有的基金份额进行强制赎回，是一个可以探讨的问题。

司法实践中，目前已有相关法院采用强制赎回方式处置了被执行人持有的金融类资产，也取得了较良好的执行效果。例如，山东省安丘市人民法院执行的中国银行股份有限公司安丘支行、董某秋金融借款合同纠纷一案中，法院直接裁定："一、强制赎回被执行人董某秋在汇添富基金管理股份有限公司的添富上证公募基金 11,393.13 份。二、划拨被执行人董某秋的上述强制赎回款项至安丘市人民法院过付款专用账户。"①广东省广州市黄埔区人民法院执行的上海浦东发展银行股份有限公司广州开发区支行申请执行黄某柱一案中，赎回了被执行人名下的货币基金并实时兑换成人民币存款。② 广东省中山市第一人民法院执行的李某娟、宋某喜借款合同纠纷一案中，依法冻结并强制赎回被执行人宋某喜在中金基金管理有限公司的基金份额。③ 福建省晋江市中级人民法院在执行陈某与张某离婚后财产纠纷一案中，发现张某名下有金融理财产品后，立即对相关资金赎回账户依法予以额度冻结。该院向相关金融机构发出协助执行通知书及强制赎回金额确认函，依法确定了张某名下金融机构银行理财产品强制赎回的时间、份额和总金额。经过该金融机构层报至其省级金融管理部门，最终完成了该

① 山东省安丘市人民法院执行裁定书，(2020)鲁 0784 执 303 号之八。

② 参见广东省广州市黄埔区人民法院执行裁定书，(2021)粤 0112 执 5461 号之一。

③ 参见广东省中山市第一人民法院执行裁定书，(2021)粤 2071 执 10982 号之一。

金融机构全省第一笔开放式金融理财产品的强制赎回。①

金融资产强制赎回面临的主要问题在于,目前法律法规对此种执行方式没有明确规定,且不同的协助义务机构对强制赎回操作的要求不一,缺乏明确的标准。根据《民事诉讼法》第249条规定,被执行人未按执行通知履行法律文书确定的义务,人民法院有权向有关单位查询被执行人的存款、债券、股票、基金份额等财产情况。人民法院有权根据不同情形扣押、冻结、划拨、变价被执行人的财产。人民法院查询、扣押、冻结、划拨、变价的财产不得超出被执行人应当履行义务的范围。人民法院决定扣押、冻结、划拨、变价财产,应当作出裁定,并发出协助执行通知书,有关单位必须办理。

应确定的是,强制赎回的协助执行义务人应当是管理人而非托管人,从法院执行工作规范角度看,应首先冻结被执行人名下该金融产品的对应资金账户,并向管理人发送执行裁定书和协助执行通知书,要求管理人协助办理强制执行事宜。其次,在文书中应当明确具体赎回的金额或者赎回份额、赎回日期及净值等能够确定赎回金额的信息。管理人在收到文书后,应当对具备赎回条件的金融资产立即办理赎回业务,通知托管人将所得钱款汇入被执行人名下的对应银行账户中,法院再对该款项进行强制划拨。这种操作方式类似于执行工作中强制抛售股票后划拨对应资金账户中的变价款。同时,也应看到,强制赎回这种方式的优点在于执行效率高,也较便捷,但缺点在于局限性较强,只能适用于开放式或者半开放式的金融产品。

3. 与金融基础设施建立新型财产变价机制

以上市公司股票处置为例,上海金融法院已与上海证券交易所合作建立了大宗股票司法协助执行平台,通过与证券交易所约定的信息渠道发布大宗股票司法处置公告。在处置股票过程中,法院依托证券交易所的大宗股票司法协助执行平台,探索建立了包括竞买申报、竞买匹配、结果公示等询价竞买相关事项在内的大宗股票强制变价措施。该平台建立以来,已经成功处置了数十只股票,处置成功率高于网络拍卖,社会反响良好。经实践证明,该处置方式具有处置效率高、处置成功率高、对二级市场影响小等优点,已经成为该法院处置沪市股票

① 参见四川省南充市高坪区人民法院:《高坪区法院强制赎回被执行人金融理财产品》,载南充长安网,http://www.nanchongpeace.gov.cn/pancjs/20201014/2331298.html。

的首选途径。[①]

这种与金融基础设施共同建立司法协助执行机制的方式还可以用于其他类似证券类财产,典型的如债券的执行。随着债券违约案件越来越多,相关债券可能会成为未来一段时间法院执行的主要金融资产类型。在债券执行中,未来可以尝试借助金融基础设施现有的担保品处置平台进行处置,作为金融基础设施,该平台具有要素禀赋与专业经验,能够面向更广泛的市场主体提供担保品管理服务。[②] 相较于通过网络拍卖平台进行拍卖,通过这类金融基础设施对担保品池、质押率、估值及违约处置进行统一安排,可以有效降低磋商成本,为参与者提供更大交易价值。[③] 执行法院可以借助上述担保品处置平台,实现更高效、更专业的处置。

仍然以债券为例,中央结算公司已发布并实施了《中央结算公司担保品违约处置业务指引(试行)》,并已建立了相应处置平台。根据该业务指引,市场成员使用在中央结算公司托管的债券作为履约保障担保品的相关业务,在出现违约情形后,可以委托中央结算公司办理担保品违约处置以实现担保物权,担保品违约处置方式包括协议折价、拍卖、变卖。[④] 根据上交所发布并实施的《上海证券交易所债券担保品处置平台服务指引》,交易所建立的债券担保品处置平台可对债券担保品进行处置。处置平台可以支持的处置品种包括在指定登记结算机构存管并按规定办理担保的各类担保品,包括但不限于国债、地方政府债券、金融债、公司债券、企业债券、可转债、资产支持证券以及上交所认可的其他债券。[⑤]

具体的操作方式,可以借鉴上海金融法院和上海证券交易所合作建立的大宗股票司法协助执行平台的模式,依托上述金融基础设施的担保品处置平台或者其他交易平台,在已有的金融担保品处置的规则基础上,进一步明确平台协助司法执行时的竞买申报、竞买匹配、结果公示等询价竞买相关事项。[⑥]

---

① 关于大宗股票司法协助执行平台,参见黄亮、郑岗:《上市公司大宗股票的司法处置》,载《人民司法》2020 年第 14 期。

② 参见卢大彪:《充分发挥担保品管理机制的重要作用》,载《债券》2020 年第 10 期。

③ 参见王君:《迎接担保品管理新时代——读〈金融担保品实务操作手册〉》,载中国债券信息网,https://www.chinabond.com.cn/cb/cn/xwgg/zsxw/hgjj/20211112/159163582.shtml。

④ 参见《中央结算公司担保品违约处置业务指引(试行)》第 1.2、1.3 条。

⑤ 参见《上海证券交易所债券担保品处置平台服务指引》第 5 条。

⑥ 关于上海金融法院和上海证券交易所合作建立的大宗股票司法协助执行平台具体的操作运行方式,参见《上海金融法院关于执行程序中处置上市公司股票的规定》第五章相关内容。

五、结　　语

随着我国金融市场的进一步发展,未来可能会有更多更新的金融产品需要在执行程序中进行保全、处置,而如何在案件执行中实现执行权与私权、法律效果与经济社会效果的有机统一,如何提高金融资产变价的成功率、更大限度实现金融资产的价值,将是未来执行工作中要长时间探索的课题。

随着我国金融市场的发展,金融监管规则与基础设施不断完善,利用好金融基础设施、借助第三方中介机构、尊重金融产品本身的运行和交易模式应当是解决金融产品执行问题的基本理念。金融产品的执行不能单从法律的角度出发,更要着眼于整个金融市场和金融政策的发展,从切实解决执行难和服务金融发展大局出发,不断创新执行的思路和方法,努力探索出一条符合法院执行实际和金融资产交易的强制执行模式。

规范私募基金行业　防范金融风险

——2014～2020年上海法院涉私募基金案件审理情况分析及对策建议[①]

杨　晖[*]　黄佩蕾[**]　徐佳云[***]

私募基金是直接融资市场的重要组成部分,是一种组合投资、专业管理、利益共享、风险共担的集合资产管理的主要方式之一。私募基金行业快速发展,在提高直接融资比重、推动科技创新、优化资本市场投资者结构、服务实体经济和丰富居民财富管理等方面发挥了积极作用。与此同时,私募基金行业也出现了一些问题,如管理运作不规范,公开或者变相公开募集资金、规避合格投资者要求、不履行登记备案义务、变相资金池运作、刚性兑付、利益传输、自融自担,甚至出现侵占、挪用基金财产、非法集资等严重侵害投资者利益的违法违规行为。

涉私募基金民事纠纷也基本呈逐年上升趋势(见图1)。相关纠纷因涉及投资者、管理人、托管人、增信第三人、投资标的公司等多方主体,法律关系较复杂,投资者适当性要求、保底或刚兑约定、管理人义务边界等法律适用疑难问题较多,在审判实践中存在较多争议。2019年11月《全国法院民商事审判工作会议纪要》(以下简称《九民纪要》)的出台,也对私募基金纠纷的裁判产生了较大影响。本文拟通过数据分析的方式,比较私募基金纠纷的既有裁判规则,并通过对私募基金相关法律及监管规定的分析,对此类纠纷的审理思路及发生原因进行

---

① 本文获评上海法院2021年优秀司法统计分析成果评选一等奖。

* 法学博士,上海金融法院申诉审查及审判监督庭法官助理。

** 法学硕士,上海金融法院综合审判一庭法官助理。

*** 法学硕士,上海金融法院申诉审查及审判监督庭法官助理。

梳理,以期为涉私募纠纷的风险防范及审理裁判提供对策建议。

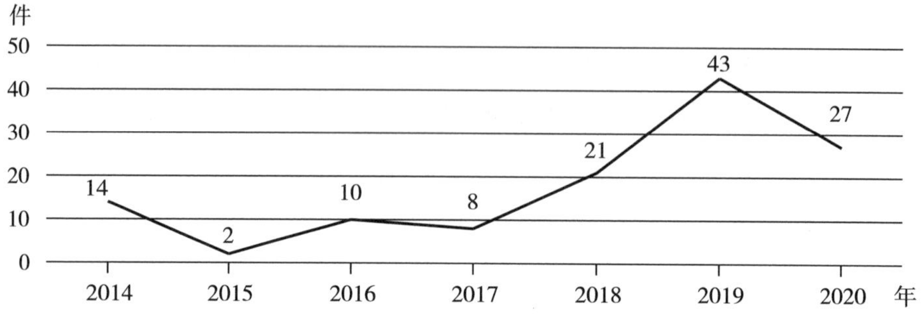

图1 2014～2020年上海涉私募基金民事案件数量变化趋势

一、实证考察:2014～2020年上海法院涉私募基金案件情况

以2014年至2020年为审结日期范围,以裁判文书中含“私募”,裁判文书案由为“委托理财合同纠纷”或“其他合同纠纷”搜索上海法院民事裁判文书,共搜索到224个案号裁判文书。经过人工研读筛查,去除尚未生效的案件和与私募基金无关的案件,并将一审关联到二审,最终保留有效裁判文书样本为125篇。

(一)案件数量整体呈上升趋势,2017～2019年快速增长

从图1样本案件的立案时间分布来看,2014年为14件(其中13件为批量案件),2015年为2件,2016年为10件,2017年为8件,2018年上升至21件,2019年继续上升至43件,2020年回落至27件。考虑到法院的收结案周期以及纠纷发生和判决作出之间的时间差,2018年案号的纠纷数量增加具有显著性,体现出私募基金纠纷在2017～2019年呈现增长的态势。

(二)纠纷主要为投资者诉基金管理人

就涉诉主体而言,所涉纠纷原告大多数为投资者,被告大多数涉及管理人,其次为第三方担保人和私募基金投资标的公司,少数涉及其他投资者(见图2)。125件涉私募基金纠纷中,原告为投资者的为107件,原告为基金管理人的为14

件,原告为投资顾问的为 3 件,原告为融资居间人的为 1 件。

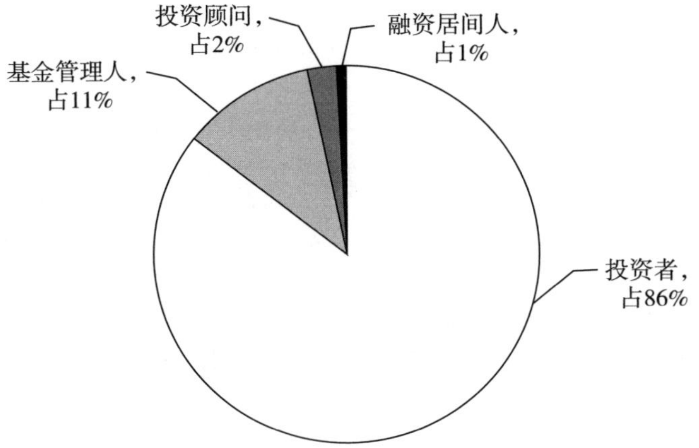

图 2　原告身份分布

被告涉及基金管理人的纠纷为 82 件(包括将管理人及其法定代表人、控股股东、担保人、投资标的等列为共同被告),被告涉及担保人的纠纷为 38 件,被告涉及投资标的纠纷为 36 件,被告涉及托管人的纠纷为 2 件,被告涉及销售机构的纠纷为 2 件,被告涉及投资者的纠纷为 1 件,存在将多种主体列为被告的情况(见图 3)。

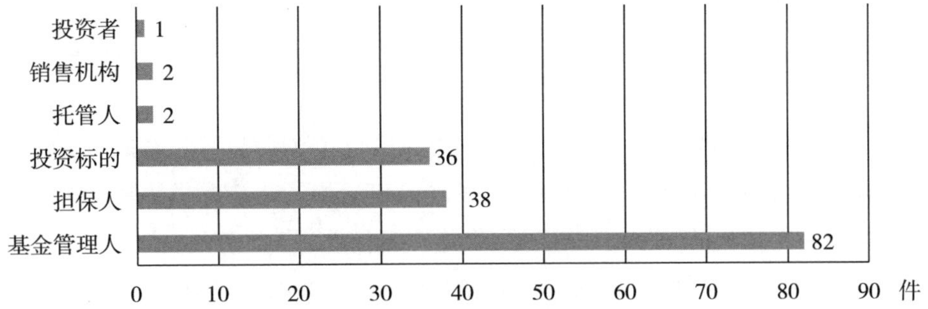

图 3　被告身份分布

(三)纠纷涉及募投管退各环节,相对多发于投资和退出阶段

本次样本中核心争议涉及私募基金募集环节的为 22 件,涉及投资环节的为 26 件,涉及管理环节的为 17 件,涉及退出环节的为 82 件,其中 22 件纠纷涉及私

募基金运作的多重环节(见图4)。

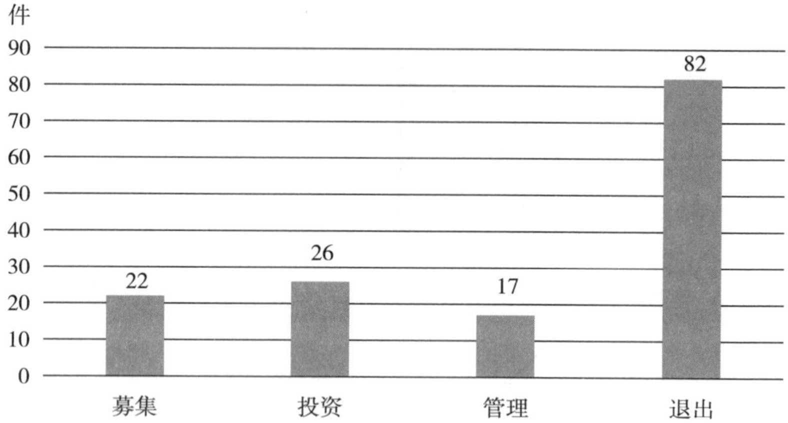

图 4 私募基金纠纷涉及环节分布

1.募集阶段

募集阶段具体争点主要为是否尽到投资者适当性义务,具体纠纷情形为:

(1)投资者不适格纠纷。①因管理人在对投资者风险承受能力评级、风险评估等认定过程中未全面审慎评估或评估程序不合规,引发投资者不适格纠纷。②投资者情况在投资期间发生变化,各方对是否需动态风险评估及风险匹配存在争议。③非合格投资者委托合格投资者代持基金份额,管理人未对投资者委托第三方认购金融产品作出合理审查,导致涉案的投资者不具备合格投资者资格引发纠纷。

(2)产品不适格纠纷。①管理人未对产品进行有效风险评级,对推介资料的合规性未作合理审查,导致投资者购买的产品不适格。②基金产品风险评级因市场情况发生变化,管理人未及时更新基金产品信息引发纠纷。

(3)管理人未合理匹配投资者与产品纠纷。①管理人未充分揭示风险,如未对特殊群体作出充分的告知说明及风险揭示,后基金产生亏损,投资者主张返还投资本金和利息引发纠纷。②由于市场变化原因,产品发生变化导致投资者风险承受能力与基金产品风险等级不匹配,但投资者不愿退出引发纠纷。

(4)销售机构未尽责纠纷。①管理人未充分调查代销机构,选任不具有相应资质代销机构引发纠纷;②代销机构未对委托人、代销产品和投资者充分审查,导致投资者不具备适当性;③代销机构存在不当推介行为。

2. 投资阶段

投资阶段具体争点主要为管理人未履行合理审慎投资义务、对赌回购、投资者是否有权直接向投资标的主张权利等。具体纠纷情形为：管理人未充分履行审慎投资义务引发纠纷。基金管理人投资前未尽尽职调查义务，或在投资期间擅自挪用基金财产，或未按投资合同约定擅自操作基金财产，未依据合同约定履行特定投资管理义务，如未按约定在基金触及预警线和止损线时进行减仓和平仓操作等，导致基金产生亏损引发纠纷。

3. 管理阶段

管理阶段具体争点主要为管理人、托管人是否履行义务，具体纠纷情形为：

（1）管理人未充分履行信息披露义务引发纠纷。管理人在基金募集阶段和运作阶段，未如实向投资者披露基金投资、资产负债、投资收益分配、基金承担的费用和业绩报酬、可能存在的利益冲突情况以及可能影响投资者合法权益的其他重大信息，隐瞒或者提供虚假信息，导致投资者作出错误投资决定遭受损失引发纠纷。

（2）管理人不合法合规行为引发纠纷。基金管理人未依法登记或基金未依法办理备案手续，或在募资阶段管理人使用无资质人员参与募集，后基金最终无法兑付本金及利息，各方对募集行为合法性和基金合同效力存在争议。

（3）管理人和托管人职责边界难以界定引发纠纷。投资者投资私募基金遭受重大损失，甚至发生管理人经营中断、“失联”、“跑路”等极端情形，此时投资者以托管人未尽监督、托管义务为由，要求其与管理人承担连带赔偿责任或补充赔偿责任，各方对于托管人的义务内容及责任范围存在争议。

4. 退出阶段

退出阶段具体争点主要为基金合同是否达到解除条件、合伙型或公司型私募基金投资者退出程序、清算条件、基金未清算损失如何认定等。具体纠纷情形为：

（1）管理人行为导致退出条件未充分满足引发纠纷。管理人以退出条件未满足为由，对投资者退出请求进行抗辩，投资者以管理人过错导致基金合同目的不能实现为由主张解除基金合同，引发“合同目的不能实现”认定纠纷。

（2）投资者直接向私募投资基金投资标的主张权益引发纠纷。投资者主张行使债权人代位权或根据《中华人民共和国合伙企业法》（以下简称《合伙企业法》）第68条，以管理人怠于向投资标的公司主张权益等理由向投资标的公司主张权利，弥补投资损失。

(3)合伙型私募(公司型私募、契约型私募)中,非经全体投资者一致同意、公司决策程序同意、合伙会议决策程序同意退出引发纠纷。

(4)私募基金未经清算时的投资者损失认定纠纷。私募基金合同未到期、已到期、分期已到期、分期未到期时,因私募基金合同或者分期合同中就清算启动程序、条件、责任主体、清算责任约定不明及如何适用发生争议。

(5)不能清算时的投资者损失确定纠纷。包括因管理人过错导致清算不能引发的是否可按管理人过错程度确定投资损失、管理人怠于履行清算义务导致损失金额无法确定时的投资者损失赔偿认定问题。

(6)公司型私募基金中的优先清算权条款效力认定纠纷。

(四)基金内部纠纷占绝大多数

涉诉主要争议法律关系为基金募集、内部治理和退出法律关系,在样本案件中共有109件,占比87%。少数案件为基金对外投资法律关系,共16件,占比13%(见图5)。

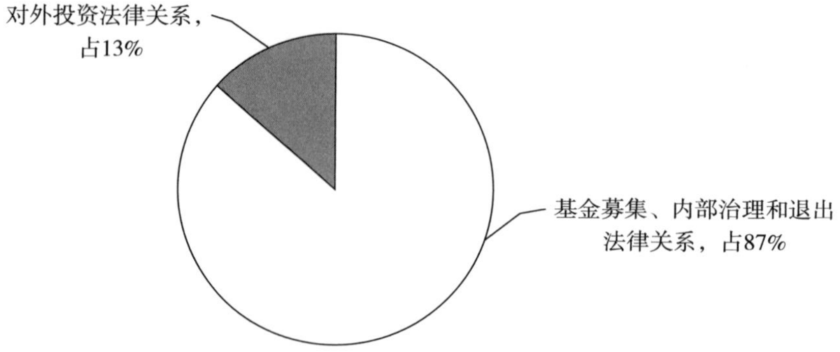

图5 纠纷类型

基金募集、内部治理和退出法律关系纠纷中,主要诉请表现为投资者请求基金管理人等支付投资本金及收益。就具体请求权基础而言,违约责任为77件,请求解除合同为19件,请求确认合同无效为10件,确认合同不成立1件,确认合同未生效1件,侵权1件(见图6)。

对外投资法律关系纠纷中,主要纠纷是基金管理人诉投资标的公司返还借款、履行回购义务等或投资者直接向基金用资方主张权利。对外投资中的回购现象较普遍,且形式多样,涉及法律关系复杂。涉及对外投资法律关系的16件案件中有13件主要争议焦点涉及对赌或回购,表现形式为股权回购、收益权回购、投资标的差额补足等。

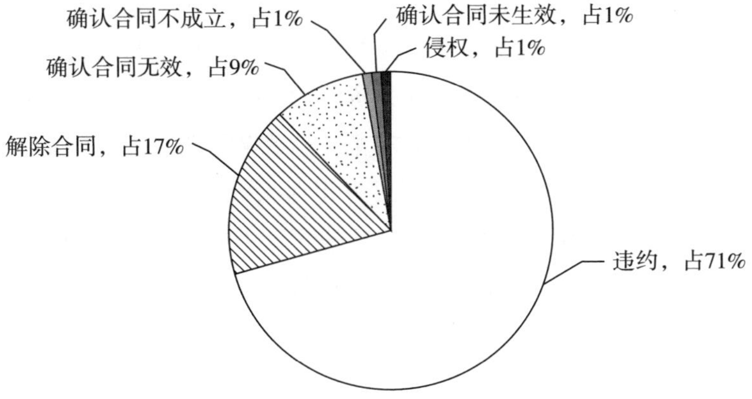

图6　请求权基础

(五)私募基金涉及多种组织形态,法律关系较复杂

私募基金作为一种灵活的资产管理形式,从其组织形态划分,可以分为契约型、合伙型、公司型。其中,契约型私募基金占多数,本次样本中契约型为96件,占比77%,合伙型28件,占比23%,组织形态未披露的为1件(见图7)。私募基金的基础法律形式多样,实践中可以形成委托代理法律关系、信托法律关系、综合性法律关系,因其基础法律关系性质不同而受到不同法律规范,同时由于纠纷涉及担保增信等多重法律关系,导致私募基金案件的范围不够明晰,案由不能统一,常见的有委托理财合同纠纷、金融借款合同纠纷、其他合同纠纷等。

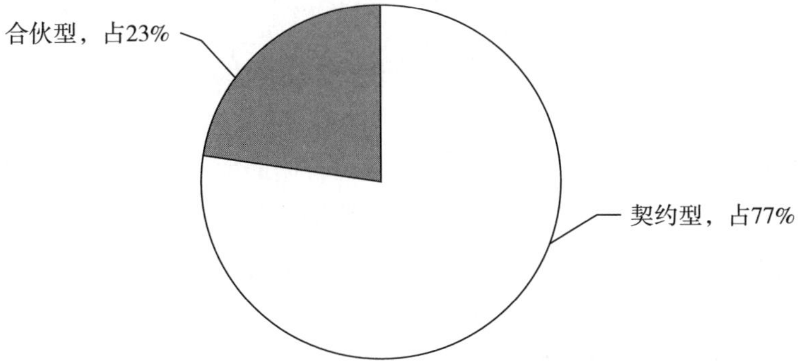

图7　纠纷所涉私募基金类型(按纠纷数量分布)

(六)本金收益承诺普遍存在且形式多样

分析发现,无论是私募内部法律关系,还是外部投资法律关系,均普遍存在本金收益承诺行为。本次样本中提供本金收益承诺的为58件,占比为46%。提供本金收益承诺主体主要为管理人和投资标的,少数为第三方担保人或其他投资人。其中管理人提供本金收益承诺35件(包括仅管理人提供本金收益承诺2件,管理人与其他主体如投资标的、第三方担保人等共同提供本金收益承诺33件),投资标的(包括投资标的本身、投资标的股东、实际用资人等)提供本金收益承诺19件,第三方担保人(包括投资顾问等)提供本金收益承诺3件,其他投资人提供本金收益承诺1件(见图8)。形式包括本金收益承诺、差额补足、保底条款、份额回购、固定收益、连带保证等。

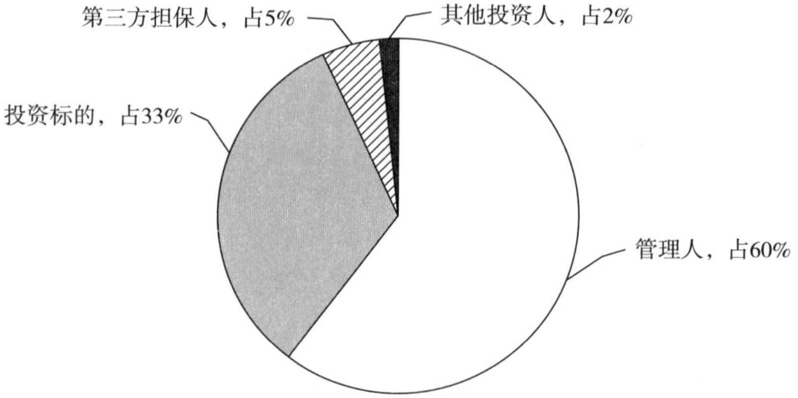

图8　提供本金收益承诺主体

二、问题发现:私募基金案件审理中的主要疑难点

经分析,该类案件在审理中主要存在基金合同的性质认定、基金合同的效力判断、本金收益承诺的性质与效力认定、管理人是否违约的判断、对外投资中对赌协议效力的判断、退出是否以清算为前提等疑难问题。

(一)基金合同的定性难

关于基金合同的法律关系性质,根据具体案情不同,判决观点主要有信托关系、委托理财关系和借贷关系等。

首先,经分析,分歧主要集中于存在保底条款的情形。部分判决认为,这种投资者提供资金、定期收取固定利息、到期收回投资本金、不承担任何投资风险的行为更符合借贷法律关系的特征,故属于“名为私募基金合同,实为民间借贷”的情形,法院应按照实际构成的法律关系进行“穿透式”处理,进而判决管理人依约返还本金和利息。反之,也有判决认为保底条款的存在不影响委托理财关系的认定,但保底条款免除了委托人作为投资者应承担的部分投资风险,使民事权利失衡,同时有悖于委托代理制度的基本原理,故保底条款单独无效。此外,还有少数法院判决认为原、被告均未举证证明私募基金有备案手续,故不能认定为委托理财关系,应依据资金实际占有、使用的事实认定为民间借贷关系。

其次,关于信托和委托理财关系的区分。部分判决明确论述了涉案法律关系为信托关系,即“投资者基于对基金管理人的信赖,将其财产委托给基金管理人,由基金管理人以自己的名义为投资者的利益进行管理,应适用有关信托法律规定”。另有判决认为,这种投资者将资产交给资产管理公司、投资咨询公司等非金融机构或自然人,属于非金融机构作为受托人的委托理财形式,应构成民间委托理财合同关系。

(二)基金合同的效力认定难

经分析发现,判决认定基金合同无效的理由主要有:保底条款无效导致合同整体无效;基金投资行为构成变相买卖外汇而无效;管理人不具备相应资质而无效;向不特定对象宣传推介私募基金,违背公共秩序而无效;构成伞形信托、场外配资,违反相关禁止性规定而无效。经分析,与合同效力认定有关的主要争议在于行政监管与司法认定的衔接,即相关监管规定是否属于法律、行政法规的效力性强制规定,违反了监管规定是否属于导致合同无效的情形。

1. 基金的本金收益承诺

中国证券监督管理委员会(以下简称证监会)2014 年颁布的《私募投资基金监督管理暂行办法》第 15 条规定,“私募基金管理人、私募基金销售机构不得向投资者承诺投资本金不受损失或者承诺最低收益”。《关于规范金融机构资产管理业务的指导意见》(以下简称《资管新规》)第 2 条和《九民纪要》第 92 条也禁止刚性兑付。

参考相关判决,法院一般依据《中华人民共和国证券投资基金法》(以下简称《证券投资基金法》)、《私募投资基金监督管理暂行办法》的规定,认为基金管理人、私募基金管理人不得向投资者承诺投资本金不受损失或者承诺最低收益,进而认定保底或者刚兑条款合同违反了法律法规的强制性规定而无效。① 但也有判决认为《私募投资基金监督管理暂行办法》属于部门规章,不属于法律或行政法规,在强制性规定的效力层级上不符合原《中华人民共和国合同法》(以下简称原《合同法》)第52条第5项情形规定,因此不能直接导致合同无效。也有判决从损害公共利益的角度进行了论述,即保底条款违反了法律禁止性规范,虽然该法律规范没有明确规定违反后将导致合同无效或合同不成立,但是违反了这些禁止性规范后如果合同继续有效将损害社会公众利益,并且扰乱社会经济秩序,无法体现公平原则,故应确认无效。②

在笔者研究的125件案件中,共有58件涉及本金收益承诺,形式较多样。在主体上除基金管理人自身作出承诺外,还有管理人的法定代表人、股东及其关联公司,以及投资标的公司等第三方作出承诺。在时间节点上既有在基金募集时承诺保底收益,也有在基金到期后承诺返还本息。承诺方式除在基金合同中直接约定保底条款外,还有签订基金份额预约受让协议、回购协议、还款协议、和解协议、收益权转让协议以及出具保证函、承诺函、差额补足函、债务加入函等。从司法观点来看,涉本金收益承诺的法律适用疑难问题主要集中在以下几点:

一是关于基金管理人自身作出本金收益承诺的情况,分歧在于对其效力的认定,以及在认定本金收益承诺有效的基础上是否需要进一步对整个基金合同进行"穿透式"认定,即认定双方实际构成借贷关系。另外,关于保底条款无效后的法律后果,既有认定保底条款无效导致基金合同整体无效的观点,也有认定基金合同有效、仅保底条款无效的观点。

二是关于基金管理人的密切关联利益主体如股东、投资经理、实际控制人、关联公司等关联方作出本金收益承诺的效力。对此,因相关法律法规并无明确规定,在司法实践中存在不同观点。参考相关判例,有判决指出,基金管理人的股东是以其个人名义与投资者签订补充协议,并非履行职务行为,是双方真实的

① 参见上海金融法院民事判决书,(2019)沪74民初610号。

② 参见上海市第二中级人民法院民事判决书,(2018)沪02民终5946号。

意思表示,并不违反法律强制性规定,应当认定有效。反之,亦有判决认定承诺主体并非管理人,但与管理人实际上是利益共同体,且从约定来看双方在签订协议时已知悉承诺人为管理人实际控制人的事实。因此,补充协议系为规避法律、行政法规的监管而作出的约定,有损社会公共利益,应认定为无效合同。此外,除管理人关联方作出本金收益承诺的外,还有作为投资标的的投资标的公司直接对投资者作出承诺的情况,现有案例均认可其效力。

三是关于基金管理人及其密切关联方之外的第三方作出本金收益承诺的。对于保本收益承诺的具体性质认定,部分判决认定构成保证、非典型担保合同,部分判决认定构成债务加入,部分判决认定构成单方允诺、独立合同,另有较多判决未对本金收益承诺的性质作出明确论述,仅从协议为当事人真实意思表示、内容不违反法律和行政法规的强制性规定等角度认可了相关协议的效力。

四是关于损失确定后承诺返还本息的效力。58 件涉及本金收益承诺的案件中,有 15 件为到期或损失发生后管理人、投资标的或其他第三方担保人通过签订还款协议或承诺函承诺返还本息,法院均判定为有效。有判决认为,"保本保收益条款系在合同签订或履约过程中,各方对于投资是否会产生预期收益均不能确定时所作出的无论投资实际盈亏与否均保证出资方不受损失的承诺。本案中,涉案《基金合同》并不保证基金财产一定盈利,亦不保证最低收益。基金存续期间届满后,盈亏情况已经固定,此时是否对投资者的损失进行补偿,系民事主体对自己民事权利的处分,不属于法律所禁止的范畴"①。有判决认为,原告、被告将基金合同变更为还款协议"系双方的真实意思表示,合法有效,双方均应依照合同约定履行各自的义务"②。

2. 基金未登记备案

关于向中国证券投资基金业协会(以下简称中基协)登记备案的规定是否属于效力性强制规定,判决中也存在不同观点。一般认定基金管理人未登记的,不具备私募投资基金管理人的资质,基金合同无效。③ 而基金未备案是否会导致合

① 上海金融法院民事判决书,(2020)沪 74 民终 736 号。

② 上海市徐汇区人民法院民事判决书,(2019)沪 0104 民初 26271 号。

③ 参见上海市第一中级人民法院民事判决书,(2018)沪 01 民终 1408 号。

同无效,司法裁判对此存在不同观点,既有认定为有效的也有认定为无效的。[①]但是大多数观点认为管理人已登记,仅是私募产品没有备案,在这种情况下违反的是行业管理性规定,不应认定合同无效。

3.场外配资

关于场外配资效力,金融监管和司法审判的认定范围和尺度不一致。司法审判中,《九民纪要》将场外配资限定于一定范围,根据《九民纪要》第86条,场外配资业务,主要是指一些P2P公司或者私募类配资公司利用互联网信息技术,搭建起游离于监管体系之外的融资业务平台,将资金融出方、资金融入方即用资人和券商营业部三方连接起来,配资公司利用计算机软件系统的二级分仓功能将其自有资金或者以较低成本融入的资金出借给用资人,赚取利息收入的行为。除依法取得融资融券资格的证券公司与客户开展的融资融券业务外,对其他任何单位或者个人与用资人的场外配资合同,人民法院应当认定为无效。也有判决认为,证监会于2015年4月22日即叫停"伞形信托"的融资融券业务,系争协议约定伞形信托有悖于稳健有序的证券市场监管秩序,损害了社会公共利益,故认定基金合同无效。[②] 行政监管上所界定的场外配资较司法审判的范围更广。2015年7月12日,证监会公布《关于清理整顿违法从事证券业务活动的意见》,从监管层面正式开启规范场外股票配资交易。该意见从监管角度定义的场外股票配资是指,机构和个人需借助信息系统为客户开立虚拟证券账户,借用他人证券账户、出借本人证券账户等形式,代理客户买卖证券。这种行为违反了《中华人民共和国证券法》(以下简称《证券法》)、《证券公司监督管理条例》关于证券账户实名制、未经许可从事证券业务的规定,扰乱金融监管秩序,损害投资者权益。随后在证监会2015年9月17日发布的《关于继续做好清理整顿违法从事证券业务活动的通知》中,信托产品证券账户也被纳入清理范围。

(三)投资者适当性义务认定难

基金募集阶段的争议集中于投资者适当性义务的履行,即投资者以其本身不属于合格投资者、基金销售机构未尽适当性义务为由,诉请后者就投资损失承

---

① 参见上海市浦东新区人民法院民事判决书,(2018)沪0115民初55275号。

② 参见上海市第一中级人民法院民事判决书,(2018)沪01民终13696号。

担赔偿责任。在产品风险等级评价标准的客观性、适当性义务的具体履行标准、弱匹配水平下投资者知情且同意是否可以购买风险等级较高的产品、适当性义务履行与投资损失之间的因果关系等问题上,实践中还存在一定争议。

对于适当性义务,有判决将适当性义务分解成为了解客户的义务、了解产品的义务、风险告知说明义务、适当推荐义务 4 项内容,并从风险承受能力调查问卷无签名、推介人员不了解基金存在杠杆情况、未就可能发生的最大损失风险作出特别说明等方面认定基金销售机构未尽到适当性义务。据此认为基金销售机构对造成投资损失存在过错,酌情由其承担部分的本息损失。反之,另有判决驳回投资者诉请,理由为:卖方机构是否妥善履行适当性义务可从其是否了解投资者并对其进行分类、是否了解产品或服务及其分级、投资者与产品或服务的匹配进行考量。投资者对自身投资具有审慎的注意义务,即使是销售人员告知其尽量把风险承受能力填高一点,作为具有一定投资经验的投资者,在投资过程中对此缺乏理性人应有的基本注意义务,投资者就其投资者信息进行不实陈述的后果应由其自行承担。①

(四)管理人、托管人义务范围界定难

管理人及托管人义务的履行,包括在证券投资基金中是否按照合同约定进行减仓及平仓操作,在股权投资基金中的投资行为是否符合合同约定、管理人是否适当履行信息披露义务以及托管人是否适当履行监管义务等。

1. 管理人违约行为的认定

实践中,关于管理人是否存在违约行为,现有案例主要是依据基金合同中有关管理人义务的条款来认定,并由管理人承担举证责任。具体情形有:未对投资者进行回访确认、对投资者存在误导性陈述、尽职调查未尽到审慎义务、通过关联公司转移挪用投资款、未按照约定投资范围投资运用基金财产、未以基金名义开立基金财产专户、未在中基协登记备案、向投资者隐瞒并提供虚假信息、在基金净值跌破止损线后伪造投资者签名签署基金补充协议继续投资运作、未及时平仓、未按约支付赎回款和约定收益、怠于行使清算义务等。关于管理人应承担的违约责任,在有的判决中包括按照合同约定支付违约金、支付投资款本金及相

---

① 参见上海市浦东新区人民法院民事判决书,(2020)沪 0115 民初 4150 号。

应利息损失、返还投资本金并承担部分投资损失、赔偿未进行减仓或平仓操作导致损失扩大部分等。

2. 管理人的信息披露义务

当前,我国并未在立法上对私募基金运作期间的信息披露作出专门规定,而是采取行业自律管理的方式予以规范引导。中基协于2016年2月4日发布了《私募投资基金信息披露管理办法》,其中第四章专门规定了基金运作期间的信息披露义务,若违反该办法,由协会采取自律管理措施。虽然《私募投资基金信息披露管理办法》仅为自律性管理规则,司法实践中,亦有判决以此作为判断基金管理人、托管人信息披露义务的界定依据。

3. 托管人违约行为的认定

关于托管人的法律地位及其与管理人之间的职责边界,理论上存在较大争议,司法裁判中也倾向于用相关法律规定及合同约定来确定各自的职责范围。理论上有观点认为,管理人是典型的受托人,应当承担信义义务;也有观点认为,基金托管人与管理人应为共同受托人;还有观点认为,托管人与管理人同为基金受托人但独立履行职责,不是信托法意义上的共同受托人等。但从目前的司法裁判来看,法院并未将管理人和托管人认定为共同受托人,对于管理人和托管人的权利和义务,是直接根据有关法律规定及合同约定来加以确定。并且,即便是在管理人存在违约行为,托管人不存在违约行为的情况下,托管人对投资者的损失通常不承担赔偿责任。例如,判例认定基金合同已明确约定,托管人对于管理人是否妥当执行风险控制措施不承担监督职责,管理人未按照合同约定执行预警止损操作给委托人造成损失的,由管理人承担相应责任,托管人不承担任何责任。[①]

(五)对外投资之对赌、回购效力认定难

对外投资纠纷中的主要争议焦点为对赌和回购的效力认定。外部争议主要是基金管理人诉投资标的公司返还借款、履行回购义务等或投资者直接向基金用资方主张权利。对外投资中的对赌或回购条款设置现象普遍,且易引发纠纷。涉及对外投资法律关系的16件案件中,有13件主要争议焦点为回购,表现形式

---

① 参见上海金融法院民事判决书,(2019)沪74民终663号。

为收益权回购、投资标的差额补足等。

(六)基金退出和清算处理难

1. 基金合同的解除

部分投资者在未能收回本金或收益时,也会通过诉请解除合同达到挽回损失的目的。其中,判决认定合同解除的具体情形有三类,包括合同约定的投资期限届满、管理人未履行主要合同义务以及基金合同未实际履行。例如,有判决认定基金管理人未提供该基金和所投资股权的任何信息,投资者也未获得任何投资收益,双方协议的合同目的并未实现,合同应解除。再如,有判决认定,因管理人停止经营,合同目的无法实现,投资者提出解除合同,收回投资,符合法定解除条件。①

2. 清算程序差异化

针对契约型、合伙型和公司型私募基金,清算的方式存在差异,如何针对性地分类处理难度较高。公司型私募基金受到《中华人民共和国公司法》(以下简称《公司法》)、《中华人民共和国企业破产法》(以下简称《企业破产法》)关于股东退出、股份回购、股份转让、资本维持等相关规定约束;合伙型私募要受到《中华人民共和国民法典》(以下简称《民法典》)以及《合伙企业法》的相关规定约束,尤其是关于退伙,合伙份额转让,合伙的利润分配和亏损承担问题。

3. 未经清算时损失难以认定

在清算未启动、未完成或无法清算时,投资者往往以基金管理人履职不当为由提起损害赔偿之诉,如何判断管理人是否存在过错、损失金额无法确定时的投资者损失赔偿如何认定、管理人应在何种范围内承担责任成为司法裁判的难点,在司法实践中也形成不同的裁判路径。

由于有些私募基金的基础资产流动性较差,变现周期长,投资者损失往往难以认定。如果案涉私募基金尚未清算完成,管理人多以损失尚未确定作为抗辩理由。对投资者损失的认定存在不同的观点。有判决认为,基金财产作为独立于基金管理人的固有财产,在管理人未对涉案私募基金进行清算的情况下,投资者能否取得清算后的基金剩余财产并获取收益,目前尚不能确定。现投资者径

---

① 参见上海市虹口区人民法院民事判决书,(2017)沪0109民初21444号。

行要求管理人返还投资款本金并按业绩比较基准支付投资收益,无事实和法律依据,不予支持。① 也有观点认为,私募基金未经清算也可以认定损失,即推定投资者的投资不能获得全部偿还,可先判决基金管理人偿还投资者全部投入,投资者受偿后不再参与私募基金分配,此后的收益归管理人所有,或者由管理人就其过错承担相应责任,待清算结束后该部分赔偿数额从投资者应获分配中予以扣减。还有观点认为,可通过法院委托审计、估价等方式确定价值,据此确定投资者损失,并判决管理人承担相应赔偿责任。另有观点认为,在特殊情形下,损失虽未最终确定但受托人确有责任时,为避免诉累,法院可判决受托人应就"私募基金清算完成后投资者的损失"承担一定比例的赔偿责任;或者,私募基金虽未经清算但有其他证据证明损失已确定实际发生的,法院可判决管理人承担相应的赔偿责任。

以上观点体现两种路径选择:一是严格按照侵权责任原理,认为只有在清算结束后投资者的损失才能固定,但是面对基金管理人不启动清算程序或是清算期间过长的现状,对于投资者的保护不够及时、有力。二是减少诉累,使投资者可以及时得到救济,从实际运用效果达成投资者、管理人、用资人利益的平衡,但是推定投资者损失这个前提缺少足够的理论支撑,在实践中也存在较大争议。

三、原因追溯:涉私募基金纠纷发生的原因

(一)法律规范体系层面

有关私募基金的规范层级较低,尚未形成系统的法治规则体系。目前针对私募基金的立法层级较低,没有专门法律规范,主要为监管部门出台的部门规章和行业自律组织出台的规范性文件。规范位阶较低,在司法审判法律适用中常存在分歧。同时私募基金纠纷中涉及法律关系多元,在清算退出等具体问题中均存在私募基金监管规范与《公司法》《合伙企业法》《企业破产法》等不同法律规范之间的协调问题。涉私募基金的具体法律规范体系见表1。

① 参见上海市嘉定区人民法院民事判决书,(2020)沪0114民初1186号;上海金融法院民事判决书,(2020)沪74民终565号。

表1　私募基金相关法律法规、规范性文件

效力级别	发布单位	法律法规、规范性文件名称
法律	全国人大	《证券投资基金法》《公司法》《合伙企业法》《民法典》《中华人民共和国信托法》等
部门规章	证监会	《私募投资基金监督管理暂行办法》《关于加强私募投资基金监管的若干规定》等
司法解释性质文件	最高人民法院	《九民纪要》等
部门规范性文件	中国人民银行、银保监会、证监会、国家外汇管理局	《资管新规》等
行业规定	中基协	《私募投资基金管理人登记和基金备案办法（试行）》、《私募基金管理人登记须知》(2019版)、《私募投资基金募集行为管理办法》等

（二）配套监管机制层面

目前对私募基金的监管力度尚不能适应市场发展现状，易引发监管套利。我国私募基金采取了不设行政许可，实行协会登记备案、行业自律管理、监管部门事中事后查处的监管体制。对于私募基金管理人没有严格市场准入机制，无须中国证监会审批，向中基协登记即可，对私募基金实行备案制度。监管重点集中在募集环节，但对私募基金后续管理运行和清算退出缺少规制，也缺少配套的私募资产评估规范和退出市场平台，私募基金风险监测机制不健全。

（三）行业合规内控层面

私募基金行业合规意识较薄弱，风险防范意识较低。纠纷发生在私募基金募、投、管、退的各个运作环节，反映出私募基金规范运作水平较低、合规意识薄弱、内控不健全、风控能力不足，暴露出违规推介销售、虚假宣传、承诺收益、违背约定进行投资等方面问题。甚至违规开展“资金池”“名股实债”“名基实贷”等业务，向投资者承诺刚性兑付收益，从事非标债权等影子银行与类信贷业务，涉嫌非法集资，滋生社会风险隐患。

(四)从业人员专业水平层面

私募基金从业机构人员的专业化水平有待提升,预防风险能力不强。私募基金销售人员的金融专业知识水平与私募基金产品的复杂程度之间存在差距,无法充分履行基金参与人的相应职责义务。如适当性义务履行中,目前通行的问卷方式无法准确、科学地衡量投资者风险偏好和承受能力,通用的银行理财产品风险评级方法无法完全与私募基金金融产品风险特征相匹配,卖方机构无法科学匹配产品与投资者。私募基金管理人的专业化管理能力尚不能满足多种私募基金组织形式及多重法律关系下的私募基金规范高效运作的需要。

(五)投资者风险防范意识层面

投资者教育不足,投资者对私募基金定价机制、法律关系及风险防范关注不够,盲目追求高收益。目前,我国私募基金自然人投资者占比较大,投资者教育尚不能满足私募基金市场的快速发展。金融机构与投资者力量悬殊,且信息不对称现象严重。部分投资者在投资过程中缺乏理性人应有的基本谨慎注意义务,对个人风险承受能力存在不实陈述,无法客观评估自身投资能力。同时,投资者也缺乏必要的私募基金相关法律规范知识,不了解私募基金运作内在机制和基本原理,忽视风险,仅仅关注高收益,片面要求私募基金提供各种形式的保底保收益承诺,导致相关纠纷频发。

四、思路梳理:涉私募基金纠纷案件的审理思路

(一)基金合同法律关系的性质

《九民纪要》第88条第2款规定,“根据《关于规范金融机构资产管理业务的指导意见》的规定,其他金融机构开展的资产管理业务构成信托关系的,当事人之间的纠纷适用信托法及其他有关规定处理”。《资管新规》第2条第3款规定,“私募投资基金适用私募投资基金专门法律、行政法规,私募投资基金专门法律、行政法规中没有明确规定的适用本意见,创业投资基金、政府出资产业投资基金的相关规定另行制定”。

从现行法律规定来看,《证券投资基金法》在2012年修订时首次将非公开募集基金纳入调整范围。因此,普遍认为《证券投资基金法》是私募基金领域目前最高位阶的基础法律。该法虽没有明确规定当事人的法律关系,但该法以《中华人民共和国信托法》(以下简称《信托法》)为上位法。并且,从立法观点来看,全国人大常委会法制工作委员会对《证券投资基金法》的释义中明确提及,证券投资基金法针对证券投资基金信托这一特殊的信托行为,确立了基金持有人(投资者)、管理人、托管人三方主体的信托法律关系。[①] 因此,在证券投资基金中,可依法认定私募基金管理人和投资者之间构成信托法律关系。需注意的是,现行监管根据私募基金投资领域的不同对基金类型作了划分,虽然私募股权投资基金和其他私募基金在组织架构上与证券投资基金相同,但因是否适用《证券投资基金法》尚存疑问,可能对认定构成信托关系存在影响。从现有案例来看,关于基金合同效力、性质的认定,还要结合合同的具体约定,在认定形成信托关系或委托理财关系的基础上,对管理人、托管人权利义务内涵及外延进行明确,进而解决刚兑条款效力、清算退出争议。

(二)刚性兑付对基金合同的影响

根据《九民纪要》第92条和《资管新规》第19条的规定,对于存在刚性兑付的,法院应认定保底条款无效,而非合同整体无效。对于是否构成刚性兑付,应根据承诺主体区分认定效力。

证监会颁布的《私募投资基金监督管理暂行办法》第15条规定,私募基金管理人、私募基金销售机构不得向投资者承诺投资本金不受损失或者承诺最低收益。中基协制定的《私募投资基金备案须知》第13条规定,管理人及其实际控制人、股东、关联方以及募集机构不得向投资者承诺最低收益、承诺本金不受损失,或限定损失金额和比例。但《资管新规》第19条规定的刚兑情形,限制主体为资管产品的发行人、管理人。《九民纪要》第92条规定的刚兑主体也仅限于发行人、销售机构、管理机构。

作为金融机构的基金管理人、销售机构承诺刚性兑付的,应否定其效力。首

---

① 参见吴高盛主编:《中华人民共和国证券投资基金法释义及实用指南》,中国民主法制出版社2013年版,第42页。

先,刚性兑付使风险仍停留在金融体系内部,将本应由投资者自行承担的损失投资风险转嫁至作为管理人的金融机构承担,如果此种风险累积,在各类风险尤其是信用风险集中爆发后,个别金融机构可能因不能刚性兑付而引发系统性风险。其次,刚性兑付不利于资源配置和直接融资服务实体经济。刚性兑付违反了信托业务"受人之托,代人理财"的法律关系本质,提高无风险利率水平,不利于金融资源的合理配置,损害了金融秩序及金融市场的稳定。

投资顾问出具的本金收益承诺应为无效。《证券投资基金法》明确禁止基金投资顾问机构在提供基金投资顾问服务中以任何方式承诺或者保证投资收益,该行为扰乱社会经济秩序,属于损害社会公共利益的行为,属于违反法律、行政法规的强制性规定的情形,应为无效。

(三)违反适当性义务的责任认定

适当性义务要求卖者将适当的产品销售给适当的客户,负担起合理推荐、适当销售的义务。履行适当性义务是卖者尽责的主要内容,也是打破刚性兑付、实现买者自负的前提和基础。目前,在大资管背景下,《信托法》《证券法》《证券投资基金法》《证券公司监督管理条例》对适当性义务都有明确规定,实践中采取的适当性义务履行标准主要是参照《证券期货投资者适当性管理办法》的相关规定。在认定未尽适当性义务导致投资损失时,应严格审查两者的因果关系。

首先,从责任主体上看,私募基金募集销售,包括管理人自行募集和基金销售机构委托募集,凡是具体实施基金募集销售行为的主体,均应当履行适当性义务。

其次,在责任认定上,适当性义务实行举证责任倒置。投资者仅需证明其购买了产品并遭受了损失,由管理人对其是否了解客户、产品是否适当、是否履行了告知说明和文件交付等义务的情况承担举证责任,促使管理人更加规范地履行适当性义务。

再次,适当性义务具体内容则主要对照金融监管部门规定的适当性内容进行认定,主要包括投资者认定及分类、产品风险等级划分和适当性匹配三个方面。其中,对于金融产品相关的市场风险、信用风险、合同主要内容的重要事项告知说明义务是适当推荐的前提,在审理时应予以实质审查而非形式判断。

最后,违反适当性义务的责任承担。法律、行政法规规定的适当性义务属于法定义务,违反该义务应承担侵权责任。法律、行政法规未规定的适当性义务一般属先合同义务,违反先合同义务应承担缔约过失责任。金融机构应当承担损失赔偿责任,具体责任大小以实际损失为上限,按过错比例或信赖利益大小承担。在因违反法定适当性义务而导致的侵权责任之诉中,损失数额按《九民纪要》第 77 条计算,然后根据双方过错大小分配责任、分担损失;在因违反先合同义务而导致的合同之诉中,应根据信赖利益的大小确定最终的责任和损失金额。无论是判断过错比例还是衡量信赖利益大小,都可从《九民纪要》第 78 条所规定的两个方面进行判断:一是投资者是否存在故意提供虚假信息、拒绝听取卖方机构建议等情况;二是根据投资者投资经验、受教育程度等情况,适当性义务的违反是否影响投资者作出自主决定。

(四)违反受托义务的责任认定

基金作为一种资产管理形式,具体在法律组织形式上又可分为公司制、合伙制和契约制,因此管理人与客户之间的权利义务关系因其具体法律组织形式的不同而分别受到《公司法》《合伙企业法》《信托法》等的规制。

《信托法》第 25 条规定,受托人应当遵守信托文件的规定,为受益人的最大利益处理信托事务。受托人管理信托财产,必须恪尽职守,履行诚实、信用、谨慎、有效管理的义务。《九民纪要》出台后,也强调要重点审查受托人在“受人之托,忠人之事”的财产管理过程中,是否恪尽职守,履行了谨慎、有效管理等法定或者约定义务,即除审查管理人是否履行合同约定义务之外,还应审查管理人是否尽到上述法定义务。但实践中,受托义务的内容和边界很难有一个统一的标准去衡量。各类私募基金合同文本虽在上述原则性规定的基础上对管理人义务作出了细化的约定,但其中仍然充斥着大量模糊的概念。

关于托管人的法律地位及其与管理人的职责边界。契约型基金与公司型等基金不同,通常不会设置类似“股东会—董事会”等本身较成熟的治理机制来协调资金所有人与管理人之间的关系,基金管理人对资金运用有较大的自主权限。因此,托管人的角色在契约型基金中更为重要,被赋予了补充基金管理人信用和制衡管理人滥权的功能。但从实践的职责分工来看,托管人行为自主性明显低于管理人。最明显的是,即使托管人发现管理人投资指令违反合同约定,也只能通知管理人进行改正。而且,托管人也难以独立以自己名义对外代表基金行使权利,在收费水平上也明显低于管理人。因此,若要将托管人与管理人视为信托法上的共同受托人,可能会混淆两者的角色分工。从司法实践来看,托管人的职责范围主要来自《信托法》《证券投资基金法》的规定以及托管人与管理人签订的基金合同、托管协议。因此,托管人不仅负有概括性的受托义务,也有具体的合同职责。至于托管人与管理人的职责边界,应在具体案件中就其履责能力、行为的主观过错程度以及外部条件等因素综合考虑,不宜盲目扩大托管人的责任,或在管理人缺位时直接认定托管人的替代责任。

综上,受托义务主要来自法律的概括性规定与基金合同的约定,因此投资者可以侵权之诉或以违约之诉追究违反受托义务的责任,但无论是以何种诉请,应审查管理人、托管人履职时是否存在过错以及其行为与投资者损失是否存在客观因果关系。

(五)基金对外投资之对赌协议的效力

对赌,一般指投资人和投资标的合意预设特定的商业目标,并约定如在特定期间内该商业目标未成就,则投资人对投资标的享有利益补偿、股权回购等请求权,以充分保护投资人权益的行为。

《九民纪要》中讨论的对赌,主要针对的是私募基金在对外投资时和被投资企业的股东、实际控制人和被投资企业之间发生的法律关系。① 在私募基金对外投资时,如果投资标的为公司,依照《公司法》和《九民纪要》对公司对赌的相关规定进行审理。如果投资标的为合伙企业,则依照《合伙企业法》以及《民法典》合伙合同章节的相关规定进行审理。

关于投资标的为公司时的情形。应注意同时从合同法和公司法两个维度来审查对赌协议。《九民纪要》第 5 条明确规定,与投资标的公司对赌原则上有效,但是在实际履行中需要结合《公司法》的相关规定进行判断。如果投资者请求投资标的公司回购股权的,应以投资标的公司完成减资程序为前提,如果投资者请求投资标的公司金钱补偿的,应以投资标的公司存有可分配利润为前提,不具备可履行性的,判决驳回诉讼请求。

---

① 参见刘燕:《"对赌协议"的裁判路径及政策选择——基于 PE/VC 与公司对赌场景的分析》,载《法学研究》2020 年第 2 期。

关于投资标的为合伙企业时的情形。对合伙财产份额转让、收益差额补足的认定,应当在《民法典》与《合伙企业法》对合伙法律关系进行一般与特殊并行规定的框架下,主要审查是否符合法律关于合伙企业财产份额转让及合伙企业利润亏损分配方面的规定。一是应符合合伙企业财产份额转让的相关法律规定。要区分是普通合伙或有限合伙的财产份额转让,以及对内转让与对外转让。并要实质审查合伙人的意思表示内涵及形式。二是应符合《合伙企业法》的利润亏损分配规定。从退出协议的差额补偿条款签订主体及形式来分析其效力。差额补偿协议在有限合伙人与其他合伙人或者第三方之间签订,那么在私募基金有限合伙企业持续期间,对赌权利人要求义务方支付差额补偿,该金钱债务存在于私募基金有限合伙企业之外,资金并非源于有限合伙企业,更非该有限合伙财产的分配,因此并未违反《合伙企业法》及《民法典》的相关规定,应为有效。若差额补偿协议的义务方是该私募基金有限合伙企业,或者资金实际来源于该有限合伙企业,则权利人行使对赌权利、要求支付投资收益差额时,因该资金属于有限合伙企业的收益,其实质是在合伙企业存续期间分配财产,显然有违《合伙企业法》及《民法典》关于合伙存续期间不得分配合伙财产的相关规定。

(六)基金的退出和清算

私募基金作为一种投融资工具,存在投资者退出私募基金,以及私募基金退出其投资标的两层退出关系。如私募基金对投资标的进行股权投资,私募基金退出投资标的方式包括公开上市、并购及回购。

对于清算阶段投资者利益保护这一难题,需要从清算义务、清算的启动、操作、损失认定等制度设计层面进一步完善。清算是基金管理人义务,资管产品到期后,未及时进行清算,投资者起诉要求金融机构履行清算义务的,应给投资者司法救济。否则,在管理人怠于清算的情况下,极易造成僵局。私募基金符合清算条件的,管理人应在一定期限内履行清算义务。公司型、合伙型私募基金的清算应依照《公司法》、《合伙企业法》及《民法典》合伙合同等相关规定进行。具体清算期限可视案件实际合理确定,并充分保障投资者的知情权。

首先,对于公司型私募基金、合伙型私募基金,法律均规定了基金的清算义务,未在法律规定期限内成立清算组或确定清算人的,可以通过诉讼的方式要求法院指令强制清算。对于契约型私募基金,目前只能由当事人通过合同约定确定清算事宜。中基协制定的《私募投资基金合同指引1号》第57、58条列明了清算小组的组成、剩余资产的分配等私募基金财产清算的有关事项,但并未载明清算小组的确定时间以及基金管理人不清算时如何处理,而且该合同文本也仅有参考作用,不具有强制力。但即便在合同没有约定或是约定不明的情形下,投资者也有权利要求管理人进行基金清算。

其次,进一步规范、细化清算程序。一是明晰界定清算人职责。进入清算阶段后,清算人应秉持投资者利益最大化原则,承担清核基金资产的义务,分类核实基金现金资产、非现金资产及对外债权债务,编制资产负债表和财产清单。其中,对非现金资产部分,能够退出的项目,应积极寻求变价方案,尽快退出并变现,对无法及时变现的,应采取合理方法进行评估,制定未来退出方案或直接分配。在此基础上,形成首次资产清理报告,并继续通过诉讼或非诉讼等方式收回基金权益,最终完成对投资者的分配、基金清算备案及工商注销登记等手续。二是明确规定资产清理报告的出具时间,积极推进清算。对于投资者而言,即便进入清算阶段,也并不意味着可以立即得到分配。虽然《公司法》等也未就清算期作出强制性规定,但清算人应当在清算开始后尽快(90日内)出具首次资产清理报告,投资者才可以知晓其是否产生损失、损失的大致数额,并将其作为侵权诉讼中所遭受损失的初步证据。三是充分保障投资者知情权。清算期间,基金管理人仍需履行中基协所要求的信息披露义务,清算人也应当及时向投资者披露清算人的组成、清算费用、资产清理报告、基金持有人会议、资产变现情况、重大诉讼进展等与投资者利益相关信息。

最后,对于具体清算的损失认定可以区分以下三种情况进行处理:一是通常情形下应坚持清算前置,私募基金盈亏需要通过清算才能确定,只有经由清算方能确定投资者损失数额。私募基金未经清算的,投资亏损无法确定,故应驳回投资者诉请,除非损失的确定不以资管产品清算为前提。二是私募基金未经清算的情况下,可通过法院委托审计、估价等方式确定价值,据此确定投资者损失,并判决管理人承担相应赔偿责任。三是在部分案件中,管理人的违法或违约行为与损失范围的因果关系明确,尽管损失总额不易厘定但损失比例易于确定,为方便投资者进行司法救济并减少诉累,可判定受托人就清算后投资者的损失按照比例承担责任。或者,资管产品虽未经清算但有其他证据证明损失已确定实际发生的,可判定受托人承担相应的赔偿责任。

五、对策建议：私募基金纠纷风险的多维度化解防范

（一）对立法者的建议

完善私募基金规范体系，明晰私募基金的内部运作及外延边界。尽快推动制定更高位阶的私募基金法律规范，协调私募基金专门法律规范与《公司法》《合伙企业法》等组织规范。明确金融监管规范中针对私募基金的不同组织形式，不同法律关系性质下的基金管理人、托管人主体的权利义务范畴、细化禁止刚兑形式、明确清算退出具体环节规范。夯实加强私募基金监管的制度基础，使私募基金回归资产管理本源。

（二）对监管者的建议

统筹行业监管和自律管理，加强私募基金全维度监管，杜绝监管套利。厘清监管和自律的边界，强化监管和自律的联动，加强严格准入制度，细化信息披露要求，着力防控系统性风险，对重点关注机构加强风险监测与排查。充分发挥行业示范引领作用，优化制定自律监管和行业标准，规范市场发展方向。对不同组织形式的基金实行差异化、精细化监管。加强投资者教育，尤其是对自然人投资者进行全方位的私募基金运作基本知识原理、法律规范体系、风险防范教育，培育好私募基金市场的投资者基础。把握好监管和发展的平衡，使私募基金在资本市场中发挥好支持创业创新、服务实体经济和居民财富管理作用。

（三）对争议解决机关的建议

正确选择适用法律，根据不同情形的私募基金，统筹协调好私募基金专门规范与《公司法》《合伙企业法》《企业破产法》等组织法律规范，合理参考适用部门规章、规范性文件等较低位阶文件。在具体法律适用上，明确私募基金的基础法律关系性质，明晰参与各方的权利义务，强化私募基金内部治理。

推动司法与仲裁相协调，促进裁判统一。根据不完全统计，2018～2020 年上海国际仲裁中心一家仲裁机构受理涉私募基金案件即达到 516 件，远高于司法诉讼案件数量，故大部分私募基金纠纷采用仲裁方式解决。但由于仲裁不公开的特性使不同的裁判机构、裁判人员的观点缺少交流，导致仲裁裁决差异较大。

考虑到市场中大部分私募基金纠纷诉诸仲裁,仲裁裁决结果又会影响私募基金行业操作,从而影响私募基金行业发展方向。因此,有必要加强仲裁裁决的法律适用与司法裁判标准的统一。

(四)对行业的建议

私募基金行业要规范募集、投资、管理、退出运作全流程。私募基金行业应提高合规意识,加强风险防范,提高私募基金从业机构人员的专业化水平。针对不同组织形式,在私募基金合同中明确法律关系性质。募集阶段,提高对投资者风险承受能力测评的精确性,增强投资者与产品特质间的适配性,加强对销售环节适当性义务的审查,提升适当性义务履行的审慎性与专业性。投资阶段,基金管理人应履行审慎投资义务,按照基金法律关系的约束,在投资前充分尽职调查,按照约定操作基金财产。管理阶段,基金管理人应对被投资项目进行跟踪监控,并在运作过程中充分履行披露义务。托管人应与管理人、投资者明确约定托管职责,划清权利义务界限,主动做好保护基金财产安全、及时报告监管部门的职责,与投资者、监管机构有效对接,共同推动风险事件的处置,尽最大可能维护投资者权益。退出与清算阶段,私募基金各方主体应在明确私募基金法律关系性质的前提下,按照基金合同事先明确的清算主体、清算启动条件、清算程序、清算方式、清算期限、清算责任等相关清算条款,加强清算不能时的投资者权益保护。

(五)对投资者的建议

投资者应提升主体意识,全面了解私募基金运作原理、增强风险防范意识,形成正确的投资导向。投资者应如实客观提供自身相关风险承受能力信息,主动了解产品投资范围及标的情况。投资者应关注基金合同的关键条款,重点关注私募基金合同有关当事人的权利义务关系的约定,私募基金管理人、托管人、投资顾问、代销机构、增信第三人的职责内容。在纠纷化解的过程中应充分关注自身的知情权,主动了解有关产品投资、运作、损失、清算等环节的相关资料。投资者应充分认识理解私募基金定价原理与风险承受之间的关系,基金法律关系的实质以及基金法律主体之间的权利义务关系,形成合理投资预期,理性维权。

审视与思考:金融仲裁司法审查案件问题研究

——以上海金融法院成立3年来案件为样本①

朱婧婧* 阮申正**

仲裁是国际通行的当事人自治纠纷解决方式,也是我国多元化纠纷解决机制和社会治理体系的重要组成部分。党的十八届四中全会提出,要"完善仲裁制度,提高仲裁公信力",为我国仲裁司法审查工作指明了发展方向。近年来,涉金融仲裁司法审查案件数量呈现持续增长趋势。上海金融法院在审判实践中发现,由于金融交易本身的复杂性、专业性,由此产生的仲裁案件亦呈现复杂性与专业性特点,通过对涉金融仲裁司法审查案件的特点、问题进行梳理、研究、总结,有助于完善仲裁制度、提高仲裁公信力,推动构建仲裁与诉讼有机衔接的多元化纠纷解决机制。

一、宏观审视:金融仲裁司法审查案件的基本概况

自2018年8月20日至2021年8月20日,上海金融法院共受理金融仲裁司法审查案件168件,共审结162件。经分析,上述案件总体呈现以下特点:

(一)收案数量:稳步上升

随着多元化纠纷解决机制的不断推进,仲裁日益成为金融商事交易中当事

---

① 本文获评上海法院2021年优秀司法统计分析成果评选三等奖。

* 法学硕士,上海市黄浦区人民法院金融审判庭法官助理。

** 法学硕士,上海金融法院综合审判三庭法官助理。

人在诉讼之外的有效纠纷解决途径,由此而引发的争议在数量上也相应增长。自 2018 年 8 月 20 日成立至 2021 年 8 月 20 日,以年为周期计算,上海金融法院受理金融仲裁司法审查案件数量分别为 36 件、66 件、66 件(见图 1)。

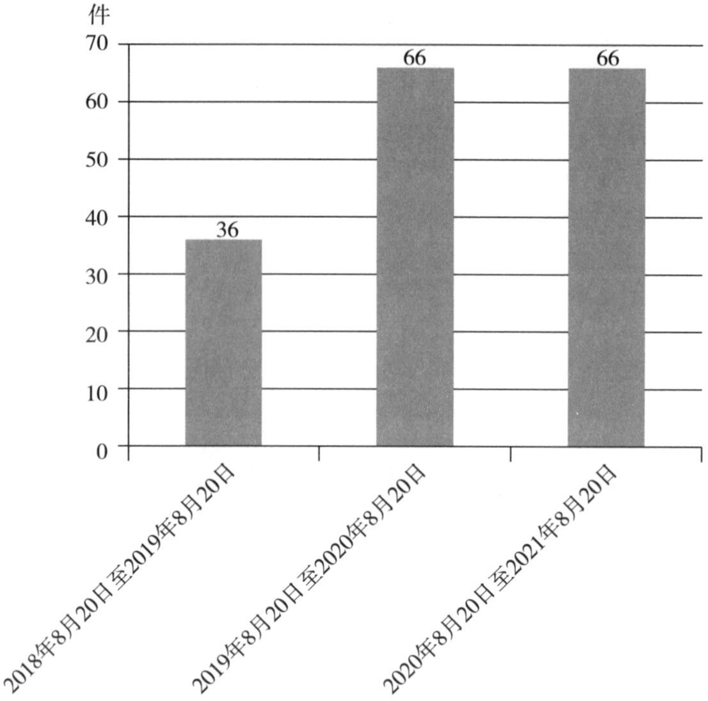

图 1　金融仲裁司法审查收案数量

(二)基础关系:种类多样

从仲裁涉及的基础合同关系来看,已审结的案件中,主要包括私募基金合同、债券质押式回购合同、资管合同、融资租赁合同、融资融券合同、保险合同、保证合同、借款合同、信托合同、保理合同等,种类多样(见图 2),且涉外因素逐渐增多。除涉港、涉澳、涉台的仲裁司法审查案件外,还有涉及新加坡、印度等多个国家和地区当事人的案件,显示了上海积极推动仲裁业务对外开放的政策逐步落地见效。

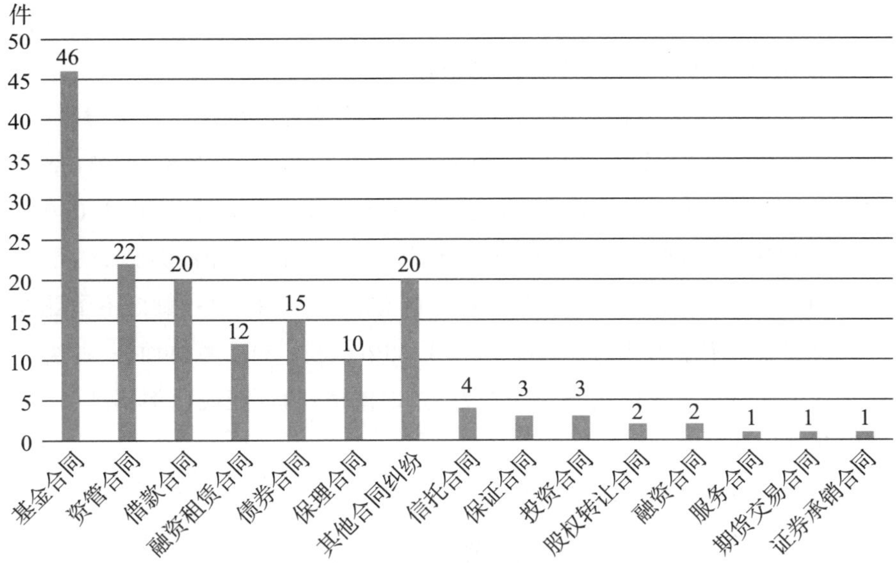

图 2　基础合同类型及数量

(三)案件类型:撤销仲裁裁决案件较多

涉金融仲裁司法审查案件主要分为撤销仲裁裁决案件和申请确认仲裁协议效力两类。案件类型上,上海金融法院受理的案件以撤销仲裁裁决案件为主,占57.14%,以申请确认仲裁协议效力案件为辅,占42.86%(见图3)。原因可能在于,申请确认仲裁协议效力作为一种预防性的措施,往往启动于实质争议发生之前,不具有紧迫性,且当事人可以在诉讼案件中通过提出管辖异议等其他方式寻求救济,起到了一定的分流作用。

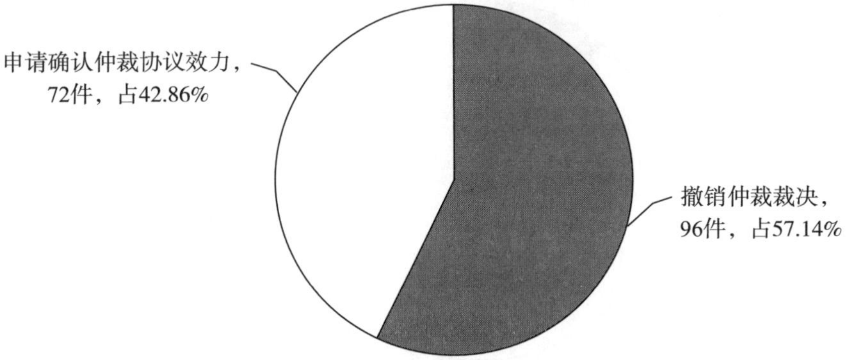

图 3　案件类型

(四)结案方式:撤销、确认无效比例不高

从案件的结案方式来看,在已审结的93件撤销仲裁裁决案件中,裁定驳回申请的有86件,占92.47%,当事人撤回申请的有5件,占5.38%;撤销(部分撤销)仲裁裁决及以其他方式结案(移送其他法院等)的各1件,各占1.07%(见图4)。在已审结的69件申请确认仲裁协议效力案件中,对仲裁协议效力予以确认的有61件,占88.41%;当事人撤回申请的有6件,占8.69%;裁定不予受理及对仲裁协议效力不予确认的各1件,各占1.45%(见图5)。总体而言,司法实践倾向于认定仲裁裁决及仲裁条款的效力,裁定撤销、确认无效比例不高,体现了司法实践支持仲裁的立场。

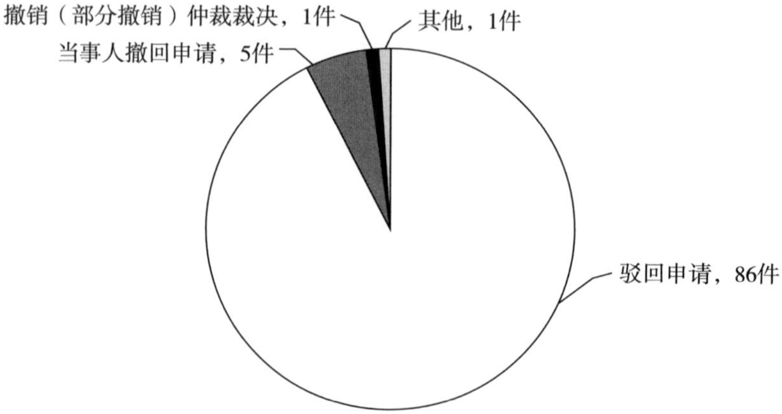

图4 撤销仲裁裁决案件

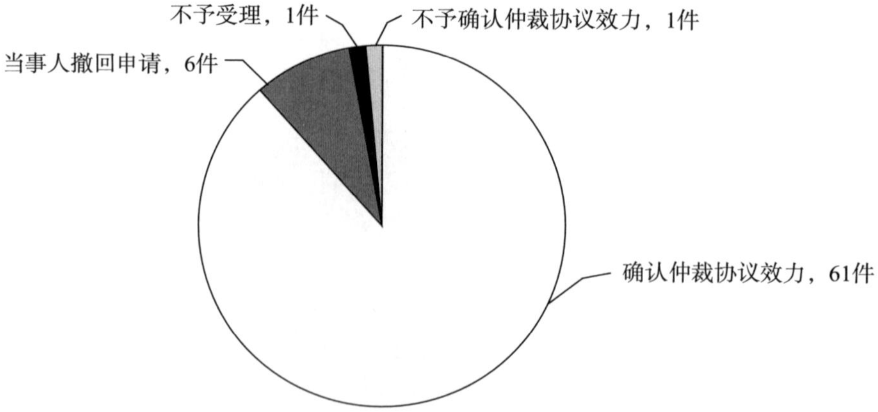

图5 申请确认仲裁协议效力案件

二、微观透视:金融仲裁司法审查案件的审理焦点

(一)申请撤销仲裁裁决案件

《中华人民共和国仲裁法》(以下简称《仲裁法》)第58条、第59条规定了撤销仲裁裁决在申请主体、申请时间、受理法院及具体条件上的要求。第一,提出申请的主体应当是当事人。就仲裁程序的角度而言,有权申请撤销仲裁裁决的当事人既包括仲裁申请人,也包括仲裁被申请人;就仲裁实体的角度而言,有权申请撤销仲裁裁决的人既可以是依据该仲裁裁决享有实体权利的人,也可以是承担实体义务的人。第二,申请应当在法定期间内提出。即在当事人收到仲裁裁决书之日起6个月内提出申请。第三,申请撤销仲裁裁决应当向有管辖权的人民法院提出,即仲裁委员会所在地中级人民法院。第四,必须有证据证明仲裁裁决出现法定应予撤销的情形①。通过对案件样本进行分析,除少数案件涉及法院就第一至第三点的主动审查,即是否符合受理条件,多数案件的争议集中在第四点,即是否符合法定撤销条件。

1. 没有仲裁协议

仲裁协议是当事人申请仲裁和仲裁机构受理争议案件、行使仲裁权的法定依据。对于没有仲裁协议而申请仲裁解决的争议案件,仲裁庭行使仲裁权的行为以及仲裁裁决的强制执行力均不具有正当性。根据《最高人民法院关于适用〈中华人民共和国仲裁法〉若干问题的解释》(以下简称《仲裁法司法解释》)第18条的规定,"没有仲裁协议"是指当事人没有达成仲裁协议。仲裁协议被认定无效或者被撤销的,视为没有仲裁协议。如图6所示,以此为由提出撤裁的案件不多,仅10件②。

---

① 《仲裁法》第58条规定,当事人提出证据证明裁决有下列情形之一的,可以向仲裁委员会所在地的中级人民法院申请撤销裁决:(1)没有仲裁协议的;(2)裁决的事项不属于仲裁协议的范围或者仲裁委员会无权仲裁的;(3)仲裁庭的组成或者仲裁的程序违反法定程序的;(4)裁决所根据的证据是伪造的;(5)对方当事人隐瞒了足以影响公正裁决的证据的;(6)仲裁员在仲裁该案时有索贿受贿,徇私舞弊,枉法裁决行为的。人民法院经组成合议庭审查核实裁决有前款规定情形之一的,应当裁定撤销。人民法院认定该裁决违背社会公共利益的,应当裁定撤销。

② 因部分案件中,当事人申请撤销仲裁裁决的理由不止一点,故在统计时上述情形数量相加会超过案件总数。

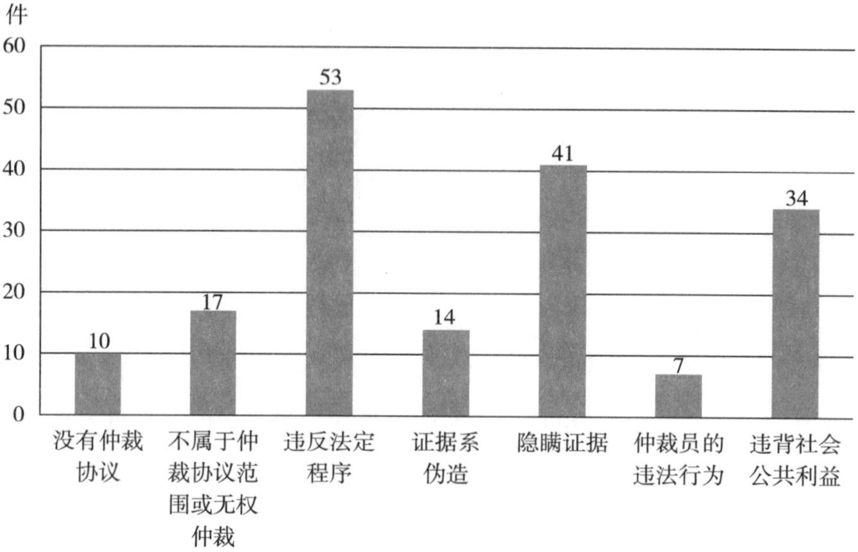

图 6　申请撤销仲裁裁决的事由

2. 裁决的事项不属于仲裁协议的范围或者仲裁委员会无权仲裁

该事由包括两种具体情形:一是裁决的事项不属于仲裁协议的范围,即仲裁庭裁决的事项超出了仲裁协议的范围;二是仲裁委员会无权仲裁,即仲裁裁决的事项不具有可仲裁性。在审结的案件中,该类案件数量较多,有 17 件,但最终无一例裁定撤销仲裁裁决。实践中,金融合同的可履行性往往受当事人主体身份情况变化的影响。因主体身份、资质等事项本身不可仲裁,当事人往往产生混淆,以仲裁裁决涉及相关事实的认定为由主张撤销仲裁。如在私募基金合同纠纷中,仲裁机构根据基金管理人被注销资质的事实,认定私募基金合同解除,进而支持投资者分配清算的请求。申请人基金管理人提出:仲裁内容涉及基金管理人资格注销时间以及基金清算,属于不可仲裁事项。对此,法院认为,基金管理人资格注销以及基金清算内容只是作为仲裁裁决的事实依据,裁决本身不涉及对上述问题的实体裁决,不存在违法仲裁之情形,故对该理由不予支持。①

3. 仲裁庭的组成或者仲裁程序违反法定程序

仲裁庭的组成关系到仲裁权的行使主体,进而影响仲裁裁决的正当性。仲

① 参见上海金融法院民事裁定书,(2018)沪 74 民特 1 号。

裁程序则是仲裁庭与当事人正确行使权利的程序保障。在已审结案件中有 53 件涉及违反法定程序。其中有 10 件当事人提出仲裁庭的组成不符合法律规定,但经审查,无一例案件因此缘由而撤销仲裁裁决。53 件案件中,仅 1 件因被申请人疏于履行查询义务,未能向仲裁庭提供有效送达地址,导致申请人不能到庭参加仲裁,可能影响仲裁裁决结果的公正性,故予以撤销仲裁裁决。总体而言,上海的仲裁机构在程序上相对规范。

4. 裁决所根据的证据是伪造的

证据是仲裁庭查明争议案件事实的依据,如果仲裁庭认定争议案件事实所依据的是伪造的证据,必然会因证据的不客观而影响仲裁庭对争议案件事实作出正确的认定,从而影响仲裁裁决的公正性与合理性。有 14 件案件的申请人提出裁决所根据的证据是伪造的,经审查,均无一例认定为伪造。当事人提出的伪造证据主要有伪造签字、伪造合同、伪造邮件等。审理中,对于伪造字迹的主张,一般通过笔迹鉴定的方式予以鉴别。对于伪造合同的主张,一般需要当事人说明提出伪造质疑的合理怀疑,另外也需要主张的一方进行初步举证。实践中,经过上述两项审查,此类申请事由往往难以成立。

5. 对方隐瞒足以影响公正裁决证据

有 41 件案件的申请人提出,对方隐瞒了足以影响结果的关键性证据。经审查,因上述原因被撤销仲裁裁决的案件数量为 0。实践中,法院对认定构成隐瞒足以影响公正裁决的证据持审慎态度,因其需要同时符合下列条件:一是该证据属于认定案件基本事实的主要证据;二是该证据仅为对方当事人掌握,但未向仲裁庭提交;三是一方当事人在仲裁过程中知悉存在该证据,且要求对方当事人出示或者请求仲裁庭责令其提交,但对方当事人无正当理由未予出示或者提交。

6. 仲裁员在仲裁该案时有索贿受贿,徇私舞弊,枉法裁决行为的认定

对于此种行为的认定,申请人需要证明上述行为已经由生效刑事法律文书或纪律处分决定所确认。样本中,有 7 件案件的当事人提出枉法裁判故申请撤销仲裁,但无一例满足上述条件。

7. 仲裁裁决违背社会公共利益

有 34 件案件当事人以仲裁裁决违反社会公共利益提出撤销仲裁,其中,涉及案件类型和数量为:基金合同 11 件、资管合同 3 件、借款合同 15 件、期货合同 1 件、信托合同 2 件以及其他合同 2 件(见图 7)。可见,相关案件类型主要集中

于借款合同和基金合同中,但经审查,并无仲裁裁决因上述原因被撤销。这是因为,首先,社会公共利益应是关系全体社会成员或者社会不特定多数人的利益,具有公共性和社会性。案涉基金的性质属于私募基金,系不公开、只能向特定机构或个人发行的产品,并未涉及全体社会成员或者社会不特定多数人的利益。在其他类合同中也只是涉及合同相对方,不涉及合同外的第三人。其次,在基金合同中被申请人被监管部门认定在管理案涉基金过程中存在未履行诚信义务、未履行谨慎勤勉义务的行为,仅表明其行为应承担相应的行政责任。至于该行为能否构成民法上的欺诈从而影响基金合同等合同的效力,以及被申请人应否承担相应的民事责任,仍需由仲裁庭依照相关法律判断认定,不属于司法审查的范围,故实践中很难因此撤销仲裁裁决。

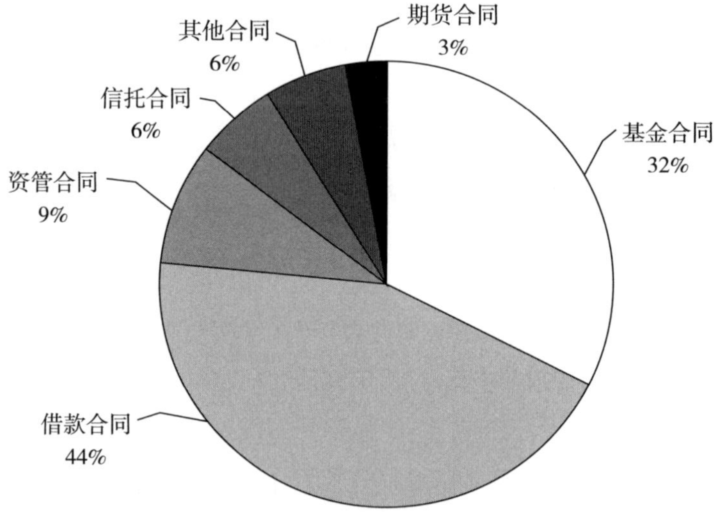

图7 基础合同类型

(二)申请确认仲裁协议效力案件

仲裁协议,是指争议发生之前或者争议发生之后,双方当事人自愿达成的将特定争议事项提请约定的仲裁机构进行仲裁审理并作出仲裁裁决的书面意思表示。有效的仲裁协议是实现当事人仲裁意愿的前提。《仲裁法》第16条对仲裁协议的法定要件作出了明确规定,第17条列举了仲裁协议无效的情形。根据样本统计,审理中当事人主要提出以下几项无效事由①(见图8)。

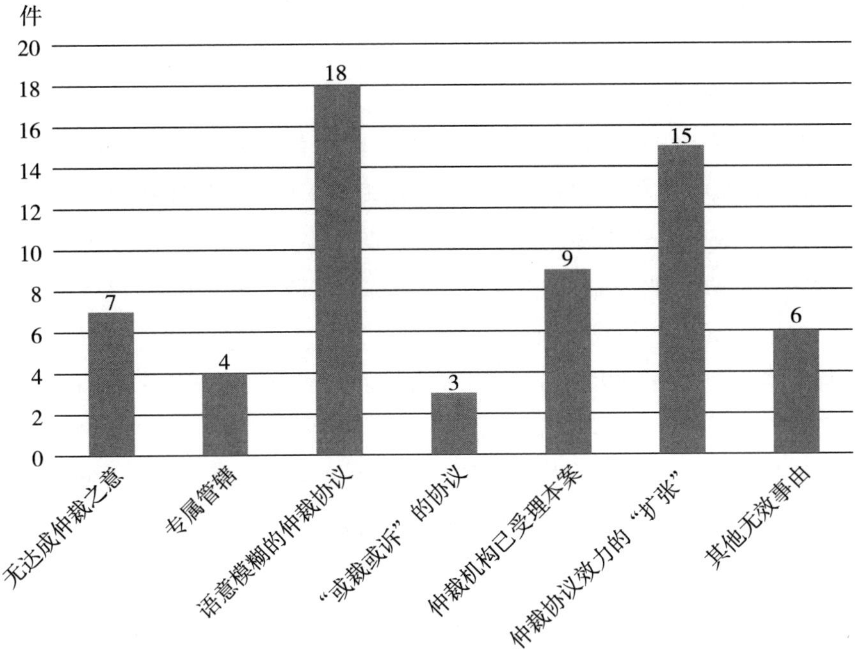

图8 当事人提出的无效事由

1. 无达成仲裁协议之意

仲裁协议是否成立本身并不属于《仲裁法》第17条所规定的仲裁协议无效情形。但仲裁协议成立是确认仲裁协议效力的前提,故在审理中若当事人提出,需要对仲裁协议是否成立进行审查。根据该理由申请协议无效的案件数量为7件,主要是当事人提出所签合同中不含有系争仲裁条款,但与查明事实不符,故均未予采信。

2. 基础关系属专属管辖

当事人在审理中提出,案涉合同属于专属管辖,故仲裁协议无效。《仲裁法》第6条第2款规定,仲裁不实行级别管辖和地域管辖。《中华人民共和国民事诉讼法》(以下简称《民事诉讼法》)以及最高人民法院相关司法解释关于专属管辖的规定,不适用于仲裁案件。审理中法院根据《仲裁法》第16~18条及第20条

① 因部分案件中,当事人申请确认仲裁协议无效时提出的事由不止一项,故在统计时上述情形数量相加会超过案件总数。

的规定对仲裁协议效力进行审查。若仲裁协议从形式上和内容上均具备《仲裁法》第16条规定的要件,且不存在《仲裁法》第17条规定的无效情形,则应认定仲裁协议有效。

3. 语意模糊的仲裁协议

审理中,有18件案件的当事人提出仲裁条款语意模糊,主要情形包括:(1)约定仲裁机构名称表述不规范,如使用缩写"上海国际仲裁中心"等表述;(2)约定两个或以上的仲裁委员会。但经审查,法院认为约定仲裁机构指向唯一或不存在选定两个仲裁机构的意思表示,故认定仲裁条款有效。

4. "或裁或诉"的仲裁协议

样本中,有1例案件因两份融资租赁合同均记载争议解决条款,法院认定所载仲裁条款不能构成对原仲裁条款的变更,致使存在两种争议解决方式,故确认仲裁协议无效。另2例案件中,"或裁或诉"的表示系在借款合同和保证合同中分别约定,故仲裁或诉讼的约定分别在各自的合同中有效,并不互相干扰效力。

5. 仲裁机构已受理案件

《仲裁法司法解释》第13条第2款规定,仲裁机构对仲裁协议的效力作出决定后,当事人向人民法院申请确认仲裁效力或者申请撤销仲裁机构的决定的,人民法院不予受理。可见,现行法律并未赋予同一方当事人同时向仲裁机构和人民法院就仲裁协议效力提出异议的权利;在仲裁机构对仲裁协议的效力作出决定后,当事人再向人民法院对仲裁协议提出异议的,人民法院不予受理。样本中,有9件案件发现仲裁机构已经就当事人对仲裁协议提出的异议作出管辖决定,故对其要求确认仲裁协议的申请,法院不予支持。

6. 仲裁协议效力的"扩张"

样本中,有保险公司通过保险代位求偿权向责任人主张权利,使原先受仲裁条款约束的一方将权利义务转让给保险公司,并使未签字的当事人受到仲裁约束,属于仲裁协议效力的"扩张",①此类扩张常见于债权债务的转让案件中。

① 受《纽约公约》的影响,大多数国家的仲裁立法对仲裁协议往往作出签署书面仲裁协议的要求,即书面仲裁协议仅对签字当事人有效,而对双方当事人以外签字的人不具有约束力。但随着仲裁理论的发展,特别是20世纪70年代以来,在国际和国内支持仲裁、鼓励和发展仲裁的呼声中,仲裁理论不再恪守传统的理论,这种转变体现为可仲裁事项范围的扩大、仲裁程序的更加灵活,而在仲裁协议的法律效力问题上,最突出的一个表现就是仲裁协议效力的主体范围,即在特定情形下,仲裁协议的效力范围出现了扩张的现象和趋势。

《仲裁法司法解释》第 9 条规定:债权债务全部或者部分转让的,仲裁协议对受让人有效,但当事人另有约定、在受让债权债务时受让人明确反对或者不知有单独仲裁协议的除外。

三、成因分析:金融仲裁司法审查案件反映的问题

(一)申请撤销仲裁裁决案件

1. 撤销仲裁裁决理由多涉实体争议

根据《仲裁法》第 58 条的规定,除违背社会公共利益外,当事人申请撤销仲裁裁决的法定事由主要限于仲裁程序违法。而实践中,没有仲裁协议、仲裁庭组成违法、超裁、枉法裁决等情形并不多见,当事人一般是因仲裁庭对其作出不利裁决而提出撤裁,相关的事实与理由往往涉及实体方面,如仲裁庭认定事实、适用法律等方面的问题,而这并不属于法院的审查范围。还有一些表现为程序化主张的实体问题,例如,针对其主张或举证某一事实未被仲裁庭采信的,在撤裁案件中提出对方当事人提交的证据系伪造、对方当事人隐瞒了足以影响公正裁决的证据等理由,进而主张撤销仲裁裁决。对于完全不涉及程序问题的主张,法院在审理中可通过释明权的行使对当事人进行引导,而对于表现为程序化主张的实体问题,法院往往不得不从举证责任等角度,对相关实体问题进行分析、审查。从上述现象产生的原因来看,一部分是当事人对《仲裁法》的相关规定不够了解,另有部分当事人利用诉讼技巧,避免撤裁申请被直接驳回进而达到拖延履行的目的。但是,也存在一些因可能影响案件处理结果的事实、法律问题未在仲裁审理中经充分释明、辩论,或者仲裁裁决理由论证不充分,导致承担不利后果的一方救济无门,只能在撤销仲裁裁决程序中提出的情形。

2. 仲裁程序把关不严,侵害当事人参与权

样本中,唯一一起被裁定撤销仲裁裁决的案件系因仲裁违反法定程序导致。该案中,申请人与被申请人就相关争议约定由某仲裁委员会根据其仲裁规则进行裁决。该仲裁规则规定:有关仲裁的文书、通知、材料等,如经当面递交或投递至营业地、注册地、住所地、惯常居住地或通信地址,或者经对方当事人合理查询不能找到上述任一地点,秘书处以挂号信或能提供投递记录的其他任何手段投递给受送达人最后一个为人所知的营业地、注册地、住所地、惯常居住地或通讯

地址,即视为已经送达。仲裁庭向被申请人户籍地送达未果,要求申请人提供其他联系地址。申请人律师向仲裁庭提交说明,表明上述户籍地与上海市公安局人口管理办公室查询记录相符,不掌握被申请人的其他任何地址。仲裁庭遂缺席仲裁。审理中,被申请人提交证据表明,律师凭律师证及律所的介绍信,即可查询相关人口信息,且被申请人人口信息中明确载明了被申请人户籍地及居住地址等相关信息。法院认为,申请人的律师在能够较方便地获取被申请人居住地址的情况下,疏于履行查询义务,导致被申请人不能到庭参加仲裁,可能影响仲裁裁决结果的公正性。经报上级法院核准,根据《仲裁法》第58条第3款裁定撤销仲裁裁决。与司法程序不同,仲裁的争议解决方式系各方当事人合意达成,故一般由仲裁庭根据约定的通信地址进行送达而不适用公告等送达程序,如果合同未约定明确的仲裁送达地址,仲裁庭需要依赖申请人提供相应的送达方式。但仲裁程序的提起一般仍是一方主导,在此过程中,申请人出于自身利益,往往有意剥夺被申请人的参与权或者放任此类情形的发生,造成缺席仲裁,使仲裁庭无法听取对方的意见,从而便于达到自身的诉求。若仲裁庭贪图便捷,只在形式上审查申请人是否履行查询义务,而不在实质上审查申请人是否穷尽了调查方法,很有可能导致程序不公。

(二)申请确认仲裁协议效力案件

1. 仲裁条款约定内容不够明确

申请确认仲裁协议效力案件中,多数案件是基于对条款本身的理解而发生的争议,如仲裁条款中一方"有权提起仲裁""可以提起仲裁"等是否属于争议解决方式约定不明,还有"与本合同相关的一切争议""与本合同有关的关联合同"等是否属于仲裁事项约定不明。仲裁条款的内容不明确、不规范,其原因包括:一是条款起草者并非专业的法律工作者,相关遣词用句不够严谨。二是合同履行过程中可能存在新的当事人不断加入的情形,条款起草者希望能够避免重复确认的情况,因此进行概括性的约定,但忽视了合同之间的相对性限制。三是非典型性担保及债权转让日益增多,一方面,与传统担保相比,非典型性担保不能简单套用合同从属性确认管辖;另一方面,对于经过转让的债权,债务人往往会参照原《中华人民共和国合同法》(以下简称原《合同法》)第402条的规定提出抗辩,认为仲裁条款只约束原债权人与债务人。由于当事人主体、合同相对性的限制及当事人对合同的知情情况、默示行为等个案情节的不同,实践中对仲裁条款的解释限度确实存在一定争议。

2. 缔约过程不够公开透明,侵害当事人知情权

在申请确认仲裁协议效力案件中,有相当一部分当事人提出:在合同订立的过程中,仲裁条款系单方提供,未经充分协商,也未进行有效提示,不体现当事人真实意思表示,并进而主张仲裁条款对其不发生效力。虽然上述理由并不属于仲裁协议无效的法定事由,法院一般也不将其作为审理焦点,但是该现象确实具有一定的普遍性。实践中,金融机构通常为重复使用而预先拟定交易合同。对于涉及投资实质性权利的条款,原《合同法》第 39、40 条进行了规范,一般而言,格式条款的提供方为了避免承担相应不利后果,也会尽到提示、说明义务,并避免严重失衡的条款内容。但是,对于争议解决条款,由于在形式上难以落入原《合同法》第 40 条的规制范围,原《合同法》第 39 条本身又不构成效力性规定,故格式条款的提供方在缺乏法律后果的情况下并没有足够的动力去履行相应的提示、说明义务,导致合同相对方的知情权未获充分保障,由此引发争议。对于此类情形,在相关案件的审理中,上海金融法院认为,即使争议解决条款属格式条款,但其并不排除、限制一方当事人的实体权利,在没有其他无效事由的情况下,不轻易否定仲裁条款的效力。但是,实践中也有其他法院持不同看法。例如,部分法院以一方当事人未提供证据表明已就仲裁条款提请相对方注意而认定仲裁条款无效,[①]部分法院援引《最高人民法院关于适用〈中华人民共和国民事诉讼法〉的解释》(以下简称《民事诉讼法司法解释》)第 31 条规定认定仲裁条款无效。[②] 可见,对于上述问题,司法实践仍存在一定的争议。

四、展望构建:进一步完善金融案件司法审查体系

(一)仲裁机构

1. 保障当事人辩论权,加强仲裁裁决说理

仲裁是金融、商事纠纷解决的主要途径之一。通过规范化仲裁审理及裁决

① 参见山东省日照市中级人民法院民事裁定书,(2016)鲁 11 民辖终 90 号。

② 参见山西省吕梁市中级人民法院民事裁定书,(2016)晋 11 民辖终 55 号。

作出的程序、实体方面,不仅有助于实质化解相关纠纷,提升商事效率,也有助于建立我国仲裁在国际金融、商事领域的声誉,从而帮助实现我国建设全球一流国际金融中心的战略目标。对此,一是要在仲裁审理过程中加强释明,引导各方对争议问题充分举证、辩论,使当事人的意见在仲裁过程中得以充分表达,也对仲裁结果走向有合理预期;二是要在仲裁裁决书中对裁决理由进行充分说理,对当事人提出的主张、抗辩有所回应,使仲裁裁决内容更具说服力,能够以理服人,实质性解决纠纷;三是要强化仲裁队伍建设,不断提升仲裁员的专业化水平,拓展金融仲裁人才储备力量。

2. 完善仲裁规则,严格程序审查义务

与国际知名仲裁机构相比,我国仲裁机构的仲裁规则总体而言相对原则化、操作性标准较少,导致仲裁程序不够规范、严谨。对此,一方面,国内仲裁机构可以学习参照国际知名仲裁机构的做法,如伦敦国际仲裁院、香港国际仲裁中心、新加坡国际仲裁中心、迪拜国际仲裁中心等机构,根据自身需求、特点,不断修订、细化、完善仲裁规则;另一方面,对于仲裁规则要严格执行,如对于申请人的地址查询义务,不仅要在形式上进行审查,还要在实质上符合充分、审慎的查询要求。上述做法虽然短期可能造成一定的不便,甚至可能导致仲裁机构案源的流失,但从长远来看,更有利于仲裁行业的规范、健康发展。

(二)司法机关

1. 明确司法理念,统一裁判尺度

目前,我国《仲裁法》《仲裁法司法解释》《民事诉讼法》《民事诉讼法司法解释》中对于仲裁司法审查的规定确实还不够完善,难以充分应对实践中出现的各类问题。对于司法机关而言,在立法尚未完成修订的情况下,首先,要明确司法理念。审理仲裁司法审查案件时,应秉持支持与监督并重、规范与引导相结合的司法理念。在不违反法律、法规强制性规定的前提下,充分尊重当事人意思自治,客观分析当事人缔约本意,切实发挥仲裁争议解决的功能。其次,要统一裁判尺度。及时梳理总结审判经验,通过加强上下级法院沟通协调、发布典型案例、统一法律适用等,进一步提高案件审理质量及效率。以智慧法院及信息化建设为契机,建立健全仲裁司法审查数据信息集中管理平台,为便利法官办案,确保裁判尺度统一,切实保障当事人利益提供有力支持。

2. 完善法院与仲裁机构间的沟通协调

随着“一带一路”倡议的深入推进,仲裁作为国际广泛认可的商事争议解决方式,发挥着独特而重要的作用,国际国内对仲裁服务的需求日益增加。诉讼和仲裁二者间的关系应避免朝着“竞争对立”的方向发展,而更应该是相互支撑,共同推进我国多元化纠纷解决机制这一法治进程。对于司法机关而言,要加强并完善法院与仲裁机构、司法行政监管机构之间的沟通协调机制。一是探索建立法院与上述机构的业务交流机制,定期开展审判、仲裁业务交流、沟通及研讨,努力实现司法与仲裁良性互动。二是加强诉讼与仲裁的衔接机制,规范仲裁的保全、执行、撤销及不予执行等程序,进一步完善、支持和监督仲裁工作。

(三)金融机构、商事主体

1. 规范缔约过程,保障相对人知情权

当前,法律、法规、司法解释对于格式仲裁条款尚缺乏明确的规定。从法律适用角度而言,《民事诉讼法司法解释》第 31 条一般适用于一般消费合同中的管辖约定,不适用于金融合同,而且其指向对象应为诉讼管辖选择,不适用于仲裁管辖选择。但保障金融消费者的权益角度而言,金融机构应主动、自觉规范合同的缔约过程,充分征询合同相对人对争议解决条款的意见,如提供诉讼、仲裁的不同选项,供合同相对人进行选择,至少应对自身拟定的仲裁条款进行合理的提示说明,明确相关的法律后果。此外,监管机构、行业自律组织也可以发挥能动性,建立倡导性规范标准,引导金融机构规范缔约过程,保障金融消费者的知情权、选择权。

2. 加强法律法规学习,重视经验总结

对于金融、商事主体而言,一是要加强对《仲裁法》《仲裁法司法解释》等相关法律法规的学习,充分领会立法本意,在合同相关条款起草时尽量做到用词准确,避免条款内容贪多求全,缺乏针对性,具体而言可以参考仲裁机构起草的示范条款,尽量做到规范化、统一化;二是对于涉及多个交易主体的争议解决条款,如非典型性担保、债权转让等,要严格遵守合同相对性,分别与相对人订立仲裁条款,切忌贪图便捷,简化缔约过程;三是要不断总结经验,对于发生争议的相关案件,进行总结与反思,与时俱进,不断修改、精进条款内容,减少问题重复发生的概率;四是要重视企业法律合规建设,加大在产品设计、业务开展、纠纷化解等各方面的风险管控。

前沿探讨

新型助贷类借款纠纷案件法律问题研究

上海金融法院课题组*

服务实体经济、防控金融风险、深化金融改革是金融工作的三大任务。"十四五"规划纲要提出:"完善现代金融监管体系,补齐监管制度短板,在审慎监管前提下有序推进金融创新。"国务院金融稳定发展委员会在第五十一次会议上指出,要坚决防控金融风险,推动中小金融机构改革化险,着力降低信用风险,强化平台企业金融活动监管。作为金融创新的产物,以网络借贷为典型业务的互联网金融蓬勃发展,有效增强了金融普惠性,但同时 P2P 业务的无序发展对金融监管也造成冲击。在 P2P 业务被叫停的背景下,部分网贷平台向助贷业务转型,助贷业务迎来爆发期,业务模式演变出不同形态,参与方日益多元,涉诉案件也增幅明显。本文对 2018 年以来上海市浦东新区法院一审及上海金融法院二审的助贷类借款案件数据进行梳理,分析互联网平台参与助贷业务涉及诉讼的情况,探讨新型助贷类借款纠纷案件特点和审理中的法律难点问题,分析引发纠纷的原因,并提出促进助贷业务健康发展的对策建议。

一、助贷业务发展现状及行业监管情况

(一)助贷业务的内涵

从一般意义上讲,助贷,是指第三方机构发挥自身的场景、数据和科技等优

---

* 本课题由上海金融法院党组成员、副院长肖凯主持,课题组成员有沈竹莺、杨晖、祝媛、鲁斯齐。本课题节选自上海市高级人民法院研究室、发展研究中心和上海司法智库学会联合开展的上海司法智库重大调研课题"新型助贷类借款纠纷案件法律问题研究"。

势,帮助银行等放贷机构改善客户筛选、信用评估、风险管控、贷款催收等,缓解信息不对称、定价不精细、资金不充足、风控不完备等导致的信贷供给对信贷需求的不适应问题,并且基于协同效应、规模效应、网络效应等,更好地实现信贷成本、收益和风险的动态平衡。常见的融资担保、信用评级等都属于广义助贷业务的范畴。而近年来被频繁提及的助贷业务,主要是指以新一代信息技术为基础,以科技服务类企业为第三方主体开展的助贷活动。①

北京市互联网金融行业协会认为,助贷业务,是指助贷机构利用自身掌握的获客、风控及贷后管理优势,向资金方推荐借款人,经资金方风控终审后,完成发放贷款,并获取相关服务费的业务。②

从金融业态来看,合规的助贷业务有助于解决"中小微弱"客群的融资问题,是践行普惠金融的有效工具之一,为推进绿色金融,普惠金融政策发挥了积极作用。顾雷从金融体系的宏观视角,从助贷发展的历史脉络角度,界定了助贷的概念范畴及业务实质。③ 助贷业务的实质就是无网点银行服务,助贷机构即是银行等资金方为借贷客户提供贷款服务的第三方中介机构。国际上,与助贷业务(Partnership Lending)相类似的服务有银行代理业务(Agent Banking)、银行合作业务(Partnership Banking)、金融聚合服务(Financial Aggregation)等。这些都是金融服务供应商利用中介机构的优势为目标客户提供金融服务的方式。助贷是传统银行资金借贷行为与现代网络信息化技术紧密结合的创新。

从目前的研究成果看,关于助贷业务的系统性研究并不多。这些研究多从分析助贷业务的金融属性着手,聚焦于某类助贷业务的发展和某方面监管,或梳理助贷业务的基本模式,探讨助贷业务发展现状、问题及风险。王朝阳等基于获客营销的分析认为,对互联网银行而言,其拥有的互联网银行牌照和线上获客技术,较传统银行具有特色优势,可通过逐步转变为互联网贷款产业链获客平台来

---

① 参见肖飒:《助贷,下一个污名化的词汇?》,载新浪财经网,http://finance.sina.com.cn/zl/bank/2021-12-08/zl-ikyamrmy7609360.shtml。

② 参见北京市互联网金融行业协会:《关于助贷机构加强业务规范和风险防控的提示》,载金评媒2019年4月2日,http://www.jpm.cn/article-71813-1.html。

③ 参见中国人民大学中国普惠金融研究院课题组、顾雷:《助贷业务创新与监管研究(一)》,载《国际融资》2020年第5期。

获得长足发展。[①] 李建非分析指出,联合贷款模式是商业银行转型过渡期的一种探索,商业银行在掌握核心风控能力的前提下,应与互联网机构探索在客户、数据和场景等方面的深度合作,厘清权责,制定出良性、合规的业务模式。[②] 李明肖认为,在助贷业务发展中,要重点关注过度依赖"大数据"风控引发的信用风险、合作机构行为不规范导致的声誉风险、互联网效应放大导致的法律风险、新技术应用产生的信息科技风险、外部欺诈等潜在风险,并指出针对上述问题,监管部门要明确助贷业务监管要求,全面规范银行与金融科技公司合作类业务,引导银行不断健全风险管理体系。[③] 中国人民大学中国普惠金融研究院调查分析了助贷业务与联合贷款、技术输出、代理业务的关系,探讨了助贷业务的现实作用、监管要求和监管不足的状况,提出了完善助贷业务监管的原则和建议。朱太辉等系统梳理分析了助贷业务的客户支持、资金支持和风控支持3种基本模式,基于"比较优势理论"和"金融功能理论"分析了助贷业务的发展实质,全面梳理了近年来助贷业务的异化风险和相关部门的政策演变,并最终提出了规范助贷业务发展和监管的建议。[④] 2018年4月,银保监会等四部委《关于规范民间借贷行为维护经济金融秩序有关事项的通知》中明确指出,未经有权机关依法批准,任何单位和个人不得设立从事或者主要从事发放贷款业务的机构或以发放贷款为日常业务活动。严厉打击以故意伤害、非法拘禁、侮辱、恐吓、威胁、骚扰等非法手段催收贷款。严厉打击面向在校学生非法发放贷款,发放无指定用途贷款,或以提供服务、销售商品为名,实际收取高额利息(费用)变相发放贷款行为。中国人民大学中国普惠金融研究院课题组认为,目前的助贷机构鱼龙混杂,如果资金方不能有效审查与识别助贷机构,或沦为单纯的资金提供方,一旦借贷客户出现大面积违约而助贷机构又能力有限的情况下,最终的风险承担者仍然是资金方。

---

① 参见王朝阳、詹莹雨、陈晓辉、董元:《路在何方:助贷规范发展初探》,载《中国银行业》2017年第10期。

② 参见李建非:《厘清责权是联合贷款业务开展的重点》,载《农村金融时报》2019年3月18日,A8版。

③ 参见李明肖:《银行与金融科技公司合作类业务存在的问题及监管思路》,载《中国银行业》2019年第12期。

④ 参见朱太辉、龚谨、张夏明:《助贷业务的运作模式、潜在风险和监管演变研究》,载《金融监管研究》2019年第11期。

目前,我国还没有针对助贷业务进行系统的法律、法规规制。[①] 新的监管形势和法律环境下,助贷行业唯有转型升级才能确保涅槃重生。目前对助贷业务引发借款等纠纷的法律问题研究还不多见,助贷业务发展不规范,存在多方面的法律风险,可能引发侵害公民个人信息,涉嫌非法放贷,虚构材料骗取银行贷款,违法收取高额服务费,无资质非法担保,非法贷后管理催收等诸多法律问题。

从金融学角度,助贷业务是对资金融通渠道环节的一次延伸。在P2P网贷肆意生长的时代,网贷平台作为连通个人借款人和个人出借人的中介,连通两头的散户,在大数据的支持下实现了长尾用户的融资和投资需求。P2P网贷的融资过程主要有3个环节:个人投资者—P2P网贷机构—个人融资者。个人投资者的钱经过一次中介环节就可以抵达个人融资者的手中,这个过程既可以称为Peer to Peer,也可以称为Customer to Customer。和P2P网贷相比,助贷业务实际上是将资金融通环节进行了扩展,主要有4个环节:个人投资者—银行等金融机构—助贷机构—个人融资者。银行等金融机构的加入提高了个人融资者的融资成本,同时为资金的安全性作了有效背书。站在助贷机构的角度来看,助贷机构的资金来源不再是个人投资者,而是B端(Business)机构,形成B2C的融资结构。从把助贷平台与银行等金融机构看作一个中介整体的角度来看,两者的合作从整体上提高了资金融通过程中的风险控制程度。实践中,助贷机构的纠纷主要发生于中介体系内部,即银行与助贷机构之间的利益划分和权责博弈;在中介体系外部,则是助贷机构与融资人之间的供需失衡。

从法学角度,助贷业务的定位并不明晰。学界主流观点是将助贷业务定位成居间人的角色,是指助贷机构为委托人同时向融资者和银行等金融机构提供交易媒介的居间,融资者给付报酬的形式主要表现为“用户注册费”“推介费”等,实践中,由于中小企业融资渠道受限,助贷机构往往居于优势地位,报酬形式容易出现异化,一般以“征信费”“认证费”等形式表现,导致融资者实质上承担了过高的融资成本。

从监管规则角度看,我国法律法规对于“助贷”“互联网助贷”尚未有统一的规范性解释。“助贷”一词在法律法规等正式文件中最早见于互联网金融风险专

---

① 参见中国人民大学中国普惠金融研究院课题组、顾雷:《助贷业务创新与监管研究(一)》,载《国际融资》2020年第5期。

项整治工作领导小组办公室、P2P网络借贷风险专项整治工作领导小组办公室于2017年联合下发的《关于规范整顿“现金贷”业务的通知》(整治办函〔2017〕141号,以下简称“141号文”),该文提及“助贷”业务应当回归本源,银行业金融机构不得接受无担保资质的第三方机构提供增信服务以及兜底承诺等变相增信服务,应要求并保证第三方合作机构不得向借款人收取息费,但该文并未对“助贷业务”进行明确释义。我国最早对“助贷”进行明确定义的规范性文件是《北京市互联网金融行业协会关于助贷机构加强业务规范和风险防控的提示》(互金协发〔2019〕039号),该文规定:“助贷业务是指助贷机构通过自有系统或渠道筛选目标客群,在完成自有风控流程后,将较为优质的客户输送给持牌金融机构、类金融机构,经持牌金融机构、类金融机构风控终审后,完成发放贷款的一种业务。”该文从助贷机构在助贷业务中的主要功能的角度对助贷业务进行界定,在一定程度上说明了助贷机构的“帮助”角色,此外,该定义还特别提及了“自有系统”,这是目前助贷服务不可或缺的核心因素之一。

从广义上讲,第三方助贷机构本质是作为金融借款中连接资金供给方和需求方的中介,利用自身信息优势,为资金供给方开展客户筛选和信息收集、款项催收等业务,对金融机构或类金融机构开展贷款业务起到了积极作用。

(二)助贷业务的类型

根据助贷机构在业务运行中起到的作用划分,助贷业务的模式可分为客户支持类助贷、资金支持类助贷和风控支持类助贷三大类,通常还会引入第三方担保,进行担保和增信。客户支持类助贷是要解决银行等放贷机构有资金供给但有效客户需求不足问题,帮助银行等放贷机构获客引流,故该模式又被称为引流模式。资金支持类助贷业务主要是解决银行等放贷机构有客户需求但资金供给不足的问题,通过联合授信的方式帮助银行等放贷机构扩大资金供给,该模式又被称为联合放贷模式。风控支持类助贷的核心是解决银行等放贷机构有资金、有客户但风控能力不足的问题。客户支持类助贷和其他两类的界限在于助贷机构不出资,进而多数情况下不承担贷款风险;资金支持类助贷属于联合贷款,银行和助贷机构按约定比例出资,共同风控并承担风险。风控支持模式本意在于帮助银行建立起贷前、贷中、贷后的风险控制模型,但在实践中容易异化为兜底模式,面临逾期或坏账时,银行资金的受偿顺序优先于助贷机构。

根据是否持有牌照及牌照种类,可以将助贷机构分为三类:其一,非持牌类助贷机构,包括网上商城、电子商务公司、金融科技公司、数据技术公司、P2P平台、现金贷平台等有流量的公司平台,如蚂蚁金服、京东数科、趣电、拍拍贷等。这类助贷机构主要基于业务场景进行助贷业务,除了科技能力之外,长尾客群、细分场景的优势甚为突出。其二,持放贷牌照类助贷机构:包括新型民营银行、消费金融公司和互联网小额贷款公司等,如微众银行、网商银行、重庆市蚂蚁小微小额贷款有限公司等。这类助贷机构参与助贷业务,虽受限于自身吸储能力,但其金融科技能力对于传统银行有较强的吸引力。其三,增信牌照类助贷机构:包括保险公司和融资担保公司等,如众安保险、大地保险、安徽省信用担保集团、平安普惠融资担保公司等。这类机构除了承担增信机构的角色外,也利用自身的获客渠道,将筛选后的客户推荐给银行等资金方,以助贷机构的角色参与助贷业务。

根据核心业务参与程度,可以将助贷机构分为金融机构参与核心业务模式、助贷机构参与核心业务模式、借款人参与核心业务模式。在金融机构参与核心业务模式中,金融机构占据主导地位,这种模式多见于助贷业务诞生之初。参与的金融机构包括商业银行、信托公司、消费金融公司、网络小贷公司、商业保理公司。在助贷机构参与核心业务模式中,具体业务模式主要由助贷机构自营业务的特点决定。具备发放贷款资质的助贷机构可以同时参与按比例发放联合贷款;保险公司可以同时提供保证保险担保;融资担保公司可以同时提供保证担保;P2P平台可以利用其平台业务进行导流;助贷服务能力较强的助贷机构还可以选择以分润模式获得相应服务报酬,而不提供任何增信。在借款人参与核心业务模式中,业务模式因借款人参与的具体不同模式而有所区别,如大部分互联网助贷业务为借款人以日常消费为用途的小额信用借款;大额消费用途及经营用途的互联网助贷业务一般会安排借款人提供抵押物,该种模式被称为房抵贷模式;以购车为目的的互联网助贷业务会形成独特的车分期模式;以小微企业作为借款人的互联网助贷业务构成小微企业模式。

根据助贷机构是否放款,分为纯导流助贷模式和联合放贷模式。纯导流模式,是指助贷机构利用自身的数据流量优势为银行、消费金融公司等资金方推荐借款用户,由资金方自行负责借款用户的审核、风控、催收等,在此模式下助贷机构通常仅负责营销获客,不承担项目逾期风险,其盈利模式主要为推荐服务费(见图1)。联合放贷模式,则是指借款用户通过助贷机构的入口申请贷款,金融机构和助贷机构联合出资,收入和风险按约定的比例各自获取和承担,在此模式下,助贷机构负责设计贷款产品,提供获客、风险审核、风险定价、贷后管理等服务。另外,此模式下的助贷机构必须为具备发放贷款资质的金融机构(一般为小贷公司)或旗下持牌金融机构(见图2)。

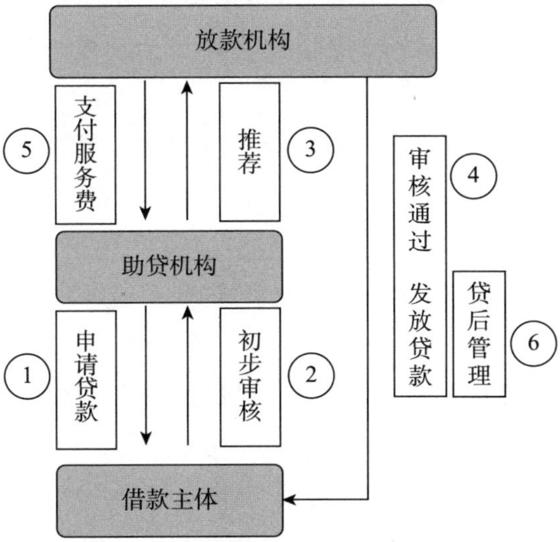

图1　纯导流助贷借款模式

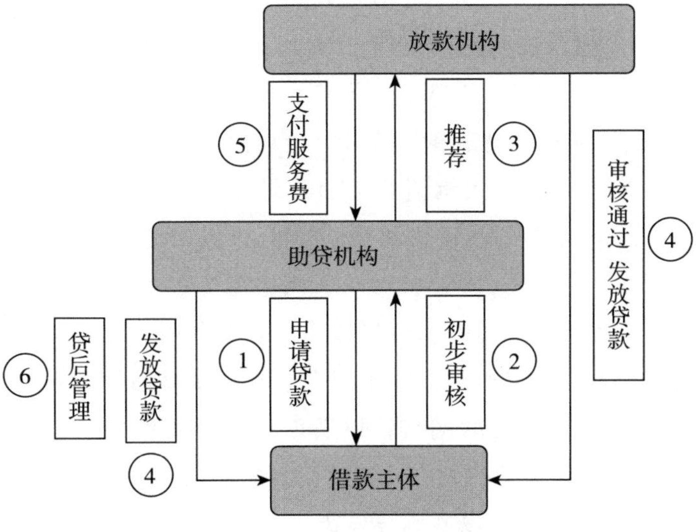

图2　联合贷款助贷借款模式

(三)助贷业务的监管框架

1. 监管态度的变迁

目前对助贷业务的监管框架以行政法规、规章、地方性法规为主(具体文件见表 1),对助贷业务所涉及的平台准入、信息搜索、信息发布、资信评估、贷后风控、贷款催收等环节的监管散落于各个文件中,尚未形成一部综合性、有针对性的法规。

监管机关对助贷业务的监管态度也是一个逐渐收紧再到正视价值的过程。在助贷业务诞生阶段,助贷业务主要按照小额贷款公司的监管方法在监管。此时监管机构给予了充分肯定,监管层希望通过新的技术和模式打开中国的小额信贷市场。一方面,银行可以拓展既有的业务边界,进一步"下沉"客群,发放无抵押、无担保的信用贷款,推动普惠金融的发展。另一方面,小贷公司也可以冲破杠杆率的束缚,提升自己的业务规模。尽管 2007 年助贷模式已经出现,但在此后的五六年时间里,它却并没有顺势成长起来。在很长一段时间里,仅有少数的小贷公司得以与银行开展助贷业务,"商业银行 + 助贷机构"的模式停滞了很长时间。究其根源,还是在于银行对于这类业务始终保持着审慎的态度。同时,小贷公司线下展业受限于人员的扩张和管理,很快就触及"天花板"。再加上接踵而至的全球金融危机和 4 万亿元大投放,商业银行的重心又回到"铁公基"项目上了。随着互联网的发展,P2P 行业快速崛起,小而分散的信贷资产也有了新的资金匹配渠道。随着对资金的需求变得越来越旺盛,仅仅依靠 P2P 网贷平台已经无法满足很多产品对资金规模和成本的要求。助贷模式再度崛起。除了商业银行,一大批消费金融公司、信托公司、财务公司等纷纷入局,为这个市场注入了源源不断的资金。当然,市场的疯狂也引起了监管的关注。以"141 号文"为标志,监管层对互联网金融中的乱象进行了重拳整治。P2P 暴雷过后,助贷业务模式被监管层选为 P2P 平台转型的模式之一,2020 年 7 月 17 日,银保监会正式发布《商业银行互联网贷款管理暂行办法》。可以看出,监管层充分认识到了互联网贷款以及助贷模式的价值,因此尊重历史现状,正式打开了互联网贷款的大门。与过往的征求意见稿相比,该办法删去了简单粗暴的"一刀切"指标,以原则导向为主,将更多权限交给商业银行,同时保留了采取强力干预的政策空间。

2. 现行助贷业务法律规范框架

许多地方针对相关问题都作出了区域性的探索(见表1)。

表1　助贷业务的监管框架

发布时间	发文机关	文件名称	文号
1998年7月13日	国务院	《非法金融机构和非法金融业务活动取缔办法》(已废止)	中华人民共和国国务院令第247号
2008年5月4日	银监会、中国人民银行	《关于小额贷款公司试点的指导意见》	银监发〔2008〕23号
2009年7月22日	银监会	《消费金融公司试点管理办法》	中国银行业监督管理委员会令2009年第3号
2015年7月14日	中国人民银行等十部委	《关于促进互联网金融健康发展的指导意见》	银发〔2015〕221号
2016年4月12日	国务院办公厅	《互联网金融风险专项整治工作实施方案》	国办发〔2016〕21号
2016年8月17日	银监会、工信部、公安部、国家互联网办公室	《网络借贷信息中介机构业务活动管理暂行办法》	中国银行业监督管理委员会、中华人民共和国工业和信息化部、中华人民共和国公安部、国家互联网信息办公室令2016年第1号
2016年4月14日	中国人民银行等十七部委	《通过互联网开展资产管理及跨界从事金融业务风险专项整治工作实施方案》	银发〔2016〕113号
2016年5月27日	银监会、教育部、人力资源社会保障部	《关于进一步加强校园贷规范管理工作的通知》	银监发〔2017〕26号
2017年2月22日	银监会办公厅	《网络借贷资金存管业务指引》	银监办发〔2017〕21号

续表

发布时间	发文机关	文件名称	文号
2017年4月7日	银监会	《关于银行业风险防控工作的指导意见》	银监发〔2017〕6号
2017年8月2日	银监会	《关于就联合贷款模式征求意见的通知》	—
2017年12月1日	互联网金融风险专项整治工作领导小组办公室、P2P网络借贷风险专项整治工作领导小组办公室	《关于规范整顿“现金贷”业务的通知》	整治办函〔2017〕141号
2017年12月8日	P2P网络借贷风险专项整治工作领导小组办公室	《关于做好P2P网络借贷风险专项整治整改验收工作的通知》	网贷整治办函〔2017〕57号
2018年3月28日	P2P网络借贷风险专项整治工作领导小组办公室	《关于加大通过互联网开展资产管理业务整治力度及开展验收工作的通知》	整治办函〔2018〕29号
2020年9月8日	北京银保监局	《关于进一步规范信托公司个人信托贷款业务的通知》	京银保监发〔2020〕391号
2020年7月12日	银保监会	《商业银行互联网贷款管理暂行办法》(已被修改)	中国银行保险监督管理委员会令2020年第9号
2019年4月2日	北京市互联网金融行业协会	《关于助贷机构加强业务规范和风险防控的提示》	互金协发〔2019〕039号
2019年10月12日	北京银保监局	《关于规范银行与金融科技公司合作类业务及互联网保险业务的通知》	京银保监发〔2019〕310号

续表

发布时间	发文机关	文件名称	文号
2019 年 1 月 9 日	浙江银保监局	《关于加强互联网助贷和联合贷款风险防控监管提示的函》	—
2018 年 4 月 4 日	上海银监局	《关于规范在沪银行业金融机构与第三方机构合作贷款业务的通知》	沪银监通〔2018〕19 号
2019 年 12 月 12 日	宁波银保监局	《关于加强商业银行外部合作风险管理的通知》	甬银保监发〔2019〕141 号
2020 年 3 月 31 日	厦门市地方金融协会	《关于厦门市小额贷款公司与合作机构开展贷款业务的工作指引(试行)》	—
2021 年 9 月 27 日	中国人民银行	《征信业务管理办法》	中国人民银行令〔2021〕第 4 号

目前对助贷业务主要的规定有如下几点：

第一，金融机构不能将授信审查、风险控制等核心业务外包给助贷机构。“141 号文”在界定核心业务时列举了“授信审批、合同签订、贷款支付、贷后管理”等核心业务环节。同时，《北京市互联网金融行业协会关于助贷机构加强业务规范和风险防控的提示》对助贷业务的定义重点强调了“自有系统”和“帮助”两个要素，可以从这两方面来对未明确列举的环节进行类推判断。

第二，助贷机构若不具备担保资质或信用保险、保证保险资质的，则不得直接或变相提供增信。增信的具体形式包含保证金、差额补足、逾期资产受让等形式，该等形式的增信措施将不能由不具备担保资质的助贷机构提供。

第三，除具备担保资质融资担保公司收取担保费及具备保险资质的保险公司收取保证保险费的情形外，助贷机构不得向借款人收取任何费用。全国及多地出台政策对助贷机构进行名单制管理，存在违法违规行为的助贷机构将被禁止从事助贷业务。北京、厦门、宁波等地方银保监会或行业协会已经明确了关于助贷机构的“黑白名单”制度。

第四,明确助贷企业责任,建立和完善信息披露制度。助贷业务的复杂性在于参与主体多、流程长,展业过程中相关参与方的权责边界不清、风险责任不明,若客户爆发风险事件,双方的责任划分往往难以厘清,这给风险处置的责任界定、消费者维权等带来不少困难。北京银保监局《关于规范银行与金融科技公司合作类业务及互联网保险业务的通知》首次明确要求,"严格审慎制定与合作机构的协议条款,在风险承担、信息披露、风险揭示、客户信息传递及信息保密、服务安排、投诉和应急处理等方面,明晰权责边界。充分披露合作业务信息及合作各方的责任边界,揭示合作业务风险,明示收费主体、项目和标准"。这些政策旨在通过明晰合作双方的责任、义务来明确合作业务的责任主体、风险承担主体和投诉应诉主体等,也为监管部门在处理此类事件时提供了清晰的政策依据。

(四)助贷业务的监管难题

涉助贷业务纠纷的发生与P2P清退、金融抑制以及互联网金融业的发展密切相关,显露出当前存在的以下问题:

第一,业务边界模糊,违规从事贷款业务。实践中主要有三种表现形式,其一,无牌机构与银行合作违规放贷。无牌机构没有资本金要求,会导致贷款人贷款风险难以控制,债权难以实现。其二,代收代付、期限错配,形成资金池。资金池的形成会导致以下后果:助贷将还款资金挪作他用、借旧还新、恶意控制还款资金导致借款人信用无故劣变。其三,存在造假骗贷的现象。助贷机构不考虑借款人的资信情况,盲目承诺,甚至与借款人串通,帮助提供虚假贷款资料,采取伪造、编造虚假的征信材料、工作证明、收入流水、编造虚假的贷款用途等手段,骗取金融机构、小贷公司等资金方的贷款。

第二,违规收取高额费用,加重企业融资成本。银行违规收费的一般操作模式是将借款人的实际借款额度上浮一部分作为合同借款额,上浮部分为服务费,放款后再扣除服务费,而银行则按照合同借款额收取利息,以费代息,借款人便承担了额外的融资成本。助贷机构违规收费的表现形式多样,部分助贷机构以代收代付名义向借款人收取的利息标准不仅高于借款合同约定,还以保证金、服务费、咨询费、过桥费等名目向借款人收取高额费用,且多数收费既无书面约定也无借款人签字确认,甚至在贷款发放前就已收取,这种违规收费实为高利贷和变相收取砍头息，规避法律规定的利率上限。这背离助贷机构设立初衷，大幅增加了借款人融资成本。

第三，风险易失控，容易引发金融风险。银行一般只能获得与车贷、房贷等相关的个人征信信息，无法获得由个人消费等产生的征信信息，这会导致用户画像失真。鉴于此，银行选择与助贷机构合作获得个人消费等征信信息来源。但这在实践中往往出现以下问题：其一，小城市商业银行、农商行由于本身风控能力有限，往往会出现过度依赖大机构数据来源的情况，在实质上就形成机构风控银行担责的局面。其二，由于存在助贷机构担保或融资担保公司担保、保险公司承保等增信情况，部分金融机构可能不承担信用风险却保证高额收益，导致其经营贷款业务时随意性大大增加，风险控制措施形同虚设。其三，金融机构违规异化为通道方。金融机构可能与助贷机构签署“抽屉协议”，将相关贷前审查、贷中监督、争议解决等核心内容“打包”给助贷机构，助贷机构则在贷款逾期的情形下回购或受让债权予以兜底，使金融机构能安全地获得较高的固定收益。在以信托公司名义出借资金的情况下，亦不排除委托人即资金来源方为助贷公司或其关联方，信托公司仅起出借牌照的作用，允许资金方收取突破民间借贷利率规制上限的利息。

第四，侵犯用户隐私，个人信息泄露严重。长期以来，我国个人消费贷款领域关键风控数据来源多以非法采集或以侵犯个人隐私的方式获得。近年来，助贷机构进行风险初筛时越来越多地使用“替代数据”帮助信贷决策。所谓替代数据，是指在进行金融信贷业务评分时传统上不使用的数据信息，如公民的租金支付情况、运营商信息、电费交纳记录、购物消费记录、互联网行为、教育和学位等非财务性数据。通过机器学习算法处理海量的数据，用高纬度、弱相关变量去描述某个人的信用水平，有利于提高贷款获得的可能性，降低贷款成本。但与此同时，个人信息的泄露会对居民生活安宁造成不利影响。

二、新型助贷类借款纠纷案件特点及审理难点

（一）新型助贷类借款纠纷案件特点

从上海市浦东新区法院一审及上海金融法院二审助贷类借款纠纷案件情况

看,此类案件在2017年国家整治P2P平台后逐渐增多。2018年至2020年,该院审结涉助贷类案件共343件,其中,2018年31件;2019年117件,同比上涨277.4%;2020年为195件,同比上涨66.7%(见图3)。案件数量上升趋势明显。因案件标的额较小,助贷机构出于尽早收回本金、降低诉讼风险等考虑,调解和解意愿较强,调撤率高达60.51%。

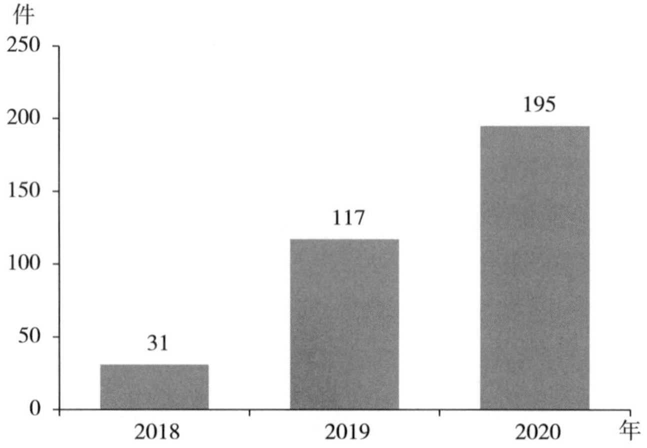

图3 浦东新区法院审结的涉助贷案件情况

经分析,此类案件具有以下显著特点:

一是互联网平台助贷机构涉案居多,部分金融机构参与其中。上述案件共涉及助贷机构69家,其中仅提供信息中介业务的30家,提供增信服务的32家,提供资金支持的7家。在上述69家助贷机构中,互联网助贷平台9家,主要涉及信息中介业务(7家)和资金支持业务(2家),但涉案数量达240件,占全部助贷类案件的69.97%(见图4)。由此可见,因互联网平台拥有大量的场景、数据、流量,其在传统助贷业务获客领域方面有着极大的优势。另外,"141号文"及《融资担保公司监督管理补充规定》等监管规定中,明确规定银行业金融机构不得接受无担保资质的第三方机构提供增信服务以及兜底承诺等变相增信服务,因此具有担保资质的融资担保公司和保险公司等金融机构因为具有较高信誉和资金实力,更受资金方和助贷机构的青睐,它们也大量加入助贷业务中。在上述案件中,提供增信服务的助贷机构含保险机构13家、融资担保公司19家,分别涉案164件(占47.81%)、60件(占17.49%)。

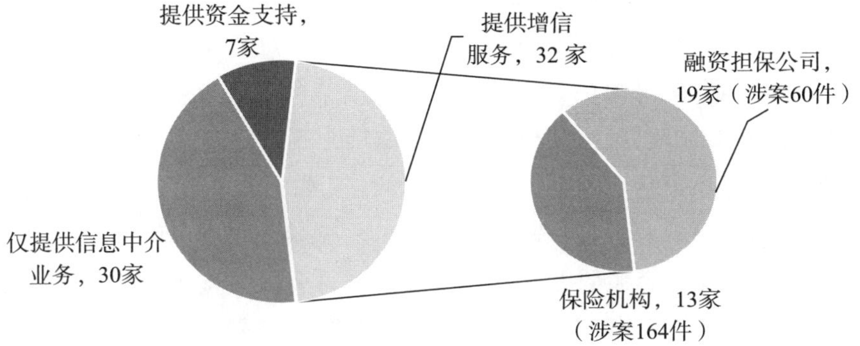

图 4 涉助贷机构案件情况

二是助贷业务增信方式多样，法律关系复杂。由于助贷业务所涉贷款大多为信用贷款，除了少数大标的借款要求借款人提供不动产抵押担保外（13 件，占 3.79%），为保障助贷收益，助贷机构通常会引入增信措施来提高贷款成功率。上述案件中，合计存在担保增信的助贷业务占比高达 96.21%。其中由助贷机构自身提供担保，包括提供保证或者与贷款银行签订兜底协议、债权转让协议等的案件有 106 件，占比 30.90%。224 件案件系由助贷机构帮助借款方引入第三方提供担保（见图 5）。在贷款发生逾期等违约情形时，出现借款合同关系叠加担保法律关系、保险法律关系、债权转让法律关系、代位追偿法律关系等，法律关系错综复杂。案件涉及多方当事人，除了借款人与出借人外，一般还包括助贷机构、担保人以及保险人等。同时可能涉及债权的多次转让，使基础借款关系难以查清。

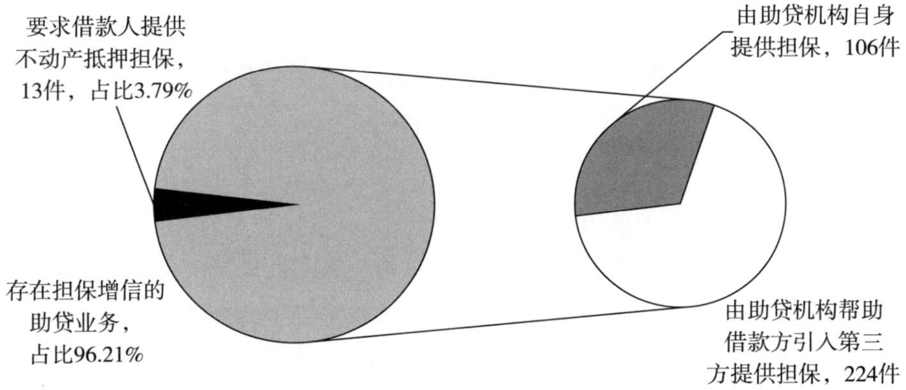

图 5 涉助贷业务增信情况

三是借款人年轻化、借款金额小、息费负担重特征明显。由于助贷业务以小额普惠金融贷款业务为主要标的,以小微企业(35件)、个人(308件)等金融消费者为主要客户群体(见图6),而互联网用户主要以年轻人为主,互联网平台业务的发展也较少受到时间、空间局限,因此,助贷业务中的借款人普遍为年轻人。上述案件中,涉案借款人的年龄多处在三四十岁,融资款用途主要用于个体工商户、小微企业经营或者个人消费,包括购买车辆、装饰装修等,且涉案金额普遍不高,90%以上的案件金额低于20万元。虽然被诉金额不高,但借款人被诉请支付的项目名目繁多,一般包括本金、利息、违约金、赔偿费、手续费、保险费,以及为签订或履行合同而发生的费用等,借款人就同一笔贷款需要向助贷机构、担保方、资金方等不同机构支付不同费用,综合费率远高于24%,融资成本居高不下。

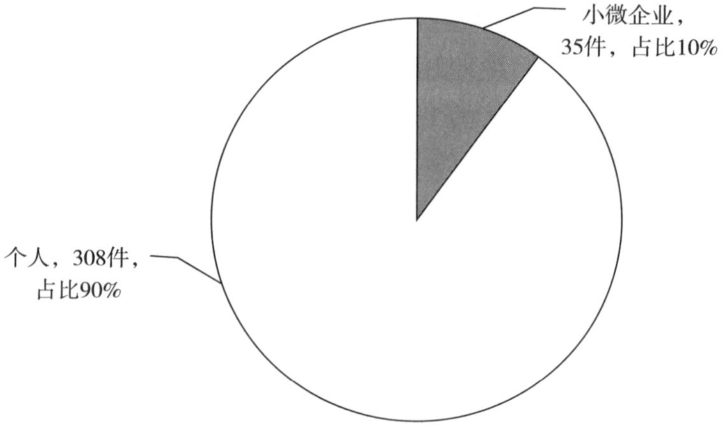

图6 案涉借款人特点

四是原告主要为助贷机构,风险集聚在助贷环节。原告绝大部分为助贷机构,其中信息中介助贷机构作为原告的72件,占比20.99%,增信机构作为原告的246件,占比71.72%,上述案件的被告均为借款人,其中8起案件将资金方列为第三人。另有20件案件由贷款金融机构等出资方作为原告提起诉讼,被告为增信机构,占比5.83%(见图7)。由此可见,由于大多数助贷业务中存在助贷机构增信措施,出现违约情形时,助贷机构先行向贷款人清偿贷款,受让债权后再向借款人追偿,因此债务清偿不能的风险集聚在助贷环节。且原告起诉存在"试水"倾向。部分机构试图通过少量分散的方式,避免在某一家法院集中诉讼引起监管关注;同时,通过少量案件试探司法裁判方向,为后期大批量案件涌入做好准备。

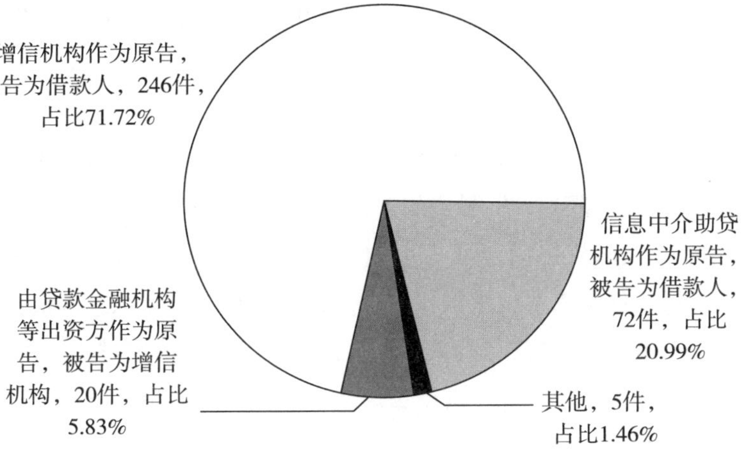

图7　案涉原告情况

（二）新型助贷类借款纠纷案件的审理难点

1. 债权多次转让导致事实难查明

由于助贷机构参与借款交易，在借款人出现逾期后，担保公司、保险公司、中介助贷机构按约向出借人还款，债权人将相关债权转让给上述机构，而上述机构亦可能再次将债权进行转让，使基础借款关系难以查清，特别是通过"淘宝"网拍卖等互联网平台进行转让，受让人对基础借款完全不知情，导致借款、担保、保险等法律关系以及追偿、债权转让、再转让等关系错综复杂。目前，相关法律法规并未对融资担保公司转让追偿权、保险公司转让保险人代位求偿权等进行规定，相关交易是否存在违规存在不确定性。

2. 助贷行为效力有待进一步厘清

银行等金融机构发放贷款，相关利息不应超过法律规定上限，但对于融资担保公司收取担保费、保险公司收取保险费的标准，法律没有明确规定，部分融资担保公司、保险公司收取的费用高于借款利息，甚至高于年利率24%。实践中，存在借款人或其他保证人向保险公司、融资担保公司提供反担保的情形，此时，保险公司、融资担保公司再行收取高额保险费、担保费是否显失公平，存在争议。如果助贷被认定为高利贷是否影响合同效力有待进一步确定。同时，中介助贷机构不具有融资担保资质，其为借款人提供担保并收取费用的行为，构成经营融资担保业务，违反了《融资担保公司监督管理条例》第6条第3款关于"未经监督管理部门批准,任何单位和个人不得经营融资担保业务”的规定,涉案合同可能被认定为无效合同。

3. 担保公司、保险公司追偿范围存在争议

融资担保公司履行担保义务、保险公司支付保险金后,向借款人追偿的范围存在较大争议。在保险合同、融资担保合同中,均会约定借款人未及时向保险公司赔偿保险金、向融资担保公司支付代偿款的,应支付违约金。保险公司向借款人进行追偿属于保险人代位求偿权纠纷,根据法律规定,保险人求偿范围仅为其支付保险金的范围,但在其与借款人之间存在明确合同约定时,是否支持其关于违约金的主张存在较大争议。由于法律法规尚未对融资担保公司的追偿范围进行规定,融资担保公司要求借款人在其代偿后,支付以代偿金为基数计算的违约金,是否加重了借款人负担,增加借款人融资成本,亦存在争议。

三、新型助贷借款纠纷中案件涉及的法律问题分析

(一)新型助贷类借款纠纷案件涉及的基础法律关系

第一,居间合同关系。助贷机构同时向融资人和资金方提供交易媒介,助贷机构对自己从事的居间活动负有忠实义务,包括如实报告义务、媒介妥适相对人义务和调查义务。

第二,委托代理关系。助贷行为中助贷机构提供的服务多样,除了有居间属性的获客推荐之外,还包括为金融机构贷款人提供信息收集、信息披露、技术服务、贷款催收等服务,这些服务并不属于居间服务的内容,而是助贷机构接受金融机构贷款人的委托代理行为。

第三,借款合同关系。借款合同关系主要存在于:其一,3种助贷模式下,借款合同关系存在于融资人(平台用户)与银行等金融机构之间。其二,资金支持型助贷模式下,借款合同关系还存在于融资人(平台用户)与助贷机构之间。其三,异化的风险支持模式(兜底模式)下,借款合同关系还可能存在于银行等金融机构和助贷机构之间。

第四,追偿权关系。新型助贷存在多种增信模式,如保险公司承保模式、融资担保公司担保模式、中介助贷机构提供担保模式、中介助贷机构与银行分润模式以及联合贷款模式等多种模式。与这些增信模式相对应,诉诸法院的纠纷也

呈现多样化的特点:出借人在借款人逾期后,要求保险公司履行保险理赔的保险合同纠纷;要求融资担保公司、提供担保的中介助贷机构承担担保责任的担保合同纠纷;保险公司履行理赔义务后,向借款人追偿的保险人代位求偿权纠纷;融资担保公司、提供担保的中介助贷机构履行保证义务后,向借款人追偿的追偿权纠纷等。

(二)新型助贷类借款纠纷案件涉及的法律难点分析

助贷类借款融合了数据合规与金融业务,与传统金融借贷相比具有优势。一方面,通过大数据、人工智能等信息技术赋能,可以降低信贷的成本和坏账率;另一方面,可以推动普惠金融,帮助中小金融机构拓展业务,帮助社会大众获得融资。但是,如前文所分析,助贷类借款存在的问题较明显。一方面,由于资金方良莠不齐,有时会涉嫌套路贷、高利贷、非法催收等问题,此时助贷平台是否要承担相应的责任就成为问题。另一方面,助贷平台本身也往往会收取服务费用,但在 2017 年“141 号文”出台后,第三方平台任何收取息费的行为一概被禁止,如果收取息费,就会涉及行政违法。此时助贷平台收取的服务费用是否可以被理解为“141 号文”所禁止的息费,就成为关键问题。

在助贷类借款纠纷案件中,司法审理的焦点集中在以下四个方面。

1. 助贷类借款合同的效力认定问题

第一,助贷行为是否涉及违法放贷及刑事犯罪的判断。2019 年《关于办理非法放贷刑事案件若干问题的意见》(以下简称《意见》)规定,如果向社会的不特定多数人“发放”年利率超过 36% 的贷款,就会被认定为高利贷,从而触犯刑法,涉嫌非法经营。

从助贷行为内容理解,助贷并非放贷行为。提供助贷业务的第三方助贷主体(如助贷平台)并不能与资金方一同成为放贷人,但是助贷主体为资金方提供各种服务,便利其出借资金、回收资金。从这个角度看,助贷主体在助贷类借款行为中,充当中介并提供其他服务,助贷主体与资金方/借款人形成委托代理或者服务合同关系。从上述理解看,若按《意见》的规定,如果资金方有任何违法犯罪行为(如高利贷),助贷平台都可能构成帮助犯(共同向社会不特定多数人发放年利率超过 36% 的贷款)。如果服务费数额巨大,助贷平台就有被认定为发放高利贷、从而涉嫌非法经营的风险。如果助贷行为被理解为放贷行为的组成部分,或者说助贷被理解为一种新类型的放贷行为,那么助贷主体(助贷平台)收取的服务费就可以被理解为息费,这种助贷行为将受到"141 号文"的严厉禁止。

在刑法意义上,助贷也并非放贷。如上所述,助贷业务主要有两个功能:一是助贷平台帮助资金方进行信用评估与风险管控,从而实现对目标客户的筛选;二是助贷平台为资金方提供信息渠道,使民间资金可以获得更多市场流通渠道。因此,助贷业务的核心内容是辅助资金借贷的进行:一方面,辅助资金方,助其筛选借款人;另一方面,辅助借款人,助其与资金方达成交易。从上述助贷业务的本质功能出发,助贷主体(助贷平台)并非贷款的提供者,因而其不能收取息费,而只能就其提供的助贷服务收取服务费。所谓的服务费,只是其利用信息优势帮助双方达成交易的报酬。这种报酬的外观有时可能比较模糊:例如,有时助贷平台允许借款人分期支付这笔服务费用,此时服务费就有了新"贷"外观,但如果做实质判断,此时助贷平台收取的只是"好处费",即作为掮客存在。即使掮客的服务费用有时会以分期付款的方式呈现,也不能认为其与贷款本身的息费相同。

因此,在司法审理中,对助贷类借款纠纷案件的法律性质判断是基本前提,助贷主体不能成为借款关系的主体,否则就有可能涉嫌违法经营或者刑事犯罪。在此基础上,判断助贷主体收取的服务费用是否合理,要判断其是否真实提供了与之相适应的服务。

第二,助贷主体参与借款行为内容与方式对借款合同效力的影响。从借款行为的资金来源看,可将借款划分为金融借款与民间借贷。金融借款必须是持牌机构利用其自有资金进行借贷,民间借贷则是金融系统之外的民间资金的借贷。从这一点理解,P2P 也是一种助贷行为,是帮助民间资金借贷的一种服务形式。根据监管口径,本文研究范畴的助贷,是指辅助银行等放贷机构的一种服务行为。那么根据助贷主体嵌入借款行为的方式、内容、程度的不同,对助贷行为进行法律定性时会得出不同结论,进而影响借款合同的效力。

一行为若对合同效力产生影响,可能是违反了效力性的法律规定,也可能是因为涉及刑事犯罪。金融资金借贷是一种持牌业务,因此,助贷主体如果没有取得放贷许可,却深度介入借款,实际成为资金出借方,则违反了效力性法律规定,此类助贷类借款合同因此而无效。

此外,如助贷行为涉嫌犯罪,则借款合同也可能因此而无效。一般的助贷行为,因其与放贷行为在实质上不同,并不符合相关罪名的构成要件,也不在相关法律的处罚范围之内。虽一般意义上的助贷行为不应被评价为放贷、不构成犯罪,但如果助贷方与放贷方相互勾结,以层层加码的形式增加借贷人的息费,共同分享高额利润,那么此时助贷行为的性质就发生了改变,有被评价为放贷行为的风险。另外,如果助贷平台的服务费与资金方的息费单独结算,也有被理解成一种变相息费的风险。在实践中,先由借贷人将服务费与息费一同向资金方还清,再由资金方向助贷平台支付服务费的做法确实相对安全,但要注意:此时服务费与息费的总和不应超过36%的年利率,否则往往会被认定为高利贷,涉嫌非法经营。

因此,在司法实践中,针对助贷类借款合同的法律效力判断,首先必须要结合助贷类借款的真实资金来源、助贷主体提供服务的实质内容等方面来判断助贷行为的法律性质,进而判断是否影响借款合同效力。

2. 助贷类借款中的个人信息保护与隐私权问题

自2022年1月1日起,中国人民银行发布的《征信业务管理办法》施行,新规是《征信业管理条例》的配套制度,与《征信机构管理办法》共同构成征信法治体系的重要组成部分,依法从严加强征信监管。如前文所述,助贷行为本质上是助贷主体利用其信息技术优势,帮助资金方疏通借贷渠道,拓展借贷场景,提升借贷效率的一种金融借贷的辅助行为。处理与运用信息是助贷行为的核心。或者说助贷主体通过其信息技术优势加持金融机构的资金优势,为社会大众提供更加便利和安全的金融借贷服务。在助贷类借款中,涉及的征信业务是否合法合规,也是审理该类案件必须要重视的问题。

第一,助贷类借款中的个人信息使用问题。对于助贷主体而言,其目前的主要借款业务的资金来源主要是金融机构,助贷主体主要是进行信息收集、存储加工处理,在此基础上建立风控模型,提供信用信息、用户画像、评分、评级、信用修复等服务。

《征信业务管理办法》规定的信用信息指"依法采集,为金融等活动提供服务,用于识别判断企业和个人信用状况的基本信息、借贷信息、其他相关信息,以及基于前述信息形成的分析评价信息"。"其他相关信息"的表述包罗万象。总体而言,《征信业务管理办法》大幅度扩展了信用信息的外延,从而把大量助贷业务也纳入征信范畴。此外以"信用信息服务""信用服务""信用评分""信用评级""信用修复"等名义对外实质提供征信服务的,适用该办法。这意味着大量自身不获取个人信息但是通过第三方的数据建立风控模型并向银行提供服务的行为,也可能纳入征信范畴,经营该类业务的机构需要持牌经营。互联网平台开展助贷等相关业务符合征信业务定义的,也适用该办法。所以是否属于关键还是看助贷主体采集的个人信息的范畴。如果助贷机构自身不存储个人信用信息只是做引流,不属于征信;仅仅向金融机构提供风控模型的服务,自身不对个人信用信息进行加工处理,只是协助金融机构进行处理的,也不属于征信。线下引流的助贷机构,如果自身不存储个人信用信息也可以豁免征信。

但如助贷机构同时也提供借款担保服务,也需保存个人信用信息,如不对这些信息进行分析处理就获得盈利也可以豁免征信的认定。因此,对助贷主体提供的"借款服务+担保"模式,判断其性质的核心是,助贷主体获取的是引流费用还是信用分析的费用,如只是获取引流费,那么不属于征信;如果获取的是信用分析的费用则属于征信。

因此,在助贷类借款纠纷案件的司法审理中,对涉及个人信息处理部分是否属于征信的判断,一方面,有助于确定助贷主体提供助贷行为的法律性质;另一方面,也是处理借款引发的相关服务合同纠纷的基本面。

第二,助贷类借款中的隐私权保护问题。个人信息与隐私权保护息息相关。个人信息,是指与特定个人相关联的、反映个体特征的具有可识别性的符号系统,包括个人身份、工作、家庭、财产、健康等各方面信息。个人信息内容非常广泛,与之相比较,隐私权,通常是指"私生活不受干涉的权利",或者个人私事未经允许不得公开的权利。就此而言,隐私权表现为个人对自身的支配权。从个人信息和隐私的权利角度看,个人信息权和隐私权都是人格权的一种,存在密切联系。二者主体都仅限于自然人,都体现了个人对其私生活的自主决定,客体上都是个人不愿他人介入的私人空间,相关信息很多都是未公开的个人信息。但二者在保护内容、法律属性、保护方式方面又存在区别。个人隐私主要体现为个人私密信息、活动、空间等不被外界知晓和擅自公开,隐私权主要体现为一种精神性的人格利益,而个人信息则体现了经济利益与精神利益的结合。

我国目前已经建立了从《中华人民共和国宪法》、《中华人民共和国刑法》、《中华人民共和国民法典》到《中华人民共和国消费者权益保护法》、《中华人民共和国网络安全法》、《中华人民共和国居民身份证法》、《中华人民共和国统计法》、《中华人民共和国商业银行法》的个人信息及隐私权法律保护体系。2021

年11月1日起实施的《中华人民共和国个人信息保护法》(以下简称《个人信息保护法》)进一步完善个人信息处理规则,特别是对应用程序(app)过度收集个人信息、“大数据杀熟”等作出针对性规范,特别强调了中国境内网络运营者对所收集的个人信息所应承担的保护责任和违规处罚措施。在助贷类借款中,助贷主体若存在对信息进行采集、存储、加工处理的情形,也必然涉及《个人信息保护法》等隐私权保护法律的适用问题。

从目前助贷主体的业务方式看,要获取个人信息,必须首先获得用户个人授权。同时,获取个人信息的范围也需要遵从最小、必要原则,助贷机构向金融机构推送的个人信息必须限定在业务所必需的范围。如用户的地址、交通、采购商品信息属于个人隐私,应隐藏,支付情况和消费账单的汇总应该可以作为征信数据;但是涉及行程足迹这样的敏感信息则不能授权用作征信。“个人征信机构应当规范与信息提供者的合作协议内容。信息提供者应当就个人信用信息处理事项接受个人征信机构的风险评估和中国人民银行的情况核实”,因此,助贷主体在获取数据或者进行数据加工处理时,范围要控制好,并向央行报备,接受风险评估核实。

在助贷借款合同涉及的征信纠纷中,如何认定助贷平台与合作银行的法律责任,首先要从侵权责任四要件分析。根据我国侵权责任认定原则,确定是否存在侵权责任应至少满足以下四个要件:一是必须存在客观损害后果;二是必须存在违法侵权行为;三是损害后果与侵权行为之间存在因果关系;四是侵权行为人主观存在过错。通常在助贷平台与银行的合作关系中,助贷平台一般不直接发放贷款,而是为借款人撮合匹配的银行、信托等金融机构。在这种“助贷平台+合作金融机构+客户”的三方借贷模式下,与征信有关的风险点在于,客户必须同意将贷款信息报送至助贷平台,在客户征信信息更新、对客户咨询答复及处理等服务行为如存在过错时的处理。若客户已经归还借款,但由于助贷平台与银行系统信息对接不畅,不能为客户出具结清证明,影响客户征信,导致客户无法获取其他借款,那么助贷平台可能因此承担相应侵权责任。

在助贷类借款纠纷案件的司法裁判中,从个人信息保护角度还可能衍生出隐私权保护的相关法律适用问题。鉴于未来大部分助贷将演变为“征信+导流+贷后管理”3个环节,在征信环节,贷前本质上是批量个人信息查询服务不再是个人信用信息推送服务,批量查询收取查询费;在导流服务环节,助贷主体提示消费者选定贷款机构及是否分期;在贷后管理环节,金融机构要自主风控,可以引入一家第三方担保机构提供担保,并向消费者提供多个担保机构,供其选择。

因此,在该类案件审理中,要注意审查助贷主体提供的助贷服务是处于哪个环节,若涉及相关隐私权纠纷,要重点关注助贷主体是否获得用户个人信息授权,获取的信息是否在必要范围内,是否向央行报备并接受风险评估,进而确定相关侵权的责任范围。

3. 助贷类借款纠纷中的保证保险代位求偿权的限额问题

从目前《中华人民共和国保险法》(以下简称《保险法》)规定看,保证保险应属于责任保险范畴,而责任保险在我国保险法范畴内被归类为财产保险。因此,保险赔偿以填补损失为原则。保险代位求偿制度设计初衷是防止被保险人获得双重利益,保险人在赔偿被保险人之后,得以主张代位行使被保险人因第三者侵权或者违约等享有的请求赔偿的权利。从保险法的原则看,被保险人已经从保险人处获得了保险赔偿,在该赔偿范围内,被保险人不得再获得赔偿,同样,保险人不能超过保险赔偿金额范围主张代位求偿金额。但是从债权转让视角看,保险人依法受让被保险人对侵权人或者违约方的债权,这种法定的债权转让使保险人取代了被保险人的地位,获得了转让债权及其从权利,那么保险人行使债权并不受其受让债权的对价限制。从这个角度看,保险人代位求偿权不应有限额。但是《保险法》对代位求偿权的限额规定,是对保险人基于保险标的获得转让债权的法律限定,因此,保险人不得通过协议约定违反法定限制。

从更深层次分析,是否应有限额,从保证保险是保险还是保证担保不同的法律性质理解,得出的结论也不相同。保证保险从保险角度理解,是投保人(债务人)通过缴纳保费,获取保险人对自身信用的一种财务支持,在投保人自身不能履行债务时,由保险人承担债务履行责任。在助贷类借款纠纷中,保证保险就是保险人在投保人不能偿还借款时,由保险人代替投保人履行债务,归还借款,保险标的是投保人的债务责任。从这个角度看,助贷机构存在一定风险,且保险合同并非从属于借款合同,因此,保证保险应是一种保险。那么作为一种责任保险,自然要适用《保险法》规定,保险人在行使代位求偿权时,不能超过保险理赔金额。但是,如果保险人在向被保险人赔付保险金后,获得的代位求偿权指向的赔偿责任已经明确,赔偿金额已经确定的,并且保险人已经向投保人主张该保险赔付金额的,在一定宽限期后,投保人仍未履行,那么保险人得以向投保人主张迟延履行部分的利息,这与《保险法》规定的代位求偿权不得超过保险赔偿金额范围并不矛盾。

此外,保险人在签订保证保险合同时,保费已经涵盖了保险人可能因保险事故发生而应承担的保险赔偿责任成本,因此,若保险人在行使保险代位求偿权时,再依照保险标的所系之原合同约定,要求获得自保险金赔付之日起的高额利息(通常为24%),显然已经超过了保险合同约定的保险人风险收益范畴。另外,在助贷类借款合同中,资金方通常是具有金融牌照的专业金融放贷机构,保险人作为保险机构,显然不具备借款合同资金方的主体资格。保险人因《保险法》规定获得了借款合同项下的债权,但是其不能继受借款合同的主体资格,因此,不能继续要求按照借款合同约定,获取超过保险赔付金额之外的收益。

如将保证保险视为保证,保证保险类似于银行授信,保险费的计算主要与投保人的信用相关,保险人并不是在汇集风险,因此,保证保险更多具有保证特征。保险人在进行保险赔付后,根据保证法律关系,保险人作为保证人自然可以向债务人进行追偿,并可以主张保险人自支付保险赔偿金之日起到投保人实际履行责任之日止的保险金额的占用成本(利息)。

综上分析,从理论到实践,不能将保证保险简单归为保证或者保险。保证保险应该是具有担保功能的特殊保险,兼具有保证目的与保险特征,应优先适用《保险法》,在《保险法》没有规定时,适用《中华人民共和国担保法》。那么关于保证保险的保险人行使代位求偿权是否可以主张超过保险赔付金额范围之外的利息或违约金等问题,还要具体情况具体分析。如果保险人在支付保险赔偿金时,已经按照借款合同约定的本金及利息或违约金等计算的金额向被保险人进行赔付,此时保险人已经代替投保人履行了对被保险人的债务清偿责任,债务范围已经确定。保险人在进行代位求偿时,若投保人(借款关系中的债务人)未在保险人指定的宽限期内支付,则保险人主张投保人支付自赔付保险金额之日起到投保人实际履行债务之日止的迟延履行利息(资金占用成本),具有法理基础,并未违反《保险法》的相关规定。

4. 无资质助贷担保合同效力及追偿范围问题

目前助贷类借款中主要的担保方式有融资担保公司担保和保证金担保模式。融资担保公司担保模式主要流程为借款人直接向助贷机构申请借款,助贷机构对借款人进行初步筛选、资质评估,并将合格借款人推荐给金融机构,金融机构再对借款人进行风控审核、放款,助贷机构在此过程中会引入关联的融资性担保公司或第三方融资性担保公司,若发生逾期,由融资担保公司履行担保责任,向金融机构进行代偿。

网贷平台在与银行合作的过程中,出于满足银行对担保增信的要求,往往也有申请融资担保牌照的意愿。目前,大部分头部网贷平台都有融资担保牌照,而且越来越多的中小平台也加入了这一行业,网贷转型做助贷的趋势日益明显。

融资担保结构的助贷模式的流程(见图8)包括:(1)借款人通过助贷平台获悉互联网信贷产品信息,提交信贷申请;(2)外部金融机构对借款人进行独立的授信审查,对于通过风险评估的借款人发放贷款;(3)针对上述贷款,助贷平台引入一家融资担保公司向金融机构提供连带责任保证,融资担保公司的杠杆率为10~15倍;(4)发生约定情形时,融资担保公司履行担保责任,向金融机构进行代偿;(5)融资担保公司进行贷后催收,发起诉讼或仲裁,并可以向中国人民银行征信中心报送数据;同时也存在助贷平台向融资担保公司提供反担保的可能,由助贷平台进行贷后催收,类似融资担保模式助贷借款。

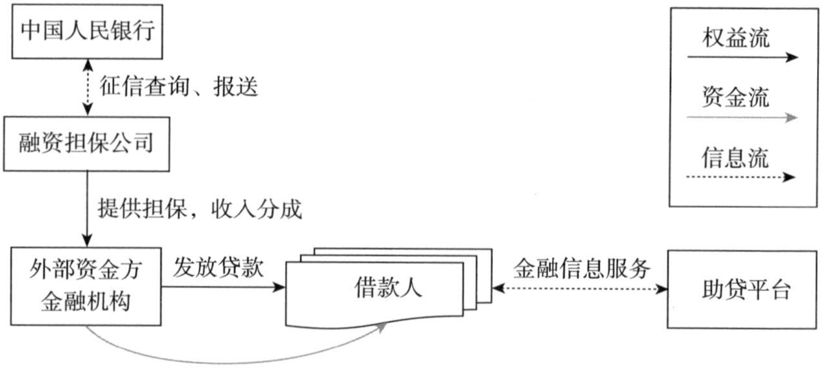

图8 融资担保结构的助贷模式

保证金结构的助贷模式的流程(见图9)包括:(1)借款人通过助贷平台获悉互联网信贷产品信息,提交信贷申请;(2)外部金融机构对借款人进行独立的授信审查,对于通过风险评估的借款人发放贷款;(3)针对上述贷款,助贷平台或某个关联公司向金融机构提供保证金担保(通常为5%~10%,换算成杠杆率就是10~20倍,若坏账过高则平台方会相应地提高保证金比例,或回购不良的资产,也可能中止合作来调整风控模型);(4)发生约定情形时,金融机构直接扣收保证金,由助贷平台进行贷后催收,发起诉讼或仲裁。

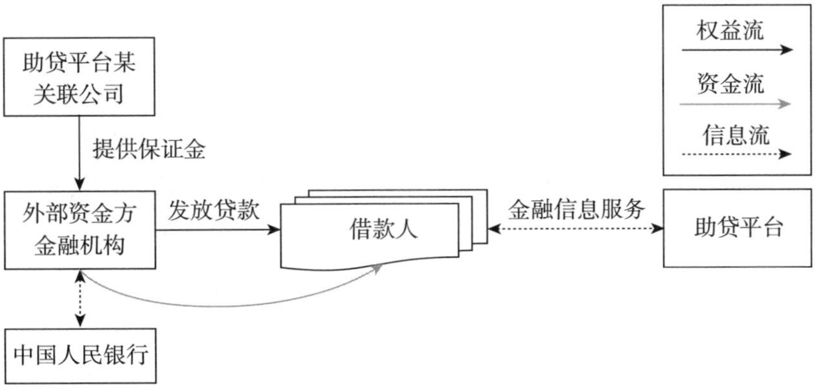

图9　保证金结构的助贷模式

在统计案例中,无担保资质变相提供增信服务问题比较突出,金融监管对此持坚决取缔态度。"141 号文"指出:"'助贷'业务应当回归本源,银行业金融机构不得接受无担保资质的第三方机构提供增信服务以及兜底承诺等变相服务,应要求并保证第三方合作机构不得向借款人收取息费。"在"141 号文"发布之后,不少助贷机构成立了融资性担保公司,如"趣店""360 金融"等,获取融资担保牌照,持牌经营。

2019 年 10 月 23 日,中国银行保险监督管理委员会等九部委《关于印发融资担保公司监督管理补充规定的通知》中规定,为各类放贷机构提供客户推介、信用评估等服务的机构,未经批准不得提供或变相提供融资担保服务。对于无融资担保业务经营许可证但实际上经营融资担保业务的,监督管理部门应当按照《融资担保公司监督管理条例》规定予以取缔,妥善结清存量业务。拟继续从事融资担保业务的,应当按照《融资担保公司监督管理条例》规定设立融资担保公司。《全国法院民商事审判工作会议纪要》指出,违反效力强制性规定的合同无效;如果行政法规或者规章的强制性规定涉及金融安全、市场秩序、国家宏观政策等公序良俗的规定都属于此种效力强制性规定。涉及融资担保业务经营资质的规定就属于关于金融安全、市场秩序类的规范,无照经营签订的融资担保合同就应当被认定为无效。

此外,在助贷类借款担保追偿纠纷中,追偿范围也是焦点问题。首先,如果担保人按照借款合同约定的本金、利息及违约金向贷款人承担了担保责任,则取得了贷款人在借款合同中的债权人地位,可以要求借款人按照借款合同的约定支付相应迟延履行的利息及违约金。其次,在确定担保人追偿范围时,还要考虑担保人提供助贷服务而收取的费用是否合理,是否存在以费代息情形。根据"141号文"的要求,助贷机构不得向借款人收取息费,但该文件并未明确是否可以收取费用。根据前文所述相关监管规定,进行担保也要持牌经营。如果助贷机构持有融资担保牌照,为助贷借款提供担保,属于合法合规经营,从法理上讲,应当可以收取合理的费用。因此在判断担保人收取费用是否合理时,要审查其是否提供了相应服务,是否存在以费代息的情况。对于超出合理范围的服务费,或者名为服务费实为利息的部分,应当与担保人根据借款合同约定主张的利息、违约金合并计算,看最后的利息是否超过法律规定的上限,对于超过部分不予支持。

如果担保机构是无牌经营,在担保合同效力被否定的前提下,担保人不能从其违法违规经营行为中获利。无牌照担保人已经通过担保合同(被认定为无效合同)约定,从担保费用方面获得了担保行为的收益,如担保合同被认定为无效,担保人应该将该部分担保费用扣除资金占用成本后的多余部分(作为不当得利)返还给借款人。同时,无牌照担保人是无牌经营,不能依据担保法制度取得借款合同中出借人的地位,只能在已经向债权人支付金额的范围内向借款人追偿,借款人未在合理期限内偿还的,无牌照担保人可以要求借款人支付迟延履行利息(资金占用成本)。

四、助贷业务的规范路径

从"助贷"模式兴起原因看,中介机构行业和中间人职业从来都是应社会需求而生。早期金融中介机构依靠自创品牌等传统手段获取了丰厚收益,再加上金融中介投资成本小、入市门槛低、市场需求大、投资回报快等特点,短时间内吸引了大量主体涌入金融中介行业,整个金融市场竞争加剧,鱼龙混杂。助贷机构如雨后春笋般出现。助贷业务之所以兴起,可以说是资金与流量两者之间的不匹配造成的,一方面,从背靠流量场景的机构来看,它们"流量过剩",自己的流量不能完全消化,所以要用"助贷"的方式将这些流量分发给其他金融机构;另一方面,从金融机构的角度来看,它们有大量的富余资金,苦于没有用户,二者一拍即合,助贷模式兴起。通过“牵手”部分在流量、技术、风控等方面具有优势的助贷机构,不仅可向更多用户提供有价值的金融服务,亦能推动普惠金融真正落地。

近几年,助贷机构正不断扩大业务边界,在消费金融领域,小贷公司、担保公司、融资租赁公司以及众多非持牌机构,纷纷加入助贷机构大军,而助贷业务的资金方,也从银行等传统金融机构,向网贷行业扩散。助贷机构也偏爱城市商业银行、民营银行、消费金融公司等资金方,主要原因在于后者的资金相对便宜。但由于多数助贷机构风控能力不强,可能会成为 P2P 平台、私募产品爆雷之后又一系统性金融风险的引发点。本文通过分析助贷类借款纠纷案件情况,针对该行业突出存在的法律风险,提出以下建议,以期帮助助贷业务规范发展,真正发挥助贷作用,防范金融风险。

一是完善监管法律法规,明确助贷业务边界。金融创新业务发展快速,金融法律法规的制定则相对滞后,建议加快制定助贷相关法律和监管法规,对助贷平台在参与助贷业务中的权利义务进行明确,做到权责分明、风险各担。明确助贷机构应以提供信息中介服务为主,不得违规放贷或提供增信。银行开展贷款业务不得将授信审查、风险控制等核心环节外包,不能异化为单纯的资金提供方。保险公司等增信方也应做好风险把控,不能扮演“兜底人”的角色。在使助贷业务有效回应市场实际需求的同时,确保该项业务健康稳定发展。

二是完善助贷机构的监管体系,明确监管主体与责任,避免监管套利。目前,助贷机构因机构性质不同,存在多头监管情况,不同监管机构的监管标准不一,不仅易引起混乱,还容易引发监管套利。横向上,监管机构应加强对资金提供方,特别是部分城市商业银行的监管,把好资金的出口。纵向上,建议完善中央、地方两级监管体系,构建以地方银保监局为主导的助贷监管模式,有效协调银行业金融机构、助贷机构和担保机构的关系,形成监管合力。从助贷业务处于重点监管阶段的情况看,规范助贷行为,需要持续规范金融机构与助贷机构合作模式,严厉打击金融机构与助贷机构合作中的严重不审慎行为,同时开展行业风险提示,重申银行、保险机构在个人贷款场景下的相关金融监管规定,重点关注银行、保险机构的主体责任、禁止性行为、收费标准、消费者权益保护等相关规定,有效防范风险。

三是加强借款人知情权保障,提高风险防范意识。银行等放贷机构和助贷机构应当规范利率的标准表述方式,明确告知收费标准,妥善履行信息披露义务。杜绝通过只展示较低的名义利率,掩盖较高实际利率,或者以收取砍头息等方式,变相提高借款人用资成本,扰乱正常贷款市场秩序的行为。应加强对金融消费者的教育宣传,加强借款人风险防范意识,警惕所谓"低费率""零息费"等陷阱,正确辨别真实用资成本,避免盲目借款。

四是加强数据信息的保护,有效保护公民的隐私安全。助贷机构应严格按照最新的征信业务管理相关规定,不得非法采集个人信息,不得直接将所掌握的个人征信信息提供给放贷金融机构,必须通过第三方征信机构提供征信信息。同时,对收集到的个人信息加密处理后再进行交互使用。监管需重视并逐步加大用户隐私方面的执法和惩戒力度。

10多年来,银行业等金融机构与具有金融科技优势的助贷机构合作开展的互联网贷款业务蓬勃发展,在助力普惠金融方面发挥了重要作用。其一,有助于普惠金融目标的实现,打通了向小微企业、低收入人群以及弱势群体提供信贷的"最后一公里",让这些长期被传统金融机构排斥的客群得以享受金融服务,让资金涌入服务实体经济的"毛细血管",促进就业、刺激消费,进而对国民经济的发展发挥积极作用。其二,有助于形成多层次的信贷体系。助贷业务是传统信贷体系的有益补充,有助于形成多层次、广覆盖和高质量的信贷体系,助力供给侧结构性改革,落实"积极规范发展多层次资本市场"的政策要求。其三,有助于提升传统银行类金融机构的服务功能。银行类金融机构的优势是服务于大型企业和优质客户,但短板是不善于为中小微企业和个人客户提供服务。助贷机构往往拥有大量小微企业和个人客户的数据积累,并拥有相对有效的小额贷款风控模型,可以帮助银行进行初步的客户筛选及评估,进而提升小额信贷服务的工作效率和资产质量。

应当继续鼓励支持助贷业务发展,充分发挥助贷机构的信息优势,当好连接资金供给方和需求方的桥梁纽带,为金融服务实体经济"舒筋活血"。另外也要警惕助贷业务发展过程中的法律风险,引导其回归助贷本源,不断规范其经营行为,重点防治无资质经营、扰乱正常的金融市场秩序、损害借款人合法权益等行为,防止信贷风险在助贷机构层面集聚,并向上蔓延引发大范围的系统风险。

金融法领域的域外管辖与适用研究

——以证券法域外适用为例

上海金融法院课题组*

一、研究背景

经济全球化背景下，跨境贸易、投融资日益频繁，各国经济关联程度显著加强，本国与他国领域内的经济活动不可避免地相互影响。由于各国经济、法律制度不同，执法标准不一，因此难以对境内外的主体统一规范。如何在各类跨境纠纷中有效维护金融市场秩序及公平，合理地保障我国公民、企业乃至国家的正当权益是一个亟待解决的问题。长期以来，我国立法、司法、执法严格坚持属地原则，将多数法律的效力严格限定在中华人民共和国境内，一定程度上限制了本国金融法律的域外管辖与适用。

在中央全面依法治国工作会议上，习近平总书记强调，“要坚持统筹推进国内法治和涉外法治”。为此，我们必须加快涉外法治工作战略布局，加快我国法域外适用的法律体系建设，更好维护国家主权、安全、发展利益。综合利用立法、执法、司法等手段开展斗争，占领法治和道义制高点，坚决维护国家主权、尊严和核心利益。因此，在金融司法领域，我们要在符合国际法基本原则的前提下，突破现有瓶颈，积极推进我国金融涉外法治体系建设，合理扩张我国的管辖范围，适当赋予国内立法域外效力，这样可以更好地保障我国在国际投融资活动中的

---

* 本课题由上海金融法院综合审判二庭庭长符望主持，课题组成员有阮申正、刘蒙。本课题节选自上海法院2021年度报批调研课题优秀奖“金融法领域的域外管辖与适用研究”。

正当权益,也有利于增进我国在国际金融秩序构建中的话语权。

二、域外管辖

现代国际法以国家主权为体系,国家管辖权则以属地管辖为逻辑起点,域外管辖构成属地管辖的例外。关于域外管辖的合法性,主要有弱许可说和强许可说两种学说,分别对应“法无禁止即许可”和“法若允许即许可”,[①]两者的冲突在1927年“荷花号”案件[②]中得到集中体现。该案中,法国籍船“荷花号”与土耳其籍船“博兹－库特号”于地中海公海相撞导致后者沉没,8名土耳其人死亡。当“荷花号”抵达土耳其港口时,土耳其对“荷花号”船员启动了刑事诉讼。法国对土耳其的域外管辖权提出抗议,认为土耳其应当明确其被国际法认可的管辖权依据;土耳其则认为,只要不违反国际法原则,土耳其就对发生在境外的行为拥有管辖权,两国将争议提交了国际常设法院。国际常设法院首先指出,国际法并无一般性规定禁止一国法律适用于域外的人、财产和行为,或禁止一国法院管辖域外的人、行为和财产。只有在某些特定情况下才有禁止规则,除此之外,国际法赋予国家很大的自由裁量空间,国家可以按其认为的最佳方式来发展域外管辖规则。最后,国际常设法院认为,犯罪结果发生在土耳其船舶上,相当于发生在土耳其领土上,根据属地原则判决支持了土耳其的管辖权主张。不过,对于域外管辖的一些相关争议,国际法理论及实践并未全面回应,这种发展迟滞导致了一定程度的法律真空,也给了各国较大的解释空间。[③]

另外,世贸组织框架下贸易限制措施例外的相关案例,似乎对域外管辖有一定的启发意义。如《服务贸易总协定》序言部分规定“给予国家政策目标应有的尊重”,这表明一般情况下,一国旨在追求境外政策目标的措施不具有合法性,或者只有当存在一种非常强的联系的情况下,至少其联系强度要超过根据《服务贸

① 参见彭岳:《美国金融监管法律域外管辖的扩张及其国际法限度》,载《环球法律评论》2015年第6期。

② See SS Lotus, (1927) PCIJ Ser. A No. 10.

③ 参见于亮:《荷花号案的回响》,载法制日报·法治周末网2020年6月18日,http://m.legalweekly.cn/whlh/2020-06/18/content_8222961.html。

易总协定》保护的客体与该国间的关系的情况下才能取得合法性。① 在美国—墨西哥金枪鱼案②中,墨西哥因捕捞金枪鱼时附带伤害了结伴而游的海豚,美国根据其《海洋哺乳动物保护法》对相关金枪鱼产品发起制裁,但美国并未主张其保护的海豚位于其领水,而认为海里的海豚属于全球共享资源,最后专家组认为其无权采取实施域外管辖;但在美国虾龟案③中,由于涉及的海龟在生命周期的大部分时间生活在美国管辖的大西洋、太平洋即加勒比海域,故上诉机构认为其与美国建立了充分的联系,可视为美国管辖范围内的动物。

在金融行业里,传统的地域限制、实际联系则更加模糊,使管辖权的边界也相应模糊化。例如,在金融领域反恐反洗钱的任务面前,联合国先后制定了《禁毒公约》《打击跨国有组织犯罪公约》《反腐败公约》等国际反洗钱的重要法律文件。"9·11"事件后,又出台了《制止向恐怖主义提供资助的国际公约》《打击恐怖主义、分裂主义和极端主义上海公约》等国际反恐融资的重要法律文件。相关国家和地区均加入公约并履行相关义务。例如,中国加入、签署了上述公约,对刑法进行了修改,欧盟也于 2005 年制定了《关于清洗、搜查、扣押和没收犯罪收益及恐怖主义融资的公约》和《关于防止利用金融系统洗钱和恐怖融资的指令》。

总体而言,一国域外管辖的合法性可基于以下原则进行判断:一是法律的公法性质越强,则其属地属性就越强,其域外管辖的条件就越严格,反之则越宽松;④二是域外行为与该国的联系越紧密,则该国主张适用国内法的合法性越强,反之则越弱。⑤ 虽然起初受到了较大的争议和反对,但从国际上反垄断等领域的法律实践来看,在传统属地原则、属人原则、保护原则、普遍原则之外,基于效果联系而建立域外管辖权的做法正逐步为各国类似立法所采纳。

---

① See Lorand Bartel, *Article XX of GATT and the Problem of Extraterritorial Jurisdiction—The Case of Trade Measures for the Protection of Human Rights*, 36 Journal of World Trade 353 (2002).

② See General Agreement on Tariffs and Trade, *Dispute Settlement Panel Report on United States Restrictions on Imports of Tuna*, *GATT Doc. DS21/R* (*submitted to the parties*, *August 16*, *1991*), 30 I. L. M. 1594 (1991).

③ See World Trade Organization, *United States—Import Prohibition of Certain Shrimp and Shrimp Products*,38 I. L. M. 118 (1999).

④ 参见宋晓:《域外管辖的体系构造:立法管辖与司法管辖之界分》,载《法学研究》2021 年第 3 期。

⑤ 参见霍政欣:《国内法的域外效力:美国机制、学理解构与中国路径》,载《政法论坛》2020 年第 2 期。

三、中国法域外管辖与适用的理论与实践

(一)我国相关立法整体情况

国家基本权力包括立法、司法、执法三个层面,对应的管辖权具体可分为立法管辖权、司法管辖权和行政执法管辖权。立法管辖权,是指一国制定法律适用于特定的人、物或行为的权力;司法管辖权,是指一国利用其司法程序处理特定的人、物或事的权力;行政执法管辖权,是指一国利用行政权力引导或强制特定人遵守其法律的权力。① 因此,理论上讲,法律能否适用涉及的是有无立法管辖权和立法管辖权运用与否的问题,与其他两种管辖权无关。在我国语境下,管辖问题多指司法机关的诉讼管辖权而非行政部门的域外行政执法管辖权,主要由诉讼法规定,而法律的域外适用则主要由实体法规定。法律适用问题与管辖问题区分相对清晰。

1. 我国诉讼法中的域外管辖设计

在民事诉讼领域,《中华人民共和国民事诉讼法》(以下简称《民事诉讼法》)确立了法定管辖与约定管辖两种基本管辖权。法定管辖是法律直接规定的管辖权规则,旨在根据管辖连结点将案件系属于具体的法院,而约定管辖则授权当事人共同选择与案件有实际联系的法院行使管辖权。②《民事诉讼法》第272条规定,对于在我国领域内没有住所的被告提起的合同或其他财产权益纠纷,可以由我国领域内的合同签订、履行地,标的物、财产所在地,侵权行为地、代表机构住所地的人民法院管辖。③ 与此同时,《最高人民法院关于适用〈中华人民共和国民事诉讼法〉的解释》第529条规定,涉外合同或者其他财产权益纠纷的当事人,可以书面协议选择被告住所地、合同履行地、合同签订地、原告住所地、标的物所在地、侵权行为地等与争议有实际联系地点的外国法院管辖。根据《民事诉讼法》第34条和第273条的规定,属于中华人民共和国法院专属管辖的案件,当事人不得协议选择外国法院管辖,但协议选择仲裁的除外。《最高人民法院关于适

① See Restatement (Fourth) of Foreign Relations Law § 401 (2018).

② 详见《民事诉讼法》第35条。

③ 此外,还有排除他国的专属管辖,如《民事诉讼法》第34条、第273条,《中华人民共和国海事诉讼特别程序法》第7条等。

用〈中华人民共和国民事诉讼法〉的解释》第530条规定，涉外民事案件同时符合下列情形的，人民法院可以裁定驳回原告的起诉，告知其向更方便的外国法院提起诉讼：(1)被告提出案件应由更方便外国法院管辖的请求，或者提出管辖异议；(2)当事人之间不存在选择中华人民共和国法院管辖的协议；(3)案件不属于中华人民共和国法院专属管辖；(4)案件不涉及中华人民共和国国家、公民、法人或者其他组织的利益；(5)案件争议的主要事实不是发生在中华人民共和国境内，且案件不适用中华人民共和国法律，人民法院审理案件在认定事实和适用法律方面存在重大困难；(6)外国法院对案件享有管辖权，且审理该案件更加方便。此外，国际条约也是司法管辖权的取得依据，《民事诉讼法》第267条规定，中华人民共和国缔结或者参加的国际条约同本法有不同规定的，适用该国际条约的规定，但中华人民共和国声明保留的条款除外。目前，我国法院还未据此直接取得域外管辖权。① 综上，就民事诉讼而言，我国采取了具体列举连结点的做法，尊重当事人的意思自治，也同时考虑到了不方便法院的原则，整体上属于有限度的域外管辖权制度设计。

在行政诉讼及刑事诉讼领域，域外司法管辖权的范围则受到关注更少。从《中华人民共和国行政诉讼法》第九章涉外行政诉讼的规定来看，涉外行政诉讼案件在管辖范围上与国内行政诉讼并无明显区别。关于刑事诉讼，除贪污贿赂、危害国家安全、恐怖活动等特定犯罪案件中，犯罪嫌疑人、被告人在境外的，仍可缺席审理外，②其他案件均以犯罪嫌疑人、被告人到案为前提条件，即以属地管辖为原则。对于其他确需追究的境外犯罪嫌疑人、被告人，则需通过刑事司法协作引渡至国内审理，本质上仍属于域内管辖。

2. 我国实体法中的域外适用条文

我国实体法对法律域外适用效力的规定较少见，比如《中华人民共和国刑法》第8条规定，外国人在中华人民共和国领域外对中华人民共和国国家或者公民犯罪，而按本法规定的最低刑为3年以上有期徒刑的，可以适用本法，但是按

---

① 目前，我国签署的公约有《海牙协议选择法院公约》，但尚未履行国内批准手续；缔结的双边条约主要涉及送达、取证等司法协助行为及间接管辖，即在承认与执行外国法院判决阶段对其管辖权的审查，而不涉及直接管辖权。

② 详见《中华人民共和国刑事诉讼法》第291~297条。

照犯罪地的法律不受处罚的除外。此外还有《中华人民共和国反垄断法》第2条[①]、《中华人民共和国证券法》(以下简称《证券法》)第2条第4款、《中华人民共和国海洋环境保护法》第2条[②]等。以公法、私法为区分标准,法律关于域外效力的规定主要集中于公法。公法的适用一方主体为国家,权力边界受到主权范围的限制,故其立法管辖以域内效力为原则,以域外效力为例外,除非法律明文规定,否则便不具有域外效力。在私法领域,比如《中华人民共和国海商法》等涉及对外经济贸易、国际航运的法律虽然未对其地域效力作出规定,但从其立法目的、调整对象而言,具有域外效力也是此类法律的应有之义。[③] 事实上,在国际私法领域,各国的法律在形式上都属于平等的待选状态。[④]

(二)我国域外管辖的实践

在司法层面,我国法院近年来开始更加积极地行使涉外民事案件司法管辖权。首先,以往,在面对司法管辖竞合的案件时,我国法院更多是以拒绝承认执行外国判决的方式应对。近年来,我国法院采取更主动的方式以应对国际纠纷中的司法管辖博弈,特别是在侵权类案件中。例如,在华为技术公司(以下简称华为公司)等诉康文森无线许可有限公司(以下简称康文森公司)确认不侵害专利权及标准必要专利许可纠纷案[⑤]中,最高人民法院首次适用了禁诉令,维护了我国法院的司法管辖权。该案中,华为公司于2018年1月首先在江苏省南京市中级人民法院提起诉讼,康文森公司出于反制向德国杜塞尔多夫法院提起对华为公司的标准必要专利侵权诉讼。一审判决后,康文森公司不服提起上诉。二审阶段,德国杜塞尔多夫法院一审判决华为公司停止侵权,最高人民法院根据华为公司的申请,综合考量了必要性、损益平衡、国际礼让等因素,裁定康文森公司

---

① 该条规定:"……中华人民共和国境外的垄断行为,对境内市场竞争产生排除、限制影响的,适用本法。"

② 该条规定:"在中华人民共和国管辖海域以外,造成中华人民共和国管辖海域污染的,也适用本法。"

③ 参见肖永平、焦小丁:《从司法视角看中国法域外适用体系的构建》,载《中国应用法学》2020年第5期。

④ 参见宋晓:《域外管辖的体系构造:立法管辖与司法管辖之界分》,载《法学研究》2021年第3期。

⑤ 一审:江苏省南京市中级人民法院(2018)苏01民初232、233、234号;二审:最高人民法院(2019)最高法知民终732、733、734号。

不得在本案作出终审判决前，申请执行德国杜塞尔多夫法院的一审判决。其次，随着中国国力的增强以及司法的发展，中国对外司法合作不断扩大，也提高了中国的司法声音。外国法院逐步认可我国法院的民事判决，为中国域外管辖作好了铺垫。例如，在德国旭普林国际有限责任公司诉无锡沃可通用工程橡胶有限公司①、湖北葛洲坝三联实业股份有限公司诉美国罗宾逊直升机有限公司②等多起案件中，德国、美国等多个国家在两国尚没有双边司法协议的情况下承认并执行了我国法院的民事判决。此外，也有外国法院援引中国法乃至中国案例作出民商事案件判决。③ 在这种基础上，一些中国法院发出的禁令，开始产生了域外影响力，为世界所关注。④

在行政执法层面，我国法律的域外实施，既有单边监管，也有多边协作。其中，单边监管属于法律域外效力的直接实施，主要集中在反垄断等领域，如禁止丹麦穆勒马士基集团、地中海航运公司、法国达飞海运集团公司设立网络中心的经营者集中案⑤，附条件批准陶氏化学公司与杜邦公司合并案⑥，附条件批准英伟达公司收购迈络思科技有限公司股权案⑦等。多边协作则属于法律域外效力的间接实施，如我国通过加入国际证监会组织（International Organization of Securities Commission，IOSCO），在江苏雅百特科技股份有限公司（以下简称雅百特公司）财务造假案中，通过与巴基斯坦证监会、迪拜金融管理局等监管机构开展执法合作，查实了雅百特公司虚构海外工程项目、虚假采购等跨境财务造假事

---

① German Zueblin International Co., Ltd. v. Wuxi Walker General Engineering Rubber Co., Ltd., The Berlin High Court of Justice, May 18, 2006, Case Docket No. 20 Sch 13/04.

② Hubei Gezhouba Sanlian Indus., Co., Ltd. v. Robinson Helicopter Co., Inc., 425 Fed. Appx. 580 (9th Cir. 2011) (unpublished).

③ 参见张晓君、石晓玉：《中国法在美国适用的司法实践与对策》，载《政法论丛》2019年第5期。

④ See *China is Becoming More Assertive in International Legal Disputes*, The Economist (Sept. 18, 2021), https://www.economist.com/china/2021/09/18/china-is-becoming-more-assertive-in-international-legal-disputes.

⑤ 详见商务部公告2014年第46号。

⑥ 详见商务部公告2017年第25号。

⑦ 详见《市场监管总局关于附加限制性条件批准英伟达公司收购迈络思科技有限公司股权案反垄断审查决定的公告》，载国家市场监督管理总局反垄断局网，http://www.samr.gov.cn/fldj/tzgg/ftjpz/202004/t20200416_314327.html。

实;[①]在宏盛科技信息披露违法违规案中,通过美国证监会的协助,查清了宏盛科技利用虚假提单骗取信用证承兑额4.85亿美元,虚增2005年、2006年主营业务收入的违法事实。[②] 同时,在瑞幸咖啡财务造假案[③]中,证监会也积极配合美国证券监管部门开展跨境协查等工作。

四、中国法域外适用和管辖的新思路:《证券法》域外适用条款的推出与管辖实务

(一)《证券法》域外适用与管辖条款的制度设计

2020年新修订的《证券法》第2条第4款规定,"在中华人民共和国境外的证券发行和交易活动,扰乱中华人民共和国境内市场秩序,损害境内投资者合法权益的,依照本法有关规定处理并追究法律责任。"与此相呼应,2021年出台的《最高人民法院关于北京金融法院案件管辖的规定》第2条与新修改的《最高人民法院关于上海金融法院案件管辖的规定》第2条规定了两家金融法院管辖在我国境外上市的境内公司及境外公司损害境内投资者合法权益的证券、期货纠纷,以及境外其他金融产品和金融服务的提供者损害境内投资者合法权益的金融纠纷。[④] 根据最高人民法院民二庭负责人的介绍,上述规定的法律依据就是《证券法》的域外适用条款,修订中的《中华人民共和国期货法(草案)》及《中华人民共

---

① 详见《证监会2017年稽查执法工作情况通报》,载中国证券监督管理委员会网,http://www.csrc.gov.cn/pub/newsite/zjhxwfb/xwdd/201801/t20180126_333200.html。

② 详见《证监会查处宏盛科技信息披露违法违规案》,载中国证券监督管理委员会网,http://www.csrc.gov.cn/pub/newsite/jcj/aqfb/201204/t20120420_209025.html。

③ 该案中,因缺乏证据表明国内投资者因瑞幸咖啡在美国的虚假陈述受到损失,故证监会未启动对瑞幸咖啡的执法,但其在国内的关联公司因牵涉信息披露违法而遭受处罚。详见《关于瑞幸咖啡财务造假调查处置工作情况的通报》,载中国证券监督管理委员会网,http://www.csrc.gov.cn/pub/newsite/zjhxwfb/xwdd/202007/t20200731_380963.html。

④ 最高人民法院《关于北京金融法院案件管辖的规定》第2条规定:"下列金融纠纷案件,由北京金融法院管辖:(一)境内投资者以发生在中华人民共和国境外的证券发行、交易活动或者期货交易活动损害其合法权益为由向北京金融法院提起的诉讼;(二)境内个人或者机构以中华人民共和国境外金融机构销售的金融产品或者提供的金融服务损害其合法权益为由向北京金融法院提起的诉讼。"最高人民法院《关于上海金融法院案件管辖的规定》第2条规定:"下列金融纠纷案件,由上海金融法院管辖:(一)境内投资者以发生在中华人民共和国境外的证券发行、交易活动或者期货交易活动损害其合法权益为由向上海金融法院提起的诉讼;(二)境内个人或者机构以中华人民共和国境外金融机构销售的金融产品或者提供的金融服务损害其合法权益为由向上海金融法院提起的诉讼。"

和国商业银行法(草案)》也规定了类似的我国法域外适用条款。①

《证券法》的域外适用与管辖条款,显然不同于基于《民事诉讼法》涉外民事诉讼程序的管辖规则确定管辖法院的做法,属于新思路,也产生了适用的争议。有些是内部争议,例如,从《证券法》第 2 条第 4 款和两家金融法院案件管辖规定的第 2 条的表述来看,具体哪家金融法院取得管辖权完全是基于投资者起诉时的选择,似乎不需要任何具体管辖连结点(如最密切联系地即设立相关通道的国内金融基础设施所在地)的存在。例如,投资者通过上海证券交易所进行的沪港通、沪伦通证券交易和上海清算所的跨境债券交易,由此产生权益受损并提起纠纷,并据此向北京金融法院提起诉讼,北京金融法院也有权管辖。关于两家金融法院之间的管辖冲突,目前明确的是依据《民事诉讼法》第 36 条和第 38 条第 2 款处理:当事人同时向两家金融法院起诉的,案件由最先立案的法院管辖;如两家金融法院发生管辖争议,可以就个案报请共同上级人民法院即最高人民法院指定管辖。② 而如果不同投资者就境外同一证券、期货类侵权行为分别向两家金融法院提起民事诉讼,且两家金融法院分别立案受理的话,该系列案件是否应当就原告选择分属两家金融法院管辖,抑或应当由其中一家管辖,相应的规则仍不明确。不过,由于存在最高人民法院统一协调机制,上述内部争议在实务中并不难解决。

(二)《证券法》域外适用的实务难题与思考

我国《证券法》内部管辖问题,可以通过协调的办法解决,但外部争议则更复杂。该条款缺乏行为标准、影响标准或者是交易标准,导致实务中如何行使管辖权产生了模糊性。瑞幸咖啡案件就是一个充分阐释争议的例子。瑞幸咖啡案件源于证券虚假陈述。2020 年 1 月 31 日浑水公司对瑞幸咖啡公布了一份足有 89 页的做空报告,引发众多关注。2020 年 4 月 2 日晚间,瑞幸咖啡发布公告,称公司首席运营官刘某及其部分下属,在 2019 年第二季度到第四季度,参与伪造交

---

① 参见《最高人民法院民二庭负责人就〈最高人民法院关于北京金融法院案件管辖的规定〉答记者问》,载中华人民共和国最高人民法院网 2021 年 3 月 16 日,http://www.court.gov.cn/zixun-xiangqing-290971.html。

② 参见《完善案件管辖范围 充分发挥金融司法职能——最高法民二庭负责人就修改〈最高人民法院关于上海金融法院案件管辖的规定〉答记者问》,载中华人民共和国最高人民法院网 2021 年 4 月 22 日,http://www.court.gov.cn/zixun-xiangqing-297961.html。

易相关的销售额约为22亿元。此时距我国修订后的《证券法》生效不过1个月零2天。公告发布后,瑞幸咖啡股价大跌,投资者在美国相关法院提起证券集体诉讼。与此同时,中国证监会也发表声明,中国证监会将按照国际证券监管合作的有关安排,依法对相关情况进行核查,坚决打击证券欺诈行为,切实保护投资者权益。此后不久,亦有中国投资者欲将瑞幸咖啡的相关中国实体起诉至北京与上海金融法院,要求以中国《证券法》追究瑞幸咖啡责任以使得投资者获得赔偿,由此引发了我国《证券法》域外适用的实务问题。一旦到了实务阶段,则会发现域外适用仍存在障碍。

瑞幸咖啡注册地在开曼群岛,是一家离岸公司。瑞幸咖啡经境外监管机构注册发行证券,在美国发行的是美国存托凭证,在美国纳斯达克股票市场上市,国际投资者可以购买。由于离岸发行的特殊性,瑞幸咖啡仅仅是个壳公司,下设有子公司及孙公司数十家,其主要经营实体在福建厦门。

按照我国证券法的域外管辖条款,瑞幸咖啡属于境外发行的证券,似乎只要"损害境内投资者合法权益",中国法院均可以管辖。但实际上还需要考虑诸多问题:

1. 侵权主体的问题,即谁是侵权行为人?中国投资者可能基于节省成本的原因,不愿意启动涉外诉讼、送达程序,故并未起诉瑞幸咖啡,而是挑选了瑞幸咖啡在中国境内的几家子公司作为被告。这样一来,就会产生实体上的问题,上市公司即瑞幸咖啡的财务报表发布,才构成证券侵权,因为投资者对财务报表产生信赖关系。如果子公司、孙公司单独造假或者配合造假,能否构成证券法上的虚假陈述侵权,则存在较大争议。因此,如果不把瑞幸咖啡作为被告,则实体上中国投资者诉请能否得到支持存在疑问。

2. 中国投资者的证券投资是否为"合法权益"?在我国目前的外汇监管体系里面,只有经批准的合格的境内投资基金(Qualified Domestic Institutional Investor,QDII)才能投资于美国证券市场。外汇管理条例以及个人换汇制度规定个人不能换取外汇去进行资本项目投资,如投资国外的证券市场、买房等。如果投资者并非基于合法渠道,而是通过诸如在香港特别行政区开户并换汇绕道投资的行为,可能违反了监管规定。被告可能会提出不构成"合法权益"的抗辩,而司法则需要认定是否属于合法权益,对此争议亦不小。例如,有观点认为外汇规定仅为管理性规定,不影响投资者的民事权益。也有观点认为,这属于强监管规定，应认定此类绕道投资行为非法。例如，中国人民银行明令禁止比特币交易，故司法实务中经常认定相关交易非法。

3. 如何解决法律适用与平行程序难题。瑞幸咖啡在美国发行证券，监管机关为美国证券交易委员会（the U. S. Securities and Exchange Commission，SEC），司法管辖机关为美国司法部，财务造假行为适用美国法律并无太大争议。如果中国法院审理相关案件，则会引发法律适用问题，即适用美国证券法还是中国证券法？如果适用中国证券法直接认定在美国证券市场上的虚假陈述是否合适？与此同时，针对瑞幸咖啡造假，美国投资者已经有五六家律所发动了不同的集团诉讼。由于多家律所参与，美国纽约南区法院已于 2020 年 6 月 12 日作出裁定，选定领头原告（lead plaintiff）和代理的律所，将上述多起诉讼合并为一起诉讼。在美国集团诉讼中，被告不仅仅是瑞幸咖啡，还包括 10 余名高管以及多家证券中介机构，如承销商。这起集团诉讼已经认定了合格索赔投资者的购买证券的时间为 2019 年 5 月 17 日至 2020 年 4 月 1 日。在美国集团诉讼已经启动且已经确定了实施日、揭露日的情况下，如果中国法院认定不一致如何处理？判决结果要不要考虑跟美国判决结果进行接轨？否则投资者可能获得的结果有所不同。此外，美国证券集团诉讼采用“默示加入，明示退出”的方式原则，即中国投资者有权在其中获得赔偿，在中国提起同样的诉讼是否需要以明示退出美国集团诉讼为前提？

4. 中美证监会行政执法程序的合作因素。针对瑞幸咖啡造假，美国证监会已经起诉至美国纽约南区法院，要求给予民事制裁（此程序类似于中国证监会的行政处罚）。2020 年 12 月 16 日，瑞幸咖啡同意支付 1.8 亿美元，与美国证监会达成和解。对此，美国证监会发出了公告，专门提及投资者的集体诉讼的赔偿额优先于美国证监会的和解款，即民事赔偿优先于行政处罚，而且和解款的支付要由中国的有关监管部门批准（应涉及使用中国境内的资金支付和解款故产生了监管批准问题）。此外，美国证监会还专门在公告中感谢中国证监会的配合支持，由此可见，两国在瑞幸咖啡造假一事上已存在较密切合作。在这种情况下，如果中国法院的民事司法程序启动，会不会产生冲突而在一定程度上抵销两国证券监管机构的合作努力？

5.《证券法》域外适用与域外破产程序的协调衔接。在证券虚假陈述案件发生后，上市公司管理层会受到质疑，包括股、债价格下跌，很容易引发其他司法程序,如破产程序。在瑞幸咖啡的案件中,瑞幸咖啡随后不久就进入开曼群岛的临时清盘程序(provisional liquidation),并指定破产管理人。破产管理人又同时启动了《美国破产法》第15章程序,寻求美国法院对于开曼破产程序的认可。通过司法合作,美国法院给予了开曼破产程序的协助,认可了开曼法院指定的破产管理人,并且暂停美国的其他所有诉讼程序包括证券虚假陈述案件。这种情况下,如果中国法院不认可其他国家的破产程序,继续适用中国《证券法》并判决瑞幸咖啡承担责任,是否会引起冲突而影响相关后续的破产重整程序?

由此可见,《证券法》的域外管辖与适用,并非简单问题,其适用会引发不同国家的司法、执法等不同法律程序的冲突与协调。如果仅仅凭借"损害境内投资者合法权益"这一点为连结点,则显得域外适用的范围无边无界,相当于中国法院可以管辖中国投资者购买的全世界任何国家上市公司的证券。比如美国微软或者谷歌公司构成证券欺诈,而中国境内投资者持有相关证券,则中国法院亦可行使管辖权。但这些公司与瑞幸咖啡有所不同,其主要经营实体并非位于中国,与中国各方面的连结关系非常弱。如果强行行使管辖权,则不仅浪费司法资源,还会引发国际冲突。因此,笔者认为,出于司法、执法经济以及遵守国际礼让原则的考量,在具体实施证券法域外管辖和适用过程中应当设置相应的限制条件。针对境外证券发行和交易行为,设定中国自己的"行为标准"和"影响标准",符合这些标准的,才行使司法管辖权。至于证券监管部门行政执法的管辖权,因为程序性要求没有司法那么严格,也不要求符合特定的连结点,则可以相对宽泛。

五、完善我国涉外法治的建议

法律是政治的延伸,通过扩大本国法律规制范围,对国际经济事务进行一定程度的干预,可以更好地实现国家政治目的和经济利益。目前,我国的域外法治建设尚处于起步与发展阶段,还有待进一步借鉴他国的成熟经验,不断加以完善。这是一个循序渐进的过程,需要以成熟的国内立法、司法、执法实践经验为基础,无法一蹴而就。

具体到金融领域,随着金融市场的国际化,金融市场的刑事犯罪、民事侵权行为也具有了跨境特征,不仅损害单一国家的市场及投资者利益,也将给相互依存的世界金融体系带来影响及危险。通过扩大本国金融相关法律的适用范围,既能最大限度地抑制危机的发生和传导,也能在本国公民、企业难以获得当地有效救济时,最大限度保障其合法权益。基于上述目标,结合本文的分析,笔者在此提出下列建议:

(一)加强涉外法治研究与人才培养

涉外法治的推进,离不开理论的完善。首先,要加强制度合理性研究。在对我国法域外管辖和适用界限的把握上,至少应考虑是否符合国际交往准则,是否与本国具有实质联系,是否平衡国内外利益,是否遵循正当程序等多项因素,以确保其合理性。其次,要加强制度有效性研究。法律的管辖范围越宽,并不代表治理目标就能实现。因为法律的实施不只是立法,还涉及执法、司法等多个阶段及过程,仅仅拓宽法律的规制范围是不够的。加强可行性、有效性的研判,解决实务中的难题,才能使法律真正发挥作用。最后,要加强制度差异性研究。一方面,在推动本国法域外实施的过程中,要加强对国际先进经验的学习与吸收,逐步推进涉外法治实施;另一方面,在学习、移植其他国家成熟立法的过程中,也要充分注意到法律制度及基本国情的差异,不能盲目照搬,损害本国法律体系的完整性。

除此之外,本国法律的域外实施,需要培养与储备大量掌握外语的法律人才。因为涉外法治的完善过程中,需要我们熟悉相关国际规则,减少推行域外管辖的阻力;需要我们有理有利有节地推进,因为在这个过程中不可避免地会与其他国家管辖权产生冲突;需要与他国积极合作,因为行政执法、司法对外合作是有效行政管辖的前提。这一切,离不开相关的专业化人才。

(二)完善相关域外管辖立法

长期以来,我国坚持属地管辖的原则,在域外管辖的问题上呈现相对保守的特点。随着世界政治经济联系的加强,各国相互间的影响日益明显,属地主义管辖已难以满足全球治理需求。通过合理、有限度地实施域外管辖,可以更有效地维护国家及国民利益,但是目前我国的相关实践尚处于起步阶段,一是域外管辖立法的内容不足,实践案例较少,难以完全覆盖我国的海外利益,部分监管规则的位阶还比较低,不能胜任涉外法治的法制保障,如在跨境期货监管方面的规则,目前仅有证监会根据《期货交易管理条例》的授权制定的《境外交易者和境外经纪机构从事境内特定品种期货交易管理暂行办法》《期货公司监督管理办法》两部部门规章,缺乏上位法的支持。二是既有的立法大多只有框架性的原则规定,对于具体适用的条件则尚未明确。三是公法的内容不够突出。将来可以公法先行,不断成熟发展,然后再推行私法的域外适用。

(三)完善司法管辖体系

一是合理确立司法管辖范围。一方面,可以根据时代的发展重新定义"最低联系"原则,如果我国司法不更新相关规则,就无法适应信息化时代发展;另一方面,也要通过"不方便法院"原则,可以避免本国司法资源被无关案件占用。可根据实际情况适时修订《民事诉讼法》和相关配套司法解释及法律适用法,赋予审理者对"管辖连结点"及"不方便法院"等更全面、灵活的认定标准;当然,在合理拓展的同时,也受到事项的关联性和国际礼让原则的必要限制,避免出现让规制对象面对我国法与其本国"左右为难"的情形。二是进一步拓展司法权行使方式。我国《民事诉讼法》下行为保全等制度也存在一定的拓展空间,但实务中由于法官不熟悉该制度或者觉得缺乏强制力,作出的行为保全裁定较少。对此,可在研究总结的基础上进一步加以利用,强化司法主权,发出司法声音,以此应对其他国家法律的不当域外管辖。三是加强案件的梳理总结,在外国法的查明及应用,本国法的域外适用,互惠原则下判决、裁定的相互承认及执行等方面,通过具体案件的审理细化诠释法律,兼顾国家利益及国际礼让。打好司法合作的基础,将来中国积极行使域外管辖权时,才会得到其他国家的配合。

(四)强化行政执法管辖

首先,要注重推进双边、多边协作。尽管多边机制在性质上属于不具有强制效力的"软法",但仍不失为当前跨境治理、监管的最优选择。我国虽然已经开展了一定数量的跨境监管合作,但是在合作的数量、深度方面仍有进一步提升的空间。其次,要拓展执法方式,强化执法力度。域外管辖的法律效果建立在充分执法的基础上。我国反垄断、证券监管等领域的执法手段相对单一。以证券监管为例,一是效力层级不高,基本上都是通过证监会的规章予以设定;二是措施种类不多,多为警示函、监管谈话、责令更换相关人员、暂停开展相关业务、暂停相关资格等，缺乏足够的强制力与威慑力，更难以实现对域外主体的有效规制。①最后，要保障执法程序的正当性。在拓展域外管辖执法路径的同时，要赋予执法对象以适当救济途径，打通执法与司法的程序衔接，使执法行为公开、公平、公正，符合比例原则，避免执法裁量权的任意行使损害我国国际公信力。

① 参见陈宇：《从 Petrobras 案看美国〈反海外腐败法〉的域外管辖问题》，载《河北法学》2020 年第 5 期。

国际视野下中国企业债券违约的若干法律问题研究

符　望*

一、中国债券违约与法律框架的升级

发行债券是一个国家或企业筹集资金的最重要和最有效的方法之一。我国财政部从1981年开始发行债券，债券市场随着改革开放政策的发展也迅速扩大规模。截至2016年年底，中国债券市场已成为仅次于美国的第二大债券市场。①本文所指的“企业债券”是一个概括性用语，用于描述具有企业信用的实体发行的债券，不包括政府债券和金融债券。它主要包含以下几种类型的债券：②(1)企业债：由国家发展和改革委员会批准并在银行间市场和交易所市场交易，由中央国债登记结算有限责任公司登记结算。(2)公司债：中国证监会监管，仅在交易所债券市场交易。(3)银行间市场各类公司债券，如短期融资券、中期票据、永续债券，定向债务融资工具、资产支持票据，项目收益票据等。这些债券发行与交易由中国人民银行主管的中国银行间市场交易商协会(National Association of Financial Market Institutional Investors, NAFMII)监管，并由上海清算所登记结算。

---

* 法学硕士，上海金融法院综合审判二庭庭长。

① See Grace Xing Hu, Pan Jun & Wang Jiang, *Chinese Capital Market: An Empirical Overview* (Dec. 31, 2017), https://ssrn.com/abstract=3095056.

② See Chi Zhang, *The Segmented Regulatory System of the Bond Markets in China: Current Situation, Causes and Reform*, 175 Capital Markets Law Journal 15(2020).

中国债券市场曾经的低违约率助力了市场的蓬勃发展。在资本市场不断开放的背景下,外国投资者不断涌入我国债券市场。2016 年 2 月,中国人民银行取消了外国机构投资者的配额限制,允许他们在银行间债券市场进行更多投资。① 许多国家的负利率也相应使中国市场更有吸引力。例如,2018 年中国 10 年期国债的收益率为 3.62%,企业债券的平均收益率为 4.78%。② 截至 2018 年 3 月,外资在我国境内债券的持有量达到了 13.6 亿元人民币,同比增长超过 60%。③ 当然,在这个过程中,中国债券市场也受到外国投资者的批评,如债券回购业务不发达以及债券期货交易缺乏对手方,导致债券缺乏流动性。④ 不过,投资者通常无须担心债券违约,从而享受着无风险回报。但这点却在 2014 年被打破。此后,一波违约潮开始让债券违约处置机制成为投资者和法律界关注的焦点。

(一)债券违约率不断上升引发关注

2014 年 3 月 4 日,上海超日太阳能科技股份有限公司宣布无法向投资者支付债券利息,宣告我国国内市场首次债券违约。⑤ 通常情况下,发行人如果出现财务困难,当地政府往往会提供救助,俗称“刚性兑付”。但在经济下行和资金紧张的背景下,刚性兑付计划无法再覆盖所有陷入困境的发行人,于是违约率不断上升。统计数据显示,绝大多数国内市场债券违约是非国有企业的违约,按发行人的数量计算,占违约的 86.7%,按本金计算,占 90%。⑥ 此外,离岸违约也意外出现。国有企业青海省投资集团在香港特别行政区发行了美元债券,但在 2009 年 2 月拖欠了 1090 万美元的利息,这是 20 年来的首次离岸违约。⑦

---

① 参见中国人民银行公告〔2016〕第 3 号。

② See James Kynge, *Default Risk Casts Shadow over Foreign Demand for China Bonds*, Financial Times(Jun. 27, 2018), https://www.ft.com/content/3ecb0f98-7a12-11e8-8e67-1e1a0846c475.

③ See James Kynge, *Default Risk Casts Shadow over Foreign Demand for China Bonds*, Financial Times(Jun. 27, 2018), https://www.ft.com/content/3ecb0f98-7a12-11e8-8e67-1e1a0846c475.

④ See Daniela Gabor, *China Should Not Remake Its Bond Markets in US Image*, Financial Times (Jun. 13, 2019), https://www.ft.com/content/892aeeb8-8d31-11e9-b8cb-26a9caa9d67b.

⑤ See Jamil Anderlini, *China Suffers First Corporate Bond Default*, Financial Times (Mar. 7, 2014), https://www.ft.com/content/d4ccd956-a5cb-11e3-9818-00144feab7de.

⑥ See Edward White, *Chinese Corporate Bond Defaults Hit Record High, Fitch Says*, Financial Times(Jan. 21, 2019), https://www.ft.com/content/0bf4a6e8-1d31-11e9-b126-46fc3ad87c65.

⑦ See Don Weinland, *China Local Governments Sound Alarm on Debt Obligations*, Financial Times (Sept. 5, 2019), https://www.ft.com/content/5093658a-ced1-11e9-b018-ca4456540ea6.

中国债券违约率在过去两年逐年攀升(以数额为基数)(如图1所示)。笔者认为,从积极的角度来看,债券违约对我国而言实际上是一件好事。比如2018年我国市场风险较高的高收益债券和所有企业债券的违约率分别为0.95%和0.33%,而美国高收益债券的违约率则高于2%。① 没有违约的市场无法正常运作,因为无风险的环境会造成错觉,让投资者无法有效地对风险定价与投资。违约潮使得投资者更加关注两个方面:债券信用评级和违约处置机制。我国评级机构评级相对宽松,因为80%的发行人一直被评为AA级或更高等级,高于标普、穆迪等全球性机构的评级。② 至于违约处置机制的不完善也引发了投资者的报怨,相关报道显示债务回收比率从2016年的46%下降至2020年的13%。③

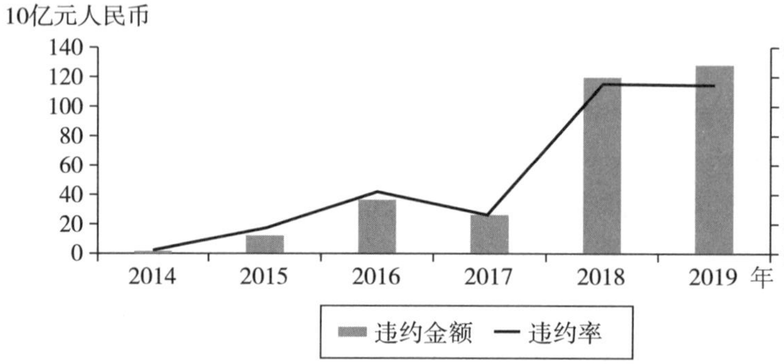

图1　2014~2019年中国债券违约率

资料来源:Umesh Desai, *Record Bond Defaults as China Lifts Credit Allocation*, Asia Times (Jan. 7, 2020), https://asiatimes.com/2020/01/record-bond-defaults-as-china-lifts-credit-allocation/.

(二)债券违约处置的法律框架升级与实务难题

面对债券违约的浪潮和投资者的批评,2019年我国修改了法律、法规以及规范性文件,针对现有的债券违约法律框架进行了重要升级。搭建新框架的相关

---

① See McCabe Adam, *Why China's Bond Defaults Are Actually a Good Thing*, Financial Times (Dec. 19, 2018), https://www.ft.com/content/da80aa2a-03a5-11e9-9d01-cd4d49afbbe3.

② See Hudson Lockett and Yizhen Jia, *China's Bond Market Is Opening—but Are the Rating Agencies Ready?*, Financial Times (Apr. 4, 2019), https://www.ft.com/content/e6ea3c7c-55f8-11e9-91f9-b6515a54c5b1.

③ See Sun Yu, *China Bond Investors Battle to Claim Cash after Defaults*, Financial Times (Jan. 9, 2020), https://www.ft.com/content/09dda1e4-31e8-11ea-9703-eea0cae3f0de.

法律及文件于2019年年底出台，并于2020年生效。为说明这种变化，本文将债券违约法律框架以2020年作为分界点，概括为两个阶段：2020年之前的框架和2020年新框架。

1.2020年之前的框架

交易所债券市场主要由《中华人民共和国证券法》（以下简称《证券法》）所规范，但2019年该法修订之前，只有一个条款涉及债券违约，即禁止违约发行人发行新债券。证监会在其2015年颁布的《公司债券发行与交易管理办法》①中规定，发行人应当在债券募集说明书（以下简称债券说明书）中约定构成债券违约的情形、违约责任及其承担方式以及公司债券发生违约后的诉讼、仲裁或其他争议解决机制。发行人应当为债券持有人聘请债券受托管理人，并订立债券受托管理协议；在债券存续期限内，由债券受托管理人按照规定或协议的约定维护债券持有人的利益。债券受托管理人由本次发行的承销机构或其他经中国证监会认可的机构担任。同时，还规定债券受托管理人负责召集债券持有人会议，在发行人不能偿还债务时可以接受全部或部分债券持有人的委托，以自己名义代表债券持有人提起民事诉讼、参与重组或者破产的法律程序。

银行间债券市场的主要规范性文件是中国人民银行2008年发布的《银行间债券市场非金融企业债务融资工具管理办法》②，该办法搭建了发行框架，NAFMII则进一步完善了相关规则。例如，颁布了《银行间债券市场非金融企业债务融资工具持有人会议规程》（2013年修订）③（以下简称《2013年会议规程》），旨在明确债券违约后的持有人会议机制，通过会议提出解决方案。

与证监会管辖的交易所市场相比，银行间市场并没有给债券受托管理人留有一席之地。如果发生违约，召集人应召集债券持有人会议通过决议以采取进一步行动，例如诉讼或重组。实践中，会议召集人通常是债券承销商。《2013年会议规程》还提出了除债券说明书另有约定外，会议决议标准为66% +75%，即会议生效需要2/3以上表决权数额持有人出席，决议生效则需要出席会议的持有人所持表决权的3/4以上通过。

至于与债券相关的司法诉讼，我国并没有特别的立法，所适用的法律规则与

---

① 参见中国证券监督管理委员会令第113号。

② 参见中国人民银行令〔2008〕第1号。

③ 参见中国银行间市场交易商协会公告〔2013〕12号。

其他商事纠纷并无特别不同,如《中华人民共和国民事诉讼法》和《中华人民共和国企业破产法》等。这些法律中没有关于债券违约的特定规则,立法机关也并未预料到在2014年开始出现的这一波债券违约。

2. 框架陈旧带来的实务难题

债券违约引发了大量案件,并不断对2020年之前的框架进行检验,从而发现了较突出的三个法律问题。

第一个问题是谁应当在债券违约后的程序中起主导作用。这些程序包括持有人会议程序与针对发行人的司法程序。在交易所市场中,出现违约之时,作为债券受托管理人的承销商并不愿意召开债券持有人会议,因为它本身可能成为债券持有人怨气发泄的目标。着急的债券持有人往往指责承销商在债券说明书中存在虚假陈述,以及未预料到发行人的违约。这一利益冲突有时会使债券受托管理人的架构瘫痪,出现无人负责的局面。即使债券受托管理人希望启动诉讼程序要求发行人承担义务,民事诉讼规则也未明确允许它以自己的名义提起民事诉讼。在银行间市场中,由于并未设置债券受托管理人,因此债券持有人必须独自提起诉讼。但根据我国的民事诉讼规则,[①]在未明确约定管辖法院的情况下,“接收货币一方所在地为合同履行地”,成为管辖连结点,于是债券持有人往往在其住所地法院提起诉讼,导致同一笔债券违约的案件散布在我国各地,据测算到2019年年底全国法院已受理400多起案件。[②] 这些诉讼不仅增加了纠纷解决成本,而且不同法院针对同一批债券可能作出不同判决。可以说,缺乏一个主导者来代表债券持有人统一行事,造成了债券违约处置的拖延。例如,根据相关统计数据,截至2019年8月底,在300余笔违约债券中,只有53笔被成功处置。[③]

第二个问题与债券说明书约定的违约事件和加速到期相关。我国债券发行文件中约定的违约事件通常仅限于延迟支付本息和发行人破产。实务中,发行

---

① 参见最高人民法院《关于适用〈中华人民共和国民事诉讼法〉的解释》第18条。

② See Qinqin Peng, *In Depth: China Responds to Default Wave With New Legal Frameworks*, Caixin (Dec. 30, 2019), https://www.caixinglobal.com/2019-12-30/in-depth-china-responds-to-default-wave-with-new-legal-frameworks-101499147.html.

③ See Qinqin Peng, *In Depth: China Responds to Default Wave With New Legal Frameworks*, Caixin (Dec. 30, 2019), https://www.caixinglobal.com/2019-12-30/in-depth-china-responds-to-default-wave-with-new-legal-frameworks-101499147.html.

人延迟付款时，由于轮候查封制度的存在，较心急的单个债券持有人为了抢首轮查封以保护其利益，往往立刻启动诉讼程序并申请冻结发行人资产。这样一来，反而会迫使发行人进入破产程序，降低了债券重组的可能性，使发行人难以摆脱困境。除此之外，即便没有出现违约事件，有些恐慌的投资者还可能以其他理由主张债券加速到期，如援引合同法“预期违约”制度或者主张债券说明书“存在虚假陈述”，甚至对一些永续债券也要求加速到期。

第三个问题是债券持有人如何通过协商实现集体行动。《2013 年会议规程》在司法程序中也受到质疑，如有的持有人会主张这些会议规程仅仅是合同条款而非法律法规。即便持有人会议通过一项决议，不满意的债券持有人也往往以会议规程系格式条款、未尽到提示说明义务、不公平等理由主张决议无效。除此之外，对于持有人会议召开的法定人数和决议通过条件，也存在不同观点。

3. 2020 年新框架

上述问题显示出债券违约处置机制的内在不足，也引发了市场的呼声。为此，相应的法律文件陆续出台，逐步形成 2020 年新框架。对于交易所债券市场，《证券法》于 2019 年进行了修订，并于 2020 年 3 月 1 日生效。该法律从更高层级上明确了债券受托管理人的地位，其中第 92 条规定：公开发行公司债券的，发行人应当为债券持有人聘请债券受托管理人，受托管理人应当由本次发行的承销机构或者其他经国务院证券监督管理机构认可的机构担任。债券发行人未能按期兑付债券本息的，债券受托管理人可以接受全部或者部分债券持有人的委托，以自己名义代表债券持有人提起、参加民事诉讼或者清算程序。

对于银行间市场的债券，NAMFII 于 2019 年 12 月发布了《银行间债券市场非金融企业债务融资工具受托管理人业务指引（试行）》（以下简称《管理人业务指引》），并修改了会议规程（以下简称《2019 年会议规程》），两项文件的生效日期均为 2020 年 7 月 1 日。①

《管理人业务指引》首次将债券受托管理人引入了银行间市场，可以被指定为债券受托管理人的机构包括“（一）债务融资工具的主承销商；（二）持有金融许可证的金融资产管理公司；（三）已取得债务融资工具承销商业务资质的信托公司；（四）具备债务融资工具业务经验的律师事务所及其他专业机构”，前提是

① 参见中国银行间市场交易商协会公告〔2019〕25 号。

它们已在NAFMII中备案。发行人必须通过签署受托管理协议来指定债券受托管理人。在获得全部或部分债券持有人的授权后,债券受托管理人可以积极参与违约相关事务。

《2019年会议规程》也带来了一些重大变化。首先,违约债券的承销商是会议的召集人,而债券受托管理人必须出席该会议。其次,决议对参会及未参会的债券持有人产生相同的影响和约束力,无论他们是否出席会议以及如何投票。最后,会议的法定人数和决议条件已修改。除法律法规另有规定或发行文件另有约定外,出席持有人会议的债务融资工具持有人所持有的表决权数额应超过本期债务融资工具总表决权数额的50%,会议方可生效。普通的决议应当由持有本期债务融资工具表决权超过总表决权数额50%的持有人同意后方可生效;针对特别议案的决议,则需要90%。特别议案,是指导致债券等关键条款(如本金、利息、付款时间表、增信安排等)发生重大变化的议案。

与此同时,2019年12月,最高人民法院与中国人民银行、证监会举行会议专门讨论债券违约问题,随后发布了会议纪要草案以征询公众意见。2020年7月15日,最高人民法院正式发布了《全国法院审理债券纠纷案件座谈会纪要》(以下简称《债券纪要》),总共34条,涉及债券违约的方方面面。例如,《债券纪要》解决了管辖权问题,明确普通债券违约由发行人住所地人民法院管辖。该纪要也明确承认债券受托管理人的作用,提出债券持有人会议通过的合法决议对所有债券持有人具有约束力,并规定了关于加速到期的一些裁判原则。

在笔者看来,通过建立2020年新框架,债券违约的处置机制得到了全面升级,尤其是在如下三个方面:债券发行架构、违约事件与加速到期、集体行动机制。这较大地弥补了目前市场的缺陷,为投资者注入了信心。

二、债券发行架构的思考

债券发行涉及不同的中介机构,如经理行、承销商、受托管理人、财务代理人等,由此形成不同架构。对于普通法国家,债券受托管理人(bond trustee)是其债券市场的主要特征。例如,根据英国法律,发行人通常通过信托契据(trust deed)指定债券受托管理人的权利、义务,明确债券受托管理人服务于债券持有人的利益。对于大陆法国家,由于信托制度不被承认或者不够发达,则转而采用财务代理人(fiscal agent)架构。财务代理人通过签订代理协议担任发行人的代理人,负责向债券持有人支付本息。与债券受托管理人不同,财务代理人不代表债券持有人利益,因此在这个架构之下,债券持有人自己必须对违约的发行人采取法律行动。

相比之下,债券受托管理人架构因更加灵活而受到欢迎。在这种信托结构中,受托人管理由债券付款本息及其他收益组成的信托财产,债券持有人则作为受益人。这从实务操作角度而言较为便利:对于发行人而言,与代表众多债券持有人的受托管理人打交道将降低交易成本。受托管理人将行使其酌情处置权以应对诸如违约事件或者债券中其他可能触发违约的复杂条款,而不是动辄宣布违约并主张加速到期。如果债券需要担保,受托管理人可以直接将担保权登记于其名下,最大限度地减少了分别登记至债券持有人的麻烦。在发行人违约的情况下,受托管理人将在违约处置法律程序中起主导作用,而债券持有人通常无须采取任何行动,除非受托管理人应当作为而不作为。有学者曾评价:"如果没有受托人,则诉讼权属于债券持有人,债券持有人需要承担多重诉讼的风险,并且不听话的债券持有人会采取不适当的行动。"①

作为合同安排,受托管理人的权力由信托契据明确。例如,《欧洲中期债券信托契据》(Euro Medium Term Note Trust Deed,EMTN 信托契据)规定,受托管理人可以"在其酌情决定权下,不另行通知,采取它认为适合的针对发行人的程序和/或其他行动,以督促发行人履行在本债券及契据项下的义务"②。该信托契据同时明确,该权力仅限于受托管理人行使,债券持有人无权行使。③ 受托管理人在行使权力时具有"绝对自由裁量权"(absolute discretion),但受到"谨慎义务"(duty of care)的约束,这要求受托人"表现出谨慎和尽职"以避免"任何过失,违约,违反责任或违反信任"。④ 同时,为了制衡受托管理人此种权力,债券持有人可以通过"特别议案决议"(Extraordinary Resolution),迫使受托管理人对发行

---

① See Andrew Haynes, *Law Relating to International Banking*, Bloomsbury Professional, 2018, p. 128.

② EMTN Trust Deed, Rule 10.1. See http://uk.practicallaw.thomsonreuters.com/0-201-8282?comp=pluk&transitionType=Default&contextData=(sc.Default)&firstPage=true&bhcp=1&OWSessionId=NA&skipAnonymous=true.

③ See EMTN Trust Deed, Rule 11.2.

④ See EMTN Trust Deed, Rule 15.17.

人采取法律程序,或罢免受托管理人。①

债券受托管理人架构在英国债券市场占主导地位,统计数据显示,2016 年和 2017 年分别有 88% 和 90% 的英国债券发行人使用这种结构。② 在其他普通法国家中,这种结构得到了广泛使用,甚至受到立法的强制要求。例如,在美国,根据 1939 年美国《信托契据法》(Trust Indenture Act)的要求,在所有美国证券交易委员会(the U. S. Securities and Exchange Commission, SEC)注册的债券中,必须设置受托管理人。该法律不仅为受托管理人的角色和职责设定了标准,而且还规定了其报酬和补偿机制。除了普通法国家外,一些欧洲国家甚至伊拉克在主权债务发行中也采用了普通法为准据法,相应也设置了债券受托管理人结构。③

(一)我国债券受托管理人

债券受托管理人架构提供了一种处理债券违约的便捷方法,受托管理人在违约事务中起主导作用,避免债券持有人直接被拖入一场漫长复杂的司法程序中。我国在 2020 年新框架中正式将债券受托管理人的概念纳入证券法,并具有如下特点。

首先,我国债券受托管理人确实可以代表债券持有人行事。但是,我国债券受托管理人是否属于《中华人民共和国信托法》(以下简称《信托法》)所规定的受托人,其实争议不少。该法第 2 条规定:本法所称信托,是指委托人基于对受托人的信任,将其财产权委托给受托人,由受托人按委托人的意愿以自己的名义,为受益人的利益或者特定目的,进行管理或者处分的行为。我国信托法在立法时有意淡化了财产所有权转移的特征,因为担心普通百姓会担心失去对财产的控制权,从而抵制立法。④ 于是立法使用了"委托给"这样模糊的词语而不是"转移给",容易在实务中造成混乱。市场上涉及有形资产作为信托财产时,更是

---

① See EMTN Trust Deed, Rule 11.1& 21.2.

② See ICMA-NAFMII Working Group, *International Practices of Bond Trustee Arrangements*, ICMA https://www.icmagroup.org/assets/documents/About-ICMA/APAC/ICMA-NAFMII-WG-International-Practices-of-Bond-Trustee-Arrangements-031218.pdf.

③ See ICMA-NAFMII Working Group, *International Practices of Bond Trustee Arrangements*, ICMA https://www.icmagroup.org/assets/documents/About-ICMA/APAC/ICMA-NAFMII-WG-International-Practices-of-Bond-Trustee-Arrangements-031218.pdf.

④ 《沉浮与枯荣:八十自述》,江平口述,陈夏红整理,法律出版社 2010 年版,第 415 页。

自行创设出各种“财产收益权”以回避所有权转移的问题以及因此引发的税赋。我国债券在存托清算系统中是直接登记在债券持有人名下的，债券受托管理人并未持有信托财产，如果直接界定为《信托法》下的管理人会受到较大争议。

其次，我国《信托法》第 11 条明确规定的信托无效情形之一，是“专以诉讼或者讨债为目的设立信托”。如果严格解释这一法律条文，则债券受托管理人不应被视为《信托法》规定的受托人，因为该债券受托管理人的主要义务在于代表债券持有人提起司法程序要求发行人或者担保人偿还债券本息，即“诉讼”加“讨债”。

再次，我国债券受托管理人并没有相应的独立自主权，发生违约时，必须先获得所有或部分债券持有人的授权，然后再采取任何法律行动。从这个意思上来说，我国债券受托管理人更像是代理律师。

最后，在我国 2020 年新框架中，并没有提到债券受托管理人的资本门槛。但这并不重要，从实务角度看，这些候选机构（主承销商、金融资产管理公司、信托公司、律师事务所）能轻松越过这个门槛。但我国 2020 年新框架似乎忽略了利益冲突，直接允许债券承销商成为债券受托管理人的第一层次候选人，在笔者看来这并不妥当。在我国债券市场中，债券发行中的其他功能（如存托和清算）由中央结算公司或上海清算所等法定存管机构执行，债券承销商主要职责之一是准备债券说明书。许多承销商是大型银行或证券公司。当违约发生时，债券投资者更愿意从中介机构挽回损失，而并不寄过多希望于那些已经陷入困境中的发行人。国际市场亦是如此，持有人往往主张债券说明书中存在虚假陈述甚至欺诈，将承销商诉至法院。因此，如果忽视这种利益冲突，笔者认为可能会使承销商无法发挥其作为债券受托管理人的作用。

（二）改进我国债券受托管理人的建议

债券受托管理人架构作为普通法债券市场的基石，目的在于代表债券持有人的不同利益，以便实现快速集体行动的目标。但我国债券受托管理人的设计能否实现这一目的还有待观察。由于种种原因，债券受托管理人更像是诉讼代理人，而不像《信托法》中的受托人。前者需要债券持有人的授权才能采取行动，而后者则可以依照信托文件自主享有酌处权。律师事务所作为债券受托管理人的候选机构之一，从另一方面可以印证这一观点。因为管理人要起到主导作用，提升了债券违约后的响应能力,较好地解决了一些程序性问题。但是不足之处在于,当债券受托管理人试图处理违约时,缺乏酌处权可能会阻止它采取明智的行动,而利益冲突可能会阻止它迅速采取行动。此外,受托管理人还可能不得不与那些急于查封资产的"独狼"型债券持有人竞争。

笔者认为,债券市场瞬息万变,法律亦须不断发展升级,这样才能增强投资者的信心。我国已迈出了第一步,放弃了一种不太适应的财务代理人结构,应该考虑更进一步,即对《信托法》进行修订,以适应债券市场的需求。毕竟《信托法》颁布之时,还不存在债券违约。例如,对于信托财产的界定,随着信托的观念慢慢被社会接受,以前的担心已经显得过时,不如及时明确概念。法律也是不断变化以适应市场的。总之,我们可以改进、兼容国际标准,以使我们的市场对外国投资者更加有吸引力。

三、债券违约事件和加速到期之认定

在国际市场上,违约事件是债券文件中预先规定的条件,触发违约时允许债券持有人要求立即全额还款,即违约事件与加速到期挂钩。通常情况下,不支付债券本息以及发行人破产、解散是主要的违约事件。各种债券限制性约定(bond covenants)(包括交叉违约,资本结构变化、信用评级下降等)也经常被加入债券文件当中,违反这些限制性约定也可以触发违约。有学者的研究表明,此类限制性约定与发行人陷入困境的可能性构成线性相关关系。①

与贷款协议相比,债券发行中的违约事件没有那么严格,通常允许更长的宽限期,并且不会约定重大不利变化条款(material adverse change)。债券期限较长,债券持有人不得不面对更大的环境变化,而持有人的观点分歧(而不是贷款银行独立决定)将使豁免非实质性违约或者修改债券重要条款在实务中非常困难。② 在国际市场上,这种违约之后的组织、沟通、协调更难,因为持有人位于不同的司法管辖区且使用不同的语言。此外,银行债权人可以视情况为陷入困境

① See William W. Bratton, *Bond Covenants and Creditor Protection: Economics and Law*, Theory and Practice, Substance and Process, 7 European Business Organization Law Review 39(2006).

② See Philip Wood, *International Loans, Bonds, and Securities Regulation*, Sweet & Maxwell, 1995, p. 143.

的发行人提供更多融资以渡过难关,而债券持有人几乎不可能这样做以挽救发行人。在这种情况下,不宜随意宣布债券违约。

(一)债券受托管理人的自由裁量权

英国法并没有特别立法规定债券违约时受托管理人的职责和程序要求,其《2000年受托人法》(Trustee Act 2000)仅规定了受托人审慎义务的一般原则。但市场经过长期发展,已经在债券发行中形成了一些标准性文件和普遍接受的条款。当然,各利益相关方可以在发行时协商修改文件条款,以满足债券的特定要求。值得强调的是,在英国债券受托管理人结构中,只有债券受托管理人才有权主张加速到期,与此同时,债券持有人保有最终控制权。①

因此,英国的受托管理人可以酌情行使其权力,决定是否宣布发生违约事件还是放弃轻微违约行为。EMTN 信托契据提供了“违约豁免”的标准条款,内容如下:

除非违反债券持有人通过的特别议案决议明确指示,受托人可以在无须取得债券持有人同意的情况下:(1)放弃或授权发行人(或担保人)违反本契据或发行条件的任何行为;或(2)忽略违约事件或潜在的违约事件。②

这样的条款使受托管理人可以运用其知识和技能来忽略一些较为轻微的违约行为,避免采取鲁莽行动反而伤害了债券持有人的利益。在卡普兴·辛格与弗莱德兰德有限公司案(管理程序中)(英国最高法院2011年第48号)中,英国最高法院确认了受托人加速到期的酌处权。这种酌处权可能会产生不同的结果。比如,在纽约梅隆银行与GV有限公司案[英国高等法院2009年第3315号(商事庭)]中,受托管理人所依赖的违约事件是发行人未能支付受托管理人应得的法律费用而不是欠付债券本息,但法院认可这构成实质性影响,故支持受托管理人加速到期的主张。

而在协和信托与法律债务工具公司案③中,情况则有所不同。在该案中,法

---

① See Philip Wood, *International Loans, Bonds, and Securities Regulation*, Sweet & Maxwell, 1995, p. 122.

② See EMTN Trust Deed, Rule 16.

③ See Concord Trust v. Law Debenture Trust Corp. Plc. [2005] UKHL 27; [2005] 1 WLR 1591.

律债务工具公司担任一笔由依莱全(Elektrim)公司所发行债券的受托管理人,被债券持有人协和信托起诉。该案基本案情是债券持有人为保护自己的利益,在依莱全公司任命了一名董事会成员,但随后依莱全公司暂停了该成员的职务,受托管理人认为这种暂停严重损害了债券持有人的利益并宣布触发违约。但是,受托人对于是否宣布违约并主张加速到期犹豫不决,因为依莱全的律师威胁说,加速到期可能会被认定无效,而且可能给依莱全造成重大损失,依莱全会反过来起诉受托管理人要求赔偿巨额损失。在这种情况下,债券持有人同意承担对因加速到期是否有效而引发纠纷的相关律师费用。但受托管理人觉得不够安全,坚持要求在主张加速到期之前由债券持有人提供额外的豁免(additional indemnity),以涵盖受托人被依莱全公司反诉损害赔偿的风险和赔偿责任。最终债券持有人拒绝提供这样的豁免,并将受托管理人诉至法院。

案件最终提交到英国上议院(当时英国尚无最高法院,由上议院承担终审职能),上议院首先承认"受托管理人具有采取法律行动的广泛酌处权,包括但不限于启动其认为适当的法律程序",然后强调,一旦有符合所需数额(通常是债券总额的 25%——笔者注)的债券持有人给出指示,受托管理人就有义务主张加速到期。关于额外的豁免,受托管理人似乎过于担心了,这种被反诉而承担巨额赔偿的风险几乎不存在。

美国 1939 年《信托契据法》规定,受托管理人在发行人违约事件发生前,并无相关义务。发生违约事件后 90 天内,受托管理人应将所有违约情况通知债券持有人。[①] 应当指出的是,该法也明确,如果受托管理人的董事会、执行委员会或信托委员会的董事和/或负责人员真诚地相信不通知债券持有人对持有人更有益,也可以不通知。通知之后,根据该法第 316 条的规定,如果持有特定本金金额的债券持有人给受托管理人发出书面指示,则受托人有义务采取进一步的法律行动比如主张加速到期。此类书面指示可以具体明确"受托人可采取的任何救济措施的时间,方法和地点"[②]。由此可见,美国法项下的受托管理人有一定程度的酌处权,但这种酌处权相比英国法项下的酌处权有所限制。

值得注意的是,美国 1939 年《信托契据法》对债券持有人自己采取的法律行

① See Trust Indenture Act 1939 s. 315 [77ooo].

② See Trust Indenture Act 1939 s. 315 [77ooo]. s. 316 [77ppp](a)(1).

动采取了不同的态度，虽允许债券持有人自行采取行动，但救济措施有所限制。该法规定，债券持有人有权“在相应的到期日或之后”采取法律行动追讨其未得到偿付的本金或利息，除非债券文件中纳入条款限制或拒绝这种权利。① 但是其他补救权利如主张加速到期，因涉及未到期的本息，被限定只能由受托管理人行使。②

(二)我国债券中的违约事件和加速到期

基于长期无风险的市场环境，我国债券市场的标准文件较简单。举例来说，在2014年发行的一笔债券说明书中(发行人为河南日报报业集团有限公司，AA级发行人)③，只有3个事件被定义为“违约事件”：发行人未付本息、解散、破产。交叉违约条款或诸如消极担保条款(negative pledge)、限制分红条款(dividend covenant)等债券约定很少见。此外，违约事件并不与加速到期挂钩，几乎在所有的债券说明书中都没有提及加速到期权利。因此，在发生违约事件时，债券持有人必须依靠合同法条文及理论而非债券说明书条款来主张加速到期，这样一来，能否加速到期很大程度上取决于法官的判断。在司法实践中，许多法官基于固有的贷款合同审判理念(贷款合同往往明确约定了加速到期条款)，倾向于准许加速到期，理由是合同目的无法实现。④

笔者认为，简单的违约事件条款，更适应我国2020年之前的框架中的财务代理人架构。它限制单个债券持有人随意主张加速到期，也不鼓励债券持有人通过债券限制性约定来干预发行人的内部管理。这样的结果是持有人只能眼睁睁地看着发行人不断陷入困境，并只能在无法还本付息时介入发行人的内部事务。介入方式之一，是召开持有人会议对发行人施加压力，但这种会议的决议对发行人不具有约束力。介入方式之二，即发起诉讼。但在缺乏债券受托管理人架构的情况下，债券持有人必须自行采取行动。有些持有人会抢先查封资产并寻求加速到期，有些持有人提议谈判对债券重组，还有些持有人则希望坐享其成。

债券持有人的这些不同想法和行动会导致不可预测的结果。发行人通常只

---

① See Trust Indenture Act 1939 s. 315 [77ooo]. s. 316 [77ppp](b).

② See Kahan Marcel, *Rethinking Corporate Bonds: The Tradeoff between Individual and Collective Rights*, 77 New York University Law Review 1044(2002).

③ 参见《河南日报报业集团有限公司2014年度第一期中期票据募集说明书》。

④ 参见原《中华人民共和国合同法》第94条第4款。

能享受不到1周的宽限期(往往以付款网络故障等技术性违约为由),然后就不得不面对着急的债券持有人向法院申请的多个查封裁定。在轮候查封、优先处置的执行制度和申请不畅仍需完善的破产制度下,可以理解债券持有人的行为——要么迅速行动,要么可能一无所获。但是,这些司法诉讼不仅增加了法律成本,还迫使发行人陷入更大困境甚至破产,从而使法庭外重组的可行性大大降低。在破产程序中,债券持有人可能处于更加不利的地位,因为大多数债券在我国发行时并没有提供抵押物或者其他担保措施。

此外,在缺乏债券专门立法的情况下,恐慌的债券持有人还试图以违约事件之外的其他理由主张加速到期,如发行人信用降级、债券说明书存在虚假陈述、预期违约等。有些案件中法院会支持这种主张,比如在一起针对中城建永续债主张加速到期的案件中。[①] 但是,永续债券与其他债券有所不同,其名义虽然是债,但筹集的资金往往在会计上作为股票权益(equity)来对待。通过定期支付票息,发行人无须赎回本金,因此永久债券并没有到期日。"永久债券的违约通常仅限于不付款和清算。"[②]在该案中,债券持有人提起诉讼,援引了预期违约这一合同法原则,其依据是债券发行人没有及时支付其他债券的利息。持有人选择这一理由可以理解,因为该笔债券说明书中未约定交叉违约条款。最后法院判决支持了债券持有人,但学界针对永续债能否加速到期则提出了不同的观点。[③]

(三)《债券纪要》:改进和缺点

在2020年新框架中,最高人民法院发布的《债券纪要》明确了债券纠纷的管辖法院,减少了管辖权争议,还认可了债券受托管理人的地位,以此来鼓励集体行动。这大大地减少了裁判冲突和降低了法律成本。

虽然鼓励集体行动,但《债券纪要》并未限制单独行动。其中第6条明确规定,"在债券持有人会议决议授权受托管理人或者推选代表人代表部分债券持有人主张权利的情况下,其他债券持有人另行单独或者共同提起、参加民事诉讼,

---

① 参见上海市第二中级人民法院民事判决书,(2018)沪02民终3136号。

② See Philip Wood, *International Loans, Bonds, and Securities Regulation*, Sweet & Maxwell, 1995, p. 140.

③ 参见戴若云:《永续债解除之惑——评首例永续债合同解除案件》,载微信公众号"北京大学金融法研究中心"2019年8月26日,https://cj. sina. com. cn/articles/view/6289104432/176dc1e3001900iz75? sudaref。

或者申请发行人破产重整、破产清算的，人民法院应当依法予以受理”。

关于违约事件与加速到期，第21条则区分不同情形。对于债券持有人关于债券当期利息或者到期本息的主张，法院应当支持，但债券持有人要求发行人提前还本付息(类似加速到期)，如果以发生违约事件为由主张，则法院“应当综合考量债券募集文件关于预期违约、交叉违约等的具体约定以及发生事件的具体情形予以判断”。如果以欺诈发行、虚假陈述为由主张，法院“应当综合考量其他证券的欺诈发行、虚假陈述等行为是否足以导致合同目的不能实现等因素，判断是否符合提前解除合同的条件”①。

笔者认为，《债券纪要》的颁布，从不同的方面着眼，有助于推进违约债券的重组和处置。但由于刚刚实施，尚无法全面评估其效果。首先，我国的债券受托管理人没有前期酌处权，没有事先授权也无法采取行动，因此仅能在债券无法还本付息之时才能发挥其专业作用。其次，即便受托管理人想协调重组，但由于《债券纪要》不限制单个债券持有人的独立行动，导致协调存在困难。“独狼型”债券持有人的诉讼和查封行为极有可能为债券成功重组造成障碍。最后，是否加速到期，《债券纪要》仅仅提供了原则，这涉及法官对合同法的理解和案情的判断，可能引发法律适用不统一的争议。鉴于此，笔者建议重新设计市场标准文件，尤其是投资者保护条款，以适应投资者的各种需求。例如，重新定义“违约事件”，将不同的违约事件与加速到期直接挂钩，这样可以通过条款的设置减少法官自由裁量权带来的不确定性。此外，还应允许市场主体在博弈之后在债券说明书中纳入各类债券限制性约定，以允许早期观测和干预发行人内部经营管理，以此推动及时重组，避免更大的损失。

四、集体行动机制和条款设计

当发生违约时，协调众多债券持有人达成重组计划，是一件非常困难的事。因此，集体行动机制的设计就非常重要，这样才能解决“套牢债权人”(holdout creditor)问题，否则个别债权人坚持不同意，会让整个重组陷入僵局。在主权债务上更是如此，债券持有人语言不通、位于各国，更是难以开展谈判。集体行动

① 参见《全国法院审理债券纠纷案件座谈会纪要》(2020年)第21条。

条款(Collective Action Clause,CAC)这一合同约定有助于解决这一问题。[①] 目前,CAC 发展出各种不同的具体内容,但其基础是债券持有人的会议和相关决议。因此,债券文件中债券持有人会议的程序、法定人数和通过决议条件等,将极大地影响债券重组以及持有人的利益。

我国债券违约的浪潮凸显了集体行动机制的关键作用,缺乏这样一个机制,许多违约发行人会被拖入破产程序。破产程序需要司法公权力的介入,因为其涉及更多利益相关者,程序更加耗时,而且是终结性的,并不一定符合债券持有人的最大利益。因此,2020 年新框架着眼于完善集体行动机制。

与《2013 年会议规程》相比,《2019 年会议规程》有两个突破。一是首次区分议案类别和引入了特别议案决议的概念。二是计算表决权的基础不再限于会议参加者所持有的表决权。无论债券持有人是否出席会议,未偿还本金总额的 50% 和 90% 是普通决议和特别议案决议的通过标准。关于会议生效的条件,则由原来代表 66% 表决权的债券持有人出席降低为 50% ,即降低了召开会议的难度。

与此同时,《债券纪要》进一步解决了会议效力的问题。持有人会议和表决机制作为债券说明书中的合同安排,会受到一些不满意的债券持有人的质疑,理由是格式合同条款未尽到提示说明义务、不公平不合理、会议程序错误等。《债券纪要》强调,除非存在法定无效事由,法院应当认定会议决议合法有效。当然,我国债券市场还不成熟,为防止滥用集体行动机制,个案司法审查是必不可少的。例如,发行人海航集团 2020 年 4 月召开了债券持有人会议,随后通过了一项决议,同意其 1.63 亿美元的债券延缓支付本息。大多数债券持有人仅仅在会议召开前半小时才收到会议通知,故对此发出了强烈抗议,震惊了市场。尽管海航集团后来为延迟通知道歉,但拒绝宣布该决议无效。[②]

笔者认为,2020 年新框架中的集体行动机制仍有一定的改进空间。

首先,我国特别议案决议的 90% 标准似乎较严苛。一方面,较高的标准会阻止一些有影响力的发行人如受地方政府支持的重要企业压迫债券持有人。换句话说,发行人提供的重组方案必须为更多债券持有人所接受。另一方面,持有超

---

① See Rodrigo Olivares-Caminal (ed.), *Debt Restructuring*, Oxford University Press, 2011, p. 434 – 448.

② See Zhang Yan & Ryan Woo, *China's HNA Raps Finance Department for Short Notice to Bondholders*, Reuters (16 April, 2020) , https://www.reuters.com/article/china-hna-bond-idUSL3N2C42B7.

过10%投票权的任何人都可以轻易阻止任何重组计划,相当于拥有最终决定权,这使得解决发行人的财务困境变得更难。因此,这种90%标准是一把“双刃剑”,应根据观察市场实践,然后考虑是否进一步调整。

其次,《债券纪要》采用了允许任何债券持有人对其已到期的款项单独采取法律行动。如果“独狼型”债券持有人拒绝重组并单独行动,则要么首先让其满意,要么就极有可能把发行人拖入破产程序。根据我国企业破产法,通过重整计划草案需要由出席会议的同一表决组的债权人过半数同意,且其所代表的债权额占该组债权总额的2/3以上。[①] 破产程序涉及更多的利益相关者,并且继续耗尽发行人的资产,与债券重组相比,很可能债券持有人收回的本金更少。这种博弈将会不断发生,市场实践将证明债券持有人的最佳策略是什么。

五、结　　论

本文介绍了近年来我国的公司债券违约情况。这一波违约潮唤醒了投资者,无风险的债券市场已不复存在,他们必须面对现实。其中,违约处置机制引起了全世界的关注,因为它关系到投资风险和回报,至关重要。在我国进一步向外国投资者开放资本市场的新时代,该机制值得关注。本文进一步分析了2020年前后我国债券法律框架的变化,集中于三个焦点:债券受托管理人架构、违约事件和加速到期、集体行动机制。在法律框架升级过程中,我国力求与国际惯例接轨。所有这些改进,将有利于违约债券的处置。但2020年新框架出台比较迅速,能否经受市场考验还有待进一步观察。

在笔者看来,对于立法中一些无法共存的概念或者制度,需要对立法如《信托法》进行相应的修改;对于监管而言,割裂的债券市场给规则的统一造成了一定的障碍,市场规则不统一将导致规则冲突和监管套利,不利于营商环境;对于司法而言,债券违约案件很大程度上是未开发的“处女地”,需要法官进一步接受培训,积累经验,然后才能及时向市场提供司法指引;对于市场而言,则需要及时更新相关的格式化市场文件,完善合同条款。这一切,虽然任重道远,需要各方通力合作,但在我国对外开放的积极态度之下,达到实际目标并不遥远。

---

① 参见《中华人民共和国企业破产法》第84条。

发行人承担证券侵权责任后向董事追偿的司法裁判路径研究

——以证券法与公司法的互动为视角①

孙　倩*　王　倩**

一、问题的提出

我国证券法在证券民事侵权责任的承担上,设置了类型化、多层次的责任主体。2019 年修订的《中华人民共和国证券法》(以下简称《证券法》)第 85 条②拓展了证券虚假陈述责任纠纷案件中承担连带赔偿责任的主体范围,发行人的控股股东、实际控制人、董监高及其他直接责任人员,保荐人、承销商及其直接责任人员,以及证券服务机构均有可能承担连带赔偿责任。对外承担民事赔偿责任后,发行人有权向董事等直接责任人员追偿。然而,司法实践中,发行人向董监高追偿的案例较少见。从目前已公开的裁判文书中,仅检索到两起,其中,协鑫集成科技股份有限公司向董监高追偿案最终以撤诉方式结案;③在原云南绿大地公司向董监高追偿案件中,法院参考了相关刑事和行政处罚对责任分摊比例进

---

① 本文获第四届中小投资者服务论坛征文一等奖。

* 法学硕士,上海金融法院综合审判一庭法官。

** 法学硕士,上海金融法院综合审判一庭法官助理。

② 《证券法》第 85 条规定:"信息披露义务人未按照规定披露信息,或者公告的证券发行文件、定期报告、临时报告及其他信息披露资料存在虚假记载、误导性陈述或者重大遗漏,致使投资者在证券交易中遭受损失的,信息披露义务人应当承担赔偿责任;发行人的控股股东、实际控制人、董事、监事、高级管理人员和其他直接责任人员以及保荐人、承销的证券公司及其直接责任人员,应当与发行人承担连带赔偿责任,但是能够证明自己没有过错的除外。"

③ 参见上海金融法院民事裁定书,(2021)沪 74 民初 667 号。

行了认定。[①] 该类案件偶发的原因或许在于,多数发行人仍由实施证券侵权行为的直接责任人员控制,期望发行人向负有责任的董监高积极追偿是不现实的,[②] 中小股东亦因难以满足提起股东派生诉讼的条件而无法向董监高追偿。新《证券法》实施后,中证中小投资者服务中心(以下简称投服中心)被赋予了新的使命。《证券法》第 94 条第 3 款规定,投服中心可以突破《中华人民共和国公司法》(以下简称《公司法》)提起股东派生诉讼持股期间和持股比例的要求,以自己的名义为公司的利益向人民法院提起诉讼。投服中心表示,将充分行使法定权利,依法追究侵害公司合法权益的"关键少数人"董监高的法律责任。[③] 可以预见的是,未来发行人在承担证券侵权责任后向董监高追偿的案件会增多。

然而,从现行法律规定看,发行人承担证券侵权责任后向董监高追偿是全额追偿还是部分追偿,以及如何判断内部人员的担责份额仍不明确。《证券法》及最高人民法院《关于审理证券市场虚假陈述侵权民事赔偿案件的若干规定》均未明确规定承担连带责任后的内部追偿事宜。《公司法》第 149 条[④]虽然规定董监高给公司造成损失时应当承担赔偿责任,但也未明确如何追偿以及赔偿责任的范围。[⑤]

证券侵权纠纷的追偿问题既涉及证券法,又与公司法密切相关。二者都是资本市场的基础性法律,在股东权利保护方面存在共同之处和相异之处。公司法具有多样性和赋权性,保护的是作为公司所有者的股东,证券法具有统一性和强制性,保护的是作为交易者的股东。[⑥] 在证券侵权责任纠纷问题上,董事违反

---

① 参见云南省高级人民法院民事判决书,(2017)云民终 403 号。

② 参见孙培贤:《虚假陈述侵权责任形态评析及完善》,载《证券法苑》2010 年第 2 期。

③ 参见投服中心:《发挥投资者保护机构独特作用,积极实践符合中国国情的证券集体诉讼制度》,载微信公众号"投服中心"2019 年 12 月 29 日, https://mp. weixin. qq. com/s/p7KoQDCofczX5FL3_957ZQ。

④ 《公司法》第 149 条规定:"董事、监事、高级管理人员执行公司职务时违反法律、行政法规或者公司章程的规定,给公司造成损失的,应当承担赔偿责任。"

⑤ 新《证券法》用"发行人"替代了原有的"发行人、上市公司"概念,认为"发行人"不仅指公开发行证券的公司,还包括上市公司、公司债券上市交易的公司、股票在国务院批准的其他全国证券交易场所交易的公司等。参见程合红主编:《〈证券法〉修订要义》,人民出版社 2020 年版,第 162 页。故本文在述及证券法语境下的上市公司时,与新《证券法》保持一致,均表述为"发行人",在本文中即指在证券市场上发行股票的上市公司。

⑥ 参见[美]詹姆斯·J. 帕克:《重估公司法与证券法的相异性》,薛前强译,载《证券法苑》2019 年第 2 期。

信义义务尤其是勤勉义务造成发行人等涉及众多利益相关者利益受损的情况多发,故从公司法与证券法互动的视角界定董事赔偿责任范围的相关机制尤为重要。

二、董事与发行人承担连带责任的性质之争与理论根源

(一)董事连带责任的性质之争

从董事与发行人承担虚假陈述连带责任的性质来看,主要有以下几种观点:

1. 共同侵权说:狭义的共同侵权行为,是指"数人基于意思联络不法侵害他人权利的情形"①。共同侵权行为人的各个行为人都对受害人负有连带责任,各个行为人的行为都构成损害发生的原因,共同侵权连带责任的各行为人内部分有责任份额,某一侵权行为人向受害人承担全部赔偿责任后,有权向其他侵权行为人追偿,要求他们承担相应的赔偿责任。② 按此观点,在证券虚假陈述责任承担案件中,发行人和董事有各自的赔偿份额,发行人需要承担一部分的终局责任。

然而,共同侵权理论暗含的前提是发行人与董事具有共同意思联络,但发行人的行为是董事作出的,如果把同一行为和过错看成是两个权利主体承担各自侵权责任的竞合要件会造成理论上的混乱,并未将董事代表公司的身份和自然人独立权利主体身份严格加以区分。③

2. 连带保证说:在发行人履行信息披露义务时所发布的各种报告文件中,法律要求董事等具有特定身份的人签字确认对投资者的损失承担连带赔偿责任,此种保证责任在承担方式上没有不同于担保法律的特别之处,所以可以理解为董事对发行人承担的是连带责任保证。④ 按此观点,董事担任的是保证人的角色,发行人承担全部的终局责任,不可向董事追偿。

---

① 程啸:《论意思联络作为共同侵权行为构成要件的意义》,载《法学家》2003年第4期。

② 参见李国光主编:《最高人民法院关于审理证券市场虚假陈述案件司法解释的理解与适用》(第2版),人民法院出版社2015年版,第286~289页。

③ 参见李宗录:《董事与公司连带责任的理论基础及适用条件》,载《法学杂志》2005年第5期;李宗录:《论董事与法人负侵权连带责任的可行性》,载《理论月刊》2006年第10期。

④ 参见孙光焰:《董事证券虚假陈述职务侵权责任制度的重构——以公司治理为视角》,载《法商研究》2010年第4期。

但是,如果采纳此观点,投资者将倾向于选择将发行人作为被告而不会选择将担任“保证人”的董事作为被告,使行为人躲在法人背后实施侵权行为而无承担责任之担忧。

3. 雇主责任说:雇主责任,是指“雇主就其雇员于职责范围内实施的侵权行为对受害人承担的侵权责任”①。按此观点,直接从事侵权行为的是董事,但基于雇佣关系的存在、保障受害人的合法权益及社会对风险分担等多种因素考量,要求发行人承担替代责任,但是发行人在承担连带责任后有权依据其与董事的内部法律关系,向其进行追偿,要求他们最终承担全部的赔偿责任。②

但需要注意的是,公司与董事的关系并非雇佣关系。雇主与雇员之间具有人身隶属关系,双方地位并不平等,雇员必须接受雇主的指令、管理、监督来从事职务行为。而董事是公司的代理人,双方系委托代理关系,董事既享有经营管理的权利,也对公司负有信义义务(fiduciary duty)。

(二)董事承担连带责任的理论根源

现代公司法的理论以公司所有权和管理权的分离为基础。③ 传统理论认为,董事与公司之间基于“委托—代理”关系产生代理人对受托人的管理责任。④ 董事对公司负有信义义务,但与股东之间没有直接的法律关系。董事在执行公司职务时是以公司的名义进行的,如果在此过程中侵权,应属于公司的侵权行为,公司应负损害赔偿责任。因此,董事不对包括股东和债权人在内的第三人承担民事责任。这一理论原意在于解决法人这一组织体在法律上的行为活动问题和民事责任承担问题。⑤

随着股份制公司中董事核心地位的确立及对公司董事滥用权利的抑制手段的加强,上述理论被加以修正。从域外立法上来看,虽然英美法系和大陆法系的董事责任立法变迁有所不同,英美法系从完全个人责任到公司与董事连带责任,

---

① 张民安:《雇主替代责任在我国未来侵权法中的地位》,载《中国法学》2009 年第 3 期。

② 参见程啸:《证券市场虚假陈述侵权损害赔偿责任》,人民法院出版社 2004 年版,第 400 页。

③ 参见[美]阿道夫·A. 伯利、加德纳·C. 米恩斯:《现代公司与私有财产》,甘华鸣、罗锐韧、蔡如海译,商务印书馆 2005 年版,第 23 ~ 33 页。

④ 参见施天涛:《公司法论》(第 4 版),法律出版社 2018 年版,第 389 页。

⑤ 参见王长华:《公司法人机关理论的再认识——以董事对第三人的责任为视角》,载《法学杂志》2020 年第 6 期。

大陆法系从完全公司责任发展到公司与董事连带责任,但是二者殊途同归,均要求董事在一定情况下与公司对外承担连带责任。[①] 董事在执行公司事务时,既是公司的代表又是董事个人。董事的利益与公司的利益并不完全相同。公司承担其公司成员执行职务所造成的赔偿责任是公司人格独立的表现,但这种独立人格在某些情况下是可以被“否定”的。[②] 正是由于董事的双重角色,在一定情况下,董事个人违反义务应与公司承担连带责任。

除此之外,社会经济的发展状况需要立法者进一步对社会利益和风险进行必要的衡平,而这也需要法律技术方面的支持。目前,我国在证券虚假陈述案件中规定了董事与发行人承担连带责任,主要是出于保护投资者利益、维护证券市场根基的需要。[③] 证券市场具有特殊性,证券的交换价值取决于交易双方对各种信息的掌握程度以及在此基础上作出的各种判断,发行人是证券这一信息产品的主要信息源头,而董监高是实际履行强制性信息披露义务的自然人。因此,发行人要为其法人机关成员的侵权行为承担赔偿责任,但并不因此免除董事的个人责任。同时,董监高作为实际经营公司的主体,能否审慎、适当地履行职责除了涉及公司的利益,也关涉广大投资者的合法权益。因此,法律直接对董事施加责任,除非其能够证明自己已经慎重、适当地履行了职责,采用连带责任使受害人也可以向直接行为人要求赔偿,更有利于保护投资者利益。[④]

综上所述,笔者认为,在证券侵权中,董事与发行人对投资者承担的连带责任应属于不真正连带责任债务。[⑤] 不真正连带债务,是指多数债务人就基于不同发生原因而偶然产生的同一内容的给付各负全部履行之义务,并因债务人之一的履行而使全体债务人的债务均归于消灭的债务。[⑥] 法人的独立人格是法律拟制的结果,法人机关是法人的代理人,法人机关的不法行为由与法人机关有特定

---

① 参见崔振南、马明生:《虚假陈述中董事对股东责任研究》,载《中国法学》2003 年第 2 期。

② 参见张民安:《董事的法律地位研究》,载《现代法学》1998 年第 2 期。

③ 参见孙光焰:《董事证券虚假陈述职务侵权责任制度的重构——以公司治理为视角》,载《法商研究》2010 年第 4 期。

④ 参见程啸:《证券市场虚假陈述侵权损害赔偿责任》,人民法院出版社 2004 年版,第 72 ~ 82 页。

⑤ 本观点部分内容参见金可可教授在 2021 年 5 月 31 日第 10 期“《民法典》司法实务论坛”上的发言,在此感谢。本文文责自负。

⑥ 参见王利明:《中国民法案例与学理研究》(债权篇修订本),法律出版社 2003 年版,第 3 页。转引自杨立新:《论不真正连带责任类型体系及规则》,载《当代法学》2012 年第 3 期。

关系的法人承担，即法人以转承责任的形态具有侵权责任能力。[①] 在证券虚假陈述案件中，发行人虽为法律确认的具有民事权利能力和民事行为能力的主体，但其行为能力需由法人机关的行为加以表现。法人机关或直接或间接由自然人构成，通过自然人而活动。从这个意义上说，实际上发行人的证券虚假陈述行为都是由自然人具体实施的，发行人的董监高要为自己的侵权行为而承担责任。这也正是董事与发行人对投资者损失承担连带责任的原因所在。

三、发行人承担证券侵权责任后向董事追偿的路径推演

如前所述，证券虚假陈述责任纠纷中存在多个层次的责任主体（见图1），因此，在判断董事所应承担的责任份额时，应当按照“三步走”分层推演。首先，是在发行人与保荐人、承销商、证券服务机构等市场主体之间确定发行人所应承担的责任份额；其次，判断发行人可以对内追偿的范围；最后，判断各责任主体的内部人员如何担责。

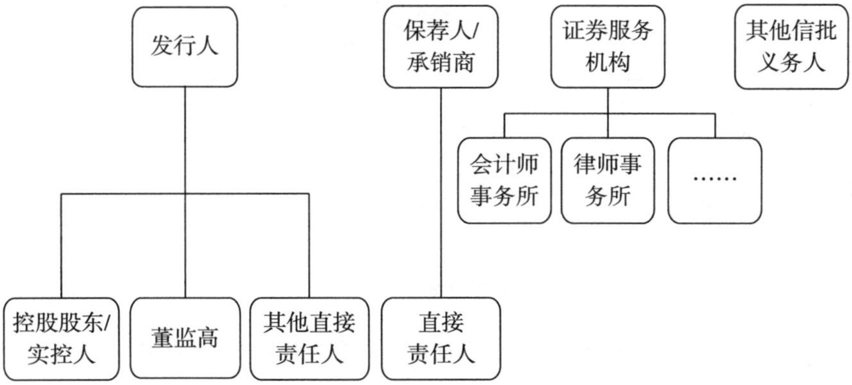

图1　证券虚假陈述责任纠纷中的多层次责任主体

（一）认定发行人所应承担的责任份额

在原云南绿大地公司向董监高追偿案[②]中，法院参照刑事处罚和行政处罚的结果，依职权追加其他连带责任义务人作为第三人参加诉讼，最终认定受到刑事

① 参见张驰：《法人能力论》，载《华东政法大学学报》2009年第3期。

② 参见云南省高级人民法院民事判决书，(2017)云民终403号。

处罚的原绿大地公司及原董事长、控股股东何某葵共同承担70%责任,其中公司承担其中的30%,何某葵承担其中的40%,其他主体共同承担剩余30%的责任(见图2)。该案中,法院通过追加第三人的方式将所有被刑事处罚及行政处罚的法人、自然人纳入审理范围。这一做法有助于综合考虑所有具有法律上利害关系的连带责任人应承担的责任份额,以便精确认定内部追偿范围,在审判实践中值得借鉴。不过,该案并未体现内部责任的层次性。在第一步判断发行人责任份额时,不应将内部人员考虑在内,而是仅在发行人与中介机构等市场主体层面确定各自的责任份额,然后再判断各责任主体的内部人员如何担责。

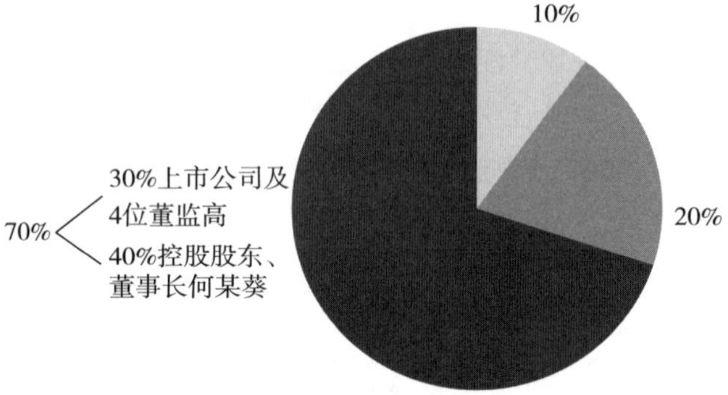

■ 承担刑事责任的原绿大地公司及董监高何某葵、蒋某西、庞某星、赵某丽、赵某艳五人共同承担70%的主要责任。其中,原绿大地公司及4位董监高共同承担70%责任中的30%,董事长、法定代表人、控股股东何某葵作为主要推动者承担70%责任中的40%。

■ 受到行政处罚的董监高及中介机构赵某权、胡某、黎某、钟某富、普某、罗某银、谭某珠、郑某光、毛某明、徐某葵、陈某生、华泰证券公司、四川天澄门律师事务所、深圳市鹏城企业管理咨询有限公司共同承担20%的次要责任。

□ 未受行政处罚、刑事处罚,但不能证明没有过错的董监高周某亮、唐某明、石某富、李某龙、高某林、王某川、刘某红共同承担10%的次要责任。

图2 原云南绿大地公司向董监高追偿案责任承担情况

此外,值得注意的是,不应完全根据行政处罚及刑事处罚结果认定责任份额。目前,证券虚假陈述责任诉讼趋向于逐步取消前置程序。在2020年发布的最高人民法院《关于证券纠纷代表人诉讼若干问题的规定》中,已不再要求投资者以行政处罚决定或刑事裁判文书为起诉的前置条件。[①] 司法实践中,也有案例

① 最高人民法院《关于证券纠纷代表人诉讼若干问题的规定》第5条第1款规定:“符合以下条件的,人民法院应当适用普通代表人诉讼程序进行审理:……(三)原告提交有关行政处罚决定、刑事裁判文书、被告自认材料、证券交易所和国务院批准的其他全国性证券交易场所等给予的纪律处分或者采取的自律管理措施等证明证券侵权事实的初步证据。”

认定未被行政处罚的中介机构承担责任。例如,在"中安科"证券虚假陈述责任纠纷案中,法院认为,并非只有受到行政处罚的主体才能列为被告,并最终认定招商证券、瑞华会计等中介机构承担连带责任。[①] 从另一角度而言,行政处罚与民事赔偿性质不同,行政监管旨在维护管理秩序,而民事审判着眼于个体合法利益,行政监管上的可罚性并不等同于民事赔偿上的可责性。[②]

(二)确定发行人的对内追偿范围

在确定发行人责任份额后,进入第二个层次的判断,即发行人的追偿范围问题。对此,一种观点认为,根据《证券法》第 85 条的精神,发行人是信息披露义务人,也是证券虚假陈述的首要责任主体。基于法人承担民事责任的独立性,同时考虑到虚假陈述行为的获益人是发行人,所以发行人不能全额向董事追偿,要自己承担部分损失。另一种观点认为,在公司内部治理结构上,董事等高级管理人员与公司之间构成代理关系。董事决策让发行人实施虚假陈述的违法行为构成越权并违反信义义务,应当就发行人因对外赔偿所产生的财产损失承担终局责任。[③]

笔者赞同上述第二种观点。正如上文所述,董事与发行人对投资者承担的连带责任应属于不真正连带责任债务。不真正连带之债的发生原因如果涉及侵权行为,应当有终局责任人,因而发生单向的追偿权,即实际承担赔偿责任的不真正连带债务人可以向终局责任承担人行使追偿权。[④] 虚假陈述行为在法律上表现为法人这一独立民事主体的行为,但法人承担的是一种转承责任,其行为本质上是董监高等自然人作出的。在内部追偿时,不应再将法人人格的独立性考虑在内,而应当按照董事与发行人的内部关系确定追偿范围。法人机关是法人的代理人,董事要为自己的侵权行为承担责任。故董事与发行人基于不同的法

---

① 参见上海市高级人民法院民事判决书,(2020)沪民终 666 号。

② 参见张保生、朱媛媛:《证券虚假陈述责任纠纷中董事民事责任边界探析——以两则上市公司董事免责抗辩成功案例为引入》,载郭锋主编:《证券法律评论》,中国法制出版社 2020 年版。

③ 参见中国上海司法智库:《"〈民法典〉司法实务论坛"研讨活动要点摘编(十)》,载微信公众号"中国上海司法智库"2021 年 6 月 26 日,https://mp. weixin. qq. com/s/oQH4KbinYrvf7H1MnBk7QQ。笔者之一在该论坛上提出上述第二种观点。

④ 参见陈现杰:《〈最高人民法院关于审理人身损害赔偿案件适用法律若干问题的解释〉的若干理论与实务问题解析》,载《法律适用》2004 年第 2 期。

律原因对投资者的损失承担连带赔偿责任。在发行人兑现其民事赔偿之后,可以以其承担的责任份额为限向董事进行全额追偿。换言之,第一步在发行人与中介机构之间所认定的发行人责任份额,即为其能够进行内部追偿的最高限额。

(三)区分董事的具体责任份额

在明确发行人承担证券侵权责任后可就其责任份额向董事全额追偿后,还要考虑董事内部责任份额的划分问题。对于份额分摊,“相对的比较分摊法”是一种值得考虑的分配标准,即除考虑各行为人的主观过错在总过错中所占比例之外,还要考虑各行为人的行为所造成的损害后果的严重程度、原因力、加害人所获得的非法利益、加害人的经济负担能力等诸多因素,综合确定赔偿责任份额。① 就如何认定各董事行为对损害发生的参与度或影响程度而言,需要对董事的身份、知情程度与主观态度、职责相关性、专业知识背景等因素进行综合考量。

董事责任是一种专家责任,董事接受聘任后有义务拥有或获得胜任该职位所需的知识与能力,其所应承担的专家责任应当是与其勤勉义务相适应的责任。该勤勉义务与其实际担任职务、知识背景、知情程度等因素密切相关。判断董事对相关业务事项是否尽到注意义务时,法院应从一名“普通执业人员”的视角来考察,该名普通执业人员是否具备该专业领域所必需的任职条件,是否拥有一定的业务知识和经验。例如,具有财务专业知识的董事应当对财务报表的有关事项具有更高的注意义务。另外,董事也有义务参加相关会议、阅读财务报告等资料,如果董事不具备相应的专业知识,那么其需向具备有关资质的专业人士进行咨询,即需对获得的法律意见等专业知识的可信度进行谨慎审查。②

另外,对于作为外部董事的独立董事和内部董事过错的认定应有所区别。如果是发行人披露虚假报告,无论是内部董事还是外部董事都应当承担责任,但是由于独立董事的独立性及外部性,其承担的勤勉义务和忠实义务标准或程度实际有别于内部董事。相对而言,内部董事对公司内部事项决策承担更大职责,

---

① 例如,美国1995年《证券私人诉讼改革法案》为美国1934年《证券交易法》增补的第21D(g)(3)(C)条规定,在确定连带赔偿责任的分摊时应当考虑以下两项因素:(1)导致损失的行为的性质;(2)行为与损失之间联系的性质和程度,包括导致或引起原告损失的每个行为人行为的性质以及每个被告的行为与原告所受损害之间的因果关系的性质与程度。参见程啸:《证券市场虚假陈述侵权损害赔偿责任》,人民法院出版社2004年版,第410~411页。

② 参见叶金强:《董事违反勤勉义务判断标准的具体化》,载《比较法研究》2018年第6期。

而外部董事则对监督公司运作承担更大职责。①

（四）对内追偿时举证责任的分配

我国《证券法》第85条规定，董事承担责任的归责方式为过错推定，如果董事想要免责，就要举证证明自己已经依法履职尽责，没有过错。如果不能证明，就推定其具有过错。若在投资者发起的证券虚假陈述赔偿纠纷案件中，将公司与董事均列为被告，那么可以参考董事在该案中的抗辩以及法院对其过错的认定确定内部份额。而在大多数案件中，投资者仅要求公司承担证券侵权责任，未将董事列入被告，在此情形下，在审理追偿案件时，法院就需要对董事的过错程度作出判断。笔者认为，由于董事作为信息披露的实际行为主体，有能力提交证据证明其行为的适当性，故此时也应适用过错推定原则，由董事举证证明自己有无过错及过错大小。

四、董事承担证券侵权连带责任制度的完善建议

（一）建立董事责任豁免制度

资本市场的发展与监管既与证券法律制度密切相关，也与公司法律制度存在紧密联系。当前，在《公司法》的修订中应注意加强公司法与证券法的联动和衔接，更好地体现对股东，特别是对持股分散、话语权不高的中小投资者合法权益的保护，同时也要避免赔偿责任过重导致董事、高管过分谨慎经营的情况。我国《公司法》还未规定董事责任豁免制度，可以考虑结合我国国情，建立符合我国实践的董事责任豁免制度，增加以下内容：公司可以在章程中规定，当董事违反勤勉义务给公司造成损失时，免除董事的损害赔偿责任，或是设定最高责任限额。

（二）探索董事对外承担按比例连带责任的可能性

近年来，国内外理论和实践中都呈现限缩连带责任的趋向。中安科股份有

---

① 参见王倩、罗培新：《独董的履职“红线”》，载《董事会》2019年第5期。

限公司虚假陈述案判决[①]系我国首例要求中介机构在证券侵权案件中承担“按比例连带责任”的生效判决。这对于厘清中介机构责任、督促中介机构履行勤勉尽职义务,具有重要的现实意义。对于董事对外承担的证券侵权责任,也可以探讨要求其对外承担按比例的连带责任的可能性,将连带责任模式进一步限缩。对于连带责任的具体形式和份额,需要合理认识董事的实际作用和法律地位。任何行为的责任都应当与行为本身相匹配。倘若董事仅有微小的过失或者已尽到了一定程度的勤勉义务,却要与信息披露义务人承担完全的连带赔偿责任,显然是不公平的。在这种情况下,董事可以仅承担部分的连带责任,这有助于维护股东权益和督促董事勤勉尽责。需要注意的是,该比例只是各个董事对外承担证券侵权连带责任的比例,不是内部责任份额的划分,不能将判决主文中明确的对外承担责任比例作为连带责任主体内部的追偿比例。

(三)全面引入董事强制责任保险制度

董事责任保险,是指以董事或高管对公司及债权人等第三人应负担的民事赔偿责任为标的的一种保险。[②] 董事责任保险制度可以鼓励董事积极参与公司的经营管理,防止董事因自身的过错而产生大量赔偿,也为投资者、债权人等相关方的利益受损提供赔偿保障。作为降低因董事不当行为而引发公司商业风险的保险,董事责任保险制度的功能在我国并未完全展现。我国可以在利用本土资源的基础上,进一步完善董事强制责任保险制度。

---

① 参见上海市高级人民法院民事判决书,(2020)沪民终666号。

② 参见蔡元庆:《董事责任保险制度和民商法的冲突与协调》,载《法学》2003年第4期。

他山之石

美国证券交易委员会《投资顾问投票代理责任指引》解读

杨　晖*

2019年9月10日,美国证券交易委员会(the U.S. Securities and Exchange Commission, SEC)①根据美国1940年《投资顾问法》和1940年《投资公司法》发布《投资顾问投票代理责任指引》(Guidance Regarding Proxy Voting Responsibilities of Investment Advisers,以下简称《指引》),细化了投资顾问在代理投票行为中的信义义务内容及行为规范。

一、存托凭证是重要的跨境投融资工具

存托凭证(Depository Receipts, DR)又称存券收据或存股证,是指在一国证券市场流通的代表外国公司有价证券的可转让凭证,是公司融资业务范畴的金融衍生工具。存托凭证是跨境投融资的重要工具。以股票为例,存托凭证是这样产生的:某国的一家公司为使其股票在外国流通,就将一定数额的股票,委托某一中间机构(通常为银行,称为保管银行或受托银行)保管,由保管银行通知外国的存托银行在当地发行代表该股份的存托凭证,之后存托凭证便开始在外国证券交易所或柜台市场交易。从投资人的角度来说,存托凭证是由存托银行所

---

* 法学博士,上海金融法院申诉审查及监督庭法官助理。

① Securities and Exchange Commission: Commission Guidance Regarding Proxy Voting Responsibilities of Investment Advisers, 17 CFR Parts 271 and 276, Release Nos. IA-5325; IC-33605; Federal Register: Commission Guidance Regarding Proxy Voting Responsibilities of Investment Advisers.

发行的几种可转让股票凭证,证明一定数额的某外国公司股票已寄存在该银行在外国的保管机构,而凭证的持有人实际上是寄存股票的所有人,其所有的权力与原股票持有人相同。存托凭证一般代表公司股票,但有时也代表债券。存托凭证的当事人,在本地有证券发行公司、保管机构,在国外有存托银行、证券承销商及投资人。按其发行或交易地点之不同,存托凭证被冠以不同的名称,如美国存托凭证(American Depository Receipt, ADR)、欧洲存托凭证(European Depository Receipt, EDR)、全球存托凭证(Global Depository Receipts, GDR)、中国存托凭证(Chinese Depository Receipt, CDR)等。存托人代理持有人行使存托凭证基础资产权利,代理行使股权是存托人履行信义义务的核心,规范存托人代理股权投票行为,是保护投资者跨境投资权益,规范资本市场跨境业务发展的重大课题。

二、《指引》的核心内容解读

(一)《指引》解释了投资顾问信义义务的内涵

《指引》认为,投资顾问作为存托人的信义义务包括注意义务和诚信义务。当代表客户投票时,投资顾问的受托责任取决于其所承担的投票权范围。

首先,投资顾问的注意义务要求其应提出能够实现客户利益最大化的建议。投资顾问欲使其投票决定达到客户的最大利益,就应进行合理的尽职调查以确保投票决定并非基于重大的不准确或不完整信息。对此,根据美国1940年《投资顾问法》第206(4)-6条的规定,除非投资顾问通过合理的书面论证和程序设计以确保其是以客户最大利益作出投票决定,否则就是一种欺诈、欺骗或操纵行为。

其次,在信托责任和美国1940年《投资顾问法》第206(4)-6条的要求下,投资顾问如何代表客户行使表决权。当代表客户作出投票决定时,许多投资顾问会聘请代理咨询公司辅助履行各种职能、提供服务。此外,还有咨询公司提供与投票的实质内容有关的服务。例如,就需进行表决的议案提供研究和分析,提出投资顾问可以采用的一般表决准则,并就具体需进行表决的事项作出推荐建议。由代理咨询公司提供这些职能和服务,可以有效减轻投资顾问的负担(而且可能降低客户的成本)。

最后，投资顾问代表客户行使代理投票权，当发生利益冲突时，投资顾问可能会寻求代理咨询公司的投票建议。同时，SEC 的合规检查办公室会审查投资顾问代表投资者行使权利、履行受托责任的情况，包括审查与利益冲突相关的风险领域、代理投票政策和程序以及投资顾问对代理咨询公司的监督及其他问题。

（二）《指引》明确了投资顾问代理投票的行为标准

关于投资顾问在美国 1940 年《投资公司法》的表格 N－1A、N－2、N－3、N-CSR 项下的投资指导和披露指引要求，《指引》通过 6 个问题来明确投资顾问对客户的代理投票责任范围。

第一，投资顾问与客户在建立关系时，如何确定投资顾问的代理投票权利和责任范围。《指引》认为，投资顾问必须在充分和公平的披露和知情同意的前提下履行受托责任（信托责任）。客户及其投资顾问同意：投资顾问根据旨在满足客户最大利益的特定参数行使表决权；投资顾问应根据特定参数行使投票授权，旨在为客户提供最佳服务；如果代理表决将成本强加给客户，例如限制客户就该股票进行借贷的权利（股权质押借款等），那么投资顾问将不会行使表决权。

第二，投资顾问如何证明其投票决定代表了客户的最大利益，并且是根据投资顾问的代理投票政策和程序进行投票。《指引》认为投资顾问作为受托人，其服务客户的法律责任性质是受托责任。投资顾问要对投票事项进行合理调查并为客户最大利益投票。通常，许多投资顾问都有多重客户，包括基金、其他集合投资工具和个人投资者，他们有不同的投资目标和策略。投资顾问应考虑是否按照统一的投票政策，代理行使所有客户的股权投票。投资顾问还应考虑某些事项是否有必要进行代理投票，通过更详细的分析来确定何种情况可能涉及适用一般表决准则，何种情况可以考虑发行人所特有的因素。例如，特定发行人的行为分析或考虑投票对客户投资价值的潜在影响。特别是投资顾问代表多个基金、集合投资工具时，应考虑是否应有不同的投票政策，不同的代理投票表决应取决于每个基金的投资策略和目标。

此外，如果投资顾问聘请代理咨询公司提供投票咨询，那么投资顾问也应评估该咨询意见是否符合其投票政策及客户的最大利益，并评估代理咨询公司是否遵守相关规则。美国 1940 年《投资顾问法》第 206（4）－6 条规定，将代理咨询公司合规政策和程序作为年度审查的一部分，抽样审查投资顾问的代理投票行为。《指引》进一步细化了评估代理咨询公司合规性的几个方面内容:(1)测评预先投票,评估代理咨询公司"预先填写"的投票;(2)考虑附加信息,该信息可能包括发行人或股东随后提交了其他明确的代理材料或其他发行人或股东的支持者向投资顾问传达的信息,对这些附加信息的合理预期会影响投资顾问的投票测定;(3)进行更高水平的分析,如投资顾问利用代理咨询公司就投票事项提出建议或表决(或提出表决建议并执行),而投资顾问的投票政策和程序没有涉及如何就某一事项进行表决,或该事项争议很大,此时应进行更高水平的分析,来判断该代理投票行为是否符合客户的最大利益。

第三,在利用代理咨询公司协助进行代理投票时,投资顾问公司应如何对代理咨询公司进行评估。《指引》认为,应评估代理咨询公司是否有能力充分分析投资顾问负责表决的事项,包括代理咨询的充分性和质量、该公司的人员状况或技术水平、代理咨询公司是否有及时向发行人和代理咨询公司客户寻求意见的有效流程。

通常,投资顾问应基于发行人的规模、公司治理结构、该行业的特定做法、历史及其财务业绩的相关背景来选择代理咨询公司。投资顾问也应考虑代理咨询公司是否充分向投资顾问披露其制定表决建议的方法,以便投资顾问能够理解代理咨询公司的投票建议。从操作层面看,投资顾问决定是否保留代理咨询公司,应包括合理审查代理咨询公司的政策和程序、如何识别和解决利益冲突。投资顾问可以进行下列审查:(1)代理咨询公司的政策和程序是否足以识别和披露实际和潜在冲突。关于如何识别不同类型的冲突,需要把握以下几点:一是冲突与提供代理投票建议和代理投票服务有关;二是包括与代理投票以外活动有关的冲突;三是冲突的背景,例如,某些从属关系引起的实际或潜在冲突可能,包括是否对代理咨询公司具有重大影响力的第三方(如作为股东、贷款人或重要业务来源)已就特定表决问题或更一般的投票问题提出建议。(2)披露冲突的政策和程序。代理咨询公司的政策和程序是否足以披露其给投资顾问提供服务的实际和潜在冲突,是否提供了易于访问的、与利益冲突相关的披露信息。例如,使用在线门户或其他工具,使披露的冲突信息透明且便于访问。

第四,在利用代理咨询公司进行研究或投票建议时,投资顾问应采取何种步骤来审查事实错误、潜在的不完整信息或潜在的代理咨询公司分析中的方法缺陷及其可能对投资顾问投票决定产生的影响。投资顾问的政策和程序应确保其投票决定并非基于重大不准确或不完整的信息。投资顾问应定期审查其持续使用的代理咨询公司的研究或投票建议,包括审查是否存在潜在的事实错误、潜在不完整事实或潜在错误的程度以及代理咨询公司分析中的方法缺陷。投资顾问在审查其使用的代理咨询公司时,还应考虑代理咨询公司的政策和程序的有效性,以获得准确信息。

第五,投资顾问如何评估代理咨询公司的服务,包括评估代理机构在服务或运营方面的任何重大变化。这些变化可能会实质性地改变代理咨询公司政策及程序的有效性,并可能需要进行后续评估。投资顾问应考虑如何利用相关政策和程序,识别和评估代理咨询公司的利益冲突。除了评估代理咨询公司提供投票建议、根据投资顾问投票指示的执行能力和能力更新情况外,还应评估代理咨询公司就投资顾问认为相关的业务变化提供的最新情况;评估代理咨询公司是否持续更新其方法、准则和表决建议,包括是否及时回应发行人及其股东的反馈意见。

第六,投资顾问代表客户行使表决权,是否需要利用一切机会为客户投票。《指引》认为,在以下两种情况下并非如此:一是如投资顾问及客户已事先同意限制投资顾问行使表决权,则投资顾问根据协议,无须代表客户投票表决;二是如投资顾问确定不投票更符合该客户的最大利益,则可不代表客户投票。如果确定客户投票代理的成本超过预期,投资顾问在作出不投票决定时,应考虑是否根据协议约定履行了对客户的信义义务。

三、《指引》的内容及实践

在存托凭证交易中,存托人代理存托凭证持有人行使凭证基础资产权利,对其代理投票行为进行规范,是保护持有人权益的核心内容。总体上看,《指引》在对投资顾问(存托人)代理投票行为中的信义义务内涵进行界定的基础上,细化了投资顾问代理投票行为的规范内容,明确了投资顾问在委托代理咨询公司时其应尽的评估审查责任。

(一)《指引》的内容

首先,《指引》明确了存托人的信义义务是一种注意和诚信义务,是一种受托责任。注意的标准是为实现客户利益的最大化,通过充分合理调查,避免投票代理行为受到重大不确定或不完整信息的影响。存托人对于投资者的信义义务,一方面,建立在具体交易结构所确定的权利义务基础上;另一方面,要明确具体的投票责任范围。细化代理投票权的具体标准包括明确客户最大利益的特定参数,为客户提供最佳服务,不能强加给客户代理投票表决的成本。

其次,对于如何将为客户最大利益原则落实在投票代理行为中,《指引》强调了配套政策及程序的重要性。实践中,投资顾问(存托人)广泛采用代理咨询公司提供投票服务。代理咨询公司的相关政策与程序是否完备,能否有效识别利益冲突,并通过信息披露消除利益冲突对投票代理行为的不良影响,是否可以应对投票代理行为变化而持续提升服务能力等,都属于投资顾问的审查范围,也是其受托责任的重要组成部分。

最后,《指引》也认为,投资顾问在建立一般投票政策及程序以保障落实其受托责任的同时,也应考虑不同客户(发行人/投资者)的特殊因素。通常情况下,投资顾问往往同时代理多个不同类型的投资者或管理不同类型的金融产品,那么在公平对待所有投资者的基本原则之下,也应契合不同类型的金融产品(发行人),制定符合投资者自身特点的、有助于实现客户最大利益的代理投票策略,尤其是要充分考虑不同客户的投资目的、风险偏好、投资标的的特点。

(二)《指引》规范与存托凭证市场的发展

一是具体化了存托人受托责任的内涵,细化了存托人是否尽到受托责任的评判标准。《指引》明确存托人履行受托责任的基础必须依据满足客户最大利益原则,细化代理投票权的具体标准包括明确客户最大利益的特定参数、为客户提供最佳服务、不能强加客户代理投票表决的成本。同时明确,存托人代理客户行使表决权、追求客户利益最大化不等同于利用一切机会为客户投票,而应秉持信义义务的基本要求,忠实履行受托责任,如不投票更加符合客户利益,也并非不可行。但是,由于存托人一般有多个委托人(客户),有必要差别化对待不同客户的投票权,针对不同客户制定不同的投票政策。

二是明确存托人委托外部咨询公司提供部分投资顾问服务的责任。细化存托人对其雇佣的、提供辅助投资顾问业务的外部咨询公司的监督责任,对于存托凭证持有人而言,无疑是明确了存托人对投资者责任的全面性。明确存托人制定相关政策与程序对代理咨询公司进行评估，审查代理咨询公司的投资建议中可能存在的错误、缺陷，评估代理咨询公司相关政策和程序的有效性。监管机构在对存托人进行年度审查时，也应包括存托人是否评估审查了代理咨询公司的合规政策与程序。

三是进一步拓展了存托凭证业务中的信息披露范围。存托人必须审查代理咨询公司提供服务而可能存在的利益冲突类型及与之有关的信息披露。存托人应审查代理咨询公司是否具有相关政策和程序识别这些冲突并保障与之相关的信息披露，审查代理咨询公司针对相关业务变化的能力更新情况，以确保代理咨询公司持续服务能力的提升。对于上述内容，存托人也必须进行规范地披露，这强化了投资者的信息知情权，有助于从源头减少信息不对称引发的金融风险。

德意志帝国最高法院某原告诉被告苏黎世保险公司案评析

黄佩蕾*

【裁判要旨】

当被保险人对受害第三人的赔偿责任被判决认定但还未向第三人赔偿时，被保险人对保险人享有的请求权性质为免责请求权，而非金钱给付请求权。

【案号】

德意志帝国最高法院，1909年2月5日，RGZ 070，257－263

【案情】

原告：K

被告：苏黎世保险公司

根据1900年4月10日的保单，建筑工程师M由被告苏黎世保险公司对其经营建筑事务时发生的人员伤亡责任进行承保。M对1901年1月26日发生的一起建筑事故负有责任，并且在诉讼中被判决向第三人支付701,540马克损害赔偿及7610马克利息。本案原告K在另案中对M享有1,229,715马克债权并

* 法学硕士，上海金融法院综合审判一庭法官助理。

请求执行,地方法院遂于1904年11月11日作出决定,将M与苏黎世保险公司基于责任保险合同享有的请求权予以扣押。本案中,原告K请求被告苏黎世保险公司向其直接支付基于责任保险应向M赔偿的保险金及利息。被告拒绝了原告K的要求,因为保险公司只有义务确保被保险人没有遭受损失,即直接向受害第三人赔偿或就被保险人M已赔偿的费用进行补偿,而毫无疑问被保险人M并没有支付任何款项。地方法院驳回了本案原告K的请求,地方上诉法院维持了原判。

【审判】

问题在于在责任保险中,当被保险人被判决支付受害人损害赔偿但并未实际支付时,被保险人对保险人仅有支付保险金的金钱支付请求权,还是仅有免除赔偿责任的免责请求权。如果按照后者,则在诉讼中单纯要求保险人直接支付是没有根据的,更无须进一步讨论被保险人从保险合同中享有的请求权是否或者多大范围内允许被扣押,也无须讨论他的债权人其他强制执行的权利。上诉法院维持了免责请求权的看法,因此驳回了原告的上诉。他的考虑是基于责任保险的本质以及对保险合同条款的解释,本院没有发现该见解有任何违反法律的地方。

关于被保险人自支付受害人时起才产生损害的说法,并未获得上诉法院的支持。这种观点是错误的,即保险事故不存在或者在清偿受害第三人之前不存在,也不能要求被保险人预付赔偿款。正确的观点是,保险人的义务不是在被保险人支付受害人之前就负担起金钱债务,而是在于为(被保险人面临的)赔偿责任请求权提供保护。保险人仅应为被保险人免除其对受害第三人的责任,或者减轻其在损害行为中产生的债务,而被保险人所求的恰恰也正是这一点。由此,被保险人自身对受害人的清偿不会受到阻碍,同时该清偿行为也产生冲抵作用,即在保险合同条款允许的情况下,这部分已清偿的债务即由免责请求权转变为对保险人的金钱支付请求权;该金钱支付请求权毫无疑问是可以自由转让、扣押的。但在本案事实中,被保险人并没有清偿受害第三人,他仍负有支付判决确定的损害赔偿之债。上诉法院在其观点中引用了保险合同的第1条、第8条及第9条。根据第1条,保险公司仅对受害第三人向被保险人提出的赔偿请求权给予补偿,对被保险人强制执行也包括在内;同时保险合同第8条及第9条也仅提及了赔偿责任。根据第9条的规定,该赔偿责任应通过被保险人与受害人之间的平等协商来确定,并且应邀请保险公司代表参与,保险公司保留追认权。由此推知,须经由保险公司同意的赔偿不能以金钱债务的形式直接向被保险人支付,这一点是没有异议的。保险人并非意在报销被保险人已付的款项,而是对被保险人遭受的损失进行补偿。保险合同不仅使保险人在被保险人和受害人协商中具有决定性的影响力,且若协商未达成一致,将引发一个以被保险人名义提起的诉讼;保险公司在此仍可以保留对受害第三人的赔偿款,因为被保险人(侵权人)不能在没有保险公司追认的情况下对请求权进行承认或清偿。当事人(保险人)绝不会有让被保险人随意处置保险金的打算,而更愿意在生效判决作出时才开始考虑(保险金的问题)。对于保险人而言这一点是很明显的,在判决后也是如此——他与被保险人以及受害第三人完全割裂开,并且即使在判决后也不愿意向被保险人支付判决所确定的赔偿款(后文称,该情况在现实中不会发生)。

上诉法院对于保险合同条款作补充解释时的考虑,同样无可指摘。首先,这些考虑源于责任保险的本质,并且不是出自M与苏黎世保险公司之间具体的保险合同,而是基于所有同类保险合同所设定的条款。责任保险遵循为被保险人防御损害赔偿责任之债的目的。它并非单纯的诉讼保险,而是真正的损害保险。但损害在责任事故发生后即存在,即被保险人遭受源于其赔偿责任义务的财产负担。在被保险人赔偿之前,其保险利益在于,他根本不需要赔偿,而是由保险公司方面代为赔偿或者让其免于被受害人提起请求权。对被保险人的利益而言,他不需要保险人向其支付保险金,而仅在于他不被催促着支付债务。因此被保险人在其自行清偿受害第三人,从而将自己从被动状态中解脱出来之前,都受到免责请求权的充分保护。至于保险人如何使其免责,对被保险人而言则是无关紧要的。其次,不能否认保险人对此也有显著的利益,即他没有义务向被保险人支付赔偿款,但他有权与受害人协商以合适的方式解决赔偿事宜,只要他能成功地保护被保险人免于被受害人提起请求权。最后,虽然责任保险并非利于第三人的合同,也不是第三人保险,受害人与保险人或被保险人之间不存在保险法律关系,但是受害人显然在经济意义上参与了该保险。若保险人义务仅在于,向被保险人支付一定数额从而对受害第三人清偿,而无权直接与受害第三人协商以满足保险合同所约定的保护被保险人免受损失的请求权,则受害第三人的利益将会严重受损。所有这些利益都值得考虑,因此对纯粹的免责请求权一说予以肯定。

上诉法院判决中缺乏对保险公司如何使被保险人免责这一问题的考量。然而这一考量本身是多余的,因为本案中只需解决原告是否可以要求支付,而并非以何种方式实现免责请求权,假定它存在的话。该请求权需在法律上是可能的、有充分确定的内容,且《德国民法典》第257条[①]明确适用的。对此不仅需要考虑保险公司直接向第三人清偿,当受害人与保险公司缔结债务承担合同(《德国民法典》第414条)[②]或者放弃对被保险人的请求权时,被保险人也会从其损害赔偿义务中免责。

毫无疑问1908年5月30日才生效的《德国保险契约法》第156条对此保险合同不适用,但是即使根据当时的法律以及考虑到保险合同条款以及责任保险的本质,不能排除保险人有权就赔偿事项与受害人进行直接协商,受害人无须由被保险人授权即可自行要求支付赔偿款。此外法律并没有提及在受害人得到清偿之前,被保险人于保险合同中享有的请求权的性质。同时也没有与上诉法院的看法相反的法律规定。上诉法院所提到的《德国保险契约法》第49条,规定了损害赔偿以金钱的方式履行,其立法理由中提出这一规则基本符合所有保险类型的实践。但是立法理由中也提出,对此作另行约定自然是允许的。第49条系相对灵活的规则,在当事人双方明确另行约定时可排除其适用。因此没有理由反对上述见解,即保险请求权在上述时期(被保险人自己清偿受害第三人之前)为免责请求权。至于当被保险人破产时如何处理这一请求权则不在本案的讨论范围内。同样无须研究当被保险人将其免责请求权自愿转让给原告时结果是否会发生变化。上诉法官所担心的、保险人自始至终不愿意支付的情况,在现实中不会发生。受害第三人至少可以求助于保险请求权的强制执行来完成清偿,且依据保险合同的约定,该免责请求权会经受害第三人之手转变为金钱支付请求权。

---

① 第257条:有权请求偿还为特定目的而支付的费用的人,为这一目的而负担债务的,可以请求免除债务。债务尚未到期的,偿还义务人可以向该请求权人提供担保,以代替免除该请求权人的债务。

② 第414条:第三人可以通过与债权人订立的合同,以该第三人代替原债务人的方式承担债务。

【评析】

一、责任保险请求权性质沿革

观诸域外,责任保险的发展经历了三个阶段:第一阶段为纯粹损失填补保险,第二阶段回归责任保险之本质,第三阶段则成为兼具诉讼保险之法律保护功能的混合保险。[①] 相应地,被保险人对保险人的请求权的性质也经历了从"保险金支付请求权"(Zahlungs-anspruch)、"免责请求权"(Befreiungsanspruch)到"不利益豁免请求权"(Freistellungs und Abwehrsanspruch)的演变,保险人介入的时点亦从被保险人"责任履行时""责任确定时"逐步提前到了"被提起请求权"时。

(一)金钱支付请求权

责任保险在形成之初,被归类为普通财产保险,其功能在于填补被保险人实际发生的损失。"无损失,无理赔",因此在被保险人因向受害第三人履行损害赔偿责任而遭受实际财产损失之前,保险人无保险责任,典型如保险合同中的"先付后偿"条款。相应地,被保险人对保险人只有保险金支付请求权(性质为金钱给付请求权,Zahlungsanspruch),且该请求权之产生以被保险人实际赔付第三人为前提。

尽管这一要求被保险人"先行赔付"前提可有效避免被保险人在实际赔偿受害第三人之前就获得保险金并将其挪作他用,从而保障受害第三人的损失得到确实的补偿。然而此阶段的责任保险仍因保护受害第三人不力而广受诟病:一是当被保险人自己无足够能力赔偿或迟迟不赔偿受害第三人时,无法保障后者从保险人处获得充分及时的补偿;二是被保险人的保险金请求权若被让与、质押或遭其他债权人强制扣押、转付的,则责任保险保护受害第三人的意图将完全落空。

---

① 参见樊启荣、刘玉林:《责任保险目的及功能之百年变迁——兼论我国责任保险法制之未来发展》,载《湖南社会科学》2014年第6期。

(二)免责请求权

随着责任保险的发展,其对被保险人的保护价值日益得到重视,进而从纯粹的损失填补保险演变成"以被保险人对受害人的赔偿责任为填补对象的"责任保险,此时的赔付原则是"无责任,无理赔"。保险人对被保险人承担保险责任,不再以被保险人实际向受害人赔偿为条件。[①] 与此同时,侵权责任法亦将填补受害人之损害视为其首要功能,[②]因此可允许保险人替代被保险人履行其责任,以保障受害第三人之损害得到及时充分的填补。典型如德国 1908 年《保险合同法》第 149 条规定的"替代给付"(die Leistung zu ersetzen),即"当被保险人基于在保险期间内所发生的事故,对第三人负有损害赔偿责任而须为给付的,保险人有义务代为给付"[③]。

相应地,被保险人对保险人的请求权性质为"免责请求权"(Befreiungsanspruch),即被保险人得请求保险人免除其应向第三人承担的赔偿责任。"免责请求权"的概念最初并非保险法上之法定术语,而是《德国民法典》中的概念,其最初适用在保险法实践是在德意志帝国最高法院 1909 年一决定性判决[④](本案判决)中。而正是在这一判决中,法院认定在被保险人自行赔付受害第三人之前,被保险人对保险人的请求权的性质不是金钱给付请求权,而是免除被保险人责任之"免责请求权"。从其判决理由来看,之所以将被保险人之保险给付请求权的性质认定为"免责请求权",而非纯粹给付金钱请求权,是基于以下原因:一方面是为弥补前一阶段责任保险保护受害第三人功能之缺失——"免责请求权"的性质使其不存在遭其他债权人强制执行的可能性;另一方面的原因则在于,当被保险人的损害赔偿责任确定时,其财产事实上已遭受来自其赔偿义务的现实负担,此时责任保险对于被保险人最大的意义并非在于保险人向其支付保险金,而在于其不被催

---

① 参见邹海林:《责任保险论》,法律出版社 1999 年版,第 47 页。

② Wagner, Münchener Kommentar zum Bürgerlichen Gesetzbuch, 4. Aufl. 2004, § Vorbermerkung Rn. 41.

③ 原文为:"Bei der Haftpflichtversicherung ist der Versicherer verpflichtet, dem Versicherungsnehmer die Leistung zu ersetzen, die dieser auf Grund seiner Verantwortlichkeit für eine während der Versicherungszeit eintretende Tatsache an einen Dritten zu bewirken hat."其中,ersetzen 有替代、顶替之意。

④ RG 5. 2. 1909 RGZ Bd. 70 S. 261.

促着向第三人履行责任。只有在被保险人已自行对受害第三人赔偿之后,其所享有的"免责请求权"才又转化为保险金支付请求权。

以上,可看出所谓"免责",系指使被保险人免除责任负担。因该"免责请求权"之产生以受害第三人的损害赔偿请求权成立为前提,于是借鉴《德国民法典》中"免除请求权"[①]的翻译,进而贴合责任保险之性质,取"免除被保险人责任"之意。相应地,责任保险人介入的时点也从第一阶段的被保险人实际赔付第三人时提前到损害赔偿责任确定时。

(三)不利益豁免请求权

到第三阶段,责任保险已脱离一般财产保险范畴,兼具对被保险人的权利保护功能。此阶段的被保险人之保险给付请求权被称为"不利益豁免请求权",是指当被保险人因受到依法享有损害赔偿请求权之人(受害第三人)的请求而陷于不利益之状态时,可向责任保险人请求使其脱离此不利益状态。据此,保险人介入的时点进一步提前至第三人向被保险人提起请求权之时。需要注意的是,被保险人对第三人是否应承担责任在这一时点还未最终确定。

德国在2008年修订《保险合同法》时,第100条规定"在责任保险中,保险人有义务使投保人从第三人为保险期间内所发生的事实而承担的责任所行使的请求权中免责(Freistellung von begründeten Haftpflichtansprüchen),以及防御无理由的请求权(Abwehr von unbegründeten Haftpflichtansprüchen)"。从此二元请求权结构的具体内容可以看出,前者是对德国1908年《保险合同法》第149条内容的延续,而后者则是对实践中已广泛承认的抗辩义务的成文法化。而毫无疑问的是,"不利益豁免请求权"系对被保险人"免责请求权"(Freistellungsanspruch)与"抗辩请求权"(Abwehrsanspruch)的整体总结。并且,依具体情形之不同,该"不利益豁免请求权"呈现不同形态——当第三人的损害赔偿请求权为正当时为"免

---

① 参见台湾大学法律学院、台大法学基金会编译:《德国民法典》,北京大学出版社2017年版,第237页。《德国民法典》第257条标题即为Befreiungsanspruch,"Wer berechtigt ist, Ersatz für Aufwendungen zu verlangen, die er für einen bestimmten Zweck macht, kann, wenn er für diesen Zweck eine Verbindlichkeit eingeht, Befreiung von der Verbindlichkeit verlangen. Ist die Verbindlichkeit noch nicht fällig, so kann ihm der Ersatzpflichtige, statt ihn zu befreien, Sicherheit leisten"。债务免除请求权:为特定目的支出费用,而得请求偿还该费用之人,为该目的而负担债务者,得请求免除债务。债务之清偿期未届至者,偿还义务人得提供担保,以代债务之免除。

责请求权”,非正当时则为“抗辩请求权”。

二、我国保险法中责任保险请求权的性质

从《中华人民共和国保险法》(以下简称《保险法》)第65条第2款第1句(从正面:被保险人请求保险人向第三人赔偿保险金)以及第3款(从反面:对被保险人保险金请求权的限制)的内容可以看出,我国目前处于第二阶段——被保险人对保险人享有的是使其免于责任负担之“免责请求权”,以下详述之。

我国《保险法》第65条第2款是于2002年修订时新加入的条款,即“责任保险的被保险人给第三者造成损害,被保险人对第三者应负的赔偿责任确定的,根据被保险人的请求,保险人应当直接向该第三者赔偿保险金。被保险人怠于请求的,第三者有权就其应获赔偿部分直接向保险人请求赔偿保险金”。其中第一句表明,在损害赔偿责任确定后,被保险人得请求保险人直接向第三人赔偿保险金。笔者认为,此处的“根据被保险人的请求”之“请求”,其性质应为“免责请求权”,而非给付保险金之“金钱支付请求权”,该请求权的内容在于使被保险人免于责任负担。

首先,“免责请求权”的定性暗合了第65条第4款对责任保险的定义。申言之,责任保险之标的在于被保险人依法应负的损害赔偿责任,那么相应地,保险人的义务在于通过向第三人赔偿保险金的方式,使被保险人免责。其次,否定“金钱支付请求权”的定性也印证了第65条第3款的内容——当且仅当被保险人已自行赔偿受害第三人后,才可请求保险人向自己赔偿保险金。因此,在损害赔偿责任确定之后,被保险人自行赔偿受害第三人之前,被保险人享有的只能是“免责请求权”,而无保险金支付请求权。而当被保险人对受害第三人已进行赔偿之后,其“免责请求权”才转为保险金支付请求权。最后,“免责请求权”的性质同时符合责任保险之分离原则①,保险人向受害第三人“直接”赔偿保险金只是被保险人行使“免责请求权”的必然结果,受害第三人不得据此直接向保险人提起请求权。同时,保险人直接向受害第三人给付,也不能视为是对分离原则的

---

① 责任保险中有一项重要的基本原则认为,被保险人与受害第三人之间的“责任关系”,必须与保险人与被保险人之间的“保险关系”分离,此即谓责任保险之分离原则(Trennungsprinzip)。

修正。因给付对象之所以为受害第三人,是“免责请求权”应有之义——保险人只有向受害第三人直接给付,才能使被保险人免于责任负担。虽是直接向受害第三人给付保险金,但性质上仍是在向被保险人履行免责义务。比较而言,就如同甲到花店订花送给乙,花店老板如约向乙给付标的物,其中并不会产生花店与乙之间的直接法律关系。至于第65条第2款第2句中提及的“被保险人怠于请求”时第三人享有所谓“直接”请求权的情形,实质上是债的保全途径之一,同样不影响被保险人原有的“免责请求权”之性质认定。并且,此处的“第三人得直接向保险人请求保险金”,仍是从被保险人处“间接”代位其“免责请求权”,其法律效果类似于法定让与。换言之,经被保险人之手而到受害第三人手中的请求权,并非责任保险法上一般所称的第三人“直接请求权”,而是被保险人之“免责请求权”经代位而转化为第三人对保险人的“金钱支付请求权”的情形。①

结合以上分析,可发现文中提出的保险人在责任诉讼中法律地位的司法争议,部分原因也可归结为对被保险人请求权性质把握的不准确。若能厘清被保险人之保险给付请求权为“免责请求权”,便能正确地区分“免责请求权”语境下“保险人向第三人支付保险金”与“第三人直接向保险人请求保险金”的区别,并由此解决保险人之诉讼地位问题。申言之,前者请求权主体为被保险人,保险人在责任诉讼中的地位为无独立请求权第三人;而后者请求权主体为受害第三人,保险人在责任诉讼中的地位才可为共同被告。

三、当代责任保险应有之功能

不难发现,上述三个阶段中被保险人之保险给付请求权形成层层递进的关系:当被保险人的损害赔偿责任确定时,其“不利益豁免请求权”的具体形态转为“免责请求权”;而当被保险人已自行赔偿第三人后,其“免责请求权”又转为“保险金支付请求权”,此“向后”的顺序所呈现的恰是责任保险一般的理赔流程。然而,也是随着保险给付请求权内容本身的“向前”发展,使保险人一步步从被保险人的身后走到台前,同时使责任保险从与一般财产保险无异的纯粹损失填补保

① 德国《保险合同法》第108条第2款规定的免责请求权之合意让与,也可以达到“免责请求权”让与受害第三人后,其性质转为第三人对保险人的“金钱支付请求权”的法律效果。

险,回归真正意义上的责任保险,又进一步因保险人的抗辩义务兼具消极诉讼保险性质。至此,责任保险因同时兼具补偿与防御两方面功能(Befriedigungs-und Abwehrfunktion)①。从某种意义上说,前者之重点在于保障受害第三人,即当其有正当理由对被保险人提出损害赔偿请求时,能从保险人处得到充分及时的补偿;后者也称为责任保险之权利保护功能,重点则在于保障被保险人,即当受害第三人请求权为无正当理由时,保险人为其抵御第三人的请求,从而责任保险已迥异于一般财产保险,成为完全独立的险种。

从责任保险请求权自"保险金给付请求权——免责请求权——不利益豁免请求权"发展的三个阶段来看,责任保险对被保险人的保护呈愈加周全的趋势。与之对应,责任保险之保险标的也从被保险人因承担损害赔偿责任导致的经济损失,到损害赔偿责任本身,再到因受到损害赔偿请求而陷入的"不利益"状态演变,体现出责任保险之"损害"内涵的丰富化。

就当代意义下的责任保险而言,人们购买责任保险的主要目的在于避免诉讼。因此,责任保险人除与一般财产保险一样须补偿被保险人因负担损害赔偿责任所致财产之外,更应积极代被保险人在与第三人赔偿请求中进行抗辩,以求责任争议迅速和平落幕,从而保障被保险人从第三人索赔之不利益状态中豁免,并达到保障被保险人心境安宁的目的。②

---

① Langheid/Wandt/Littbarski, Münchener Kommentar zum VVG, 2011, S. 100 ff.

② 参见林建智、李志峰:《论责任保险人之抗辩义务——以美国发展为重心》,载《东吴法律学报》第23卷第2期(2011年)。

典 型 案 例

资管业务差额补足协议的法律性质及效力认定

——招商银行股份有限公司与光大资本投资有限公司其他合同纠纷案①

单素华*　黄佩蕾**

【裁判要旨】

该案系一起因跨境并购投资失败导致巨额亏损所引发的合同纠纷,涉及两家上市金融机构,诉讼金额达34亿余元,引发社会高度关注。该案判决结合《全国法院民商事审判工作会议纪要》(以下简称《九民纪要》)的相关精神,对当前金融机构资产管理业务中争议较大的资管业务法律关系性质的认定、“刚性兑付”的识别原则及法律效力、第三方“差额补足函”的法律性质等问题进行了详细阐述,并明确了认定原则,有利于同类案件的裁判。

【案号】

一审:上海金融法院(2019)沪74民初601号

二审:上海市高级人民法院(2020)沪民终567号

---

① 本案入选2021年度全国法院十大商事案件、上海金融法院2021年度十大典型案例。

* 法学硕士,上海市高级人民法院金融审判庭庭长。

** 法学硕士,上海金融法院综合审判一庭法官助理。

【案情】

原告:招商银行股份有限公司

被告:光大资本投资有限公司

原告招商银行股份有限公司诉称,原告通过招商财富资产管理有限公司(以下简称招商财富公司)设立的招财尊享5号专项资产管理计划(以下简称招财5号资管计划)出资认购上海浸鑫投资咨询合伙企业(有限合伙)(以下简称上海浸鑫基金)优先级有限合伙份额28亿元。上海浸鑫基金设立系用于收购标的公司MP&Silva Holding S. A.(以下简称MPS公司)65%的股权,并约定通过暴风集团公司收购标的公司股权实现投资退出。被告向原告出具"差额补足函",被告全资母公司光大证券股份有限公司(以下简称光大证券公司)出具了"关于光大跨境并购基金的回复"及"暴风光大跨境并购基金安慰函",明确已知悉上述补足安排。因被告未按约履行差额补足义务,原告提起本案诉讼。诉请:(1)被告向原告履行差额补足义务,金额为人民币3,489,429,041元;(2)被告以欠付金额3,489,429,041元为基数向原告赔偿自2019年5月6日起至实际清偿之日的资金占用损失。

被告光大资本投资有限公司辩称:(1)"差额补足函"违反不得"刚性兑付"的监管规定,应认定无效;(2)"差额补足函"的法律性质应为保证,与"合伙协议"、MPS公司股权回购协议之间构成主从法律关系,在主合同债权债务确定之前,原告不能依据从合同单独诉讼;(3)即使"差额补足函"有效,因基金尚未清算,支付条件并未成就;(4)若被告需承担差额补足义务,也应扣除基金已预分配的收益款以及MPS公司项目资产清算变现后的剩余资产等,否则构成双重获利。

【审判】

上海金融法院审理后认为,关于"差额补足函"的效力,因被告并非所涉投资资金的管理人或者销售机构,出具"差额补足函"不属于《私募股权投资基金监督管理暂行办法》所规制的刚性兑付行为。上海浸鑫基金系被告与暴风集团公司共同发起设立的产业并购基金,光大浸辉公司为基金执行事务合伙人,原告、被告分别认购上海浸鑫基金的优先级、劣后级合伙份额，被告系基于自身利益需求，自愿利用上述结构化安排以及“差额补足函”的形式，与原告就双方的投资风险及投资收益进行分配，不构成无效情形。

关于“差额补足函”的法律性质，被告出具“差额补足函”的目的确系为原告投资资金的退出提供增信服务，但是否构成保证仍需根据保证法律关系的构成要件进行具体判断。本案中，原告不是“合伙协议”及MPS公司股权回购协议中的直接债权人，被告履行差额补足义务也不以“合伙协议”中上海浸鑫基金的债务履行为前提。被告在“差额补足函”中承诺的是就香港浸鑫公司股权转让目标价格与实际转让价格之间的差额承担补足义务或在MPS公司股权没有完全处置时承担全额差额补足义务，与MPS公司股权回购协议的相关债务不具有同一性。因此，差额补足义务具有独立性。

关于差额补足的支付条件是否成就，被告直接向原告承诺差额补足义务是为确保原告的理财资金能够在资管计划管理期限届满时及时退出，在未能按期完成股权转让交易的情况下，被告需无条件独立承担支付义务，与基金项目是否清算无关，故履行条件已成就。但原告与招商财富公司对于系争债权的最终利益归属具有一致性，且被告义务的范围包括了系争28亿元投资本金及收益，因此招商财富公司已经取得的投资收益应予以扣除。招商财富公司出具承诺书，承诺如原告在本案中实现其全部权益后，将不再另行主张光大浸辉公司履行基金份额收购义务，也不再通过基金获取基金分配收益，故不存在双重获利。综上所述，原告的诉请具有相应事实及法律依据。原告要求被告自2019年5月6日参照中国人民银行逾期罚息利率标准计算逾期付款损失，合理有据，应予以支持。上海金融法院据此于2020年7月30日作出(2019)沪74民初601号民事判决：(1)光大资本投资有限公司向招商银行支付3,115,778,630.04元；(2)光大资本投资有限公司向招商银行支付以3,115,778,630.04元为基数、自2019年5月6日起至实际清偿之日止的利息损失。一审宣判后，光大资本投资有限公司依法提起上诉。上海市高级人民法院于2021年6月4日作出(2020)沪民终567号民事判决，判决驳回上诉，维持原判。

【评析】

资管业务投资人在进行投资决策时，往往要求融资方承诺固定回报、履行回购义务或由第三方承诺差额补足义务、提供流动性支持等,以减轻投资风险。本案即为典型,各方为确保金融机构的资金按期退出作出了多种安排,包括通过“优先/劣后”的分级结构约定固定收益、第三方承诺差额补足及管理人到期回购基金份额。审判实践中,对该类安排是否构成“刚性兑付”、法律效力及责任范围应如何认定存在诸多争议,本案对此类案件的审理原则进行了探索和厘清。

一、资管业务法律关系性质的认定

(一)资管业务法律关系性质之争

实践中,对包括银行理财产品在内的资管业务法律关系定性的争论由来已久,主要有“信托说”、“委托说”以及折中的“综合说”等观点。近年来,监管政策转变为以功能监管和行为监管为主,司法将资管业务法律关系界定为信托法律关系的态度也逐渐清晰。《九民纪要》第 88 条规定,《中华人民共和国信托法》(以下简称《信托法》)不仅适用于信托公司的资管业务,还适用于银行、证券、保险等其他金融机构的资管业务。根据法律关系特征要件,对于委托与信托法律关系的区分,主要取决于受托人的管理权限范围。申言之,如果受托人有全面的资金管理权限,即实际占有、管理、支配受托资金,产品结构符合“受人之托、代人理财”的信托关系本质,应成立信托法律关系,大部分集合资管产品都属于这一情形。但在某些非典型的资管业务中,如在单一委托人的通道业务中,实际资金运作是由委托人给受托人下达交易指令,则应成立委托代理法律关系,适用民法关于委托代理法律关系的规定。

(二)涉结构化安排的资管业务法律关系性质认定

关于资管产品本身采用“优先/劣后”结构化安排的,是否影响信托法律关系认定。有观点认为,这一安排违背了信托的原理,构成劣后对优先的刚性兑付。也有观点认为,劣后对优先负有保本保收益的合同义务,实质构成了类似借贷的关系,但该借贷关系不影响资管业务本身信托法律关系的认定。本案中,上海浸鑫基金采用“优先/劣后”的分级方式,基金的全部资产被分为风险与收益截然不同的多种份额。从“差额补足函”的两方主体来看,招商财富公司认购了基金的优先级份额,光大资本投资有限公司则认购了基金的劣后级份额。招商财富公司按照年利率8.2%获取固定收益,收益源于基金的盈利,光大资本公司及其他劣后级合伙人则享有基金的全部剩余盈利,并承担基金亏损时的全部风险。因此,两种份额的关系实质是劣后级份额向优先级份额融资,通过向优先级份额支付固定收益而获取资金杠杆。对于该类产品的规范,监管思路是将其由融资性产品改造为"利益共享、风险共担"投资性产品。但从司法层面,结构化安排本身并不影响自益信托的性质认定,即使成立借贷关系也仅存在于不同类型的委托人之间。也就是说,委托人内部既可以约定利益共享、风险共担,也可以约定由劣后级委托人独自承担风险,风险与其高额的剩余收益相匹配,总体上不违反信托收益归于委托人的原理。据此,《九民纪要》第90条规定,信托文件中关于不同类型受益人权利义务关系的约定,不影响受益人与受托人之间信托法律关系的认定。

(三)涉不同组织形式的资管业务法律关系性质认定

资管业务采用不同组织形式,是否影响信托法律关系认定,实践中存在争议。如有观点认为,若私募基金以有限合伙方式设立,应仅适用合伙法律关系,不能把信托的概念泛化。但是,资管业务语境下的"基金"在商业逻辑中仅是一种投资安排,具体落实到法律组织形式上又可分为公司制、合伙制和契约制,因此管理人与投资人之间的权利义务关系因其具体法律组织形式的不同而分别受到《中华人民共和国公司法》、《中华人民共和国合伙企业法》(以下简称《合伙企业法》)等商事组织法的规制。但无论采取哪种法律组织形式,其本质都是投资人把财产交托给管理人并且赋予其开放性的管理权力来获取收益,这一基本特性奠定了信义义务的监管基础,因此可以参照信托法律关系进行处理。本案所涉基金虽采用了有限合伙的组织形式,受到《合伙企业法》的规制,但从参与者之间的内部关系来看,实质是招商财富公司基于对光大浸辉公司作为基金管理人的信赖关系,将28亿元以认购基金合伙份额的方式交由其支配。因此,投资人与管理人之间除依有限合伙的形式认定合伙法律关系外,不影响参照信托法律关系认定管理人的义务范围。

二、资管业务刚性兑付的识别原则及效力认定

(一)资管业务刚性兑付的识别原则

"刚性兑付"本身并非法律概念,该表述起源于信托。具体到资产管理业务中,则是指资管产品的发行人或者管理人对投资人承诺保本保收益的行为。为规避监管"去刚兑"的要求,实践中保底安排呈现多样化、隐蔽化的特点。承诺主体除管理人自身以外,还有项目公司、管理人关联公司,以及管理人的股东、法定代表人、投资经理等第三方。承诺方式除在资管合同中直接约定固定回报之外,还通常采用约定回购条款、差额补足承诺、信托收益权转让协议等其他形式。

但是,资管产品的各类保底承诺并非一律构成司法层面上的"刚性兑付"。根据实践中的交易安排,主要分为三种情形:一是发行人或管理人直接承诺保底收益;二是第三方承诺保底收益,通过收益权转让回购的协议安排使得最终投资风险承担主体为发行人或管理人;三是第三方承诺保底收益且最终风险由第三方承担。其中,第一种情形属于"刚性兑付"并无疑义,监管上亦禁止此类行为,如《私募股权投资基金监督管理暂行办法》第15条规定,私募基金管理人、私募基金销售机构不得向投资者承诺投资本金不受损失或者承诺最低收益。对于第二种情形,如第三方从投资人处受让收益权后,再由管理人从第三方处回购收益权的,因为由管理人承担了最终投资风险,实际是各方为规避监管作出的约定,应构成"变相刚兑"。对于第三种情形,如由该第三方作出保底承诺并实际承担投资风险的,则该承诺仅是为资管产品提供增信措施,不属于司法层面上的"刚性兑付"。

(二)刚性兑付的效力认定

《九民纪要》第92条规定,信托公司、商业银行等金融机构作为资产管理产品的受托人与受益人订立的含有保证本息固定回报、保证本金不受损失等保底或者刚兑条款的合同,人民法院应当认定该条款无效。法律禁止刚性兑付,可以从法益衡量的角度进行分析。

首先,信托法律关系强调委托人对受托人的信任以及受托人受托责任的履行,受托人管理信托财产是为委托人的利益,受托人管理、运用信托财产所获得

利益归于受益人。在受托人尽责管理情形下，受托人在法律上没有按照一般债权债务关系向委托人还本付息的义务。《信托法》第 34 条规定，受托人以信托财产为限向受益人承担支付信托利益的义务。因此，若发行人或管理人刚性兑付，则违反了“受人之托、代人理财”的信托法律关系本质，违反《信托法》上述规定。

其次，刚性兑付损害了正常金融秩序及金融市场的稳定。按照资本市场定价理论，高风险对应高收益，即投资收益的不确定性越高，则投资人要求的期望收益率越高。例如，债券包含发行人还本付息承诺，其收益率显然低于股票的收益率。在资产管理业务中，如果受托人承诺刚性兑付，则等于将本应分散至投资人的损失风险转嫁由受托人承担，使得投资端呈现高收益、低风险的不匹配状态，使资产运作本身难以存续，造成金融风险外溢；同时还抬高了市场无风险收益率水平，干扰资本市场正常定价秩序，不利于发挥市场机制调节资源配置的作用。因此，如果受托人如资管产品的发行人、管理人刚性兑付，即违反法律强制性规定且影响社会公共利益，应认定无效。至于认定无效后的法律后果，一般认为刚性兑付无效不影响资管合同的效力，对于尚未投资的，投资人可以主张返还本息，对于已经进行投资甚至已经发生损失的，应根据各自过错分担损失。

（三）变相刚兑与第三方增信的区分及效力认定

关于第三方承诺保底的效力认定，主要取决于该第三方是否实际承担投资风险。如果是将风险最终转嫁于发行人或管理人承担的，应构成变相刚兑而认定无效；如果是第三方自行承担投资风险的，则属于第三方提供增信措施，本身不属于刚性兑付，其效力应依据实际构成的具体法律关系性质认定。

如前所述，是否一概否定保底承诺的法律效力，需从监管强度、交易安全保护及金融系统性影响等多方面考量。法律之所以要禁止刚性兑付，主要是因为刚性兑付会使风险停留在金融体系内部，如果这种风险累积，可能产生系统性风险。但是，信托关系以外的第三方是以自身信用提供增信，使用的是其个人财产，在不存在财产、人格混同的情况下，即使出现信用风险也并未转嫁给受托人，不会引发系统性风险。而且，第三方以自己名义承诺保底的，本身不属于信托法律关系中的受托人范围，该自愿增加负担的处分行为不违反《信托法》第 34 条的规定，也不违反信托财产独立的原则。即使该第三方与发行人或管理人有关联关系，只要不存在职务代理行为或其他协议安排使投资风险最终归于发行人或管理人的,应尊重当事人的意思自治,肯定第三方提供增信措施的法律效力。但是,还应注意区分该第三方是否为金融机构,对于金融机构提供增信的,应认定无效。理由在于,该类增信措施属于非标准化的担保行为,并非金融机构的日常经营活动,这将可能导致风险累积,在投资风险尤其是信用风险集中爆发后,个别金融机构可能因不能如约兑付而引发系统性风险。

综上所述,关于本案所争议的差额补足义务,因其义务主体不是信托法律关系上的受托人,不属于法律法规规制的刚性兑付情形,协议双方自愿利用基金的结构化安排以及差额补足的方式就投资风险及投资收益进行分配的,该行为合法有效。

三、资管业务差额补足协议的法律性质

《九民纪要》第91条规定,信托合同之外的当事人提供第三方差额补足等类似承诺文件作为增信措施,其内容符合法律关于保证的规定的,法院应当认定当事人之间成立保证合同关系;其内容不符合关于保证的规定的,依据承诺文件的具体内容确定相应的权利义务关系。实践中,对此类增信文件的法律性质,大致存在保证、债务加入和独立合同关系三种观点,应根据法律关系构成要件进行具体判断。

根据《中华人民共和国民法典》第681条的规定,"保证合同是为保证债权的实现,保证人和债权人约定,当债务人不履行到期债务或者发生当事人约定的情形时,保证人履行债务或者承担责任的合同"。因此,保证最本质的法律特征系其从属性,即保证法律关系的成立必须以主债务的存在为前提,且保证人与主债务人系针对同一笔债务向同一债权人作出履约承诺。若成立保证法律关系,应审查是否符合公司对外担保的规定,并据此认定法律效力。

债务加入与保证的最主要区别在于,第三方愿意承担的债务内容是否具有从属性,具体可以从当事人对履行顺位的约定判断其真实意思。例如,约定债务人不能履行债务等明显履行顺位的,应认定为保证,而约定第三方直接代替债务人履行的,应属于债务加入。在债务加入中,第三方本身是主债务人,是为自己的债务负责,不存在主从债务关系之分。

除了保证、债务加入两种类型之外,如果在增信承诺作出时并不存在相对应

的主债务、主债务人的情况下,也即该第三方不是参与到既存的债务关系中,而是单独成立一个新债务的,应认定构成独立的合同关系,债务履行条件成立与否及具体责任范围依据合同约定确定。本案中,光大资本投资有限公司的差额补足义务即具有独立性。首先,从"差额补足函"的文义来看,双方并未约定主债务,即使按照被告辩称主债务为暴风集团公司的回购义务,回购义务的主体是暴风集团公司与上海浸鑫基金之间,与原、被告间的差额补足义务的主体不具有同一性,不符合保证或债务加入的构成要件。并且,函件中并未出现"保证"或"代替履行"等措辞,其中"如果股权转让价格少于目标价格""如果 MPS 公司股权没有完全处置"的表述,不是对于履行顺位的约定,而是对被告债务范围的具体约定,即被告是承担股权转让价格与目标价格之间的差额债务,还是按照固定收益承担全额债务。其次,从探究当事人真实意思表示的角度,本案商业逻辑是被告与暴风集团公司拟合作发起海外并购,故成立上海浸鑫基金筹集并购资金,并由暴风集团公司承诺回购股权以实现收益。但对原告而言,投资目的是固定收益和按期退出,无论股权实际是否回购、基金是否实现收益,均需在资管计划到期时归还 28 亿元本金及相应收益。由此可见,被告直接向原告承诺差额补足义务就是为了确保原告的资金能够及时退出,MPS 公司股权回购仅是退出资金来源的具体交易方式之一,在未能按期完成上述交易的情况下,被告需无条件独立承担支付义务。因此,本案所涉差额补足义务的条件已经成就,与股权是否完成回购及基金是否清算无关,被告应依约履行差额补足义务。

证券纠纷代表人诉讼制度双重结构之法理透视与实践问题

——丁某等315名投资者诉上海飞乐音响股份有限公司证券虚假陈述责任纠纷案①

孙 倩*

【裁判要旨】

在证券侵权群体性纠纷中,10人以上投资者,推选2~5名拟任代表人,能够提供被告侵权的初步证据,并符合《中华人民共和国民事诉讼法》(以下简称《民事诉讼法》)规定的起诉条件的,可以发起普通代表人诉讼。败诉的被告方除赔偿原告方投资差额损失、佣金损失外,还应赔偿律师费等合理费用。普通代表人诉讼生效判决的既判力可以扩张至特定范围的案外人。

【案号】

一审:上海金融法院(2020)沪74民初2402号

二审:上海市高级人民法院(2021)沪民终384号

---

① 本案入选新时代推动法治进程2021年度十大提名案件、2021年上海高院参考性案例、上海金融法院2021年度十大典型案例。

* 法学硕士,上海金融法院综合审判一庭法官。

【案情】

原告:丁某等 315 名投资者

代表人:朱某等 5 名投资者

被告:上海飞乐音响股份有限公司(以下简称飞乐音响公司)

飞乐音响公司是一家在上海交易所上市的公司(证券代码 600651)。2017 年 8 月 26 日,该公司发布 2017 年半年度报告,声称收入和利润实现增长。报告发布后,飞乐音响公司股价连续 3 个交易日上涨。2018 年 4 月 13 日,飞乐音响公司在其发布的《2017 年年度业绩预减及股票复牌的提示性公告》中承认,2017 年半年报和三季度报在收入确认方面有会计差错,预计将导致营业收入减少。公告发布后,飞乐音响公司股价连续 3 个交易日跌停。2019 年 11 月,中国证券监督管理委员会作出行政处罚决定,认定飞乐音响公司因项目确认收入不符合条件,导致 2017 年半年度报告、三季度报告收入、利润虚增及相应业绩预增公告不准确。

2020 年 8 月,魏某等 34 名投资者认为,飞乐音响公司上述虚假陈述行为造成其投资损失,遂共同推选其中 4 人作为拟任代表人,提起普通代表人诉讼。上海金融法院受理后作出民事裁定,确定权利人范围并发布权利登记公告。经权利登记,共有丁某等 315 名投资者成为本案原告,其中朱某等 5 名原告经在线推选当选为代表人,诉请被告飞乐音响公司赔偿投资损失及律师费、通知费等合计 1.46 亿元。

【审判】

一审法院经审理后认为,被告飞乐音响公司虚增营业收入、虚增利润总额的行为构成证券虚假陈述侵权,应当承担民事赔偿责任。315 名投资者均在实施日到揭露日期间买入飞乐音响公司股票,并在揭露日后因卖出或继续持有产生亏损,应当推定其交易与虚假陈述之间存在因果关系。飞乐音响公司提出的行业利好政策等因素不足以排除交易因果关系的成立,但其中受证券市场风险因素所致的部分损失,与涉案虚假陈述行为之间没有因果关系,飞乐音响公司不应对此承担赔偿责任。法院最终采纳中证资本市场服务中心出具的损失核定意见，认定原告所应获赔的损失金额为扣除证券市场风险因素后的投资差额损失与相应的佣金、印花税、利息损失之和，其中，证券市场风险因素采用个股跌幅与同期指数平均跌幅进行同步对比的方法扣除；判决飞乐音响公司赔偿315名原告投资损失共计123,547,952.4元，以人均50元为标准按310名原告计算的通知费15,500元，以及以人均3000元为标准按315名原告计算的律师费945,000元。

一审判决作出后，朱某等5名代表人均表示不再上诉，但原告刘某与被告飞乐音响公司不服，提起上诉。

二审法院认为，一审法院通过听证方式对实施日、揭露日等基本事实先行审查，再根据审查结果，作出确定权利人范围的裁定，符合法律规定。刘某虽然表示对一审实施日认定存有异议，但仍坚持参加代表人诉讼，可见其已实际接受了代表人的诉讼行为和主张，授权代表人参加诉讼。飞乐音响公司虽主张投资者是基于政策性和经营性利好消息而买入股票，与虚假陈述之间没有因果关系，但其提供的证据尚不足以认定经营风险对股价造成实质影响。涉案核算方法充分考虑了不同投资者的实际交易情况，体现了更加客观、精准的计算特点，一审法院相关认定并无不当。最终判决驳回上诉，维持原判。

【评析】

代表人诉讼制度并非新鲜事物，早在1991年《民事诉讼法》第54～55条中就规定了人数确定的代表人诉讼和人数不确定的代表人诉讼，这是我国专门用于解决群体性纠纷的民事诉讼程序。然而，从司法实践看，适用这一制度审理的群体性纠纷案件寥寥无几。2019年修订的《中华人民共和国证券法》(以下简称2019年《证券法》)在2017年《民事诉讼法》规定的基础上，确立了证券侵权领域的代表人诉讼制度。2021年，本案(以下简称飞乐音响案)与顾某等投资者诉康美药业股份有限公司等证券虚假陈述责任纠纷案①(以下简称康美药业案)民事判决的生效，标志着普通代表人诉讼和特别代表人诉讼制度均已落地。本文即从飞乐音响案的审判实践出发，在制度构建、价值考量、利益平衡、制度属性等四

① 参见广东省广州市中级人民法院民事判决书，(2020)粤01民初2171号。

个方面分析我国代表人诉讼制度特有的双重结构以及实践中存在的问题。

一、双足并立:普通代表人诉讼与特别代表人诉讼

根据《民事诉讼法》的规定,我国代表人诉讼为加入制,也即只有向法院明确作出参加诉讼的意思表示,方能成为代表人诉讼的原告。其背后的理论基础为,受大陆法系当事人处分权理论的影响,权利主张应当由当事人自行作出,以凸显当事人程序主体地位。我国2019年《证券法》修订时鲜见地从程序法上规定了证券纠纷代表人诉讼制度,其创新之处在于第95条第3款规定,投资者保护机构可以作为代表人参加诉讼,此时应采用"默示加入"制。2020年最高人民法院《关于证券纠纷代表人诉讼若干问题的规定》(以下简称《代表人诉讼若干规定》)进一步细化,将证券侵权领域的代表人诉讼制度分为普通代表人诉讼(与2019年《证券法》第95条第1、2款对应)和特别代表人诉讼(与2019年《证券法》第95条第3款对应),由此形成两类代表人诉讼制度双足并立的局面。

普通代表人诉讼只能由当事人提起,法院不能依职权启动代表人诉讼审理程序。10人以上投资者,推选2~5名拟任代表人,能够提供被告侵权的初步证据,同时符合《民事诉讼法》规定的起诉条件,即可发起普通代表人诉讼。该类诉讼程序最重要的特征在于"明示加入",即经法院审查进入普通代表人诉讼程序后,符合权利人范围的投资者均可在法院发布的权利登记公告期间内通过登记参加诉讼;未能在公告期间登记的,可以在一审开庭前补充登记。只有进行了权利登记,才能成为案件原告。飞乐音响案即适用了普通代表人诉讼程序。

值得注意的是,特别代表人诉讼并非独立的诉讼制度,而是嫁接在普通代表人诉讼程序之上。换言之,投资者保护机构不能主动发起特别代表人诉讼,只有在普通代表人诉讼的权利登记公告期间才能参加诉讼,此时,普通代表人诉讼转化为特别代表人诉讼。

上述两种诉讼程序的制度设计也导致了诉讼规模的不同。在"明示加入"制度下,大部分投资者由于不知晓诉讼的存在,或是囿于时间精力未能主张权利。在飞乐音响案中,最终确定的原告规模为315名投资者。在杭州市中级人民法

院审理的五洋债案中,原告规模为487名投资者。① 与此相对应的是,康美药业案中的原告人数多达5.5万余名。显然,特别代表人诉讼形成的大规模诉讼对上市公司造成了极大的威慑力。而在两类代表人诉讼制度并立的情况下,无法回避的问题就是普通代表人诉讼制度是否仍有存在的意义,以及二者适用案件的区分点如何界定。同样,投资者保护机构也面临着如何在普通代表人诉讼中选择案件进行特别代表人诉讼的难题。

此外,根据《代表人诉讼若干规定》第2条的规定,特别代表人诉讼案件由涉诉证券集中交易的证券交易所、国务院批准的其他全国性证券交易场所所在地的中级人民法院或者专门人民法院管辖,因此在普通代表人诉讼向特别代表人诉讼转化的过程中,不仅存在诉讼程序的衔接问题,还存在管辖法院的衔接问题。在被告破产的情形下,根据《中华人民共和国企业破产法》(以下简称《企业破产法》)第21条的规定,法院受理破产申请后,有关债务人的民事诉讼只能向受理破产申请的法院提起。上述两条关于集中管辖的规定可能带来实践中的冲突,根据法律位阶,应当优先适用《企业破产法》的规定。移送管辖中更突出的问题是,特别代表人诉讼的管辖法院与前期普通代表人诉讼的管辖法院对权利人范围的认定不一致时如何处理。笔者认为,当前法院确定权利人范围的主要依据是交易区间,通常将自实施日起到揭露日(不含)期间买入涉案股票且未全部卖出的投资者列为适格权利人,此时实质上认定了虚假陈述侵权行为的实施日和揭露日,但由于裁定权利人范围时尚未经过实体审理,即便该裁定经过上级法院复议程序,仍存在误判的可能性。况且,在普通代表人诉讼中,如果在审理过程中确有证据证明应重新划定权利人范围,也应裁定变更权利人范围并重新公告。因此,如果两地法院对权利人范围的认定不同,特别代表人诉讼管辖法院可以裁定变更权利人范围。

二、双重价值:程序保障与诉讼效率

立法上规定集体诉讼程序的初衷在于提高诉讼效率,但所谓诉讼经济原则,绝不仅是谋求避免重复诉讼或减轻法院负担,还在于保护当事人之程序利益。

① 参见浙江省杭州市中级人民法院民事判决书,(2020)浙01民初1691号。

“程序保障并非仅指应赋予当事人有优先选择追求系争实体利益（达成慎重而正确的裁判）之机会而已，亦包含应赋予当事人有优先选择追求程序利益（达成迅速而经济的裁判）之机会。”①对于证券侵权类案件，受损害的投资者往往在侵权事实和法律适用上具有高度一致性，只是在交易区间和赔偿金额的计算上有所不同。在传统的单独诉讼审理模式下，每起案件都要经历起诉、开庭、调解、判决、上诉程序，不仅使审理周期冗长，正义迟延，也造成司法资源的极大浪费。特别代表人诉讼程序在最大范围内将同类投资者囊括在同一案件中，能够通过一次诉讼解决大量纠纷，对于诉讼效率的积极作用自不待言。在普通代表人诉讼程序中，如前所述，案件规模通常较小，相当一部分案件系在代表人诉讼之外的单独诉讼。为提高整体诉讼效率，法律确立了代表人诉讼生效判决既判力的扩张效力。

既判力的根据在于当事人在诉讼过程中得到了充分的程序保障。② 在普通代表人诉讼案件审理中，须进行权利人范围裁定、权利登记公告、原告名单审查、代表人推选、退出登记、补充登记、特定环节的通知和异议等多重环节。经过复杂而严谨的审理程序，充分听取各方意见，给予被代表原告、代表人、被告实质的程序保障，判决的既判力方有依据。一般而言，受既判力所及的限于诉讼中被赋予程序保障的当事人，不及于案外人。③ 然而，根据《民事诉讼法》第 57 条和《代表人诉讼若干规定》第 29 条的规定，符合权利人范围但未参加登记的投资者提起诉讼，且主张的事实和理由与代表人诉讼生效判决、裁定所认定的案件基本事实和法律适用相同的，法院可以裁定适用已经生效的判决、裁定，裁定一经作出立即生效。此系法律就特定范围之案外人扩张既判力的专门规定，除为提高群体性纠纷的诉讼效率外，亦有维护诉讼秩序、“同案同判”等价值的考量。而且，代表人诉讼的审理模式，尤其是发布公示公告、允许补充登记等程序设计的目的在于让社会公众知悉代表人诉讼的存在，并最大限度上给予适格投资者参与诉讼的可能，对于既判力扩张之对象亦施以了程序保障。据此，后续案件无须开庭，可以直接作出裁定，且对于该类裁定，双方当事人均不得上诉，审理周期大幅

① 邱联恭：《程序利益保护论》，台北，三民书局 2005 年版，第 6 页。

② 参见［日］伊藤真：《民事诉讼法》，曹云吉译，北京大学出版社 2019 年版，第 355 页。

③ 通常，既判力主观范围的扩张还表现为，以诉讼担当人为当事人作出的判决的效力及于被担当人，但在我国代表人诉讼制度中，被代表人系案件原告，故其当然受到代表人诉讼生效判决的约束。

缩短。据统计,截至2021年12月底,上海金融法院共裁定447名投资者适用飞乐音响案生效判决,平均审理周期不到1个月,极大提高了诉讼效率。

此外,对于明示不加入代表人诉讼以及明示退出的这一部分投资者,亦应给予其程序选择权。具体情形包括:(1)在代表人诉讼发起前已诉至法院的“在先诉讼”,经法院释明不愿意撤诉加入代表人诉讼的;(2)在普通代表人诉讼中代表人推选结果公告后撤回权利登记、另行起诉的;(3)在特别代表人诉讼中声明退出并另行起诉的。“成为程序主体之当事人,不仅应有实体法上处分权,亦应被肯定享有相当之程序法上处分权,在一定范围内决定如何取舍程序利益,以避免因其程序之使用、进行招致减损、消耗、限制系争实体利益之结果。”①对于上述投资者,其已明确表示在程序选择上不愿适用代表人诉讼机制,故为充分保障其程序利益,法院应按照单独诉讼模式予以开庭审理,给予其完整的提出诉讼主张、提交证据材料、进行法庭辩论等行使诉讼权利的机会。对于法院作出的一审判决,该部分投资者有权提起上诉。

司法实践中,对于后续裁定案件和单独诉讼案件的区分尚有争议。对于后续裁定案件的起算点,第一种观点认为自代表人诉讼立案后未参加权利登记的都属于可裁定适用的范围;第二种观点认为起算点应为权利登记公告期间届满之日,因为在公告期间,符合权利人范围的投资者有权参加权利登记但未登记,而是选择了另行起诉,即以实际行动表示对集体诉讼程序的拒绝,应对其按照单独诉讼案件处理;第三种观点进一步对第二种观点进行修正,认为根据《代表人诉讼若干规定》第8条的规定,在一审开庭之前都可以进行补充登记,故只有在一审开庭日之后诉至法院的案件才可以裁定适用代表人诉讼生效判决。笔者认同第三种观点,既判力的时间基准一般为法庭辩论终结时,且既判力扩张至案外人更需审慎。在审判实践中,为妥善处理该问题,对代表人诉讼立案后到一审开庭日期间诉至法院的投资者,法院应就代表人诉讼相关法律规定和案件进展情况进行释明,如经过释明,投资者仍未进行权利登记,则应认为其明确排除适用代表人诉讼程序,不属于可裁定适用代表人诉讼生效判决的范围。

综上所述,在普通代表人诉讼程序的运行过程中,群体性案件可以分为三类:第一类是普通代表人诉讼案件本身,第二类是可以裁定适用代表人诉讼生效

① 邱联恭:《程序选择权论》,台北,三民书局2000年版,第33页。

判决的后续案件,第三类是应当适用普通一审程序审理的单独诉讼案件。通过代表人诉讼审理的“繁”和后续案件审理的“简”,以及单独诉讼案件审理的流程之“全”三者相结合,达成了完善程序保障和提高诉讼效率双重价值的平衡。

三、双层格局:诉辩双方与原告群体

传统的单一诉讼结构通常表现为两造对抗、法官居中裁判,证券纠纷代表人诉讼则呈现更复杂的利益格局。一方面,需要动态平衡原告与被告之间的利益,既要维护原告作为投资者的合法权利,又要审慎判定因果关系,将与虚假陈述等侵权行为无关的因素从原告投资损失中剔除,使被告的赔偿额与其侵权行为相匹配。另一方面,由于原告人数众多,在其内部又分化成代表人和被代表原告两个群体,如何维持原告内部的利益平衡,既要赋予代表人充分权限,以推进集体诉讼顺利进行,又不能忽视被代表原告的利益,成为代表人诉讼制度所要解决的关键问题。

在代表人的赋权上,《代表人诉讼若干规定》与《民事诉讼法》略有不同。《民事诉讼法》第56~57条规定,代表人变更、放弃诉讼请求或者承认对方当事人的诉讼请求,进行和解,必须经被代表的当事人同意。而根据《代表人诉讼若干规定》第7条的规定,投资者参加权利登记视为对代表人进行特别授权,代表人的权限包括代表原告参加开庭审理,变更、放弃诉讼请求或者承认对方当事人的诉讼请求,与被告达成调解协议,提起或者放弃上诉,申请执行,委托诉讼代理人等。据此,代表人在进行变更诉讼请求、调解等诉讼行为时,无须再逐一取得原告的授权,而是通过参加权利登记即“默示授权”的方式,统一赋予代表人上述权限。该种“默示授权”方式在投资者极为分散的证券侵权集体诉讼中起到了积极作用,也是飞乐音响案中普通代表人诉讼制度得以落地的重要原因之一。

同时,为充分保障被代表人的权利,原告仍保有6项基本权利:一是表决权,即推选代表人的权利,这是普通代表人诉讼中原告所享有的固有权利,在特别代表人诉讼中,投资者保护机构是当然的代表人。二是知情权,原告有权获知所有诉讼进展,尤其是在代表人行使其特别权限,包括变更、放弃诉讼请求或承认对方诉讼请求,与被告达成调解协议以及申请撤诉时,均须通知全体原告。三是异议权,原告收到前述通知后,有权表达异议意见,法院应当充分听取。除此之外,案件审理过程中,原告认为代表人不适格的,可以申请法院撤销代表人资格;判决作出后,原告可就计算方法和赔偿金额申请复核,对赔偿款项分配方案还可以提出执行异议。四是复议权,对法院作出的权利人范围裁定,有权提起复议。五是退出权,无论是普通代表人诉讼还是特别代表人诉讼,原告均可在法定期间内退出诉讼;在案件调解环节,原告还可以部分退出调解,对于不愿意调解的原告,法院应继续审理并作出判决。六是上诉权,《代表人诉讼若干规定》专门用两个条文设计了一套精细的上诉制度,各原告均享有单独的上诉权,而非将原告"捆绑"在一起一致行动。具体而言,代表人决定不上诉时,应当通知全体原告,各原告均可提起上诉,若被告选择不上诉,则一审判决在不上诉的原告与被告之间生效,提起上诉的原告进入二审程序;反之亦然。①

尽管在制度设计时力争达成原告内部的利益平衡,然而,在司法实践中,上述权利义务的安排仍引发了一定争议。例如,对于原告的退出权,《代表人诉讼若干规定》第16条规定,在普通代表人诉讼中,原告可以自代表人确定公告之日起10日内申请撤回权利登记,另行起诉;而在特别代表人诉讼中,根据第34条的规定,投资者明确表示不愿意参加诉讼的,应当在公告期间届满后15日内向法院声明退出。从前述"可以"和"应当"的措辞区分来看,似乎特别代表人诉讼对声明退出的期限规定较严格,投资者只能在法定期限内声明退出,否则视为同意参加代表人诉讼,被法院登记为该案原告。那么,这是不是意味着,普通代表人诉讼中的10日法定期限届满后,原告可以在任一时间退出呢?笔者认为,从司法解释规定的本义看,并非是要赋予投资者任意的退出权,否则法定期间的设置就变得毫无意义,因此,投资者若要行使退出权,应当在法定期间内进行。但是,该问题的核心在于,无论是普通代表人诉讼还是特别代表人诉讼,投资者参加代表人诉讼后,均享有原告的诉讼地位,作为原告能否行使撤诉权?如若允许其撤诉,那么实际达到了任意退出的效果,同样消解了上述法定期间的规定。而且,在极端情形下,如果撤诉的投资者数量较多,导致最终留在诉讼中的原告不足10名,将不再构成集体诉讼。再如,对于原告的上诉权,在被告未提起上诉的情况下,如果部分原告上诉,部分原告未上诉,则一审判决在未上诉的原告与被告之

① 参见林文学、付金联、李伟、张凌云:《〈关于证券纠纷代表人诉讼若干问题的规定〉的理解与适用》,载《人民司法》2020年第28期。

间生效。问题在于,如果经二审程序改判了一审判决,未上诉的原告和被告能否据此提起再审?现行司法实践中,申诉审查阶段往往不会仅因当事人未提起上诉即驳回其再审申请,有证据证明一审判决确有错误的,也有可能进入再审程序,如此一来,一审生效判决的稳定性受到极大挑战,亦有可能造成当事人不管是否认可一审判决均提起上诉的局面。综上,上述为保障被代表人利益所作的一系列复杂的诉讼权利保留安排,值得在法律修订时进一步反思和完善。

四、双向互动:诉讼担当与诉讼代理

集体成员人数众多这一特征,决定了在集体诉讼中,不可能让所有人都直接行使诉讼权利,承担诉讼义务,否则集体诉讼将无法进行。美国集团诉讼制度(class action)是通过拟制出“集团”,使集团起到法人实体一样的效果,集团代表的诉讼行为被视为各个成员实现其诉讼权利的行为,集团代表才享有当事人的全部权利。① 除集团代表外,其余投资者被称为隐名成员(absent class member),主要权利是对代表人的充分性提出异议,要求更换集团代表。② 日本采用选定当事人制度,即“具有共同利益的多数人可以从中选定某人作为代表人进行诉讼,被选定人将代替作出选择的人成为诉讼上的当事人”③,选定人退出诉讼,不再是案件的当事人,这属于一种任意的诉讼担当。德国的团体诉讼(verbandsklage)也是一种诉讼担当,④通过立法赋予某些团体诉讼主体资格和团体诉权,使其可以代表团体成员提起、参加诉讼,独立享有和承担诉讼上的权利义务,并可以独立作出实体处分,裁判结果间接惠于团体成员,⑤实质是将集体诉讼转化为一种1V1的单独诉讼模式,团体成员并非诉讼当事人。从上述国家的集体诉讼制度看,被代表的普通投资者或不享有当事人地位,或虽作为当事人但并不享有全部的诉讼权利。与之不同的是,德国参议院在2005年7月通过《投资者示范诉讼法》⑥,确

---

① 参见肖建华:《群体诉讼与我国代表人诉讼的比较研究》,载《比较法研究》1999年第2期。

② 参见罗建豪:《美国集团诉讼退出制研究》,复旦大学2008年博士学位论文,第26~27页。

③ [日]高桥宏志:《民事诉讼法重点讲义》,张卫平、许可译,法律出版社2021年版,第296页。

④ 也有观点认为属于诉讼信托,参见肖建华:《群体诉讼与我国代表人诉讼的比较研究》,载《比较法研究》1999年第2期。

⑤ 参见章武生:《论群体诉讼的表现形式》,载《中外法学》2007年第4期。

⑥ 该部法律于2007年11月生效。

定了民事诉讼中的示范诉讼制度,即在群体性诉讼中选出1名或多名示范原告,对共同事实和法律问题作出示范裁判;规定了平行案件中止审理,但平行案件当事人有权作为第三人参与示范诉讼,可实施所有示范原告的诉讼行为。德国示范诉讼制度推出后,事实上并未提高诉讼效率,其中平行案件当事人作为第三人的参与诉讼制度即是为人诟病的原因之一。①

从代表人诉讼制度本身而言,其应属于诉讼担当。通常认为,诉讼担当,是指第三人基于诉讼实施权而以自己的名义为原告或被告,就他人之实体权利义务进行诉讼的法律制度,诉讼结果中确定的实体权利义务仍然归属于他人。② 诉讼担当和诉讼代理的区别在于,诉讼代理人并非案件当事人,其权限以委托人授权为限,特殊事项需本人特别授权。"由于代表人是以所有的被代表人的名义、诉讼请求和诉讼理由来向对方当事人提出诉讼主张和进行诉讼抗辩,该诉讼实施权来源于所有被代表的当事人,这是一种任意的诉讼担当形式。"③然而,我国代表人诉讼制度的特点在于,代表人确定后,原告并不退出诉讼,仍享有原告的诉讼地位,由此形成"原告+代表人+诉讼代理人"的局面。在代表人的授权上,类似于诉讼代理人的权限限制。虽然《代表人诉讼若干规定》确立了默示特别授权制度,但当代表人真正实施放弃、变更诉讼请求等"特别权限"时,均应通知全体原告,且原告有权提出异议。此时,法院将根据原告的异议情况决定是否准许代表人的请求,故代表人未必能够真正地行使"特别权限"。我国代表人诉讼制度兼具诉讼担当和诉讼代理的特点,代表人并未获得完整的诉讼实施权。

由此带来的问题是,代表人能否按照自己的意愿发表诉辩意见。笔者认为,代表人作为诉讼担当人,有权根据自身的专业能力、对案件的理解就实体问题发表意见,除却法律规定的特定诉讼环节(如前述放弃、变更诉讼请求或承认对方诉讼请求、撤诉、调解等),其并没有义务在征询完所有原告意见后加以归纳总结再行确定诉讼策略。当然,这并不意味着原告不能表达自己的诉讼见解。案件审理中,原告可以以书面或口头方式直接向法院发表意见,也可以向代表人表达意见。在原告已经向代表人明确表达意见,且意见与代表人不一致的情形下,代表人有义务向法院转达。

---

① 参见张大海:《德国群体诉讼制度研究》,复旦大学2008年博士学位论文,第93~100页。

② 参见纪格非:《功能论视角下任意诉讼担当的类型研究》,载《东方法学》2020年第2期。

③ 肖建华:《群体诉讼与我国代表人诉讼的比较研究》,载《比较法研究》1999年第2期。

律师费损失的赔偿也是司法实践中争议较大的问题。《代表人诉讼若干规定》第 25 条规定:“代表人请求败诉的被告赔偿合理的公告费、通知费、律师费等费用的,人民法院应当予以支持。”结合该司法解释第 7 条的规定看,代表人具备委托诉讼代理人的权限。一般而言,代表人为更好地参与诉讼往往委托律师作为诉讼代理人,并为此支付律师费,为弥补该项损失,司法解释增设了败诉被告赔偿律师费等合理费用的责任。然而,实践中并非照此逻辑运行。由于普通投资者对于能否维权、如何维权并不了解,自最高人民法院 2002 年通知可以受理证券侵权赔偿纠纷以来,市场逐渐自发形成了一套律师出面招揽客户、签订风险代理合同、待被告赔偿后从中提取 15% ~30% 作为律师费的运转模式。飞乐音响案中,代表人亦与委托诉讼代理人签订了该种风险代理合同,并请求被告支付以 315 名原告诉讼标的额总和为基数按 15% 计收的律师费,即 1800 万余元。法院认为,在侵权案件中,被告所应承担的律师费损失是原告为维权所支出的合理费用,代表人与律师签订的律师费收取方式不能约束被告,综合考虑案件繁简、难易程度,律师工作量,诉讼规模等因素,最终判决被告支付以人均 3000 元为标准、按 315 名原告计算的律师费 94.5 万元。尽管本案根据合同关系和侵权损害赔偿关系相区分的原则处理了律师费争议,但仍存在这样的疑问:代表人聘请的律师是全体原告的诉讼代理人,还是仅为代表人的诉讼代理人?笔者认为,代表人是代表全体原告聘请律师,原告亦未退出诉讼,因此,律师是为全体原告服务,是全体原告的诉讼代理人。但随之产生的问题是,代表人与律师关于律师费收取的约定能否约束全体原告?如果对这个问题予以肯定回答,那么判决后律师将有权向所有原告按合同收取 15% 的律师费,如此一来,代表人的权限未免过大。飞乐音响案中,赔偿款分配后,诉讼代理人仅向自己前期招揽的投资者依据合同收取律师费,并未向通过权利登记参加诉讼的其他原告收取 15% 的律师费,故未引发上述争议,但该处法律漏洞仍有待在今后的司法实践中予以填补。

五、结　　语

“法院裁量权之行使应指向于平衡保护相关共同利益人之程序利益及系争

实体利益。”[①]长期以来,我国民事诉讼程序倾向于注重实质正义,程序问题无伤大雅,一定程度上形成“程序虚无主义”“程序工具主义”。在2019年《证券法》的修订和实践中,通过代表人诉讼制度,一次解决大量纠纷,降低了投资者的维权成本,尤其是特别代表人诉讼制度,通过“默示加入”的程序设计,将“沉默的大多数”纳入原告范围,使分散在大江南北的实体权利碎片有了实现的可能,这充分证明了程序权利的价值,没有程序权利就没有实体权利。

飞乐音响案和康美药业案落地后,有关部门相继表示要推进代表人诉讼常态化开展。[②] 然而,如前所述,我国证券纠纷代表人诉讼制度形成了具有本土特色的双重结构,兼顾了当事人的程序利益保障、程序处分权及程序选择权,但在双重结构的运转中尚存在一些矛盾和冲突,有待在实践中加以解决和完善。首先,在制度支持方面,建议针对证券交易电子化的特点,打造全国统一的代表人诉讼权利登记平台,以此为依托,使投资者得以聚集,实现普通代表人诉讼中代表人的有效推选。其次,在制度优化方面,建议扩大特别代表人诉讼的功能,赋予投资者保护机构直接发起特别代表人诉讼的权限,而非嫁接在普通代表人诉讼之上。同时,厘清诉讼担当和诉讼代理的关系,在兼顾被代表人利益的同时,进一步向诉讼担当转化。再次,在制度体系方面,建议在常态化运行代表人诉讼制度的同时,也要充分运用示范判决机制、先行赔付制度、强制调解制度,并可探索公益诉讼制度,扩充权利救济途径,为当事人提供更多的制度选择。最后,要持续加强投资者教育,让投资者了解相关法律制度。只有畅通维权通道,投资者维权取得实效,代表人诉讼制度才具有持久的生命力。

---

① 邱联恭:《程序利益保护论》,台北,三民书局2005年版,第124页。

② 参见《加强投资者保护,筑牢注册制改革之基——王建军副主席在国际金融论坛第十八届全球年会上的演讲》,载中国证券监督管理委员会网2021年12月5日,http://www.csrc.gov.cn/csrc/c/00028/c1605825/content.shtml;《投服中心首单特别代表人诉讼开始执行 投资者获得感持续增强》,载中证中小投资者服务中心网,http://www.isc.com.cn/html/mtbd/20211222/4288.html。

贷款机构未披露实际利率不得据此收取利息

——田某、周某诉中原信托金融借款纠纷案①

沈竹莺*

【裁判要旨】

贷款机构负有明确披露贷款实际利率的义务,若以格式条款约定利率,还应采取合理方式提请借款人注意,并按照借款人的要求予以说明。若因贷款机构未明确披露导致借款人没有注意或理解借款合同的实际利率,则应视为双方未就"按照该实际利率计算利息"达成合意,贷款机构无权据此计收利息。此时,合同利率的确定应当依据合同解释原则,结合相关条款、行为的性质和目的、习惯以及诚信原则,采用一般理性人标准。贷款机构发放贷款前已经收取的还款应当从实际本金中扣除。

【案号】

一审:上海市普陀区人民法院(2019)沪0107民初13944号

二审:上海金融法院(2020)沪74民终1034号

---

① 本案入选2019~2020年"全国消费维权十大典型司法案例"、上海金融法院2021年度十大典型案例。

* 法学硕士,上海金融法院申诉审查及审判监督庭副庭长。

【案情】

原告:田某、周某

被告:中原信托有限公司(以下简称中原信托)

2017年9月22日,田某、周某和中原信托签订贷款合同,约定贷款本金6,000,000元,期限8年,贷款利率具体以还款计划表为准,平均年利率11.88%,还款方式为分次还款。合同附件还款计划表(见表1)载明,还款期数为96期,每期还款均包含本息,每年12期还款金额一致,每12个月递减一次还款金额。

表1 合同附件:还款计划

期数	偿还本息/元	剩余本金/元
1	141,000.00	5,971,158.06
2	141,000.00	5,941,776.98
……	……	……
13	138,000	5,579,834.02
14	138,000	5,543,012.26
……	……	……
96	80,556.00	0.00

2017年9月26日,田某、周某先向中原信托汇款141,000元作为第一期还款,中原信托于2017年9月27日向田某、周某转账支付6,000,000元。田某、周某按还款计划表逐月还款至2018年11月27日,后申请提前还款获准,遂于2018年12月17日向中原信托支付5,515,522.81元(其中本金5,505,522.81元、违约金10,000元),结清全部贷款。之后,田某、周某认为中原信托未披露实际利率,告知其平均年利率为11.88%,但实际执行利率却高达20%,且实际放款前已经收取了第一期还款,该款项应从贷款本金中扣除。据此,请求判令中原信托返还多收取的利息并赔偿相应损失。中原信托辩称,合同约定贷款利率以还款计划表为准,该表系以借款本金6,000,000元×平均年利率11.88%×借款期限8年算得应还总利息,加上本金后分摊至每月作成。借款人签字确认按还款计划表还款即视为认可。另外,由于在贷款实际发放前确实收取了第一期还款

141,000元,故愿意补偿田某、周某200,000元。

案件审理中,中原信托为说明贷款合同每期还款金额如何确定,提交了另一版本还款计划表(见表2),除载明每期应还款金额、剩余本金外,还载明每期应还款中的利息金额、本金金额、当年利率(第一年利率为21.8%,此后逐年为19.6%、17.2%、14.43%、10.01%、6.67%、3.92%、1.32%),此外在表格尾部还载明贷款本金6,000,000元,利息合计5,702,400元,本息合计11,762,400元,总利率为95.04%,年利率平均值为11.88%。经核算,前述各年利率系以当年应付息总和除以初始贷款本金额6,000,000元算得,而11.88%系前述各年利率的算术平均值。

表2 贷款人另行制作的还款计划

序号	应还款日	本金/元	利息/元	利率/%	合计/元	剩余本金/元
1	2017年9月27日	28,841.94	112,158.06	21.80	141,000	5,971,158.06
……	……	……	……		……	……
13	2018年9月27日	36,165.97	101,834.03	19.60	138,000	5,579,834.02
……	……	……	……		……	……
……						
……	……	……	……	1.32	……	……
96	2025年8月27日	79,539.56	1016.44		80,556	0
总计		6,000,000.00	5,702,400.00	11.88	11,762,400	

【审判】

上海市普陀区人民法院一审认为,还款计划(见表1)列明每一期还款的本息合计金额和剩余本金,亦由借款人签字确认,故不存在隐瞒利率的情况。该院于2020年7月3日作出(2019)沪0107民初13944号民事判决,驳回田某、周某的诉讼请求,准予中原信托补偿田某、周某200,000元。宣判后,田某、周某提起上诉。

上海金融法院二审认为,贷款人应明确披露实际利率。本案中,还款计划表仅载明每期还款本息额和剩余本金额,既未载明实际利率,也未载明利息总额或其计算方式。一般人若不具备会计或金融专业知识,难以通过短时阅看而自行发现实际利率与合同首部载明利率存在差别,亦难以自行验算该实际利率。因此还款计划表不足以揭示借款合同的实际利率。借款合同首部载明平均年利率

11.88%,同时载明还款方式为分次还款。上述条款应当作为确定利息计算方式的主要依据,采用一般理性人的标准进行解释。借款人主张以11.88%为利率,以剩余本金为基数计算利息,符合一般理性人的通常理解,也符合交易习惯和诚信原则,应予支持。实际放款前已经收取的还款应当从贷款本金中扣除。以此计算,中原信托多收取的利息合计844,578.54元应予返还,同时还应向借款人赔偿相应利息损失。该院于2021年1月4日作出(2020)沪74民终1034号民事判决,改判中原信托向田某、周某返还多收取的利息844,578.54元,并赔偿自提前还款日次日起至实际归还之日止按照中国人民银行公布的同期人民币存款利率计算的利息。

【评析】

一、名义利率与实际利率

利率,是指一定时期内利息额与本金的比率。当本金和借款期限确定后,利率的高低直接决定利息的多少,从而反映借款人资金成本的高低。但实践中,由于利率标注和本息支付方式不同,标注利率相同的借款合同实际用资成本迥异,导致了名义利率与实际利率的差异。名义利率,是指一定期间内付出利息的总和与贷款本金的比值,实际利率则是内部收益率或内部报酬率(Internal Rate of Return, IRR),是指使未来现金流入量现值等于未来现金流出量现值时对应的贴现率。通俗地理解,由于现金流是有时间价值的,今天的100元和未来的100元,实际价值是不一样,未来的100元,考虑到时间因素,折回到当前的价值可能就要少一些。如果将未来每期还款的金额按照一定的利率,折回到现在刚好等于借款本金,那么这个利率就是IRR,也是借款人实际承担的借款成本。① 为说明名义利

① 参见《我的天,原来贷款利率还有这么多"花样"——常见利率"陷进"解析》,载微信公众号"中国人民银行"2019年12月26日,https://mp.weixin.qq.com/s?__biz=Mzk0NDAwMDExMA==&mid=2247485756&idx=1&sn=6c17cf782c2a754e0e99bebea539e57f&chksm=c32a143df45d9d2be0ddfe726eb1a77ac6fcf4ce5de76e571b4ccc89cf157221050d8fa86cbd&mpshare=1&srcid=0909VZPAf3uPnYX8TPHdJfip&sharer_sharetime=1631197718932&sharer_shareid=927e7c8cef3d8d7bbecbc9c7245e1392&from=singlemessage&scene=1&subscene=10000&clicktime=1658281751&enterid=1658281751&sessionid=0&ascene=1&fasttmpl_type=0&fasttmpl_fullversion=6248721-zh_CN-zip&fasttmpl_flag=0&realreporttime=1658281751936#rd。

率与实际利率的区别，可以结合目前借贷市场上常见的还款方式，举例如下。①

目前借贷市场上常见的还款方式有随借随还、先息后本、等本等息、等额本金、等额本息。随借随还，是指借款人在获得授信额度后可以随时支取，自支取之日开始计算利息，之后可以随时还款，还款时一次性偿还本息。先息后本，是指定期支付利息，到期后归还本金。等本等息，是指定期偿还同等数额的本金以及同等数额的利息。等额本金，是指贷款期内每期偿还同等数额的本金和上期还款后剩余本金在该期产生的利息。等额本息，是指贷款期内每期按相等的金额偿还贷款本息，其中利息逐期递减，本金逐期递增。假设借款本金为12,000元，合同标注年利率为10%，借款期限为1年，若在借款期限内多次还款的，以月为还款周期。在随借随还情形下，借款人期满一次性归还本金12,000元并支付利息1200元。在先息后本情形下，借款人每月支付利息100元，期满一次性归还本金12,000元。在等本等息情形下，借款人每月归还本金1000元并支付利息100元，合计1100元。在等额本金情形下，借款人每月归还本金1000元，第N个月支付利息数额为[12,000－1000×(N－1)]×10%÷12，期满合计支付利息650元。在等额本息情形下，借款人每月还本付息数额可以根据以下公式计算，期满合计支付利息660元。

$$月还款金额=\frac{贷款本金\times月利率\times(1+月利率)^{还款月数}}{(1+月利率)^{还款月数}-1}$$

假设借款本金为12,000元，5种还款方式的名义利率和实际利率详见表3：

表3　不同还款方式下名义利率和实际利率

项目		还款方式				
		随借随还现金流	先息后本现金流	等本等息现金流	等额本金现金流	等额本息现金流
每月还款/元	1	0	100	1100	1100	1055
	2	0	100	1100	1092	1055
	……	……	……	……	……	……
	12	13,200	12,100	1100	1008	1055
总收益/元		1200	1200	1200	650	660
实际利率/%		9.57	10.00	17.97	10.00	10.00
名义利率/%		10.00	10.00	10.00	5.42	5.50

① 本节举例引自知乎专栏“数据化风控”于2020年9月4日发布的文章《信贷业务中的利率介绍(APR和IRR)》。

从表3可以看出,在随借随还情形下,合同标注利率为名义利率,实际利率与此大致相等;在先息后本情形下,合同标注利率既为名义利率又为实际利率;在等本等息情形下,合同标注利率为名义利率,实际利率远高于名义利率;在等额本金和等额本息情形下,合同标注利率为实际利率,名义利率低于实际利率。本案中的还款方式较为接近等本等息,属于分次还本付息贷款产品因名义利率与实际利率存在差异而引发的纠纷。贷款合同中标注的年利率11.88%仅为名义利率,根据合同所附的还款计划表进行计算,其实际年利率约为20.94%。

二、实际利率的披露义务

(一)披露的必要性——确保信息对称

贷款产品的提供者应当向借款人明确披露实际利率,原因如下:

首先,利率是借款合同的核心要素,关系借款人在合同项下的根本利益。借款合同是借款人向贷款人借款,到期返还借款并支付利息的合同。可见利息是借款人为获得一定期限内货币所有权而支付的对价,支付利息是借款人的主要合同义务,利率的高低将直接影响借款人作出是否立约的决策。在将竞争机制引入贷款业务,贷款利率市场化的大背景下,如果将贷款视为商品,那么利率即是其价格,贷款人有义务如实披露利率,为其提供的贷款商品"明码标价"。

其次,只有实际利率才能如实反映借款人的用资成本。利息是货币在一定时期内的使用费,因此贷款人只有实际将货币交由借款人使用才能获得利息,借款人只有实际获得货币才须支付利息。在本金因分次归还而逐渐减少的情况下,使用以初始本金为基数计算的利率必然低于实际利率,并不能反映借款人的实际用资成本。

最后,明确披露实际利率是确保借款合同平等缔约,保护金融消费者权益的必然要求。理论与实务界对金融消费者的定义与范围尚有争议,由于本案系争法律关系属金融借款,故采用《中国人民银行金融消费者权益保护实施办法》第2条对金融消费者的界定,该办法所称金融消费者,是指购买、使用金融机构提供的金融产品和服务的自然人。一般而言,实际利率是普通金融消费者所理解的利率,但利息计算具有专业性,不同的本息支付方式又增加了计算的复杂程度,缺乏会计或金融专业知识的普通民众难以具备计算实际利率的能力。实践中,一些贷款产品的提供者利用其与借款人在专业知识上的不对称，通过只展示较低的日利率或月利率，掩盖较高的年利率；只展示较低的名义利率，或每期支付的利息或费用，掩盖较高的实际利率；以服务费等名目收取“砍头息”等方式，给金融消费者带来“利率幻觉”。① 近年来，我国对金融消费者权益的保护力度不断加大。2013 年 10 月 25 日第十二届全国人民代表大会常务委员会第五次会议通过关于修改《中华人民共和国消费者权益保护法》（以下简称《消费者权益保护法》）的决定，增加第 28 条规定：“……提供证券、保险、银行等金融服务的经营者，应当向消费者提供经营地址、联系方式、商品或者服务的数量和质量、价款或者费用、履行期限和方式、安全注意事项和风险警示、售后服务、民事责任等信息。”将金融服务纳入消费者权益保护范围。之后，国务院办公厅出台《关于加强金融消费者权益保护工作的指导意见》，相关金融监管机构亦依据《消费者权益保护法》等出台关于金融消费者权益保护的部门规章。上述指导意见和部门规章明确要求保障金融消费者的知情权，向金融消费者披露可能影响其决策的信息，对利率、费用等与金融消费者切身利益相关的重要信息进行解释说明，不得有虚假、欺诈、隐瞒或引人误解的宣传。上述监管要求符合《消费者权益保护法》的相关规定，亦与民法关于公平、诚信的基本原则相契合，旨在确保双方当事人在信息充分公开对称的前提下自愿定约，作出符合内心真意之意思表示。

（二）披露的方式——格式条款的说明义务

1. 利率条款是否属于格式条款

由于借贷业务具有规模大、数量多的特点，因此实践中几乎所有的金融借款合同均为格式合同，包含大量由金融机构事先拟定并重复使用的格式条款。但

---

① 《我的天，原来贷款利率还有这么多“花样”——常见利率“陷进”解析》，载微信公众号“中国人民银行”2019 年 12 月 26 日，https://mp. weixin. qq. com/s? __biz = Mzk0NDAwMDExMA = = &mid = 2247485756&idx = 1&sn = 6c17cf782c2a754e0e99bebea539e57f&chksm = c32a143df45d9d2be0ddfe726eb1a77ac6fcf4ce5de76e571b4ccc89cf157221050d8fa86cbd&mpshare = 1&srcid = 0909VZPAf3uPnYX8TPHdJfip&sharer_ sharetime = 1631197718932&sharer_ shareid = 927e7c8cef3d8d7bbecbc9c7245e1392&from = singlemessage&scene = 1&subscene = 10000&clicktime = 1658281751&enterid = 1658281751&sessionid = 0&ascene = 1&fasttmpl_type = 0&fasttmpl_fullversion = 6248721 – zh_CN-zip&fasttmpl_flag = 0&realreporttime = 1658281751936#rd。

利率条款是否属于格式条款,在实务中存在争议。反对观点认为:首先,利率作为借款合同的要素,必须由双方当事人协商一致方能订入合同,故不符合格式条款中"未与对方协商"的特点;其次,借款合同采用何种利率取决于借款人的信用资质,不同的借款人可能适用的利率不同,因此也不符合格式条款"重复使用"的特点。对此本文认为,虽然在实践中不排除金融机构与某一具体借款人反复磋商利率条款的情形,但大多数面向金融消费者的借款合同均采用利率格式条款。

格式条款是自19世纪发展起来的,是某些行业在繁重、重复性的交易中为了简化合同订立的程序而形成的,一般具有以下特点:(1)交易对象具有广泛性,往往都是面向社会公众;(2)条款具有持久性,一般经过认真研究拟定,在一个相当长的时期内不会改变;(3)条款具体细致;(4)由占有优势的一方提出。[①] 1999年《中华人民共和国合同法》(以下简称《合同法》)(已失效)第39条对格式条款作出了定义:"格式条款是当事人为了重复使用而预先拟定,并在订立合同时未与对方协商的条款。"根据该定义,格式条款最主要的特征有两点,一是"未与对方协商",二是"为了重复使用"。其中,前者是格式条款最实质的特征,后者则是格式条款的通常表现形式。[②] 值得注意的是,在《中华人民共和国民法典》(以下简称《民法典》)合同编制定过程中,曾一度删去了"为了重复使用"的表述,这是因为该特征只是格式条款的通常表现形式,只是其经济功能,而不是其法律特征。[③] 虽然最终《民法典》仍回复到合同法的表述,保留了"为了重复使用"的表达,但系出于"将实质特征与外在表现统一起来,判断标准明确、易于操作"的考虑。因此对于"为了重复使用"不能作僵化理解,不是要当事人去证明真正实际重复使用了多次,只要格式条款提供方具有重复使用的目的,不论使用的次数多少,都可认为是"为了重复使用"。[④]

由此可见,判断利率条款是否属于格式条款,关键看订约时是否与借款人协商。"未与对方协商",是指格式条款提供方没有就条款内容与相对方进行实质上的磋商,相对方对条款内容并没有实际修改的余地。需要注意的是,当事人有权选择是否订立合同,若无法接受条款内容,当然有权选择不订约,但不能以其

---

① 参见黄薇主编:《中华人民共和国民法典合同编释义》,法律出版社2020年版,第83页。
② 参见黄薇主编:《中华人民共和国民法典合同编释义》,法律出版社2020年版,第84页。
③ 参见王利明:《对〈合同法〉格式条款规定的评析》,载《政法论坛》1999年第6期。
④ 参见黄薇主编:《中华人民共和国民法典合同编释义》,法律出版社2020年版,第84页。

订约行为反推相关条款经过了双方协商。自愿原则的内容包含“有权自主选择与谁订立合同”和“自主决定合同的内容”两个方面。实际上,格式条款提供方的初衷并不是强制缔约,而是追求交易的便捷,相对方只能选择接受或者拒绝,不能实质上影响合同内容。因此,相对方虽然在合同上签字予以确认,但该合同并不一定是其真正的内心意愿表达。①

就贷款合同而言,虽然利率高低会受借款人的资信影响,但贷款机构为了提高交易效率,通常会参照统一的资信标准对借款人分类,并对同类借款人适用相同利率。借款人可以选择是否订约,或者货比三家后选择与谁订约,但并无就利率条款与贷款机构进行磋商的余地。此种利率条款显然符合格式条款的本质特征和通常形式,应当认定为格式条款。

从格式条款的定义和特征看,是否属于合同关键要素并不是区分格式条款与否的标准,随着格式条款在商业领域的广泛运用,普遍存在用格式条款载明合同关键要素的情形。因此,2013 年《消费者权益保护法》修订时在第 26 条增加一款规定:“经营者在经营活动中使用格式条款的,应当以显著方式提请消费者注意商品或者服务的数量和质量、价款或者费用、履行期限和方式、安全注意事项和风险警示、售后服务、民事责任等与消费者有重大利害关系的内容,并按照消费者的要求予以说明。”可见,格式条款的内容可以包括商品或者服务的数量、质量、价格或者费用、期限等关键性要素。

回到本案,系争贷款合同属于格式合同,其中与利率约定有关的共两处,一是首部载明的平均年利率 11.88%,二是合同所附的还款计划表。根据庭审查明的事实,该平均年利率 11.88% 为中原信托此类贷款产品的通用利率,该还款计划表由中原信托单方制作,故上述关于利率的表述及表格制式均为格式条款,中原信托应当对实际利率作出提示并说明。

2. 利率格式条款如何提示说明

我国 1999 年《合同法》第 39 条规定:“采用格式条款订立合同的,提供格式条款的一方应当……采取合理的方式提请对方注意免除或者限制其责任的条款,按照对方的要求,对该条款予以说明。”根据上述规定,提示说明的范围仅限于免除或限制提供者责任的格式条款。但实践中,有许多格式条款虽不属于上

① 参见黄薇主编:《中华人民共和国民法典合同编释义》,法律出版社 2020 年版,第 84 页。

述情形,但却与合同相对方有重大利害关系,例如,前述《消费者权益保护法》第26条规定的条款,若不予提示说明,将严重损害合同相对方的合法权利,因此《民法典》第496条将格式条款提示说明的范围扩大到与对方有重大利害关系的条款。

格式条款的提供方应如何具体履行提示和说明义务,《合同法》《民法典》均没有规定,《消费者权益保护法》要求以"显著方式"提请注意,亦不够具体。笔者认为,可以按照《中华人民共和国保险法》(以下简称《保险法》)及其相关司法解释的规定。《保险法》第17条规定:"对保险合同中免除保险人责任的条款,保险人在订立合同时应当在投保单、保险单或者其他保险凭证上作出足以引起投保人注意的提示,并对该条款的内容以书面或者口头形式向投保人作出明确说明。"2000年最高人民法院研究室《关于对〈保险法〉第十七条规定的"明确说明"应如何理解的问题的答复》认为,这里所规定的"明确说明",是指保险人在与投保人签订保险合同之前或者签订保险合同之时,对于保险合同中所约定的免责条款,除了在保险单上提示投保人注意外,还应当对有关免责条款的概念、内容及其法律后果等,以书面或者口头形式向投保人或其代理人作出解释,以使投保人明了该条款的真实含义和法律后果。最高人民法院《关于适用〈中华人民共和国保险法〉若干问题的解释(二)》第11条进一步明确,应以足以引起投保人注意的文字、字体、符号或者其他明显标志作出提示,对免除保险人责任条款的概念、内容及其法律后果以书面或者口头形式向投保人作出常人能够理解的解释说明。该答复和司法解释针对的是提示说明的具体要求,对于审查如何履行提示说明义务具有参考作用。①

此外,金融监管机构的相关规范性文件要求亦为金融机构如何履行提示说明义务提供了参考。例如,国务院办公厅出台《关于加强金融消费者权益保护工作的指导意见》明确要求金融机构应当以通俗易懂的语言,及时、真实、准确、全面地向金融消费者披露可能影响其决策的信息,充分提示风险,不得发布夸大产品收益、掩饰产品风险等欺诈信息,不得作虚假或引人误解的宣传。2020年修订的《中国人民银行金融消费者权益保护实施办法》则明确,进行信息披露时,应当

① 参见最高人民法院民法典贯彻实施工作领导小组主编:《中华人民共和国民法典合同编理解与适用上》,人民法院出版社2020年版,第247页。

使用有利于金融消费者接收、理解的方式。对利率、费用、收益及风险等与金融消费者切身利益相关的重要信息，应当根据金融产品或者服务的复杂程度及风险等级，对其中关键的专业术语进行解释说明，并以适当方式供金融消费者确认其已接收完整信息。使用格式条款的，应当以足以引起金融消费者注意的字体、字号、颜色、符号、标识等显著方式，提请金融消费者注意金融产品或者服务的数量、利率、费用、履行期限和方式、注意事项、风险提示、纠纷解决等与金融消费者有重大利害关系的内容，并按照金融消费者的要求予以说明。格式条款采用电子形式的，应当可被识别且易于获取。

本案中，还款计划表仅载明了每期还款本息额和剩余本金额，未载明实际利率或能够反映实际利率的利息计算方式，甚至未载明利息总额或其计算公式。一般人若不具备会计或金融专业知识，难以通过短时阅看而自行发现实际利率与合同首部载明利率存在差别，亦难以自行验算实际利率。因此，系争还款计划表不足以揭示借款合同的实际利率，中原信托未尽到明确披露实际利率的义务。

（三）未披露的法律后果——未订入合同

1999 年《合同法》第 39 条并未规定格式条款提供方未履行提示说明义务的法律效果，在《民法典》出台前，理论和实践对此存在一定分歧，主要有三种观点：第一种观点认为格式条款无效；第二种观点认为格式条款可撤销；第三种观点认为格式条款未订入合同。最高人民法院《关于适用〈中华人民共和国合同法〉若干问题的解释（二）》（已失效）采用了第二种观点，其第 9 条规定：“提供格式条款的一方当事人违反合同法第三十九条第一款关于提示和说明义务的规定，导致对方没有注意免除或者限制其责任的条款，对方当事人申请撤销该格式条款的，人民法院应当支持。”《民法典》最终采用第三种观点，其第 496 条规定：“提供格式条款的一方未履行提示或者说明义务，致使对方没有注意或者理解与其有重大利害关系的条款的，对方可以主张该条款不成为合同的内容。”

笔者认为，采用第三种观点将该问题归属于合同订立的范畴，回归到意思表示一致的本源，更符合合同订立规则，也更有利于保护合同相对人。相对而言，如果采用观点一，则在格式条款有利于合同相对人时显得过于严苛，采用观点二则又受到撤销除斥期间的限制。

根据上述规定，贷款人与金融消费者订立借款合同时，若因贷款人对利率格式条款未予披露和明确说明,致使借款人没有注意或者理解借款合同的实际利率,应当认为双方未就“按照该实际利率计算利息”达成合意,贷款人无权据此收取利息。需要注意的是,虽然本案发生在《民法典》出台之前,但根据最高人民法院《关于适用〈中华人民共和国民法典〉时间效力的若干规定》第9条的规定:“民法典施行前订立的合同,提供格式条款一方未履行提示或者说明义务,涉及格式条款效力认定的,适用民法典第四百九十六条的规定。”故《民法典》第496条对于其施行前订立的合同具有溯及适用效力。

三、利率条款解释应采用一般理性人标准

本案系争贷款合同所附的还款计划表因未尽到提示说明义务而不能作为计算利息的依据,借款合同关于利率的明确表述只剩下合同首部载明的平均年利率11.88%。那么是否应当按照该利率来计算利息呢?贷款机构认为该利率仅为名义利率,借款人认为该利率就是实际利率,这涉及格式条款解释的问题。

根据我国《民法典》第466条第1款规定:“当事人对合同条款的理解有争议的,应当依据本法第一百四十二条第一款的规定,确定争议条款的含义。”《民法典》第142条第1款规定:“有相对人的意思表示的解释,应当按照所使用的词句,结合相关条款、行为的性质和目的、习惯以及诚信原则,确定意思表示的含义。”1999年《合同法》第41条规定:“对格式条款的理解发生争议的,应当按照通常理解予以解释……”《民法典》第466条第1款和第142条第1款在沿袭1999年《合同法》第125条的基础上进行了优化,包括增加考虑“行为的性质”,解释目的从确定“真实意思”调整为确定“意思表示的含义”,更符合合同解释的特点,更有利于保护合同当事人的合法权益,因此应溯及适用于《民法典》施行前订立的合同。根据上述规定,合同解释应当采用内在意思与外在表示兼顾的原则,对格式条款的解释应当采用通常理解的原则,无论是外在表示还是通常理解,均应当采用一般理性人的标准。

合同首部载明的平均年利率11.88%,同时载明还款方式为分次还款。上述条款应当作为确定利息计算方式的主要依据,采用一般理性人的标准对该部分条款进行解释。以实际借款本金为基数计算利息是利息概念的应有之义,也是民众从储蓄存款等常见金融业务中逐渐形成的对利息的通常理解。因此,在分

次还本付息的场合,以剩余本金为基数计算利息属于常理通识。借款人主张以11.88%为年利率,以剩余本金为基数计算利息,符合一般理性人对利息、利率的通常理解,也符合交易习惯和诚信原则。按照上述利息计算方式,每次还款金额扣除利息后的部分应当冲抵本金,并以剩余本金为基数计算下次应还利息。另外,根据1999年《合同法》第200条规定:“借款的利息不得预先在本金中扣除。利息预先在本金中扣除的,应当按照实际借款数额返还借款并计算利息。”贷款人在发放贷款前已经收取的首期还款141,000元应当从实际本金中扣除。

涉港金融担保合同纠纷中的管辖认定及法律适用

——恒生银行有限公司诉上海天盛仓储有限公司、林某某保证合同纠纷案①

周　欣*　潘　祎**

【裁判要旨】

涉港金融担保合同纠纷中,我国香港特别行政区公司有权依据非对称管辖权条款向内地法院提起诉讼,且平行诉讼不影响内地法院行使管辖权。内地公司法定代表人是否有签订跨境担保合同的权限,应适用公司登记地法即内地法进行审查。在内地已取消跨境担保登记生效要件的背景下,应适用当事人约定的域外法审查担保合同争议,但对于诉讼中进入破产程序的内地公司,债权人可主张的破产债权范围应依据内地破产法予以确定。

【案号】

一审:上海金融法院(2019)沪74民初127号

二审:上海市高级人民法院(2021)沪民终743号

---

① 本案入选上海金融法院2021年度十大典型案例。

* 法学硕士,上海金融法院立案庭法官。

** 法学硕士,上海金融法院立案庭法官助理。

【案情】

原告：恒生银行有限公司（Hang Seng Bank, Limited，以下简称恒生银行）

被告：上海天盛仓储有限公司（以下简称天盛仓储公司）

被告：林某某

恒生银行与南浦（香港）投资有限公司（以下简称南浦公司）均为在香港特别行政区注册的公司。

2015 年 6 月 22 日，恒生银行与南浦公司签订授信函，约定恒生银行向南浦公司提供循环贷款额度 6000 万港元的授信，利率为香港/伦敦银行同业拆借利率或银行的资金成本加年利率 2.25%（以较高者为准）。同年 6 月 26 日，恒生银行向南浦公司转账 6000 万港元。

2016 年 12 月 7 日，恒生银行又与南浦公司签订贷款协议，约定恒生银行为南浦公司提供 1.75 亿港元的定期贷款授信，利率为利差（年利率 3.5%）加香港银行同业拆借利率，若债务人未能在到期日支付其在融资文件项下所应付的任何款项，则未付款项从到期日起至实际支付日的利息的利率按照应付年利率上浮 3.5%。同年 12 月 9 日，恒生银行向南浦公司转账 1.75 亿港元。

被告天盛仓储公司系注册于内地的公司，为南浦公司的全资子公司。天盛仓储公司向恒生银行出具"天盛仓储公司担保函"，为南浦公司的前述债务提供担保。该担保函约定：担保人无条件且不可撤销地承诺，将就满足恒生银行所提出的支付担保款项的要求承担共同及个别责任；担保人应作为主要债务人，与主债务人就支付担保承担共同责任……担保函由张某某作为法定代表人签名并加盖天盛仓储公司公章。南浦公司出具书面决议，同意天盛仓储公司签署该担保函。"天盛仓储公司担保函"约定适用我国香港特别行政区法律（以下简称香港法）并接受香港特别行政区法院非排他性的司法管辖权。

被告林某某系我国香港特别行政区居民，为南浦公司董事之一。林某某先后向原告出具两份担保函，为南浦公司的前述债务提供担保。其中"2015 年担保函"约定适用香港法并接受香港特别行政区法院非排他性的司法管辖权。"2016 年担保函"约定适用香港法并就我国香港特别行政区法院的司法管辖权约定："a）受下述 c）段落的规定限制，香港特别行政区法院对解决因本协议而产生的任何争议具有专属管辖权,b)双方约定以香港特别行政区法院作为解决双方争议的最合适和最便利的法院,就此各方毫无异议,c)本第19.1条款的目的仅为了保护贷款人的利益。因此,不得阻止贷款人向其他有管辖权的法院同时提起与争议相关的诉讼。在法律允许的范围内,贷款人可在任何司法管辖区同时提起诉讼。”

因借款人及担保人未履行合同义务,恒生银行以南浦公司及林某某为被告向香港特别行政区法院提起诉讼,我国香港特别行政区高等法院分别于2019年8月8日、10月15日作出判决,部分支持了恒生银行的诉请。因南浦公司及林某某仍未履行合同义务,故恒生银行向上海金融法院提起诉讼,请求判令天盛仓储公司、林某某就南浦公司欠付的定期贷款本金5,328,000港元、利息69,945.72港元及逾期利息,以及循环贷款本金17,613,000港元、利息217,381.03港元及逾期利息承担连带还款责任,同时承担恒生银行为实现债权而支出的其他费用。诉讼中,天盛仓储公司于2020年2月13日被裁定破产清算。

【审判】

上海金融法院认为,本案涉及以下法律争议:(1)本院对于本案有无管辖权;(2)本案的法律适用;(3)各担保函效力的认定及担保人承担责任的形式及范围。

第一,本案当事人约定的非对称管辖条款以及非排他管辖条款,均未排除香港特别行政区法院以外法院对于原告恒生银行提起诉讼案件的管辖。本院作为被告天盛仓储公司的住所地法院及被告林某某的可供扣押财产所在地法院享有本案管辖权,原告恒生银行与被告林某某之间的同一纠纷已由我国香港特别行政区法院作出部分裁决亦并不影响本院审理案件。

第二,本案涉及两个或者两个以上的涉外民事关系,应当分别确定应当适用的法律。天盛仓储公司法定代表人出具担保函是否经内部授权,应根据《中华人民共和国涉外民事关系法律适用法》(以下简称《涉外民事关系法律适用法》)第14条第1款规定,适用登记地法即内地法律予以认定。关于担保合同争议可否适用当事人约定的香港法,应审查内地法律对于该涉外法律关系是否存在强制性规定以及适用约定的域外法是否损害内地社会公共利益。天盛仓储公司为南浦公司债务向恒生银行提供担保,属于《跨境担保外汇管理规定》(汇发〔2014〕29号)所规定的内保外贷。因内地已取消跨境担保的登记生效要件,适用香港法也不损害内地社会公共利益,故应适用香港法审查担保合同争议。天盛仓储公司在诉讼过程中破产清算,因公司破产涉及法人民事权利能力、行为能力事项,且天盛仓储公司的登记注册地、主要营业地、主要破产财产所在地等均位于内地,故应根据内地破产法确定恒生银行破产债权的范围以及破产财产的分配顺序等事项。

第三,关于担保函的效力及担保责任的认定。首先,因天盛仓储公司系一人公司,其对外担保无须根据《中华人民共和国公司法》(以下简称《公司法》)第16条第2款的规定召开股东会进行决议,亦不受该条第3款回避表决之限制。一人公司对外担保的效力应以其担保行为是否得到股东同意而定。南浦公司已签章同意天盛仓储公司出具担保函,故该担保已取得公司授权,对于公司发生效力。案涉担保函均不具有香港法项下的合同无效事由,应认定为有效。其次,根据查明的香港法及合同约定,天盛仓储公司、林某某应向恒生银行承担直接还款责任。恒生银行所主张的利息不违反香港法下利率保护规定,恒生银行有权主张。借款合同约定贷款人对应付金额的证明在未存在明显错误的情况下对保证人有约束力,因保证人未提供证据证明恒生银行所主张的款项存在明显错误,故对恒生银行主张的欠款金额予以支持。最后,因天盛仓储公司已进入破产程序,恒生银行可主张的期内利息及逾期利息应自破产申请受理之日起停止计算。

上海金融法院于2021年7月30日作出一审判决:(1)确认原告恒生银行对被告天盛仓储公司享有债权:①循环贷款本金港币17,613,000元及截至2020年2月12日的利息;②定期贷款本金港币5,328,000元及截至2020年2月12日的逾期利息;③原告恒生银行为实现债权而支出的费用人民币21万元、5.4万港元。(2)被告林某某于判决生效之日后10日内支付原告恒生银行以下款项:①循环贷款本金17,613,000港元及利息;②定期贷款本金5,328,000港元及逾期利息;③原告恒生银行为实现债权而支出的费用人民币21万元、5.4万港元;(3)驳回原告恒生银行其余诉讼请求。

一审判决作出后,被告林某某不服,向上海市高级人民法院提起上诉,因林某某未缴纳上诉费,二审法院裁定按其自动撤回上诉处理。

【评析】

本案为涉港保证合同纠纷,香港特别行政区银行分别依据非排他性管辖协议、非对称管辖协议向内地法院提起诉讼,要求内地公司担保人以及香港特别行政区担保人承担担保责任。本案的审理涉及管辖权认定、跨境担保合同的效力认定、跨境担保中担保责任的认定等争议问题,本文逐一进行分析。

一、管辖权之认定

林某某出具的"2016 年担保函"第 18 条约定:"本担保函适用香港法。"第 19.1 条约定:"a)受下述 c)段落的规定限制,香港特别行政区法院对解决因本协议而产生的任何争议具有专属管辖权,b)双方约定以香港特别行政区法院作为解决双方争议的最合适和最便利的法院,就此各方毫无异议,c)本第 19.1 条款的目的仅为了保护贷款人的利益。因此,不得阻止贷款人向其他有管辖权的法院同时提起与争议相关的诉讼。在法律允许的范围内,贷款人可在任何司法管辖区同时提起诉讼。"根据该约定,林某某就合同引起的纠纷仅能向香港特别行政区法院起诉,而恒生银行享有单边选择法院的权利。这种具有不对称性的管辖协议又被称为非对称管辖协议或不对称管辖协议(asymmetric jurisdictional agreement)或者是单边的管辖协议(one-sided or one-way or unilateral agreement)。[①]原告恒生银行已依据该约定在香港法院起诉林某某并获部分胜诉判决,在此情况下,原告又在内地法院提起诉讼,内地法院是否具有管辖权,需从非对称管辖协议的效力、该协议是否具有排他性,以及平行诉讼的应对等方面予以分析。

(一)非对称管辖协议的效力认定

1. 审查涉外管辖协议效力应适用的法律

本案非对称管辖协议是在境外当事人之间订立的担保函中约定,合同双方约定适用香港法,故需首先确定认定该管辖协议效力应适用的法律。我国现行法律法规未对涉外管辖协议效力审查应适用的法律作出明确规定,仅在《中华人民共和国民事诉讼法》(2021 年修订,以下简称《民事诉讼法》)[②]第 4 条及第 266 条规定,在中华人民共和国领域内进行涉外民事诉讼适用该法规定。有观点认

① 参见张利民:《不对称管辖协议的合法性辨析》,载《法学》2016 年第 1 期。

② 本案裁判时《民事诉讼法》2021 年修订版虽尚未发布施行,但案例写作时已生效,故本案例所引用的《民事诉讼法》均为 2021 年修正后的版本。

为,是否适用合同约定的准据法认定管辖协议的效力应区分两种情形:若为独立的管辖协议,则主合同的准据法不应当作为审查管辖协议效力的准据法;若当事人之间订立的合同中明确约定"本合同/所有纠纷根据××法进行解释",则意味着当事人意欲将准据法覆盖到合同的全部内容,包括实体条款和程序条款,此时合同的准据法应作为管辖条款的准据法。① 笔者认为,管辖协议性质上属于诉讼契约②,虽然其兼具实体法上的契约属性和程序法上的诉讼属性,③但管辖权的确定本质上属于诉讼程序问题,故不属于《涉外民事关系法律适用法》第41条所规定的当事人可以协议选择适用法律的范畴。无论管辖协议是否单独订立,其效力均应依据法院地法进行审查。

2. 管辖协议效力的审查要件

管辖协议兼具诉讼属性和契约属性,对其效力审查亦应从诉讼行为效力要件以及合同行为效力要件两个方面予以审查。下文结合内地法律对于管辖协议效力的审查要件进行分析。

(1)诉讼行为效力要件

关于管辖协议的生效要件,传统理论大多根据《民事诉讼法》第35条④的规定予以确定:①财产权益纠纷;②选择法院的地点须与争议有实际联系;③书面形式;④不得违背级别管辖和专属管辖规则。⑤ 最高人民法院《关于适用〈中华人民共和国民事诉讼法〉的解释》(以下简称《民诉法解释》)第529条⑥也对涉外

---

① 参见汪金兰:《涉外民事诉讼管辖协议的效力审查——以我国法院裁判实践为视角》,载《武大国际法评论》2017年第5期。

② 所谓诉讼契约,是指以产生诉讼法上的效果为直接目的的当事人之间的合意,也称为"诉讼上的合意"。参见张卫平:《论民事诉讼的契约化——完善我国民事诉讼法的基本作业》,载《中国法学》2004年第3期;刘哲玮:《管辖协议的理论重构》,载《法学论坛》2020年第6期;汪金兰:《涉外民事诉讼管辖协议的效力审查——以我国法院裁判实践为视角》,载《武大国际法评论》2017年第5期。

③ 参见汪金兰:《涉外民事诉讼管辖协议的效力审查——以我国法院裁判实践为视角》,载《武大国际法评论》2017年第5期。

④ 《民事诉讼法》第35条规定:"合同或者其他财产权益纠纷的当事人可以书面协议选择被告住所地、合同履行地、合同签订地、原告住所地、标的物所在地等与争议有实际联系的地点的人民法院管辖,但不得违反本法对级别管辖和专属管辖的规定。"

⑤ 参见刘哲玮:《管辖协议的理论重构》,载《法学论坛》2020年第6期。

⑥ 《民诉法解释》第529条规定:"涉外合同或者其他财产权益纠纷的当事人,可以书面协议选择被告住所地、合同履行地、合同签订地、原告住所地、标的物所在地、侵权行为地等与争议有实际联系地点的外国法院管辖。根据民事诉讼法第三十四条和第二百七十三条规定,属于中华人民共和国法院专属管辖的案件,当事人不得协议选择外国法院管辖,但协议选择仲裁的除外。"

管辖协议的生效要件作出了大致相同的规定,只是将第四个要件明确为不得违背内地法规定的必须由中华人民共和国法院专属管辖的情形。前述管辖协议生效要件,即为诉讼行为效力要件。因已有明确的审查依据,司法实践中争议较小。

(2)合同行为效力要件

诉讼行为效力要件仅明确了程序法上对管辖协议的效力约束,不足以涵盖管辖协议效力认定的所有要件,也无法与现有的法律规范做到衔接与统一。[①] 审查管辖协议效力时,还需要适用《中华人民共和国民法典》(以下简称《民法典》)"总则编""合同编"的相关规定,对管辖协议意思表示的成立与生效要件予以审查。合同效力行为要件具体包括:第一,管辖协议的成立要件,即存在管辖法院的合意;第二,管辖协议的有效要件,即当事人具有相应的缔约能力,意思表示真实(不存在重大误解、通谋虚伪、欺诈胁迫、显失公平等意思表示不真实不自由的情况),不违反法律、行政法规的强制性规定,不违背公序良俗。这些要件的审查在实体法领域已形成完整的理论框架,本文在此不做赘述。

在合同效力要件审查中,最值得关注的是弱者保护原则的适用,即在合同领域,出于强势缔约地位的当事人,可以将自己的意志强加给处于弱势缔约地位的当事人,故除了意思自治原则外,还应重点关注弱者保护原则的适用。[②] 对此,我国《民法典》合同编第496条、第497条分别从格式条款的订立与内容控制两方面对处于弱势缔约地位的当事人予以保护。因管辖条款往往与当事人"有重大利害关系",故属于特别规制范围:其一,若提供格式条款的一方未采用合理方式提示对方注意管辖条款,则该条款未订入合同,例如,《民诉法解释》第31条就是对消费领域的格式管辖条款订入规则的规制。其二,若管辖条款存在不合理地限制、排除弱势方主要权利的情形,则该管辖条款无效。[③]

3. 非对称管辖协议的效力审查

对于非对称管辖协议的效力审查,亦包括诉讼行为效力要件以及合同行为

---

① 如《民诉法解释》第31条规定:"经营者使用格式条款与消费者订立管辖协议,未采取合理方式提请消费者注意,消费者主张管辖协议无效的,人民法院应予支持。"该条是关于格式合同中管辖协议的效力认定规则,但无法纳入《民事诉讼法》第35条所规定的要件之下。

② 参见王吉文:《论弱者保护原则对涉外协议管辖的效力问题》,载《甘肃政法学院学报》2012年第2期。

③ 最高人民法院2021年12月31日发布的《全国法院涉外商事海事审判工作座谈会会议纪要》第3条有类似规定。

效力要件两个方面。就诉讼行为效力要件而言,与其他的管辖协议审查要点并无区别。就合同行为效力要件而言,即使非对称管辖协议并非格式条款,因该条款往往规定“弱势方”只能在“强势方”选择的法院起诉,而“强势方”可向其他各法院起诉,故易被认为“不公平”,违背弱者保护原则。比较法上也有国家否认非对称管辖协议的合法性。①

笔者认为,不宜简单地以“不公平”为由否定非对称管辖协议的效力,而应具体分析不同合同中非对称管辖协议当事人缔约地位、管辖条款订立的背景以及原因等因素,从而区分认定其效力。以案涉担保合同为例,原告为香港特别行政区银行,担保人为部分财产位于内地的我国香港特别行政区居民。担保人相对于银行并非就是“弱势方”,在贷款发放后,反而是银行因借款人和担保人的履约能力而承担巨大的交易风险。对银行而言,非对称管辖协议可保证其能在担保方不履行债务时直接向担保人财产所在地法院提起诉讼,最大限度地降低不能强制执行债务的风险。对于融资方而言,该条款可以提升银行的融资意愿、降低融资成本。由此可见,非对称管辖协议对于融资各方当事人均有实益。虽然非对称管辖协议在管辖权安排上存在不对等,但并不存在当事人违背意思表示自由之情形,在此情况下应当尊重当事人的意思自治,并无倾斜保护一方当事人之必要。

值得注意的是,基于落实弱者保护原则,特定领域的非对称管辖协议的合法性应受到制约。从比较法上看,保险合同、消费合同、个人雇佣合同一般不能自由订立排他性的管辖协议,遑论非对称管辖协议。② 原因在于,保险合同中的保险人、消费者合同中的卖方、个人雇佣合同中的雇主均为强势方,与之相对的另

---

① 如2012年法国最高法院在“×女士诉罗斯柴尔德案”中明确否决了非对称管辖协议。该案中,×女士在卢森堡银行开户时所签署的合同中订有管辖条款,约定卢森堡法院拥有对纠纷的排他性管辖权,但卢森堡银行可以“在顾客的住所地或任何其他有管辖权的法院”起诉。纠纷发生后,×女士在巴黎法院起诉,银行提出管辖异议,认为按照双方约定,案件应由卢森堡法院管辖。法国初审法院和上诉法院均认定管辖协议无效,法国最高法院亦支持这一结论,表示“根据该条款,银行保留了在×女士的住所地或‘在任何其他法院’起诉的权利。该条款仅仅约束×女士,其是唯一受约束而只能向卢森堡法院起诉之人”,该条款是“非对等的”,与欧盟《布鲁塞尔条例Ⅰ》所规定的协议管辖之目的和宗旨相抵触。See Ms Xv. Banque Privée Edmond de Rothschild, First Civil Chamber of the Cour de Cassation,26 September 2012, Case No. 11 –26.022. 参见张利民:《不对称管辖协议的合法性辨析》,载《法学》2016年第1期。

② 规定于最早的1968年《布鲁塞尔公约》,该公约进行过多次修订,目前该公约已被2015年实施的欧盟《关于管辖权和承认与执行民商事判决的第1215号法律》所取代。

一方则被认为是处于弱势地位的一方,而“管辖权规则应保护弱方,应比普通规则更倾向弱方利益”①。但在本案判决之时,内地法律以及司法解释均未针对非对称管辖协议的效力认定作出明确规定。直至2021年12月31日最高人民法院发布《全国法院涉外商事海事审判工作座谈会会议纪要》,才首次规定非对称管辖协议涉及消费者、劳动者权益的无效。

(二)非对称管辖协议的排他性认定

根据原告恒生银行与担保人林某某约定的非对称管辖协议,林某某只能在香港特别行政区法院提起诉讼,故对于林某某而言,非对称管辖协议具有排他性自不待言。争议在于,对于享有选择权的原告恒生银行,非对称管辖协议是否具有排他性。

因不同法域的法院对于意思表示的解释或是探求当事人真意的方法存在不同,对于同一管辖协议是否具有排他性可能得出不同的结论。例如,若管辖协议明确约定由一国法院管辖,但未约定该管辖协议为非排他性管辖协议的,内地司法实务中推定该管辖协议为排他性管辖协议,②但类似条款在我国香港特别行政区法院有判例将其认定为非排他性管辖协议。③ 对于非对称管辖协议是否具有排他性,我国香港特别行政区高等法院于2020年3月4日在中国工商银行(亚洲)有限公司[Industrial and Commercial Bank of China (Asia) Limited]诉高慧国际有限公司(Wisdom Top International Limited)[2020] HKCFI 322一案中作出了认定。法院认为,如果债务人是提起诉讼的原告,债务人只能依照合同在我国香港特别行政区法院提起诉讼,则本案的管辖权条款属于一项排除其他司法管辖区域的“选用香港法院的协议”;如果债权人是提起诉讼的原告,债权人既可在香港提起诉讼,也可选择在其他司法管辖区提起诉讼,则本案的管辖权条款不属于一项排除其他司法管辖区域的“选用香港法院的协议”。故最终香港特别行政区高等法院裁定,该案的非对称管辖协议不符合最高人民法院《关于内地与香港

① 2015年实施的欧盟《关于管辖权和承认与执行民商事判决的第1215号法律》序言之“鉴于”部分之第(18)项和第(19)项。

② 此审判思路可见“国泰世华商业银行股份有限公司与高超保证合同纠纷案”,最高人民法院(2017)最高法民申4205号民事判决书。最高人民法院2021年12月31日发布的《全国法院涉外商事海事审判工作座谈会会议纪要》第1条对此予以明确规定。

③ 参见张利民:《非排他性管辖协议探析》,载《政法论坛》2014年第5期。

特别行政区法院相互认可和执行当事人协议管辖的民商事案件判决的安排》(法释〔2008〕9 号)中关于我国香港特别行政区法院排他性管辖的要求,从而债权人不得申请我国香港特别行政区法院出具相应证明文件用以在内地法院申请香港特别行政区法院判决的认可和执行。[①]

非对称管辖协议是否具有排他性,涉及协议的解释问题,应当依据法院地法进行审查。目前内地法院对于该问题的观点不尽一致。有观点认为,非对称性管辖协议在债权人选择起诉法院后,被选择法院享有排他性管辖权,[②]即认为非对称管辖协议属于特殊的排他性管辖条款。笔者认为,对于原告恒生银行提起的诉讼,非对称管辖协议为非排他性管辖条款,我国香港特别行政区法院对于案件的管辖不具有排他性。首先,从非对称管辖协议的文义考察,其明确约定"不得阻止贷款人向其他有管辖权的法院同时提起与争议相关的诉讼。在法律允许的范围内,贷款人可在任何司法管辖区同时提起诉讼",对此应当尊重当事人的意思表示。其次,从条款订立目的考察,其是为了保证原告恒生银行在林某某不能履行债务时直接向其财产所在地法院提起诉讼,在林某某财产位于不同司法管辖区时,允许原告恒生银行同时提起诉讼更符合当事人真意。最后,非对称管辖协议旨在最大限度地降低不能强制执行债务的风险。由于我国香港特别行政区法院不认可非对称管辖协议在有选择权的主体提起的诉讼中具有排他性,原告恒生银行在我国香港特别行政区法院获得的判决不能在内地法院申请认可和执行。在此情形下若内地法院认为我国香港特别行政区法院对于原告恒生银行提起的诉讼有专属管辖权,将导致原告恒生银行债权难以实现。[③]

---

① 《关于内地与香港特别行政区法院相互认可和执行当事人协议管辖的民商事案件判决的安排》规定,内地人民法院和香港特别行政区法院在具有书面管辖协议的民商事案件中作出的须支付款项的具有执行力的终审判决,当事人可以根据该安排向内地人民法院或者香港特别行政区法院申请认可和执行。其中第 3 条明确规定,书面管辖协议是指"以书面形式明确约定内地人民法院或者香港特别行政区法院具有唯一管辖权的协议",即排他性管辖协议。香港特别行政区高等法院《内地判决(交互强制执行)条例》(《香港法例》第 597 章)规定,根据香港特别行政区法院作出的生效判决向内地法院申请执行,申请人须向香港特别行政区法院申请出具经核证的香港判决文本及香港特别行政区判决的证明书。该条例第 3(1)条规定,香港特别行政区法院出具以上证明文件的条件之一,即该管辖协议必须包含一项"选用香港法院协议",而其他司法管辖区的法院无权处理该等争议。

② 参见福建省高级人民法院民事裁定书,(2020)闽民辖终 114 号。

③ 2019 年 1 月最高人民法院与香港特别行政区政府签署的《关于内地与香港特别行政区法院相互认可和执行民商事案件判决的安排》不再有排他性司法管辖权协议的要求,目前该安排尚未生效。

(三)平行诉讼的处理

前述已论及,对于原告恒生银行提起的诉讼,非对称管辖协议不具有排他性。原告恒生银行已在我国香港特别行政区法院就其与林某某间保证合同纠纷取得缺席判决,该事实是否影响内地法院管辖权以及内地法院是否行使管辖权,涉及平行诉讼的处理。

“平行诉讼”(parallel proceedings)又称为“未决诉讼”(lis pendens),是指相同当事人就同一争议基于相同事实或相同目的在两个以上法域的法院提起诉讼而产生的一种多重诉讼现象。[①] 平行诉讼具体可分为重复诉讼(repetitive suits)和对抗诉讼(reactive suits)。前者指原告在一国法院起诉后,又针对同一被告就同一争议向另一法域有管辖权的法院再次起诉;后者则是指前一个诉讼的被告依据同一诉讼事实以前一个诉讼的原告为被告而向其他有管辖权的法院提起诉讼。[②] 本案中恒生银行就其与林某某之间纠纷既在我国香港特别行政区法院进行诉讼,又向内地法院提起诉讼,即属于重复诉讼。

对于平行诉讼情形的处理,各国主要是通过国际条约、先诉法院优先原则[③]、不方便法院原则、禁诉令等方法予以解决。[④] 首先,我国与其他国家缔结的双边国际条约中大都没有规定如何解决彼此间的平行诉讼问题,只是对平行诉讼情况下判决的承认与执行问题作了规定。其次,在立法上,根据《民诉法解释》第 531 条的规定,除非域外法院裁判已获内地法院承认(包括内地法院已受理当事人申请承认和执行域外法院判决),否则就平行诉讼应坚持内地法院管辖权,即我国并未将《民事诉讼法》第 36 条的“先诉法院优先原则”运用到涉外案件中。

---

① 参见肖凯:《国际民事诉讼中未决诉讼问题比较研究》,载中国国际私法学会主办:《中国国际私法与比较法年刊》第 4 卷,法律出版社 2002 年版,第 469 页;杜涛:《国际私法原理》,复旦大学出版社 2018 年版,第 78 页。

② 肖凯:《国际民事诉讼中未决诉讼问题比较研究》,载中国国际私法学会主办:《中国国际私法与比较法年刊》第 4 卷,法律出版社 2002 年版,第 474 页。

③ 先诉法院优先原则(first-filed rule)是指同一案件在其他法域的法院已经被受理的情况下,如果当事人又到本法域的法院提起诉讼,此时本法域的法院应在某些条件下中止本法院的诉讼,等待域外法院的判决结果。参见杜涛:《国际私法原理》,复旦大学出版社 2018 年版,第 80 页。

④ 参见杜涛:《国际私法原理》,复旦大学出版社 2018 年版,第 78 ~ 83 页;湖北省高院民事庭:《涉外民事诉讼管辖权问题研究》,武汉大学出版社 2008 年版,第 253 ~ 277 页;肖凯:《国际民事诉讼中未决诉讼问题比较研究》,载中国国际私法学会主办:《中国国际私法与比较法年刊》第 4 卷,法律出版社 2002 年版。

最后,虽然内地法院就平行诉讼享有管辖权,但内地法院是否受理,还要根据案件具体情况裁量决定,其中最重要的是考虑案件是否存在不方便管辖的因素。对此,应对照《民诉法解释》第530条规定予以审查。

本案中,虽然非对称管辖协议约定"以香港特别行政区法院作为解决双方争议的最合适和最便利的法院",但考虑到诉讼时林某某位于内地,其可供扣押财产所在地也位于内地,而原告恒生银行在我国香港特别行政区取得的针对林某某的判决尚不能在内地法院申请认可和执行,内地法院积极行使管辖权有利于保障当事人权益。

二、跨境担保合同效力认定

本案中内地公司天盛仓储公司的法定代表人张某某向香港特别行政区注册公司恒生银行出具担保函,由天盛仓储公司为债务人南浦公司案涉债务提供担保,担保函中约定适用香港法,原告恒生银行依据香港法要求天盛仓储公司承担担保责任。认定该担保函的效力所涉法律适用问题包括:(1)公司代表人对外签订的担保合同是否对公司发生效力;(2)公司代表人对外签订的合同本身是否有效。对于该两方面争议问题应当在确定准据法的基础上分别予以分析。

(一)跨境担保合同是否约束公司之审查

公司代表人对外签订的担保合同对公司是否发生效力,需先判定代表人是否有权对外签订合同,若公司代表人超越权限,则须进一步判定该越权行为是否对公司发生效力。

1. 公司代表人权限认定之准据法

对于公司代表人①是否有权代表公司对外签订合同的准据法认定,司法实务中大致包括三种观点:一是法人属人法,认为该事项属于公司的行为能力问题,应适用《涉外民事关系法律适用法》第14条第1款"法人及其分支机构的民事权

① 此处的公司代表人并非一定为内地公司的"法定代表人",而是根据法律或在公司章程的范围内行使职权的人,如在香港特别行政区注册成立的公司,依据香港特别行政区《公司条例》可对外代表公司行为的人为授权董事,并无法定代表人之职务。

利能力、民事行为能力、组织机构、股东权利义务等事项,适用登记法法律”之规定;①二是代理行为地法,认为该事项属于代理问题,应适用《涉外民事关系法律适用法》第16条第1款“代理适用代理行为地法律”之规定;②三是适用合同准据法,认为不应将公司代表人代表权限问题与合同效力问题予以分割并适用不同的准据法予以认定,而应一体适用合同准据法。③

笔者认为,根据最高人民法院《关于适用〈中华人民共和国涉外民事关系法律适用法〉若干问题的解释(一)》(法释〔2020〕18号)第11条之规定,对不同的法律关系应分别确定准据法。公司代表人是否有权对外签订合同涉及公司与公司代表人之间的法律关系,而代表人对外签订的合同本身是否有效涉及合同双方当事人之间的法律关系,认为前者应一体适用后者准据法的观点不宜采纳。至于公司代表人是否有权对外签订合同应适用《涉外民事关系法律适用法》第14条第1款,抑或第16条第1款的规定,需对该两条冲突规范中的术语及含义进行解释,进而确定其各自的适用范围。

第一,《涉外民事关系法律适用法》第16条第1款的适用范围。关于公司与其代表人关系的法律性质,理论上存在代理说与代表说两种理论。前者以法人拟制说为基础,认为权利义务应以自然人为限,公司法人为法律拟制的主体,无自然人的意思能力和行为能力,其对外行为须通过代表人实施;后者以法人实在说为基础,认为法人作为社会有机体,有其团体意思,代表人即为法人的机关,二者是不可分割的整体。④ 采纳不同的定性则会导致所识别冲突规范的不同。从我国立法规定来看,实证法采纳的是法人实在说中的组织体说而支持“代表说”。⑤ 故《涉外民事关系法律适用法》第16条第1款中的“代理”并不包括公司

---

① 如信年发展有限公司与湖南省进出口集团有限公司广州有限公司协议纠纷案,最高人民法院(2014)民四终字第35号民事判决书。

② 如徐某等诉金凤熨金印刷公司民间借贷纠纷案,广东省高级人民法院(2016)粤民申1424号民事判决书。

③ 如“宏智实业股份有限公司诉陈某榆公司股权转让纠纷再审案”中所载该案二审判决理由,见湖北省高级人民法院(2014)鄂民监三再字第9号民事判决书。又如德清升华小额贷款股份有限公司与杭品生活科技股份有限公司借款合同纠纷案,浙江省高级人民法院(2020)浙民终291号民事判决书。

④ 参见[德]卡尔·拉伦茨:《德国民法通论》(上册),王晓晔等译,法律出版社2003年版,第179页以下。

⑤ 参见迟颖:《法定代表人越权行为的效力与责任承担——〈民法典〉第61条第2、3款解释论》,载《清华法学》2021年第4期。

与其代表人之间的关系。此外,从比较法角度看,该条借鉴了 1978 年海牙国际私法会议订立的《代理法律适用公约》,[①]该公约第 3 条明确约定"公司、社团、合伙或其他不论是否具有法人资格的实体的机关、经理或合伙人,只要其行为是根据法律或该实体的章程的范围内行使职权的,均不应视为该实体的代理人",即公约适用排除了机关代理情形。据此,从立法本意以及比较法角度考量,《涉外民事关系法律适用法》第 16 条第 1 款的适用范围应限于"意定代理"情形。

第二,《涉外民事关系法律适用法》第 14 条第 1 款的适用范围。1988 年最高人民法院发布的《关于贯彻执行〈中华人民共和国民法通则〉若干问题的意见(试行)》[法(办)发〔1988〕6 号,已失效]第 184 条仅规定法人民事行为能力适用法人属人法,而《涉外民事关系法律适用法》则扩大了法人属人法的适用范围,列举了"权利能力、行为能力、组织机构、股东的权利义务"事项,并以"等事项"进行兜底,适应了国际私法立法中扩大法人属人法适用范围的趋势,[②]但该条所列举事项具有抽象性和概括性,特别是公司"行为能力"的内涵一直模糊不清,公司代表人权限问题是否属于公司行为能力范畴存疑。故需通过对列举事项所具有的相同法律性质予以概括以确定"等事项"的外延,进而明确该条的适用范围。

笔者认为,法人内部事务均可属于《涉外民事关系法律适用法》第 14 条第 1 款的适用范围,理由如下:首先,从该款列举的事项来看,均与法人的主体资格相关或为法人的内部事务,如法人的权利能力和行为能力与法人的主体资格密切相关,法人的组织机构以及股东的权利义务则均系公司内部管理问题。其次,从域外私法立法例来看,法人属人法可适用于与法人主体资格有关的问题以及法人的内部关系,主要包括法人的主体资格、法人的人格权、法人的组织机构和内部治理问题、法人的股东权利义务问题及其他问题(如法人的组织章程的变更、

---

① 参见万鄂湘主编:《〈中华人民共和国涉外民事关系法律适用法〉条文理解与适用》,中国法制出版社 2011 年版,第 126 页以下;黄进、姜茹娇主编:《〈中华人民共和国涉外民事关系法律适用法〉释义与分析》,法律出版社 2011 年版,第 82 页以下。海牙国际私法会议于 1978 年订立的《代理法律适用公约》是迄今为止国际上仅有的一个对代理法律适用问题作了比较全面和合理规定的国际公约。

② 参见最高人民法院民事审判第四庭编著:《中华人民共和国涉外民事关系法律适用法条文理解与适用》,中国法制出版社 2011 年版,第 112 页。

法人对第三人的责任问题)。[①] 其中,法人的内部治理问题包括法人决策机构的选择方式、管理权限及行使权力的方式,董事及其他职员的权利和责任,法人与其股东或董事、监事与股东之间的关系等,以及法人代表人由哪些人担任、法人代表人对外代表企业从事民事活动的权限以及法人代表人超出法人授权范围的行为的责任承担等问题。[②] 最后,根据最高人民法院相关释义,该条使用"等事项"的用语意在赋予法院进一步扩大法人属人法适用范围的裁量权。[③] 故虽条文未明确指出"等事项"的法律性质,但可推导出法人内部事务均可属于《涉外民事关系法律适用法》第14条第1款的适用范围,包括法人代表人的权限认定。

总之,内地法中,公司与其法定代表人为代表关系,故不应适用《涉外民事关系法律适用法》第16条第1款关于代理关系的冲突规范;法人代表人的权限认定属于法人内部事务,应根据《涉外民事关系法律适用法》第14条第1款的规定适用法人属人法。

2. 公司代表人越权行为效力归属之准据法

虽然公司代表人是否具有某一对外行为的权限属于公司内部事务,但当代表人对外为该行为并与第三人交易时,该行为能否约束公司,则又涉及交易安全的范畴。对于应适用何种准据法认定公司代表人越权行为的效力归属,理论界有不同观点,主要分歧在于将公司代表人越权行为效力归属问题识别为《涉外民事关系法律适用法》项下的"代理"还是"合同"争议。也有学者另辟蹊径提出新

---

① 杜涛:《国际私法原理》,复旦大学出版社2018年版,第147~149页。如《瑞士联邦国际私法》第155条规定:"除第156~161条外,适用于公司问题的法律……可以适用于下述事项:(1)公司的法律性质;(2)公司的设立和撤销;(3)公司的权利能力和行为能力;(4)公司的名称和字号;(5)公司的组织机构;(6)公司内部的关系如公司与成员的关系;(7)违反公司法规所应承担的责任;(8)公司债务;(9)为公司进行活动的人员的代表权限。"引自李双元、欧福永、熊志才编:《国际私法教学参考资料选编(上册)》,北京大学出版社2002年版,第131页。

② 参见杜涛:《国际私法原理》,复旦大学出版社2018年版,第149页;最高人民法院民事审判第四庭编著:《中华人民共和国涉外民事关系法律适用法条文理解与适用》,中国法制出版社2011年版,第111页;邢钢:《涉外公司法律适用的司法实践考察与法理分析》,载《法学论坛》2019年第3期。

③ 参见最高人民法院民事审判第四庭编著:《中华人民共和国涉外民事关系法律适用法条文理解与适用》,中国法制出版社2011年版,第112页。

的观点，如认为法人代表人越权行为效力的认定虽是基于代理法律框架，[①]但该种"代理"的冲突规范并非《涉外民事关系法律适用法》第16条第1款，而应类推适用《涉外民事关系法律适用法》第12条第2款关于自然人行为能力的冲突规则，[②]由此达到"当事人利益"与"交往利益"的平衡保护。对于该问题，司法实践中也存在很大争议，有适用登记地法、代理行为地法、合同准据法等不同观点。值得关注的是，最高人民法院于2021年12月31日发布的《全国法院涉外商事海事审判工作座谈会会议纪要》第28条第2款规定，"公司章程或者公司权力机构对董事代表权的限制，不得对抗善意相对人，但登记国法律另有规定的除外"，对于该条的理解与适用尚有待在实践中进一步研讨。

3. 本案的具体分析

本案中，天盛仓储公司系内地公司，故应根据《公司法》等法律审查公司法定代表人张某某是否有权代表公司出具担保函。根据《公司法》规定，对外担保并非法定代表人有权单独决定事项，需履行内部决议程序。而天盛仓储公司为一人公司，只有1名股东，无法根据《公司法》第16条第2款的规定召开股东会对担保事项作出决议，亦不受该条第3款回避表决之限制。张某某是否有权出具担保函应根据该担保是否得到股东同意来认定。根据恒生银行提交的证据，天盛仓储公司的股东南浦公司已签章同意其提供担保，故张某某出具担保函的行为对天盛仓储公司发生效力。因本案不涉及越权代表行为后果归属争议，在此不予分析。

---

① 机关代理是德国学理上的类型，我国法律称此类代理人为"法定代表人"，民法主流意见认为代表制度与代理制度相异，但立法上对于代表人对外行为效力的认定，又基本上是在代理法的框架下展开。参见王军：《中国公司法》（第2版），高等教育出版社2017年版，第294页以下；朱广新：《法定代表人的越权代表行为》，载《中外法学》2012年第3期；王泽鉴：《民法总则》，台北，新学林出版股份有限公司2014年版，第492页。另外，国际私法不独是面对本国民商法实践，不仅是德国，英、美、日等多数国家也是采纳代理制度来说明法人代表的对外行为效力。参见朱广新：《法定代表人的越权代表行为》，载《中外法学》2012年第3期。转引自林强：《涉外代理关系准据法的确定》，载《法学研究》2020年第6期。

② 该观点系参照德国学界观点，即原则上优先保护法人在国际私法上的"当事人利益"，适用其公司属人法任命法定代表人并确定其权限。当代表人依照公司属人法不具有代理权限，第三人对此不知或不应知悉，而依据行为地法善意地认为其有代表公司的权限时，为了保护第三人的交易安全，类推适用《德国民法典》施行法第12条第1句（或《罗马规则Ⅰ》第13条）之规定，此时准据法应为合同缔结地法，机关代理人不得援引公司属人法的规定主张自己无代表权限。参见林强：《涉外代理关系准据法的确定》，载《法学研究》2020年第2期。

(二)跨境担保合同效力之审查

1. 准据法的确定

跨境担保合同本身的争议,包括合同的订立、效力、履行、变更和转让、终止以及违约责任等争议应根据合同准据法予以认定。本案中天盛仓储公司为南浦公司债务向恒生银行提供担保,属于跨境担保中的内保外贷,但并未按照规定办理登记手续,该情形下可否适用双方约定的香港法作为合同准据法,需根据《涉外民事关系法律适用法》第4条、第5条之规定予以审查。

《涉外民事关系法律适用法》第4条规定,中华人民共和国法律对涉外民事关系有强制性规定的,直接适用该强制性规定。强制性规定旨在保护本国经济秩序或对某类利益进行特殊保护,故当事人不能通过约定排除适用,法院在案件审理中应当直接适用。根据最高人民法院《关于适用〈中华人民共和国涉外民事关系法律适用法〉若干问题的解释(一)》第8条之规定,"涉及外汇管制等金融安全的法律、行政法规"属于强制性规定。该司法解释出台前,法院曾受理大量内地担保人对外提供外汇担保纠纷案件,担保合同中约定适用域外法,因当时法律法规明确规定,外债及对外担保必须报经外汇管理部门审批,故内地法院最终均未适用当事人选择的法律,而是适用内地法律认定担保合同无效。① 因案件论证过程缺乏坚实的基础而面临较多质疑。② 为妥善解决该问题,前述司法解释明确规定涉及外汇管制等金融安全的法律法规属于我国法律的强制性规定,应当直接适用。③

随着我国经济体量和国际资本流动规模的增大,实行人民币资本项目自由兑换成为外汇体制改革的目标,2014年外汇管理局发布的《跨境担保外汇管理规定》取消了跨境担保合同的登记生效要件。该规定第29条明确规定:"外汇局对跨境担保合同的核准、登记或备案情况以及本规定明确的其他管理事项与管理要求,不构成跨境担保合同的生效要件。"在国家外汇管理局有关负责人就《跨境担保外汇管理规定》答记者问中,国家外汇管理局也再次强调:"充分尊重上位

---

① 最高人民法院《关于适用〈中华人民共和国担保法〉若干问题的解释》(法释〔2000〕44号,已失效)第6条规定对外担保未经有关国家有关主管部门批准或登记无效。

② 有的法院以公共秩序保留为由排除域外法适用,有的法院认为当事人的选择属于法律规避行为,这两种做法均遭受批评。

③ 参见高晓力:《最高人民法院〈关于适用《中华人民共和国涉外民事关系法律适用法》若干问题的解释(一)〉解读》,载《法律适用》2013年第3期。

法、国际惯例和市场需求，将外汇管理与跨境担保交易合同的有效性判定脱钩。外汇局基于国际收支统计法定职责的汇兑登记，在目的和效力上均不同于行业主管部门的确认登记，不作为担保生效或对抗第三人的要件。”随着《民法典》及配套有关担保制度的司法解释的出台，有关对外担保须经国家有关主管部门批准或登记的特别规定均已取消。

在此背景下，对于未经登记等手续的跨境担保是否还属于《涉外民事关系法律适用法》第4条规定的有强制性规定而不能适用域外法的情形，司法实践中仍存有争议。[①] 笔者认为，首先，对外担保所涉“外汇管制等金融安全”主要体现于对合同效力的认定，而并不涉及对外担保合同关系中的其他方面，故对于不涉及效力认定的其他争议仍应根据冲突规范确定的准据法予以调整。其次，虽然担保人签订跨境担保合同后应履行相应的核准、登记或备案手续，但并不影响合同的效力认定。在现行法律法规已取消跨境担保的登记生效要件的背景下，对于未经登记等手续的跨境担保合同已无直接适用内地法审查其效力之必要。据此，本案认定跨境担保不属于因有强制性规定而不能适用域外法之情形。

根据《涉外民事关系法律适用法》第5条规定，域外法可否适用还应审查其适用是否会损害我国社会公共利益。本案适用香港法作为跨境担保合同纠纷的准据法，不会导致违反我国重大利益、基本政策或者道德基本观念等后果。据此，法院确定以香港法作为审查跨境担保合同争议的准据法。

2. 香港法的适用

根据前述，应适用香港法审查“天盛仓储公司担保函”的效力。为此，法院结合香港国际律师事务所提供的法律意见书，并通过多种途径查明香港法的相关法条与判例。[②]

---

① 例如，香港上海汇丰银行有限公司与河北四方通信设备有限公司金融借款合同纠纷案中，法院认为，《中华人民共和国外汇管理条例》及《跨境担保外汇管理规定》第5条、第6条、第9条的规定属于我国法律中的强制性规定，根据《涉外民事关系法律适用法》第4条规定应直接适用。故虽双方约定适用香港法，但法院适用内地法审理担保事项，先根据《跨境担保外汇管理规定》认定案涉担保有效，后根据内地法认定担保人是否应承担担保责任以及担保责任范围。参见河北省高级人民法院民事判决书，(2017)冀民初17号。

② 对此，有必要先了解香港特别行政区的法律渊源，《中华人民共和国香港特别行政区基本法》规定香港原有法律除与《中华人民共和国香港特别行政区基本法》相抵触外，均予保留，即保留普通法体系。除《中华人民共和国香港特别行政区基本法》外，香港法的法律渊源有成文法、判例法(包括普通法、衡平法)、习惯法。

香港法下,合同有效成立须具备的要素包括:(1)订立协议,即有两个或两个以上的当事人通过要约(offer)与接受要约(acceptance)达成一个确定无疑及完全的协议;(2)对价(consideration);(3)产生法律关系的意图。[①] 内地与香港特别行政区合同成立的大多数要素是相同或类似的,但值得注意的是“对价”是普通法系合同法特有的概念。所谓对价,是“为得到另一方承诺……所作出的行为或不行使权利(forbearance)”[②]。若为了避免关于是否具有对价的争议,协议各方可采用契据(deed)形式确立关系。香港法下,如果契据妥为签立,其与合同一样对订约各方有约束力,契据各方不需要就契据提供任何对价。[③] 但契据必须符合一定的形式要求,如其必须为书面形式,需注明是“作为契据签署、盖章和交付”(signed, sealed and delivered as a deed)。此外,下列事由也可能导致合同或契据无效或可使无效:[④]失实陈述[⑤](misrepresentation)、错误[⑥](mistake)、胁迫(duress)、不当影响[⑦](undue influence)、违法(illegality)、无行为能力(incapacity)。

本案中,“天盛仓储公司担保函”系以书面契据的方式订立,尾部载明“本保函按契据形式由各担保人于某日签署并交付”(In witness whereof this Guarantee has been executed and delivered as a deed by the Guarantors on ×××),符合形式要求,也不涉及关于有无对价的争议。关于天盛仓储公司行为能力问题,前述业已论及,因该事项涉及法人内部事务,故适用法人登记地法即内地法予以审查。

---

① 参见陈弘毅、张增平、陈文敏、李雪菁合编:《香港法概论》(第3版),三联书店(香港)有限公司2015年版,第243页;罗敏威:《香港合约法》(增订版),中华书局(香港)有限公司2018年版,第7~8页。

② See Dunlop Pneumatic Tyre Company, Limited v. Selfridge and Company, Limited [1915] AC 847, p.855. 转引自罗敏威:《香港合约法》(增订版),中华书局(香港)有限公司2018年版,第83页。

③ See *Milroy v. Lord* (1862) 4 De G F & J 264; Tung Kun Sheng v. Chow Oi Lin [1996] 4 HKC 734.

④ 无效,是指自始无效(void ab initio),可使无效(voidable)是指合约并不是开始便无效,只是立约一方有权撤销(rescind)合约。参见陈弘毅、张增平、陈文敏、李雪菁合编:《香港法概论》(第3版),三联书店(香港)有限公司2015年版,第269页。

⑤ 失实陈述,指立约一方在立约前或立约时,就某些现存或过去事实,向另一方所作出的陈述失实,而该陈述是导致另一方订立合约的关键原因之一。参见陈弘毅、张增平、陈文敏、李雪菁合编:《香港法概论》(第3版),三联书店(香港)有限公司2015年版,第269页。

⑥ 错误,须关乎合约各方的身份,在合约订立日合约标的是否存在或合约标的的品质。See Bell v. Lever Brothers, Limited [1932] AC 161, p.217.

⑦ 不当影响为衡平法概念,指一方对另一方存在着信任或依赖,但另一方却不公允地运用其对一方的影响而与一方订立合约。与胁迫不同的是,胁迫一般涉及非法手段。参见罗敏威:《香港合约法》(增订版),中华书局(香港)有限公司2018年版,第273页。

关于其他无效要件,经审查,无任何主张或证据显示存在恒生银行向天盛仓储公司作失实陈述导致其签署担保函,或天盛仓储公司受到不当影响或威胁,或天盛仓储公司存在错误理解等可能影响担保函约束力之情形,故法院认定"天盛仓储公司担保函"有效。

三、跨境担保中担保责任的认定

(一)香港法下担保责任的承担方式

香港法下涉及担保的相关制度安排不同于内地法律,特别是有关担保责任的承担形式。香港法下,人保被分为两大类,即保证合同(contract of guarantee)及补偿合同(contract of indemnity)。前者,债务人承担首要责任(primary liability),而担保人承担次级责任(secondary liability);[①]后者,担保人保证受诺人利益不受损,一旦受诺人受到损失,担保人即予以补偿,即使债权人并没有追索或起诉主债务人,甚至在主债务可能无效或债权人解除债务人责任时,担保人仍须承担补偿责任。[②] 实践中,我国香港特别行政区法院须审查文件约定的具体条款以查明担保人提供的为何种担保责任,即是仅有次级责任,还是补偿责任(或称作为主债务人的责任)。如果担保人作出了独立于主债务人责任的承诺,则债权人无须证明借款人已违反其还款责任。

香港法下担保责任承担方式还有如下分类:共同的(joint)、个别的(several)、共同及个别的(joint and several)责任。共同的责任,即各担保人共同向同一人承诺作同一件事,仅有一项义务;个别的责任,即各担保人分别向同一人作承诺,有两项累计的义务;共同及个别的责任,即各担保人共同及分别承诺向同一人做同一件事,有一项连带义务及两项个别义务,其与个别的责任的区别在于后者不产生累计的义务。[③]

根据"天盛仓储公司担保函"的约定,天盛仓储公司向恒生银行提供的是独

---

① 担保责任的性质在普通法下一般被视为次级责任。在借款人未违反其作为主债务人的还款责任时,债权人一般而言无法向担保人提出起诉或主张。参见英国案例 Moschi v. Lep Air Services Ltd. and Other Respondents [1973] AC 331。

② 参见何美欢:《香港担保法》(上册),北京大学出版社 1995 年版,第 32 页;平一:《香港保证担保法律制度介绍与适用》,载《中国城市金融》2010 年第 2 期。

③ 参见何美欢:《香港担保法》(上册),北京大学出版社 1995 年版,第 12 ~ 13 页。

立于主债务的补偿责任、共同及个别的责任,即恒生银行有权在不追索南浦公司的情况下径行要求天盛仓储公司履行偿还南浦公司欠款的义务。

(二)香港法下担保责任范围的审查

本案中须审查合同约定的利息及违约利息是否违反香港法的相关规定。从成文法来看,香港法第163章《放债人条例》的第24(1)条规定,任何人(不论是否是放债人)以超出年息60%的实际利率贷出款项或要约贷出款项,即属犯罪;第25条对于以超出年息48%的实际利率贷出的款项,授权香港特别行政区法院在顾及所有情况后,根据交易双方均获公平对待的原则,就该交易的条款或交易双方的权利作出适当的命令或给予其认为适当的指示。《放债人条例》第3(a)条明确该条例不适用于《银行业条例》(香港法第155章)所指的认可机构,银行即在其列。但虽如此,银行亦不得向客户收取过高贷款利率的利息。一方面,在香港法下,任何条款不得构成罚金条款,即向合约一方施加与未违约一方的正当利益不合比例的负担,且该条款不得纯粹以惩罚为目的,否则该条款均被视为无效。① 虽然我国香港特别行政区银行可自由确定收取的利率,但我国香港特别行政区法院曾就银行酌情厘定权的行使作出判例,认为银行行使全权酌情权时必须"诚实、真诚地行使,但不能任意,反复无常或不合理地行使"(must be exercised honestly and in good faith but not arbitrarily, capriciously or unreasonably)。② 另一方面,香港特别行政区银行公会发布的《银行营运守则》(2015年2月)第12.3条建议银行收取款项的年化利率不应超过《放债人条例》所定的法定上限。

本案中恒生银行依据授信函主张的循环贷款利率为香港特别行政区银行同业拆借利率加年利率2.25%,就该贷款未主张复利及逾期利息;依据贷款协议主张定期贷款利率为我国香港特别行政区银行同业拆借利率加年利率3.5%,逾期利息的利率为期内利率加年利率3.5%。上述利息以及逾期利息的利率均未超出《放债人条例》规定的上限,也不构成惩罚性条款,故法院予以支持。

---

① 该原则于香港案例 ReHsin Chong Construction Co. Ltd.[2020] 1 HKC 151 一案中明确说明。香港高等法院上诉法庭曾针对性地考虑逾期利息是否构成罚金条款,并说明除非逾期利息在相关案例的事实下属于"奢侈、过分高昂或不合情理"(extravagant, exorbitant or unconscionable)的,否则该逾期利息条款不属于罚金条款。See Bank of China (Hong Kong) Ltd. v. Eddy Technology Co. Ltd. & Ors.[2019] 5 HKC 496. 该案中逾期利息的计息方式为银行不时颁布的港元最优惠利率加6厘。

② See Societe Generale Bank & Trust Hong Kong Branch v. Mike Panjwani [2010] HKCU 2564.

(三)公司破产对于担保责任范围的影响

因天盛仓储公司在案件受理后进入破产清算程序,因此本案还涉及破产债权的法律适用问题。各国对于破产债权的范围和顺位等均有不同规定,依照不同国家的法律处理破产债权无疑会对当事人的利益产生巨大影响。对于该问题,国际上存在两种观点,一种是主张应当适用支配债权的准据法。另一种主张适用法院地法,其中适用法院地法的观点为主流观点。笔者认为,一方面,破产程序开始前,针对债务人的债权仍应当受其本身准据法支配,故对于恒生银行债权的有效性及债权的金额应依据香港法予以认定;另一方面,破产涉及法人的民事权利能力、民事行为能力,且被告天盛仓储公司已在内地法院进入破产程序,应根据内地破产法确定原告恒生银行破产债权的范围以及破产财产的分配顺序等事项。故认定原告恒生银行可向被告天盛仓储公司主张的利息及逾期利息应自天盛仓储公司破产申请受理时起停止计算。

管理人的实控人参与推销、管理私募基金造成投资者损失的责任承担①

——钜洲资产管理(上海)有限公司、上海钜派投资集团有限公司与周某某私募基金纠纷案

葛　翔*　阮申正**

【裁判要旨】

私募基金管理人的实控人向投资者推销私募基金,并有证据证明构成实质代销关系的,实控人负有告知说明义务和适当性义务。管理人在投资管理过程中未体现专业独立性,而由实控人实际管理运作基金,未尽忠诚勤勉义务造成投资者损失的,管理人及其实控人因违反监管规则和信义义务,应当承担连带赔偿责任。基金投资损失的认定应以清算为原则,但基金未投向约定标的,管理人亦未控制任何基金资产且资产追回期限不可预见,造成清算无法进行的,可以认定投资者损失已经固定。投资者诉请解除私募基金合同并返还投资成本,解除合同条件虽不成立,但管理人等主体应当承担赔偿责任的,人民法院可在投资者诉请的范围内判决责任主体赔偿实际损失。

【案号】

一审:上海市浦东新区人民法院(2020)沪0115民初2780号

---

① 本案入选2021年度上海法院百例精品案例、上海金融法院2021年度十大典型案例。

* 法学博士,上海金融法院综合审判三庭审判法官。

** 法学硕士,上海金融法院综合审判三庭法官助理。

二审：上海金融法院(2021)沪74民终375号

【案情】

上诉人(原审被告)：钜洲资产管理(上海)有限公司(以下简称钜洲资管)

上诉人(原审被告)：上海钜派投资集团有限公司(以下简称钜派集团)

被上诉人(原审原告)：周某某

原审第三人：招商证券股份有限公司(以下简称招商证券)

2016年6月，钜洲资管成立"钜洲智能制造2018私募股权投资基金"并任基金管理人，由招商证券任基金托管人。《钜洲智能制造2018私募股权投资基金合同》(以下简称《私募基金合同》)载明，该基金由钜洲资管"直销"，"具有高收益、高风险的风险收益特征"，并约定，基金募集资金主要投资于由北京国投明安资本管理有限公司(以下简称国投明安)、广州汇垠澳丰股权投资基金管理有限公司(以下简称汇垠澳丰)作为普通合伙人发起设立的广州天河明安万斛投资合伙企业(有限合伙)(以下简称明安万斛)，该合伙企业成立的目的主要是对卓郎智能机械有限公司(上市公司)(以下简称卓郎智能)进行股权投资。

同月，钜洲资管的实控人钜派集团就前述基金进行推广，材料中载明明安万斛有国投明安和汇垠澳丰"双GP"(两大普通合伙人)保障等信息。经推介，周某某签署了载有"知晓项目所有风险""愿意自行承担投资风险"等内容的风险揭示书后，与钜洲资管、招商证券签订《私募基金合同》，并支付基金认购款3,000,000元，认购费30,000元。钜派集团直接向周某某出具"资金到账确认函"，载明"周某某于2016年6月20日，通过钜派投资推介，自愿认购了"钜洲智能制造2018私募股权投资基金""钜派投资会配合相关单位认真积极地为您做好该产品后续服务工作"等内容。

2016年6月至7月，招商证券根据钜洲资管的指令，从涉案私募基金托管专户向钜派集团的全资子公司上海钜派钰茂基金销售有限公司划付了销售服务费，向明安万斛划付230,006,400元资金。

2019年10月28日，钜洲资管发布"临时信息披露公告"称：明安万斛基金管理人国投明安及其实际控制人、法定代表人周某，通过伪造交易法律文件、投资款划款银行流水、投后管理报告、部分资金已到账的银行网页及视频，恶意挪用基金资产,并已于2019年10月20日失联,钜洲资管已向公安机关报案,北京市公安局朝阳分局经侦支队以涉嫌合同诈骗于2019年10月25日出具了受案回执。

2019年10月29日,案涉私募基金召开投资人电话会议,钜派集团经理在会议中介绍了"钜派的投后人员和产品经理去北京现场查阅了这份盖章版的代持协议""使得钜派相信项目在正常存续""钜派不断地找周某要求尽早还款""在钜派层面,9月25日发布了退出进展""2019年9月28日,钜派召集了全体投资人的电话会议""钜派目前正在全力推动刑事侦查程序"等相关情况。

另查明,2016年5月26日,国投明安、汇垠澳丰、钜洲资管共同签署合伙协议,成立明安万斛,约定:国投明安、汇垠澳丰为普通合伙人,钜洲资管为有限合伙人,由国投明安任执行事务合伙人并委派周某为代表,执行合伙事务。明安万斛的工商公示信息显示,截至2017年9月,汇垠澳丰、钜洲资管均未登记成为明安万斛合伙人;2017年12月14日,明安万斛合伙人由国投明安、深圳前海中明兴泰投资中心(有限合伙)、周某变更为国投明安、深圳前海中明兴泰投资中心(有限合伙)、钜洲资管,此后未再发生变更。

周某某追索投资无果,向一审法院起诉请求:(1)解除周某某与钜洲资管、招商证券签订的《私募基金合同》;(2)钜洲资管返还周某某基金投资款3,000,000元、认购费30,000元;(3)钜洲资管赔偿周某某自2016年6月21日起至判决生效之日止的资金占用损失;(4)钜派集团就钜洲资管的上述义务承担连带赔偿责任;(5)案件受理费、保全费由钜洲资管、钜派集团承担。

【审判】

一审法院认为,案涉私募基金已经依法成立,周某某成为案涉基金的基金份额持有人,仅投资收益未实现并不导致合同目的无法实现。故对周某某依据原《中华人民共和国合同法》(已失效)第94条第4项要求解除涉案基金合同的主张不予支持。但钜洲资管作为案涉私募基金管理人,违反法定、约定义务造成了周某某的损失:一是钜洲资管未能提供投资者风险测评等相关证据,仅凭周某某签署风险揭示书不足以证明钜洲资管在销售过程中妥善履行了投资者适当性义务;二是钜洲资管未核实国投明安的实际合伙人与《私募基金合同》约定不符,轻信国投明安的单方说辞,未查明上市公司卓郎智能的公示股东名单中并无明安万斛的事实,严重违反了管理人勤勉尽责管理财产的义务。故对周某某要求钜洲资管赔偿基金投资款损失3,000,000元、认购费损失30,000元及资金占用损失的诉讼请求,予以支持。而根据钜派集团出具的"资金到账确认函"、案涉私募基金销售服务费的支付情况、投资人电话会议记录等相关事实,足以认定钜派集团实质参与案涉私募基金的推介、销售、投资、管理,故钜派集团应承担连带赔偿责任。如判决后周某某在清算过程中获偿,该部分应在钜洲资管、钜派集团的赔偿金额中予以扣除。一审法院遂判决:(1)钜洲资管赔偿周某某基金投资款损失3,000,000元、认购费损失30,000元;(2)钜洲资产赔偿周某某截至2019年8月19日的资金占用损失450,924.66元,以及自2019年8月20日起至判决生效之日止的资金占用损失(以3,000,000元为基数,按全国银行间同业拆借中心公布的同期贷款市场报价利率计算);(3)钜派集团对上述第1、2项赔偿义务承担连带责任;(4)驳回周某某其余诉讼请求。

一审判决后,钜洲资管、钜派集团不服提起上诉,认为:(1)一审判决超出周某某解除合同、返还财产的诉讼请求范围;(2)案涉基金清算未完成,周某某的损失无法确定,且该损失系底层资产合伙企业执行事务合伙人诈骗导致,与钜洲资管的基金管理行为无关;(3)本案基金属于直销,钜派集团不应承担连带责任。请求撤销一审判决,驳回周某某全部诉请。

二审法院经审理认为,第一,解除合同与投资款、认购费的反向给付可以作为两项独立的诉讼请求,并附之以相应的法律事实。人民法院根据当事人诉辩和举证,在查明案件事实的基础上,结合当事人诉讼请求与所查明的案件事实,选择适当的判决基础,并不违背诉讼处分原则,亦避免重复诉讼,有利于减轻各方当事人讼累。一审判决基于各方当事人参与私募基金募集、投资、管理等事实,判决两上诉人承担相应的赔偿责任,并未超出当事人诉讼请求范围。第二,基金的清算结果是认定投资损失的重要依据而非唯一依据,有其他证据足以证明投资损失情况的,人民法院可以依法认定损失。根据《私募基金合同》,案涉基金的权益基础为明安万斛对卓郎智能的股权收益,现基金资产已被案外人恶意挪用,明安万斛未取得卓郎智能股权,犯罪嫌疑人亦未到案,合同约定的基金权益无实现可能。因基金资产已经脱离管理人控制,清算小组无法接管基金财产,基金清算处于停滞状态,也无证据表明存在可资清算的基金财产。如果坚持等待清算完成再确认当事人损失,不利于投资者权益保护。一审法院根据投资款、认购费、资金占用利息确定损失,并明确若周某某在后续清算过程中获得清偿,应予抵扣,符合损失填平原则,二审法院予以认可。第三,虽然《私募基金合同》仅由钜洲资管与周某某签署,但结合钜派集团出具的“资金到账确认函”、案涉私募基金销售服务费的支付情况、钜派集团对钜洲资管的实控关系等相关事实,钜派集团与钜洲资管构成实质意义上的代销关系。在系争基金的销售过程中,钜派集团、钜洲资管未根据《私募投资基金监督管理暂行办法》第16~17条充分评估投资者适当性。一审法院根据2017年《中华人民共和国民法总则》(以下简称《民法总则》)(现已失效)第167条判决钜派集团、钜洲资管承担连带责任,适用法律并无不当。在系争基金的运作、管理过程中,钜派集团、钜洲资管亦未切实履行管理人义务,在上市公司公示股东名单中并不包括明安万斛时,未向上市公司进行核实,也未查阅股份代持协议,在资金转账凭证截屏存在瑕疵的情况下,也未对转账真实性进行查证,由此导致基金财产被案外人侵占转移,其也应当承担相应责任。二审法院遂判决:驳回上诉,维持原判。

【评析】

近年来,私募投资基金发展迅速,截至2020年年底,在中国基金业协会(以下简称中基协)登记的私募基金管理人有2.46万家,备案私募基金有9.68万只,管理基金规模达到15.97万亿元。[①] 而因私募投资基金引发的争议也呈现增长趋势,尤其是在私募基金销售管理过程中,管理人未履行忠诚勤勉义务,且存在其他责任主体参与,共同造成投资者损失时,如何分配赔偿责任,以及基金未清算情况下如何确定损失固定,都存在一定争议。本案围绕责任分配、损失范围和请求基础等问题作出相应裁判,有一定的典型意义。

① 参见中国证券监督管理委员会:《〈关于加强私募投资基金监管的若干规定〉起草说明》,载中国证券监督管理委员会网,https://www.amac.org.cn//governmentrules/czxgf/gfxwj/gfxwj_smjj/gfxwj_smjj_zhl/202101/P020210111336995154068.pdf。

一、实控人推销、管理私募基金的责任

(一)实控人参与基金推销应当承担告知说明义务和适当性义务

本案中,根据原告的诉称和相关证据可以证明,上诉人钜派集团参与了基金的推介和销售,即实质性参与了基金的募集。而“募管权责不清”历来是私募基金监管的重点,2016年中基协发布的《私募投资基金募集行为管理办法》第23条、第24条就明确规定了私募基金募集推介过程中应告知投资者“私募基金管理人名称、私募基金管理人登记编码、基金管理团队等基本信息”,禁止“允许非本机构雇佣的人员进行私募基金推介;推介非本机构设立或负责募集的私募基金”。2021年证监会发布《关于加强私募投资基金监管的若干规定》(以下简称《加强基金监管规定》)中又进一步强调,“私募基金管理人的出资人、实际控制人、关联方不得从事私募基金募集宣传推介”。实控人等管理人关联主体进行私募基金募集,存在两方面问题:一方面,实控人等主体往往不具备基金从业或销售资格,不具备推介私募基金的相关资质。另一方面,实控人等主体参与基金推销,必然造成“募管权责不清”。实控人参与募集,以自己的名义向投资者推销基金,实质目的往往是为了模糊实控人与管理人之间、实控人与基金之间的法律关系,通过实控人等特定身份或市场地位为管理人和私募基金进行不当增信,从而误导投资者基于对实控人特定身份的信赖作出投资决策。当基金发生亏损时,又以其与管理人、所售基金无法律上的关系为由拒绝投资者的兑付请求。

从规范构成来看,缔约前告知交易主体的身份情况属于告知中说明义务的范畴。例如,欧盟第二次金融市场指令(MiFID Ⅱ)中提出,投资公司在给出投资建议前应当告知(inform)消费者,该建议是否基于一个独立的基础(on an independent basis)。[①] 英国金融行为监管局(Financial Conduct Authority,FCA)颁布的《商业行为规范》(Conduct of Business Sourcebook, COBS)中也规定,应当向金融消费者告知公司是否已经获得了FCA等的授权,是否存在指定的代理人;作

---

① See Directive 2014/65/EU of the European Parliament and of the Council of 15 May 2014 on markets in financial instruments and amending Directive 2002/92/EC and Directive 2011/61/EU, https://eur-lex.europa.eu/eli/dir/2014/65/oj/eng.

为平台公司是否存在相应的利益冲突等。[①] 实控人以自己名义参与基金募集,本身就属于违反监管规则的行为。如果实控人在基金募集过程中未充分揭示其与管理人之间的关系,未明确向投资者告知其不承担基金管理责任、不负有兑付义务等,从而使投资者对基金投资管理产生误解的,就属于违反告知说明义务。

实控人在参与募集过程中也要受到适当性义务的规制,本案中无论是钜洲资管还是钜派集团都未确认投资者是否属于合格投资者,也未对投资者进行适当性匹配,就向本案原告推介了案涉基金,显然未尽到适当性义务,应当根据《全国法院民商事审判工作会议纪要》(以下简称《九民纪要》)的规定承担缔约过失的连带责任。

(二)实控人参与私募基金管理造成投资者损失的应当承担赔偿责任

就管理阶段,实控人实质参与私募基金投管,并由此造成投资者损失的,是否应当承担赔偿责任,存在不同意见。一种意见认为,根据《中华人民共和国信托法》第30条,受托人委托他人处理信托事务的,应当对他人处理信托事务的行为承担责任。本案中钜派集团并非《私募基金合同》的缔约主体,钜洲资管也未明确委托钜派集团管理案涉基金,因此即使钜派集团参与基金募后投管,由此造成的损失也应当由钜洲资管承担。另一种意见认为,虽然钜派集团不是缔约主体,但是其参与基金投管造成了投资者损失,应当承担侵权赔偿责任。二审裁判最后采纳了后一种意见,一审虽然认定钜派集团应当承担赔偿责任,但适用2017年《民法总则》第167条将推销阶段和投管阶段合并进行处理,在法律适用上存在可商榷之处,二审在说理部分作了适当调整。

本案中,实控人参与基金投管并造成投资人损失,在客观和主观两方面都存在重大过错。首先,在基金投资法律关系中,管理人作为信托受托人应向投资者承担信义义务,忠诚勤勉履行合约。而禁止利益冲突并及时披露利益冲突是信义义务的重要组成内容。[②] 前述《加强基金监管规定》明确规定,私募基金管理人的出资人不得有层级过多、结构复杂等情形,不得隐瞒关联关系或者将关联关系非关联化。同时,中基协《私募投资基金管理人内部控制指引》也明确了基金

---

① See *Conduct of Business Sourcebook*, FCA (Jul. 2021) https://www.handbook.fca.org.uk/handbook/COBS.pdf.

② 参见徐化耿:《信义义务的一般理论及其在中国法上的展开》,载《中外法学》2020年第6期。

管理人应当建立内部风控制度,确保管理人依法依规行使职能。管理人独立专业履行基金投资管理的合同义务,既是避免利益冲突的风控细则要求,①也是忠诚勤勉义务的体现。相应地,管理人的实控人不应代替管理人履行基金投资管理义务。实控人代替履行管理人职责,不符合监管的风控要求,隐含利益冲突的可能,也意味着管理人自身未能履行信义义务。其次,钜派集团在投管过程中存在明显疏失,且造成的损害结果严重。② 从相关证据反映,基金投资活动(如投资流水的核对、股权投资协议的确认等)基本由钜派集团工作人员进行操作,即基金投资管理行为实质上是由钜派集团行使。同时,《私募基金合同》中约定案涉基金募集完成后注入合伙型基金,再由合伙型基金投向拟上市标的公司。而合伙型基金在合同中明确约定为双 GP 模式。但是该合伙型基金中约定的汇垠澳丰自始未登记为普通合伙人,也无证据证明汇垠澳丰在合伙型基金运作过程中起到了制约执行事务合伙人的作用。而且,钜派集团工作人员在基金投资管理过程中只是核对了股权投资书面文本和资金转账截屏,而案外人伪造的转账截屏有明显瑕疵,钜派集团工作人员如能及时向股权投资标的企业进行必要核实,也能及时避免后续损失的发生。正是由于钜派集团工作人员的疏失,造成基金所有投资款全部为案外人侵吞并且客观上无法及时追回,其应当承担相应的侵权赔偿责任。

本案中,钜洲资管作为管理人未履行忠诚勤勉的信义义务,存在侵权和违约责任的竞合;钜派集团参与投管因重大过错造成损失构成侵权。钜洲资管与钜派集团在过错行为的层次上存在不同,严格来说两者构成不真正

---

① 中国人民银行、中国银行保险监督管理委员会、中国证券监督管理委员会、国家外汇管理局《关于规范金融机构资产管理业务的指导意见》(银发〔2018〕106 号)第 13 条规定,主营业务不包括资管业务的金融机构应当设立具有独立法人地位的资产管理子公司开展资产管理业务,强化法人风险隔离。金融机构开展资产管理业务,应当确保资产管理业务与其他业务相分离,资产管理产品与其代销的金融产品相分离,资产管理产品之间相分离,资产管理业务操作与其他业务操作相分离。又如中国银保监会办公厅《关于清理规范信托公司非金融子公司业务的通知》(银保监办〔2021〕85 号)规定,信托公司不得新增设立一级非金融子公司,只可保留一家涵盖投管或资管类业务的境内一级非金融子公司,该公司仅可作为私募基金管理人受托管理私募投资基金,且不得控制、共同控制被投资方或对被投资方施加重大影响,不得参与被投资方的日常经营。

② 过失侵权中损害结果是否重大也是侵权构成中需要考虑的因素之一。参见[美]文森特·R. 约翰逊:《美国侵权法》,赵秀文等译,中国人民大学出版社 2017 年版,第 58 页。

连带责任,[①]即投资者既可以向管理人主张全部侵权赔偿,也可以向实控人主张全部侵权赔偿,最终仅取得一份赔偿。但向管理人主张的、基于信义义务之违反而产生的请求基础,和向实控人主张的过错侵权请求基础存在一定差异,严格来说不属于典型的连带责任。考虑到在募集阶段因管理人与实控人已承担连带责任,就损失结果的赔偿而言,对投管阶段的行为再严格界分责任已无必要,故二审仍认定钜洲资管与钜派集团应构成连带赔偿责任。

二、私募基金未清算时投资损失的确定

私募基金未清算时投资者损失能否确定,也存在一定的争议。在绝大多数情况下,基金资产已经投向底层标的,在底层标的存在清算价值时,的确难以确定投资者的损失。故现行主要观点认为,在资管类产品未清算时,基于资管业务的信托属性,其财产具有独立性,因此尚未清算的情况下不能认定损失已经确定,也不宜推定全损。[②] 从相关指导意见要求来看,一般情形下应清算前置,除非损失的确定不以资管产品清算为前提。但在特殊情形下,损失虽未最终确定但金融机构确有责任时,为避免诉累,法院可判决金融机构应就“资管产品清算完成后投资者的损失”承担一定比例的赔偿责任;或者,资管产品虽未经清算但有其他证据证明损失已确定实际发生的,法院可判决金融机构承担相应的赔偿责任。从域外比较来看,在德国法上,欺诈等侵权或缔约过失责任制度下,从损失填平的大原则出发,损害赔偿责任有选择所谓“小的损害赔偿”(Kleiner Schadenseratz)和“大的损害赔偿”(Grosser Schadensersatz)两种。前者系保留对方所给付标的(如有瑕疵之货物)的前提下,进而请求退还差价,即违反义务时原本所预期的对待给付;后者是指合同恢复原状,一方面返还对方给付,另一方面

---

① 数债务人与债权人间为满足债权人同一给付利益,皆与债权人发生个别独立的债之关系而分别负担全部之给付义务,同时债权人却仅能受领一份给付,是连带债务和不真正连带债务所具有的共同特征。但在不真正连带责任中,因数债务人不具有共同目的或存在不同层次的债的关系,而有别于连带责任。参见王千维:《论可分债务、连带债务与不真正连带债务》(下),载《中正大学法学集刊》2002年第8期;杨立新:《论不真正连带责任类型体系及规则》,载《当代法学》2012年第3期。

② 参见竺常赟等:《违约潮背景下资管产品受托人违反信义义务的责任界定》,载《上海金融》2021年第6期。

请求对方返还自己的给付,类似于解除合同。[①]

就本案而言,在未清算前确认投资者损失已经固定主要考虑了两方面因素。第一,本案所募集资金实际上未投入底层标的。根据《私募基金合同》约定,基金的最终投资对象是拟上市的企业,合伙型基金的作用只是案涉基金的投资通道,案涉基金注入合伙企业不能视为投资行为已经完成。在基金投向标的公司前,所有基金资产已经脱离管理人控制、被案外人侵吞,由此造成管理人未掌握任何可资清算的基金财产。第二,基于侵权基础,投资者相对人是本案的管理人和实控人,在管理人和实控人承担赔偿责任之后,投资者后续是否向其他主体进行追偿,以及追偿后取得的利益,不影响投资者的赔偿利益。当管理人的赔偿数额小于投资成本时,类似于"小的损害赔偿",而当赔偿数额覆盖投资成本时,其效果类似于"大的损害赔偿",后者使管理人取得基金清算完成后的结余。

三、从有利于投资者权益保护的角度确认诉讼标的

本案一审中,原告的诉请第1项和第2、3项分别为解除合同、返还投资本金、认购费和赔偿资金占用损失,而一审判决认为原告解除合同理由不成立,但判决两被告赔偿投资成本及认购费损失。就此,被告上诉意见认为原审判决超出诉请范围。此争议本质上是一个老问题。我国民事诉讼长期以来确定诉讼标的的理论标准是旧实体法说,即以受法院裁判的实体法律关系作为诉讼审理的对象。但是旧实体法说在请求权竞合问题上容易引发一事再理、重复诉讼的问题。[②] 同时也增加了法院释明权力运用的负担。因此,程序法说作为新诉讼标的理论,成为审判实践中提高诉讼纠纷解决效率和准确适用法律的有效理论路径。程序法说认为,诉讼标的就是原告说提出的诉之声明(诉讼请求),比如在给付之诉中,原告关心的只是是否能够向被告要求给付,至于给付的基础是基于所有权的返还请求还是合同终结后的返还,对于原告本身而

① 参见叶新民:《德国民法上违反缔约时说明义务之损害赔偿责任》,载《台北大学法学论丛》2013年第86期。

② 参见任重:《民事纠纷一次性解决的限度》,载《政法论坛》2021年第3期。

言并不重要。[①] 同时,为了确保诉讼标的不因诉讼请求的微小变动而失去稳定性,如德国通说以"二分支说"即诉之声明和原因事实来共同构成案件的诉讼标的。[②] 就我国司法实践而言,实际上近年来已经有逐步向程序法说过渡的倾向。其表现就是2019年最高人民法院《关于民事诉讼证据的若干规定》(以下简称《民事诉讼证据规定》)第53条。2001年《民事诉讼证据规则》第35条规定,诉讼过程中,当事人主张的法律关系的性质或者民事行为的效力与法院根据案件事实作出的认定不一致的,法院应当告知当事人可以变更诉讼请求。显然在该条规范下,当事人应当予以变更,如不变更则承担败诉的风险。而2019年修正后的《民事诉讼证据规则》第53条规定:"诉讼过程中,当事人主张的法律关系性质或者民事行为效力与人民法院根据案件事实作出的认定不一致的,人民法院应当将法律关系性质或者民事行为效力作为焦点问题进行审理。但法律关系性质对裁判理由及结果没有影响,或者有关问题已经当事人充分辩论的除外。存在前款情形,当事人根据法庭审理情况变更诉讼请求的,人民法院应当准许并可以根据案件的具体情况重新指定举证期限。"也就是说,当事人请求权基础与法院认定不一致的,不再要求释明变更,而是作为争议焦点进行举证和辩论,如"已经由人民法院主持双方当事人进行了充分辩论,当事人的诉讼权利已经得到充分保障,也没有再次进行审理的必要,人民法院可以根据自己的认识对法律关系性质和民事行为效力问题作出认定,并以此为基础进行裁判"[③]。

就本案而言,当事人诉请解除合同并返还本金、认购费等的请求基础与法院认定侵权存在不一致的情况下,是否可以径行判决赔偿,取决于两方面因素:一方面是法院是否就此争议进行了审理,另一方面是不同的请求基础选择是否会影响主要证据的变化。就前一方面而言,一审过程中法院已经向当事人进行了释明,在当事人坚持原诉请的情况下,法院对相关争议进行了审理,二审中当事人也围绕请求基础进行了辩论,保障了当事人程序性权利。就后一方面而言,无论是解除合同后的返还还是侵权赔偿,本案相关事实和证据并不发生本质变化,

---

① 参见[日]新堂幸司:《新民事诉讼法》,林剑锋译,法律出版社2008年版,第219~223页。

② 当然,德国仍然保留了部分实体法说的影子。参见曹志勋:《德国诉讼标的实体法说的发展——关注对请求权竞合的程序处理》,载《交大法学》2018年第1期。

③ 最高人民法院民事审判第一庭:《最高人民法院新民事诉讼证据规定理解与适用》(下),人民法院出版社2020年版,第500~502页。

也无须当事人变更诉请后另行提出证据加以证明。基于此,原审判决根据审理查明的事实和对法律关系的判定作出裁判,并不违反处分原则。二审判决则基于诉讼标的程序法说对相关争议进行了进一步释明。从投资者处于相对弱势地位的角度考虑,如此处理有利于保障投资者权益,也避免了重复诉讼的情形。

建筑工程质量潜在缺陷保险投保人任意解除权的限制

——中国太平洋财产保险股份有限公司上海分公司诉上海骏丰嘉陆房地产开发有限公司财产保险合同纠纷案①

吴峻雪*　翟　爽**

【裁判要旨】

本案系本市及全国首例建筑工程质量潜在缺陷保险(Inherent Defects Insurance,以下简称IDI保险)合同纠纷。IDI保险目前在上海市普遍推行,与政府政策出台保障推行有密切关系,“上海模式”在全国有较强的引领作用。因此,本案投保人是否有权解除IDI保险合同,关系到此类保险合同今后的发展和推进进程,受到了业界及政府监管部门的较强关注。IDI保险为公益保险,格式保险条款约定了投保人在一定条件下有合同解除权。然而在涉案保险合同约定的解除条件因政策原因无法成就时,对格式条款应从保险性质、保险条款体系设定、保险条款相对应的政策规定及沿革、当事人真实意思等方面出发,通过合同的整体解释、目的解释、诚实信用原则解释等合同解释方法,探求合同条款的真实意思。基于IDI保险的政策性属性,在保险条款约定的合同解除条件因客观原因无法成就时,不能认定开发商投保人享有合同的任意解除权。

① 本案入选上海金融法院2021年度十大典型案例。

* 法学硕士,上海金融法院申诉审查及审判监督庭法官。

** 法律硕士,上海金融法院申诉审查及审判监督庭法官助理。

【案号】

一审:上海市虹口区人民法院(2019)沪0109民初27176号

二审:上海金融法院(2020)沪74民终1162号

【案情】

原告(被上诉人):中国太平洋财产保险股份有限公司上海分公司(以下简称太保财险上海分公司)

被告(上诉人):上海骏丰嘉陆房地产开发有限公司(以下简称骏丰公司)

骏丰公司系上海市嘉定区玲珑坊西地块项目开发商。2017年10月30日,骏丰公司向上海市嘉定区住房保障和房屋管理局缴纳该项目物业保修金。因2017年国务院有关部委取消了物业保修金,2018年7月30日,嘉定区房管局向骏丰公司退还物业保修金(含利息)并要求其购买IDI保险。

2018年8月22日,骏丰公司就该建设项目在太保财险上海分公司投保IDI保险。保险合同第37条约定:"本保险合同成立后,投保人可要求解除本保险合同。投保人要求解除本保险合同的,应当向保险人提出书面申请及投保人交纳物业保修金的书面证明,本保险合同自保险人收到书面申请及证明时终止。"

2018年9月18日,骏丰公司向嘉定区房管局提交申请及投保证明材料,明确骏丰公司已按照要求购买IDI保险,申请解冻物业保修金。

投保后,骏丰公司未按约支付IDI保险费,经催款,骏丰公司仅支付一半保险费后,对剩余保险费不愿支付,并提出解除保险合同。太保财险上海分公司催讨无果,诉至法院。

骏丰公司认为,《中华人民共和国保险法》(以下简称《保险法》)第15条规定,除该法另有规定或保险合同另有约定外,保险合同成立后投保人可以要求解除合同。涉案保险合同第37条也有投保人可以解除合同的约定。至于约定投保人提交交纳物业保修金证明作为解除合同条件成就的书面证明,因物业保修金项目被取消,对该合同应作出不利于格式条款提供方的解释,该条件自动失效,投保人可以任意解除保险合同。

【审判】

上海市虹口区人民法院判决骏丰公司支付太保财险上海分公司剩余保险费。骏丰公司提出上诉,上海金融法院经审理驳回上诉,维持原判。

上海金融法院认为:系争2012年版IDI保险格式条款中约定了IDI保险的解除条件,但因物业保修金制度取消的客观因素导致解除条件不能成就时,合同约定解除条款如何理解引发争议。

上述争议焦点在于对系争合同条款的解释为投保人享有任意解除权,还是就此理解为合同不能解除。在以文义解释的方法无法直接确定该解除权条款含义的情况下,应采取整体解释、目的解释、习惯解释、诚实信用原则解释等合同解释方法综合确定约定条款的真实含义:

其一,从IDI保险性质看,该保险依据规范性文件设立,其合同的受益人和索赔权益人均为业主,带有较强的公益性质。因建设工程涉众面广,风险周期较长,给开发商投保人以任意合同解除权有所不当。

其二,从保险条款设定投保人的合同解除权背景看,涉案2012年版保险条款提交备案时物业保修金并行,建设单位缴纳物业保修金和投保IDI保险功能重复,因此格式条款赋予开发商缴纳物业保修金或投保IDI保险合同的选择权,具体体现为IDI保险合同中约定缴纳物业保修金后可解除保险合同。在其后推出的2016年版IDI保险条款中,直接规定投保人不得解除该保险合同。说明IDI保险解除权条款设定的目的是物业保修金和投保二择一,并非投保人有任意解除权。

其三,从当事人的真实意思表示来看,2018年7月嘉定区房管局退还了骏丰公司缴纳的物业保修金,但其款项处于冻结状态。2018年9月,骏丰公司向嘉定房管局提交申请和投保IDI保险的证明,请求解冻相应物业保修金。结合规范性文件和各方主体行为的意思表示,制度设计表意清楚,骏丰公司对于以投保IDI保险的方式代替缴纳物业保修金的保障功能的目的应属明知,对于退还物业保修金需以投保IDI保险为前提的义务属性亦属于明知。因此,骏丰公司在获得物业保修金后再解除IDI保险合同,不符合其屡次申请的意思表示,有违诚信原则。

其四,从规范性文件的约束看,2019年上海市《关于本市推进商品住宅和保障性住宅工程质量潜在缺陷保险的实施意见》(以下简称2019年《IDI保险实施意见》)、《上海市住宅工程质量潜在缺陷保险实施细则》(以下简称2019年《IDI保险实施细则》)对于签订于2017年11月1日以前、签订于2017年11月1日至2019年3月13日,以及签订于2019年3月14日以后的IDI保险合同的保险范围分别进行了具体的规定,说明2019年《IDI保险实施细则》的效力应及于上述三个时间段签订的保险合同。本案保险合同在2018年8月签订后有10年履行期,2019年《IDI保险实施意见》《IDI保险实施细则》应予适用。

综上,骏丰公司提出适用格式条款有两个以上解释的应作出不利于格式条款提供方的解释的理由,因通过上述合同解释方法可以得出条款的真实意思,并不存在两个以上的解释,故该理由不成立。在骏丰公司以投保为由已获取退回的物业保修金的情况下,应认定投保人不符合涉案IDI保险合同的解除条件。

【评析】

IDI保险,是指由建筑工程的建设单位投保的,保险公司根据保险条款约定,对在保险范围和保险期限内出现的由于工程质量潜在缺陷所导致的投保建筑物损坏,履行维修及赔偿义务的保险。[①] 2019年2月26日上海市出台的2019年《IDI保险实施意见》中对IDI保险的投保人、受益人、保险标的、建筑工程质量潜在缺陷等进行了详细的规定(见表1)。

表1　建筑工程质量潜在缺陷保险概念解释

概念	解释
投保人	建设单位
受益人和索赔权益人	住宅或其他建设工程所有权人(业主)
保险标的	因建筑工程质量潜在缺陷导致使用时发生的损失
建筑工程质量潜在缺陷	因设计、材料和施工等原因造成的工程质量不符合工程建设强制性标准以及合同的约定,并在使用过程中暴露出的质量缺陷

① 参见上海市2019年2月26日出台的《关于本市推进商品住宅和保障性住宅工程质量潜在缺陷保险的实施意见》。

在IDI保险推行前,我国房屋建设在工程竣工后出现的质量问题主要依靠物业保修金来维修,保修期限最长为2年,无法覆盖房屋在期满后出现的质量问题。相比之下IDI保险的保险期限较长,且由保险公司先行赔付之后再向责任方代位求偿,能更好地维护广大业主的利益。与传统的质量保证金相比,IDI保险在工程质量方面,引入质量风险检查机构,对建筑工程潜在风险进行辨识、评估、防范,有效提升建筑工程的质量水平;[①]在维护业主权益方面,提供长达10年的保险责任期间,并建立业主直接索赔的通道,有助于保障处于弱势的业主的房屋权益;在服务社会治理方面,有利于分担政府对建筑行业的监管压力,促进建筑行业高质量发展。

一、投保人任意解除权的概念及法理分析

投保人是否有权任意解除IDI保险合同,关系此类保险今后的发展和推广进程,受到业界及政府监管部门的关注。保险合同任意解除权,是指投保人在保险合同成立后享有解除保险合同的权利,除合同约定外,投保人解除合同的理由以及时间法律并没有严格的限定。[②]《保险法》第15条规定"除本法另有规定或者保险合同另有约定外,保险合同成立后,投保人可以解除合同,保险人不得解除合同"。该条文赋予了投保人在行使解除权时的任意性,立法者希望以此实现保险合同缔约双方利益的再平衡。[③] 投保人行使解除权可以使自己摆脱保险合同的约束,但当投保人与受益人非同一人时,投保人解除权行使的法律后果必然导致受益人的保险金赔偿请求权落空。法律单向性赋予保险人相对方以合同解除权,并无不当。但是立法实际上赋予投保人保险合同任意解除权,学界和司法实务界对此均出现理论分歧(见表2)。

---

① 参见成文清、郑薇、李彤彤、张帆:《建筑工程质量潜在缺陷保险的挑战与建议》,载《上海保险》2019年第1期。

② 参见黄伟峰、王瑞煊、陈戎:《保险人解除权相关法律问题》,载《人民司法(应用)》2018年第34期。

③ 在传统的保险法理论中,保险合同的缔约双方即投保人与保险人之间往往存在信息不对称、经济实力不平衡等情况,可能导致强势方保险人利用其优势地位拟定不平等条款减轻保险责任乃至拒绝赔付保险金等不公平的后果,故我国保险法整体上呈现出侧重投保人利益保护的趋势,而解除保险合同是投保人摆脱保险合同约束最直接且最有效的手段。

表 2　保险合同解除权相关学说

<table>
<tr><th>学说</th><th>内容</th><th>理由</th><th>缺陷</th></tr>
<tr><td rowspan="3">肯定说[1]</td><td rowspan="3">保险合同解除权专属于投保人,只能由投保人行使,而不能由被保险人行使</td><td>权利义务相对应</td><td rowspan="3">缺乏对先行法的重新审视</td></tr>
<tr><td>先行法无第三人同意权限制</td></tr>
<tr><td>符合合同的相对性原理</td></tr>
<tr><td rowspan="2">否定说[2]</td><td rowspan="2">被保险人可以随时解除保险合同,投保人不经被保险人同意不得解除合同</td><td>应保障被保险人的信赖利益</td><td rowspan="2">未摆脱投保人保险合同当事人地位的局限</td></tr>
<tr><td>被保险人受合同保障的权利是合同的主要权利,而投保人解除权是合同项下的次要权利</td></tr>
<tr><td rowspan="3">限制说[3]</td><td>应在投保人解约时对其课以通知被保险人的权利义务,并赋予被保险人对保险合同解除的介入权等举措</td><td rowspan="3">对被保险人利益的保护</td><td rowspan="3">与合同的相对性不符,且架空了解除权制度</td></tr>
<tr><td>未经被保险人同意,投保人不得解除</td></tr>
<tr><td>投保人任意解除权的行使应受保险金权利人之约束</td></tr>
</table>

[1]参见杨德齐:《论保险合同解除权制度的体系建构——兼评〈保险法〉司法解释三(征求意见稿)的解除权条款》,载《保险研究》2015 年第 2 期。

[2]参见游杰、姚亦昭、梁鹏:《投保人合同解除权辩误——以〈保险法〉第 47 条及其司法解释三第 17 条为中心》,载《乐山师范学院学报》2017 年第 8 期。

[3]参见唐震:《利他保险合同中投保人任意解除权应受限制——〈保险法〉第 15 条引发之争议研究》,载《云南大学学报(法学版)》2013 年第 6 期。

相比之下,限制说的观点更合理。回归到 IDI 保险领域内,如果赋予建筑单位对合同的任意解除权,将会导致业主等受益人无法就建筑物的损坏请求保险公司赔偿,从而为业主的维权造成阻碍,对于任意解除权的行使应有一定的限制。虽然在 2019 年《IDI 保险实施意见》里明确规定建筑单位不得解除 IDI 保险合同,但是其出台前很长一段过渡时期内对于建筑单位是否可以任意解除保险合同在实务中存在争议,在建筑单位(投保人)和业主(受益人)之间也容易产生利益失衡的风险。

二、限制 IDI 保险投保人任意解除权的理由

(一)受益人权益是保险合同保障的核心

在 IDI 保险中建筑单位作为投保人,仅仅是订立保险合同一方当事人,而业主作为受益人是在因建筑工程质量潜在缺陷发生保险事故时真正受到损害的人,享有保险金给付请求权,是保险合同保障的核心。但是,现行的《保险法》赋予投保人任意解除权,却未对受益人的法律地位和保险合同权益有足够的重视,虽然最高人民法院《关于适用〈中华人民共和国保险法〉若干问题的解释(三)》(以下简称《保险法司法解释三》)作出特别制度安排,即被保险人或受益人可以相当于保险单现金价值的款项为对价"赎买"保险合同,使其效力继续存续。①然而 IDI 保险受益人为广大小业主,普通的"赎买"救济客观上无法实现。在此情况下投保人不顾受益人意志和利益径行行使合同解除权,将会破坏 IDI 保险的核心功能。因此,为了维护受益人享有保险合同保障的地位,维护 IDI 保险的稳定性,有必要对投保人任意解除权进行限制。

(二)法规逻辑的统一

自 2012 年开始,上海市将保险机制引入建设工程质量风险管理,出台相应规范性文件推进和保障 IDI 保险的规范运行。保险人根据规范性文件要求拟定了相关 IDI 保险条款,提交保险监管部门备案。2012 年《关于推行上海市住宅工程质量潜在缺陷保险的试行意见》(以下简称 2012 年《IDI 保险试行意见》)规定"保险意向解除的,建设单位应当按照规定交纳物业保修金",故 2012 版保险条款约定,投保人提供交纳物业保修金证明后可以解除合同。2016 年上海市《关于本市推进商品住宅和保障住宅工程质量潜在缺陷保险的实施意见》(以下简称 2016 年《IDI 保险实施意见》)则规定,试点范围内的工程办理了免于交纳物业保修金手续的,不得解除保险合同;试点外商品住宅工程在一定条件下交纳物业保修金可以解除保险合同。在物业保修金被取消的背景下,2019 年《IDI 保险实施

① 参见何丽新、陈诺:《利他保险合同下任意解除权的利益失衡与解决路径》,载《政法论坛》2021 年第 1 期。

意见》在全市范围内推行 IDI 保险,明确规定商品住宅工程投保人不得解除保险合同。从法规逻辑的统一上来看,在 2017 年国务院取消物业保修金之前的过渡时期,物业保修金和投保 IDI 保险在建设工程风险管理中互为替代,应择一适用,而不是不加限制地认可建筑公司拥有任意解除权。

(三)道德风险的防范

建筑单位投保人以业主为受益人缔结 IDI 保险合同,实际上是一种利他性的公益保险。建筑单位在其中并不受益,并且一旦发生保险事故,保险公司对受益人进行理赔之后还可以向建筑单位追偿。如果不加限制地赋予建筑单位任意解除权,很可能造成建筑单位为了取得资质进行投保,之后立即解除保险的违背诚实信用原则的行为,不但不利于建筑行业的管理,更会给广大业主带来理赔不能的风险。

三、限制 IDI 保险投保人任意解除权的审查标准

对 IDI 保险投保人任意解除权的审查应重点关注规范性文件约束力、格式条款设定目的、IDI 保险合同性质、投保人真实意思表示四个方面。

(一)规范性文件约束力审查

审理 IDI 保险纠纷时应注重法律规范的识别。被告辩称:合同签订于 2018 年,不应适用 2019 年的《IDI 保险实施细则》,而根据 2017 年《上海市住宅工程质量潜在缺陷保险实施细则(试行)》(以下简称《IDI 保险实施细则》)投保人享有任意解除权。从规范性文件约束的范围看,2012 ~ 2019 年上海市出台了多项关于推广 IDI 保险的实施细则及实施意见。2012 年、2016 年的规定均建立在物业保修金与 IDI 保险并存的基础上,规定要求开发商二选一,也即表明不允许开发商以自身信用作为将来房屋质量的担保。直至 2019 年《IDI 保险实施细则》对于签订于 2017 年 11 月 1 日以前、签订于 2017 年 11 月 1 日至 2019 年 3 月 13 日,以及签订于 2019 年 3 月 14 日以后的 IDI 保险合同的保险范围分别进行了具体的规定。说明 2019 年《IDI 保险实施细则》的效力范围不仅及于该规定出台以后签订的保险合同,还及于该文件发布时尚处于保险期间的 IDI 保险合同。通过对规范性文件内部逻辑的审查可以得出 2019 年《IDI 保险实施细则》及《IDI 保险实

施意见》对 2017 年 11 月 1 日之后签订的合同均具有约束力,在此期间内的 IDI 保险投保人不能任意解除合同。

(二)格式条款的设定目的审查

审理 IDI 保险纠纷时应注重对格式条款设定目的进行实质性审查。从格式条款设定投保人合同解除权的目的看,目前 IDI 合同有两个版本,分别为 2012 年版和 2016 年版,2012 年版保险条款建立在 2012 年期间物业保修金有效施行的基础上,为了避免建设单位既交纳物业保修金又投保 IDI 保险,因此 2012 年版保险条款设定投保人在交纳物业保修金后享有 IDI 保险合同解除权的格式条款,但并未赋予投保人无条件的合同解除权。因 IDI 保险保费远低于物业保修金,基本不会有企业退保转交物业保修金的可能,2016 年版直接规定投保人无解除权,这也与 2019 年《IDI 保险实施意见》规定一致。因此,涉案 IDI 保险中关于合同解除权的格式条款设定的目的并非赋予投保人任意解除权,而是限缩投保人在解除合同时的任意性,使其在 IDI 保险或物业保修金中二选一,以配合政策的过渡推进,并切实保护业主的合法权益。

(三)利他性公益合同性质的审查

审理 IDI 保险纠纷还应结合 IDI 保险的利他性公益合同属性进行综合审查。从 IDI 保险的保险标的和受益人属性看,IDI 保险属于利他性公益保险。通过上海市相关规范性文件内容的演变可以看出,为维护房屋所有人的合法权益,减轻建设单位物业保修金的占用损失,通过 IDI 保险的方式将开发商对建筑工程的保修义务分散由保险产品承担,体现了 IDI 保险具有公共利益保障的本质属性。同时 IDI 保险合同的投保人是建设单位,受益人和索赔权益人是业主,属于利他性保险。在建设单位要求退保,以自身信用承诺保修房屋的情况下,业主的利益将直接受到影响,所以投保人的任意解除权应当受到限制。

(四)投保人真实意思审查

审理 IDI 保险纠纷时应对投保人行使解除权的真实意思进行审查。从当事人真实意思表示看,涉案 IDI 保险投保人以投保的方式申请退物业保修金,在明知用购买 IDI 保险代替物业保修金的保障功能的情况下,收到退回的物业保修金后转而要求解除 IDI 保险合同,有违诚信原则,侵害了保险公司和众多小业主的利益,具有一定社会危害性,其诉讼理由不应得到支持。

四、限制 IDI 保险投保人任意解除权的路径探索

(一)以时间标准厘清 IDI 保险投保人解除权

我国自 2002 年即开始试点推行 IDI 保险,在过渡期间物业保修金制度和 IDI 保险并行。直到 2017 年,国务院相关部委取消了物业保修金,并印发《关于开展工程质量安全提升行动试点工作的通知》,要求上海、江苏、浙江等 9 个地区试点工程质量保险,部分省市以地方政府规范性文件的形式对该保险开展半强制性推广。

上海作为国内较早试点该险种的城市,自 2012 年起就持续探索推进 IDI 保险的试点应用,并逐步形成了 IDI 保险"上海模式",通过出台规范性文件的方式,将投保 IDI 保险作为开发地产的前提条件,提升了上海市商品房和保障性住房建筑工程质量的管理服务水平。"上海模式"的发展主要分为以下三个阶段:

第一阶段,IDI 保险初步试点阶段。在这个阶段 IDI 保险与物业保修金并行,建筑单位可以自行选择适用。2012 年《IDI 保险试行意见》规定,建设单位投保 IDI 保险符合国家和本市规定的保修范围和保修期限,并经房管部门审核同意的,可予免除缴存住宅物业保修金。建设单位解除保险意向的,保险意向可以解除;保险意向解除的,建设单位应当按照规定缴存住宅物业保修金等。

第二阶段,IDI 保险推广阶段。这个阶段在上海的保障性住宅工程和浦东新区范围内的商品住宅工程中推广 IDI 保险。2016 年《IDI 保险实施意见》规定,建设单位已投保 IDI 保险,可按规定免予缴存物业保修金。上海市保障性住宅工程和浦东新区范围内住宅在投保后办理了免交物业保修金手续的,依约不得解除保险合同;其他区县的住宅建设单位在业主共有的房地产和公益性公共服务设施房地产认定前,选择缴付物业保修金解除保险合同的,保险合同可予解除,保险人退还相应保费。

第三阶段:IDI 保险强制投保阶段,在这个阶段物业保修金项目取消,投保 IDI 成为受让土地的必要条件。2017 年 9 月,国务院取消物业保修金项目。2019 年《IDI 保险实施细则》将 IDI 保险推行范围拓展至全市保障性和商品住宅工程,列投保 IDI 保险为上述工程的土地出让条件,上述工程投保 IDI 保险的,依约不

得解除保险合同。该细则同时针对IDI保险推进中的不同签约时间明确了不同的保险范围,具体为:2017年11月1日以前签订的IDI保险合同,保险范围按照2016年《IDI保险实施意见》第4条执行;2017年11月1日至2019年3月13日签订的保险合同,保险范围按照2016年《IDI保险实施意见》第4条和2017年《IDI保险实施细则》第3条有关规定执行;2019年3月14日之后签订的保险合同,保险范围按照2019年《IDI保险实施意见》第4条有关规定执行。

综上,2012年至2016年《IDI保险实施意见》出台前,上海市IDI保险处于试点阶段,投保人可解除IDI保险但另需补缴物业保修金;2016年《IDI保险实施意见》出台后至2019年《IDI保险实施意见》出台前,上海市在部分范围推行IDI保险并规定强制范围内的IDI保险依规不得解除,推行IDI保险范围外的开发商仍需于物业保修金和投保IDI保险中选择其一作为保护广大小业主及社会公共利益的保障;2017年物业保修金制度取消,2019年《IDI保险实施意见》出台,上海市在本市范围内所有住宅推行IDI保险并规定投保人不得解除IDI保险。

(二)将IDI保险纳入强制保险

可以通过将IDI保险纳入强制保险的范畴来限制投保人任意行使解除权。基于现代社会必须的部分高风险行业的客观需求,又不可避免地涉及不特定第三者利益的保障,强制保险制度应运而生。强制保险是法律要求投保人必须投保或者保险人必须承保、依照国家法律规定发生保险效力的保险。投保人或者保险人不得以保险自愿为借口而不履行法律规定的义务。强制保险对投保人和保险人均有强制性的要求。在国家或政府的法律强制推动下,为了社会公共政策推进,当事人的合同自由受到了限制,主要体现在强制投保和强制承保这两个方面。目前的IDI保险为建筑工程的主体结构提供长达10年的保险保障,通过第三方保险责任,落实了建筑开发商的保修义务,保障了业主居住安全的合法权益,也有利于分担政府建筑工程质量管理的压力。但因该险种相对较新,目前还在地方试点中,保险的强制性依据尚未上升到法律或行政法规层面。不过,上海市通过地方规范性文件对该保险的投承保和保险内容进行了统一规范,明确了保险责任范围、保险期间、赔偿金额、索赔主体等,建立专门平台对保险合同、承包工程、理赔进展等进行统一登记和公示。除了法律依据尚有不足外,已按强制保险的方式和流程进行推进。

融资租赁承租人破产情形下租赁物优先受偿权的司法认定

——浦银金融租赁股份有限公司诉汉邦(江阴)石化有限公司融资租赁合同纠纷案①

朱颖琦*　李瑶菲**

【裁判要旨】

融资租赁合同中出租人可就租赁优先受偿的规定虽为《中华人民共和国民法典》(以下简称《民法典》)、最高人民法院《关于适用〈中华人民共和国民法典〉有关担保制度的解释》(以下简称《担保制度司法解释》)的新规定,但对于《民法典》施行前签订的融资租赁合同,诉讼中如果就拍卖、变卖租赁物所得价款受偿更有利于双方债务的清偿,并不违背合同当事人的合理预期,应认定可溯及适用《民法典》的规定。出租人请求实现优先受偿权的前提是相应担保已经登记。"中国人民银行征信中心动产融资统一登记公示系统"于2021年1月1日被确立为全国范围内动产和权利担保统一登记的平台,在该系统上的登记应自此具有法定的公示公信力,承租人破产情形下,出租人对租赁物享有的优先权利顺位可根据该时点进行排列确定。

① 本案入选上海法院2020年度"四个一百"精品案例,上海金融法院2021年度十大典型案例。

* 法学硕士,上海金融法院综合审判一庭副庭长。

** 法学硕士,上海金融法院综合审判一庭法官助理。

【案号】

一审:上海金融法院(2020)沪74民初3458号

【案情】

原告:浦银金融租赁股份有限公司(以下简称浦银租赁公司)

被告:汉邦(江阴)石化有限公司(以下简称汉邦石化公司)、江阴澄星实业集团有限公司(以下简称江阴澄星公司)

2019年4月26日,浦银租赁公司与汉邦石化公司签订融资租赁合同,以汉邦石化公司所有的生产制造设备为租赁物通过售后回租模式进行融资,融资额3亿元,分为8期租金支付。江阴澄星与浦银租赁公司签订保证合同为汉邦石化公司债务提供连带责任保证。2019年4月27日,浦银租赁公司将融资租赁合同及租赁物设备清单在中国人民银行征信中心动产担保登记证明处进行了登记。

融资租赁合同生效后,浦银租赁公司按约发放了租赁设备款265,650,000元。自第4期起,汉邦石化公司陆续出现逾期支付租金的情况,之后再未支付租金。2020年11月18日,浦银租赁公司提起本案诉讼,请求:(1)确认汉邦石化公司应向浦银租赁公司支付到期未付租金77,690,776.68元、未到期租金79,888,749.32元、按日5‱计算的逾期付款利息、逾期未补足保证金所产生的违约金3,128,969.05元、违约金15,958,749.86元、租赁物留购价款1.00元、律师费800,000元及财产保全担保费90,145.62元;(2)确认浦银租赁公司有权对案涉租赁设备在折价或拍卖、变卖该财产所得款项价值范围内优先受偿;(3)判令江阴澄星公司就汉邦石化公司上述全部付款义务承担连带保证责任。

江苏省江阴市人民法院于2021年2月3日作出(2021)苏0281破申4号民事裁定,受理案外人中国工商银行股份有限公司江阴支行对汉邦石化公司的破产重整申请。

汉邦石化公司辩称,本案法律关系发生在2021年之前,故本案不适用《担保制度司法解释》第65条的规定,且该条中也未规定融资租赁物的出租人享有优先受偿权，浦银租赁公司也未办理法定形式的物权登记公示手续，故浦银租赁公司要求以拍卖、变卖租赁物优先受偿的主张没有法律依据，不应支持。并且，本案融资租赁合同到期后承租人汉邦石化公司破产，经破产管理人清算后发现租赁物上存在多重担保物权，如果浦银租赁公司就租赁物拍卖、变卖享有优先受偿权，则与租赁物上其他担保物权将发生冲突。

【审判】

法院生效裁判认为，《担保制度司法解释》第65条规定，在融资租赁合同中，承租人未按照约定支付租金，经催告后在合理期限内仍不支付，出租人请求承租人支付全部剩余租金，并以拍卖、变卖租赁物所得的价款受偿的，人民法院应予支持。根据最高人民法院《关于适用〈中华人民共和国民法典〉时间效力的若干规定》（以下简称《时间效力司法解释》）第3条规定，“民法典施行前的法律事实引起的民事纠纷案件，当时的法律、司法解释没有规定而民法典有规定的，可以适用民法典的规定，但是明显减损当事人合法权益、增加当事人法定义务或者背离当事人合理预期的除外”，从该法的规定来看，融资租赁中出租人对租赁物享有的所有权具有担保功能，在承租人经催告后在合理期限内仍不支付租金，出租人通过诉讼请求承租人支付全部未付租金的情况下，如果能就拍卖、变卖租赁物所得价款受偿，更有利于双方债务的清偿，并不违背合同当事人的合理预期。由此，《民法典》及《担保制度司法解释》关于“拍卖、变卖租赁物所得的价款受偿”的规定可追溯适用于本案融资租赁合同。至于出租人能否享有优先受偿权，法院认为，根据《民法典》第745条，“出租人对租赁物享有的所有权，未经登记，不得对抗善意第三人”，以及《担保制度司法解释》第63条，非典型担保中，“当事人未在法定的登记机构依法进行登记，主张该担保具有物权效力的，人民法院不予支持”等规定，出租人享有优先受偿权的前提是融资租赁合同及出租人对租赁物享有的所有权已经办理登记，且相应登记具有公示公信的作用。本案中，融资租赁合同及租赁物所有权系于2019年4月27日在“中国人民银行征信中心动产融资统一登记公示系统”登记，但当时该系统还不属于具有法定效力的公示平台。自2021年1月1日起，经国务院批准，“中国人民银行征信中心动产融资统一登记公示系统”成为在全国范围内实施动产和权利担保统一登记的平台，具有法定的公示公信力,本案原告所登记的案涉内容亦被纳入登记系统且公开可查。因此,法院认为案涉融资租赁合同及租赁物的登记应自2021年1月1日起发生物权效力,原告在系争租赁物上享有的优先权利顺位亦可根据该时点进行排列确定。

【评析】

一、我国动产担保制度改革及其背景要义

(一)《民法典》有关动产担保交易制度的立法背景

《民法典》制定过程中,参酌世界银行营商环境评估要求,引入比较法上的功能主义担保,对我国固有的担保概念与制度进行了较大的改革,特别体现在对动产与权利担保制度的改造上。有专家认为,《民法典》之前的中国法存在"尚未在法律层面建立功能统一的动产担保制度""各类担保权利类型、公示方式、公示效力均不同,也不存在统一的优先权规则""融资租赁、应收帐款转让、所有权保留等具有担保功能的交易形式,未规定必须遵守与担保交易同样的公示和优先权规则"等问题。[①] 这些问题的本质在于我国物权法在动产担保交易规则上坚持传统的形式主义、物权法定主义而欠缺功能主义。

我国在创制担保法之初,即已认识到动产担保之重要性,而突破传统担保物权体系,在担保法中明文规定了动产抵押制度。[②] 在实践需求的有力推动下,我国立法层面要解决的问题是进一步完善动产担保交易制度,简化设定程序和实现程序,降低交易成本,提升融资活跃度和稳定性。

(二)《民法典》有关动产担保交易制度的规则变动

《民法典》对动产及权利担保制度作了重大突破。一方面,《民法典》第388条的规定扩大了担保合同的范围,明确了融资租赁、保理、所有权保留等非典型担保合同的担保功能;另一方面,《民法典》"物权编"删除了有关动产抵押和权

---

① 参见纪海龙:《民法典动产与权利担保制度的体系展开》,载《法学家》2021年第1期。

② 参见邹海林:《论〈民法典各分编(草案)〉"担保物权"的制度完善——以〈民法典各分编(草案)〉第一编物权为分析对象》,载《比较法研究》2019年第2期。

利质押具体登记机构的内容，为建立统一的动产抵押和权利质押登记制度留下空间。[①] 两项举措相得益彰，前者不限制担保合同的形态和范围，后者不限制可登记的担保权利的形态和范围。两者合力使担保物权和担保合同均能通过登记公示出来。既然能通过法定的登记公示系统登记，那就表明诸如让与担保这样的未被法律明文规定的担保合同也能为他人知悉，进而也应产生对抗善意第三人的效力，从而产生优先受偿的效果。[②]《民法典》通过登记来体现或增强效力，以实现实质担保化。就担保物权而言，其核心功能在于确保债权人优先受偿，这种功能的落实要依托于登记等公示手段。正是通过公示，才能将标的物上的担保负担对外展示，为他人所知，从而排斥和对抗其他债权人。《民法典》第 388 条第 1 款中不仅允许当事人订立"其他具有担保功能的合同"，更重要的是通过这种合同的订立而采纳一定的公示方法，就可以形成具有功能化的担保物权。这就为当事人创设新的担保权利形式、实行各种金融创新提供了法律依据。[③] 但值得注意的是，虽然《民法典》已将所有权保留、融资租赁、保理等归为非典型担保合同，但实践中其担保功能的实现依然有赖于配套的行政管理程序和司法上的效力支持。例如，对于融资租赁合同中租赁物作为担保物的物权效力、顺位的认定有待实践厘清，同时新法条文还存在新旧衔接的问题。本文通过分析前述案例，具体阐述《民法典》有关融资租赁租赁物担保物权规定的理解与适用，结合动产和权利担保登记公示系统现状，探讨解决新旧法衔接时期不同类型的担保物权受偿顺位问题。

二、《民法典》及《担保制度司法解释》的相关规定能否溯及适用

《担保制度司法解释》第 65 条规定，在融资租赁合同中，承租人未按照约定支付租金，经催告后在合理期限内仍不支付，出租人请求承租人支付全部剩余租

---

① 参见王晨：《关于〈中华人民共和国民法典（草案）〉的说明——2020 年 5 月 22 日在第十三届全国人民代表大会第三次会议上》，载《中华人民共和国全国人民代表大会常务委员会公报》2020 年 S1 期。

② 参见王利明：《担保制度的现代化：对〈民法典〉第 388 条第 1 款的评析》，载《法学家》2021 年第 1 期。

③ 《民法典》第 641 条、第 745 条、第 768 条。

金,并以拍卖、变卖租赁物所得的价款受偿的,人民法院应予支持。将融资租赁合同列入具有担保功能的合同,将租赁物类比为担保物,此系《民法典》对融资租赁法律制度的重大调整。有观点认为,此种重大调整不应适用于《民法典》之前签订的融资租赁合同,因为当事人签署融资租赁合同时法律并未有关于融资租赁非典型担保的规定。裁判认为,《担保制度司法解释》第65条实际上起到了填补立法空白的作用,这种情况属于《时间效力司法解释》所规定的"当时的法律、司法解释没有规定而《民法典》有规定的情形"。从《民法典》《担保制度司法解释》的规定来看,融资租赁中出租人对租赁物享有的所有权实际具有担保功能,在承租人经催告后在合理期限内仍不支付租金,出租人通过诉讼请求承租人支付全部未付租金的情况下,如果能就拍卖、变卖租赁物所得价款受偿,更有利于双方债务的清偿,并不违背合同当事人的合理预期。由此,在维护法律基本稳定和社会合理预期的情况下,应认定《民法典》及《担保制度司法解释》第65条关于"拍卖、变卖租赁物所得的价款受偿"的规定可追溯适用于本案融资租赁合同。

三、如何判别租赁物登记的公示效力

就融资租赁等非典型动产担保交易,《民法典》采纳了与动产抵押一致的登记对抗交易规则,即"未经登记,不得对抗善意第三人"。最高人民法院在《民法典担保制度司法解释理解与适用》一书中对《担保制度司法解释》第65条予以解读,认为出租人能否主张就拍卖、变卖租赁物所得价款优先受偿取决于出租人对租赁物享有的所有权是否已经办理登记。本案中,浦银租赁公司主张其融资租赁合同和租赁物在合同签订时已在"中国人民银行征信中心动产融资统一登记公示系统"进行登记,但是该登记发生于《民法典》实施以前,当时全国范围内并不具有统一的动产和权利担保登记平台。当事人所主张的"中国人民银行征信中心动产融资统一登记公示系统"仅系为2007年起运营,提供应收账款质押登记及查询的平台,后自2009年起登记范围扩展至融资租赁登记和查询业务。一般认为,当时中国人民银行征信中心的登记系统仅为自主报备的普通记录系统,一方面,缺乏统一性,并未将全国范围的动产权利登记全部纳入;另一方面,也缺乏权威性,在法无明文的情况下不具备约束善意的社会公众进行查询的法定公示公信的效力。因此,当时在"中国人民银行征信中心动产融资统一登记公示系统”上的登记,不产生对抗善意第三人的效力。

为配合《民法典》的实施,2020 年 12 月 29 日,国务院出台《关于实施动产和权利担保统一登记的决定》,自 2021 年 1 月 1 日起,在全国范围内实施动产和权利担保统一登记。自此,上述“中国人民银行征信中心动产融资统一登记公示系统”与全国各地市场监督管理局的抵押质押登记信息互联整合后成为统一的动产融资登记公示系统。该登记系统从此具有法定公示效力。值得关注的是,“中国人民银行征信中心动产融资统一登记公示系统”虽自 2021 年 1 月 1 日起进行统一登记,但其也将以往登记的数据一并予以公示,并不需要重新登记。由此,本案出租人在“中国人民银行征信中心动产融资统一登记公示系统”中办理的登记虽早于 2021 年 1 月 1 日,但仍应认定是有效登记,其要求实现优先受偿权利的诉请可以获得支持。

四、如何处理同一物上租赁物担保物权与其他物权的顺位冲突

融资租赁是建立在租赁物所有权与使用权相分离基础上的一种交易方式。租赁物的所有权属于出租人,但其实际占有、使用以及收益均由承租人享有。由于租赁物多为动产,而动产所有权的转移以交付为公示要件,故租赁物所有权和使用权相分离的特点,使承租人随时可能向他人擅自处分租赁物。本案融资租赁合同到期后,承租人进入破产程序。破产管理人清算时发现承租人将同一租赁物前后进行了多次融资租赁或动产抵押,融资租赁合同在“中国人民银行征信中心动产融资统一登记公示系统”上登记,动产抵押在各地市场监督管理局登记。在此情况下,对同一租赁物上担保物权的顺位认定,可结合租赁物登记时间及彼时登记平台的公示效力予以判断。由于“中国人民银行征信中心动产融资统一登记公示系统”的公示作用在 2021 年 1 月 1 日前后发生重大变化,在此之前,善意第三方不负有查询登记系统的注意义务,而在此之后,该系统上的登记具有普遍的对世效力,应推定全体公众明知,故租赁物作为担保物的物权效力应以 2021 年 1 月 1 日作为界限予以区分,以此确定各担保物权的顺位。

五、结　　语

《民法典》中确立了融资租赁合同等非典型合同性担保权利的登记制度,在审判实践中可综合考量当事人约定时的合理预期、合同履行过程中租赁物登记情况,从登记机构的法定公示效力出发,对新法的溯及适用、担保物权的效力和实现顺位等问题加以判定。

我国香港特别行政区仲裁裁决与内地裁判是否冲突及社会公共利益的厘定

——野村控股株式会社申请认可和执行香港特别行政区仲裁裁决案①

朱　瑞*　黄佩蕾**

【裁判要旨】

在我国香港特别行政区仲裁裁决与内地诉讼裁判存在请求重复、裁判结果交织的情况下，应从形式审查与实体审查的不同、请求所依据的法律关系性质及请求权基础的不同，界定关联案件的异同，以此认定仲裁案与诉讼案是否存在冲突。案涉合伙法律关系为平等主体之间民事法律关系，香港国际仲裁中心就案涉合伙协议所涉纠纷作出的裁决限于合同当事人之间，不涉及不特定多数人的利益，对该裁决的执行亦不违反内地外汇管理政策，认可与执行香港特别行政区仲裁裁决不损害内地社会公共利益。

【案号】

上海金融法院(2020)沪74认港1号

---

① 本案入选上海金融法院2021年度十大典型案例。

* 法学硕士，上海金融法院综合审判一庭法官。

** 法学硕士，上海金融法院综合审判一庭法官助理。

【案情】

申请人:野村株式会社

被申请人:日中资本有限公司(以下简称日中公司)、上海久有股权投资基金管理合伙企业(有限合伙)(以下简称久有基金)

2011年11月,野村株式会社与日中公司、久有基金签订有限合伙协议,共同设立上海久有全兴股权投资合伙企业(以下简称久有全兴合伙),其中野村株式会社、日中公司为有限合伙人,久有基金为普通合伙人、执行事务合伙人。2017年12月,野村株式会社以日中公司未实缴出资,久有基金未分配收益为由,根据有限合伙协议约定的仲裁条款向香港国际仲裁中心提起仲裁。香港国际仲裁中心作出仲裁裁决,包括野村株式会社有权获得投资收益或等值损害赔偿金、日中公司构成违约并应从合伙企业中除名、久有基金应向野村株式会社提供财务数据等。野村株式会社遂提起本案申请,请求认可和执行上述仲裁裁决。被申请人久有基金抗辩提出,案涉我国香港特别行政区仲裁裁决另涉及内地三案裁判,诉讼内容包括合伙企业的清算、野村株式会社的知情权及利益分配范围等。因仲裁裁决与内地生效判决存在冲突,认可和执行该仲裁裁决违反内地社会公共利益,属于最高人民法院《关于内地与香港特别行政区相互执行仲裁裁决的安排》第7条第3款规定的情形,应不予执行。

【审判】

上海金融法院认为,案涉仲裁裁决与内地已生效裁判不存在冲突。关于清算程序,内地法院清算裁定的审理范围并不包括应否将日中公司除名的事项,法院之所以认定日中公司有权申请法院指定清算人并可以指定清算组成员,系依据日中公司当时工商登记在册的合伙人身份。日中公司在被除名之前有权申请指定清算人,与香港国际仲裁中心依据有限合伙协议及相关法律规定作出将其除名的仲裁裁决,并不存在冲突。关于知情权诉讼,虽然野村株式会社的部分诉讼请求被内地法院判决驳回,但原因是法定知情权的范围限制,香港国际仲裁中心是依据合伙协议就约定知情权的范围作出仲裁裁决。两案请求权基础、裁判依据及义务主体均不同,亦不存在冲突。另外,关于香港特别行政区仲裁裁决中投资利润分配的内容,野村株式会社及久有基金均明确该项裁决仅是对第一期投资项目野村株式会社应获得可分配收益金额的“确认”。该“确认”实际上有利于推动清算程序,与野村株式会社在内地提起的分配权诉讼不存在重复。久有基金关于该裁决内容中收益金额错误的主张,系实体认定问题,不属于本案审查范围。因此,在两地裁判不存在冲突的前提下,案涉合伙法律关系为平等主体之间民事法律关系,香港国际仲裁中心就案涉合伙协议所涉纠纷作出的裁决限于合同当事人之间,对其认可和执行并不会涉及社会不特定多数人的利益。申请人野村株式会社要求认可和执行上述仲裁裁决的请求符合最高人民法院《关于内地与香港特别行政区相互执行仲裁裁决的安排》的规定,应予支持。

【评析】

本案是认可和执行我国香港特别行政区仲裁裁决案件,争议焦点是香港特别行政区仲裁裁决是否违反内地的社会公共利益,主要是内地在先判决与我国香港特别行政区仲裁裁决的内容是否存在冲突。

一、“社会公共利益”的认定原则

根据1999年通过的最高人民法院《关于内地与我国香港特别行政区相互执行仲裁裁决的安排》第7条的规定,法院对于仲裁裁决的监督,主要是程序上的,实体上的可能仅仅是涉及“公共秩序”的部分。即该条第3款规定,内地法院认定在内地执行该仲裁裁决违反内地社会公共利益,或者香港特别行政区法院决定在香港特别行政区执行该仲裁裁决违反我国香港特别行政区的公共政策,则可不予执行该裁决。这一规定可追溯至1958年《承认和执行外国仲裁裁决公约》(以下简称《纽约公约》)中对公共秩序的保留。《纽约公约》第5条第2款b项明确规定承认或执行外国仲裁裁决如违背内国“公共政策”,内国法院可予拒绝。

我国内地现行立法中所涉及的公共政策一直使用“社会公共利益”的概念,其确立始于1986年《中华人民共和国民法通则》(已失效)第150条的规定,即适用外国法律或国际惯例不得违背中华人民共和国的社会公共利益。港澳台地区在内地（大陆）被视为涉外法域，其仲裁裁决在内地（大陆）的承认和执行亦据此比照适用此规定。但是，无论是立法机关、司法机关还是政府主管部门，都没有对“社会公共利益”作出过任何定义、说明或内涵外延的阐释，通常由法院根据个案情况作出具体的认定。已有的案例表明，最高人民法院严格限制“公共政策”在承认与执行仲裁裁决中的运用，并且明确了以下规则：(1)违反中国法律、行政法规和部门规章中的强制性规定不能完全等同于违反中国的公共政策；①(2)不能以仲裁实体结果是否公平合理作为认定承认和执行仲裁裁决是否违反中国公共政策的标准；②(3)只有在承认和执行外国商事仲裁裁决将导致违反中国法律基本原则、侵犯中国国家主权、危害国家及社会公共安全、违反善良风俗等危及中国根本社会公共利益情形的，才能援引公共政策事由予以拒绝承认和执行。③

值得注意的是，最高人民法院于2008年首次基于《纽约公约》项下公共秩序方面的原因拒绝承认及执行一项国际商会仲裁裁决。最高人民法院认为，在中国法院就当事人之间的租赁合同纠纷裁定对合资公司的财产进行保全并作出判决的情况下，国际商会仲裁院再对该纠纷进行审理并裁决，侵犯了中国的司法主权和中国法院的司法管辖权。④

本案中，被申请人抗辩的理由涉及同一问题，即案涉香港特别行政区仲裁裁决与内地在先裁定、判决存在冲突，认可和执行我国香港特别行政区仲裁裁决侵犯了内地司法主权和司法管辖权。但比较来看，本案属于一国之内不同法域之间开展的区际私法协助，与前案基于《纽约公约》的国际私法协助存在本质区别。在“一国两制”的框架下，内地与我国港澳地区之间的法律冲突在性质上发生了根本性的变化，《纽约公约》中的“公共秩序保留”制度是否适用于区际法律冲突在学术上颇有争议，各复合法域国家的实践也不尽相同。⑤ 具体存在否定论、同一论和折中论三种观点。其中，否定论认为区际私法不应适用公共秩序保留制度；同一论则认为该制度在区际私法中的地位与作用与其在国际私法中完全相

① 参见最高人民法院民事判决书，(2003)民四他字第3号；最高人民法院民事判决书，(2001)民四他字第12号。

② 参见最高人民法院民事判决书，(2008)民四他字第48号。

③ 参见最高人民法院民事判决书，(2012)民四他字第12号。

④ 参见最高人民法院民事判决书，(2008)民四他字第11号。

⑤ 参见陈洁：《区际法律冲突中判决的承认与执行问题研究》，载《国家检察官学院学报》2002年第1期。

同;折中论认为,公共秩序保留制度在区际私法中有存在的必要,但应对其限制适用。[①]

相较来看,折中论的观点较有可取性。首先,即使是处于同一主权国家之内的各法域,如果各法域被赋予了独立的司法权,则法院地必然有其自身利益的考虑,因为司法管辖权是法院地公共利益在司法领域的必然延伸和表现,而且还会关乎保护法院地公民、法人的民事权益的问题。[②] 因此,最高人民法院《关于内地与我国香港特别行政区相互执行仲裁裁决的安排》也保留了违反社会公共利益作为不予执行仲裁的理由。但是,区际私法协助毕竟是在一国内部进行的,两法域之上有共同的主权,也有共享的社会秩序认知及文化理念。因此,“公共秩序保留”在区际私法协助中的适用应当较之在国际私法协助中的适用施加一定的限制,更加严格谨慎。但在此前提下,以裁判冲突作为区际法律冲突中的“公共秩序保留”的范围,亦有一定的解释空间。事实上,如果两地就同一纠纷作出不同裁判,不仅在程序上违反“一事不再理”原则,在实体上也导致权利义务的不确定性,使发生既判力的裁判在客观上难以被执行。因此,即使相关裁判仅涉及平等主体之间的民事法律关系处理,不涉及社会不特定多数人的利益,但如果客观上执行域外仲裁裁决将与本法域的生效司法裁判产生冲突,也会影响社会公共利益。

二、构成裁判冲突的识别标准

在民事诉讼中,避免裁判冲突的最主要手段系禁止重复诉讼,最高人民法院出台的《关于适用〈中华人民共和国民事诉讼法〉的解释》在第 247 条第 1 款规定:“当事人就已经提起诉讼的事项在诉讼过程中或者裁判生效后再次起诉,同时符合下列条件的,构成重复起诉:(一)后诉与前诉的当事人相同;(二)后诉与前诉的诉讼标的相同;(三)后诉与前诉的诉讼请求相同,或者后诉的诉讼请求实质上否定前诉裁判结果。”根据上述法条规定,构成重复诉讼的要件包括:主

---

① 参见吴莉婧、田晓云:《论内地与香港相互执行仲裁裁决的法律问题》,载《特区经济》2011 年 3 月。

② 参见叶丹:《论公共秩序保留在解决我国区际民商事法律冲突中的定位》,载《武汉大学学报(哲学社会科学版)》2008 年第 6 期。

观要件即诉讼当事人相同;客观要件即作为审理对象的诉讼标的及诉讼请求相同。

本案中,申请人要求认可与执行的我国香港特别行政区仲裁裁决涉及内地三案裁判分别为:第一,2017年11月15日原告野村株式会社与被告久有全兴合伙、被告久有基金及第三人日中公司的合伙企业纠纷,诉讼请求为判令久有全兴合伙分配收益(以下简称收益分配诉讼);第二,2017年12月15日申请人野村株式会社与被申请人久有基金、日中公司以合伙协议向香港国际仲裁中心提起的仲裁,仲裁请求包括确认野村株式会社可获得收益、日中公司的违约赔偿及除名、久有基金提供财务账簿等信息等(以下简称香港仲裁裁决);第三,2018年4月16日申请人日中公司与被申请人久有全兴合伙、第三人久有基金及野村株式会社的合伙企业纠纷,申请事项为指定清算人(以下简称清算诉讼);第四,2018年4月24日原告野村株式会社与被告久有全兴合伙、第三人久有基金的其他合伙企业纠纷,诉讼请求为向久有全兴合伙行使知情权(以下简称知情权诉讼)。至野村株式会社提起本案申请时,内地上述三案中清算诉讼民事裁定书及知情权诉讼民事判决书已经生效,收益分配诉讼尚在二审阶段。也就是说,案涉香港仲裁可拆分为三个部分,分别对应内地三案裁判,即要求久有基金提供财务账簿等信息的部分对应内地知情权诉讼;要求日中公司违约赔偿及除名的部分对应内地清算诉讼;确认野村株式会社可获得收益的部分对应内地收益分配诉讼。

关于我国香港特别行政区仲裁裁决与内地知情权诉讼,久有基金提出抗辩认为,香港仲裁裁决作出之时,内地知情权诉讼民事判决已经生效,且该生效判决中,野村株式会社部分要求进行查阅、复制相关合伙材料的诉请并未得到支持,但在香港仲裁裁决中,野村株式会社的该部分请求却被裁决支持,我国香港特别行政区仲裁有关野村株式会社知情权的裁决结果与内地生效判决存在明显冲突。经审查发现,我国香港特别行政区仲裁裁决申请人野村株式会社申请知情权所依据的是各合伙人所签订的有限合伙协议,被申请人是其余合伙人,而非合伙企业;我国香港特别行政区仲裁裁决有关野村株式会社的知情权范围也是根据合伙协议所约定的范围进行认定。但内地知情权诉讼的被告为合伙企业,原告野村株式会社提起诉讼的请求权基础是《中华人民共和国合伙企业法》(以下简称《合伙企业法》)所规定的法定知情权,其知情权的范围比案涉有限合伙协议约定的范围要窄,故虽然香港仲裁裁决确定的知情权范围大于内地知情权诉讼,两者并不存在冲突。

关于我国香港特别行政区仲裁裁决与内地清算诉讼,久有基金提出,内地清算诉讼的生效裁定书将日中公司认定为合伙人并将日中资本的代表作为清算组成员之一,然而我国香港特别行政区仲裁裁决却将日中公司从合伙人中除名,与内地清算诉讼生效裁定存在冲突,且合伙人除名事宜应当由人民法院主管,不应进行仲裁。经审查发现,其一,野村株式会社在内地提起清算诉讼所依据的是《合伙企业法》第 86 条之规定,即自合伙企业解散事由出现之日起 15 日内未确定清算人的,合伙人可以申请人民法院指定清算人。故内地清算诉讼属于合伙企业的清算程序,日中公司是否违反有限合同协议的约定、应否从合伙人中除名,并不属于内地清算诉讼案件的审理范围。我国香港特别行政区仲裁对日中公司是否违约及相应违约责任作出认定,两者法律关系存在本质区别。其二,内地清算诉讼案件中,并未就日中公司的合伙人资格及身份进行实质审查,法院系根据日中公司当时工商登记在册的合伙人身份,从而认定日中公司有权申请法院指定清算人并可指定清算组成员。其三,清算组成员经法院指定后,并非一成不变。相反,如遇到清算组成员中自然人死亡、法人资格注销等情况,清算组成员会发成变化;合伙人因被除名而不再担任清算组成员亦如此。客观上讲,日中公司从久有全兴合伙除名,不再担任有限合伙人,日中公司失去就久有全兴合伙相关事务的投票权、同意或决定权,其认缴出资额减为零,并失去案涉有限合伙协议第 7.2 条项下任何分配权。该项裁决结果对于已经确定的清算组组成人员以及正在进行的清算程序会产生影响,但此系清算程序的推动及进展问题。从法律有关程序及实体的规定看,日中公司在被除名前有权申请指定清算人,与其后的香港特别行政区仲裁裁决将其除名,本身并不存在逻辑冲突。其四,根据《合伙企业法》第 49 条的规定,符合特定情形的,经其他合伙人一致同意可以决议将其除名。被除名人对除名决议有异议的,可以自接到除名通知之日起 30 日内,向人民法院起诉。据此,该条规定所称向人民法院起诉,是指被除名的合伙人对除名决议有异议的情形,而未规定合伙人被除名事宜本身应当由人民法院主管,故日中公司主张合伙人除名事宜应由人民法院主管,而不应进行仲裁,并无法律依据。

关于我国香港特别行政区仲裁裁决与内地收益分配诉讼。首先,从案件主体及相关请求看,香港仲裁是发生在久有全兴合伙的 3 名合伙人之间的仲裁裁决,涉及对野村株式会社是否有权获得收益分配进行确认的问题。而内地收益分配诉讼发生在野村株式会社与久有全兴合伙之间,久有基金系因野村株式会社的连带责任主张而被列为被告,日中公司因系久有全兴合伙的另一名有限合伙人,且如何分配的结果也将对其产生影响,故作为该案第三人参加诉讼,因此,我国香港特别行政区仲裁裁决与内地收益分配诉讼不构成“一事不再理”。其次,从两案的逻辑联系上看,我国香港特别行政区仲裁裁决是野村株式会社作为有限合伙人,对其余两名合伙人久有基金、日中公司因有限合伙协议项下有关提交仲裁解决争议的约定,而提起的解决各合伙人之间权利义务的仲裁程序,香港特别行政区仲裁将在实体上对各合伙人之间的权利义务进行裁决。内地收益分配诉讼虽然是野村株式会社请求久有全兴合伙作为合伙企业进行收益分配,但能否进行分配、如何分配,均必须基于我国香港特别行政区仲裁裁决就有限合伙协议项下各方的权利、权益和义务作出最终裁决,内地收益分配诉讼应当建立在香港特别行政区仲裁裁决的事实查明和裁决结果基础上。对于我国香港特别行政区仲裁裁决关于投资利润分配的裁决内容,野村株式会社及久有基金均明确认可该项裁决仅是对第一期投资项目野村株式会社应获得可分配收益金额的“确认”。法院经审查认为,该项确认实际上不仅有利于推动清算程序,而且与内地收益分配诉讼所涉分配义务之法律性质不同,不存在重复或冲突。至于久有基金关于我国香港特别行政区仲裁裁决中收益金额认定错误的主张,系实体认定问题,不属于我国香港特别行政区仲裁裁决的司法审查范围。

涉私募基金财产在执行程序中的救济路径

——以未登记的基金份额持有人提起的执行异议之诉为切入点①

孙雪梅* 翟 爽**

【裁判要旨】

对于基金份额所有权的归属,有登记的,应当按照登记机构的登记判断;无登记的,应当按照合同等证明财产权属或者权利人的证据判断。私募股权投资基金不同于证券投资基金,目前并无强制性法律规定要求其必须按照《中华人民共和国证券投资基金法》(以下简称《证券投资基金法》)的规定进行份额登记。当基金管理人或托管人所作的内部份额登记与实际情况不符的,不能作为认定基金份额权属的依据。此时应结合基金份额转让合同的签订、履行等事实,辅以合同当事人的陈述等证明材料,综合判断基金份额的所有权归属。

【案号】

一审:上海市徐汇区人民法院(2019)沪 0104 民初 20594 号

二审:上海金融法院(2020)沪 74 民终 1025 号

---

① 本案入选上海金融法院 2021 年度十大典型案例。

* 法学学士,上海金融法院立案庭副庭长。

** 法律硕士,上海金融法院申诉审查及审判监督庭法官助理。

【案情】

原告:孙某某

被告:严某

第三人:李某某、滚石公司

2016年7月8日,李某某与滚石公司签订《滚石3号基金合同》,记载:基金计划募集总额3300万元;基金管理人为滚石公司,其义务包括建立并保存基金份额持有人名册,办理基金份额登记;基金用于向上海运能能源科技有限公司进行增资。该份合同附件1为投资人信息表,记载基金投资者为李某某,认购/申购金额为3300万元。后李某某与孙某某签订基金份额转让协议,转让其在该基金中享有的700万份股权基金份额及一切相关衍生权利。同日,孙某某通过银行转账形式向李某某支付转让价款700万元。

2018年6月25日,严某与李某某签订借款协议,约定严某借款3300万元给李某某,借款担保物为滚石3号基金股权。随后严某银行转账给李某某3300万元。因李某某未履行上述还款义务,严某诉至上海市徐汇区人民法院,双方达成的民事调解书中载明:李某某归还严某借款本金3000万元及利息。后因李某某未履行上述支付义务,严某申请执行。因上海市徐汇区人民法院查封了滚石3号基金股权,孙某某对此提出案外人异议但被驳回。故孙某某提出了本案执行异议之诉,请求确认滚石3号基金份额中有700万份股权基金份额属于孙某某所有,不得执行属于孙某某所有的基金份额及其相应财产收益。上海市徐汇区人民法院一审判决驳回孙某某的诉讼请求。

另查明,案外人吴某某等3人均于2016年7月向李某某受让滚石3号基金份额。2018年11月,吴某某等3人通过诉讼的方式确认了相应基金份额及收益权归其所有。后国泰君安公司作为滚石3号基金新的托管人,为该3人办理了基金份额登记备案。2019年8月8日,孙某某在上海市浦东新区人民法院(以下简称浦东法院)提起民事诉讼,要求李某某为其办理系争股权基金持有人变更及收益权转让手续,并要求滚石公司办理变更登记备案手续。因本案一审案外人执行异议之诉正在上海市徐汇区人民法院审理中,故孙某某撤回了起诉。但上海市徐汇区人民法院调取了该撤诉案件中滚石公司于2019年9月17日向浦东法院出具的转让说明:滚石公司确认孙某某的基金份额权益,并通过在转让协议上盖章的形式对孙某某的基金份额权益进行了登记确认。

【审判】

上海金融法院判决:不得执行李某某名下滚石3号基金中700万份股权基金份额及相应财产收益,确认李某某名下滚石3号基金中700万份股权基金份额及相应财产收益归孙某某所有。

【评析】

私募基金在我国最初是以风险投资形式于20世纪90年代进入公众视野,30年间伴随我国资本市场在各种机遇与挑战中不断壮大,私募基金也呈现质量与数量不断提升、监管与自律不断规范的良好发展态势,截至2022年2月末,共有24,683家私募基金管理人在中国证券投资基金业协会登记,正在运作的私募基金数量为127,956只。① 私募基金呈现快速发展格局,有其深层次的原因:一是作为集合性投资工具,私募基金用其控制的基金资本,以更灵活的方式给非上市公司(特别是中小科创企业)提供重要的资金渠道,并获得高额投资收益。二是私募基金作为配置居民财富的一种手段,投资者以其持有的基金份额参与基金收益分配之中,通过较少的资金撬动高昂的资本,大大降低了投资门槛。

私募基金行业快速发展的同时,其中的法律问题也不断暴露。与以往的研究偏重于诉讼过程中的法律争议问题不同,笔者以一起案外人执行异议之诉为切入点,对涉私募基金财产②在执行程序中的救济问题展开研讨。执行程序中的救济是涉私募基金财产司法救济的最后一道防线,在保护涉私募基金财产安全的过程中起重要作用。执行程序中涉及私募基金财产纠纷的案件主要有两类:

---

① 参见《私募基金管理人登记及产品备案月报(2022年2月)》,载中国证券投资基金业协会网,https://www.amac.org.cn/researchstatistics/report/zgsmjjhysjbg/201506/t20150612_4023.html。

② 本文所称涉私募基金财产,是指私募基金份额持有人所持有的基金份额及私募基金所持有的财产(包括专属账户、被投资企业股权等)。

一是私募基金的出资份额被执行时,基金份额持有人提起的案外人执行异议之诉;二是私募基金所持有的基金财产(专属账户或被投资企业股权等)作为执行标的时,私募基金份额持有人提起的案外人执行异议之诉,处理此类纠纷所要面对的问题包括权属确认和能否排除执行。① 近年来,《证券投资基金法》《私募投资基金管理人登记和基金备案办法(试行)》《关于进一步规范私募基金管理人登记若干事项的公告》《私募投资基金备案须知》等一系列法律法规对私募基金财产登记作出了一系列规范性规定,并确立了"以登记作为权属确认的依据"的证券基金份额权属确认规则,在司法实践中其他基金类型往往也会参照适用。② 登记确认权属的一般性规则在审理涉及私募基金财产份额持有人提起的案外人执行异议之诉中发挥了重要的作用。但是,在涉私募基金财产未登记或登记与实际情况不符的案件中,如何确认财产权属在司法实践中颇有争议。

一、提出问题:基金财产权属争议的审理困境

(一)实证考察

在前期样本搜集中,笔者以"案外人执行异议之诉"为案由,以"基金份额"或"基金财产"、"排除强制执行"作为关键词在裁判文书网不区分时间、地域进行检索,共得到248个涉及以基金份额或基金财产作为执行标的并引发案外人执行异议之诉案件的样本,其中有178件案件以登记作为权属认定及执行的依据。另外70件并未仅以登记作为确认权属的依据,笔者从中选取了6个具有代表性的案例作为样本③进行详细分析。具体如表1所示。

---

① 执行中的异议处理方式主要是执行异议和执行异议之诉,两者处理纠纷的偏重各不相同。执行异议审理期限较短,主要是表面上的审理,而执行异议之诉则是实质性的审查,本文为深入研究,所探讨的即是执行异议之诉中的问题。

② 参见北京市高级人民法院民事判决书,(2021)京民终634号。

③ 笔者将裁判文书说理部分未有详细论证的案件删除,并且将由相同基金引发的裁判结果基本一致的裁判文书合并同类项后,共计得到5个样本。

表1　相关案例梳理

序号	案例	争议焦点	案外人主张理由	认定基金份额归属的依据及是否可以排除执行	相关法条及理论
1	上海双创科技投资中心（有限合伙）与恒泰证券股份有限公司等案外人执行异议之诉，北京市高级人民法院（2021）京民终593号民事判决书	未登记的合伙型基金份额持有人可否排除执行	1. 查封前其已经取得了涉案基金的所有权 2. 已经将转让款支付给被执行人 3. 已经实际占有控制基金份额，行使了表决权，取得了收益分配 4. 未办理过户并非其自身原因，申请执行人不得依据外观主义主张信赖保护 5. 案外人的物权性权利可以排除申请执行人的金钱债权	1. 结合基金份额转让协议中的相关约定、份额转让款的付款情况、被执行人名下出资份额实际占有情况、合伙人名录记载等信息综合判断，认定该协议已经实际履行完毕 2. 结合《中华人民共和国合伙企业法》（以下简称《合伙企业法》）、合伙协议的约定、有限合伙人内部转让的说明函已经实际送达其他合伙人，认定案外人享有基金份额所有权 3. 执行人与被执行人发生金钱债权时，被执行人尚未认购涉案基金份额，所以申请执行人并非因信赖对涉案基金出资份额的权利而进行交易 判决结果：支持排除执行	关于权属确认：《合伙企业法》第22、24条，《全国法院民商事审判工作会议纪要》（以下简称《九民纪要》）第8条 关于排除执行：原《中华人民共和国民法总则》第65条、《中华人民共和国公司法》（以下简称《公司法》）第32条（保护第三人基于工商登记外观而产生的交易信赖） 《九民纪要》关于外观主义适用边界的论述 刘贵祥《民法典适用的几个重大问题》

续表

序号	案例	争议焦点	案外人主张理由	认定基金份额归属的依据及是否可以排除执行	相关法条及理论
2	任某某等与刘某某案外人执行异议之诉,北京市高级人民法院(2020)京民终570号民事判决书	契约型私募股权投资基金份额持有人是否可以对基金管理人在目标公司持有的股权享有足以排除执行的权利	1. 涉案股权是基金财产而非管理人财产 2. 基金管理人因自身债务被执行,但被执行财产系基金财产且案外人为基金份额持有人,申请排除执行可得到支持 3. 契约型基金属于信托法律关系,不能简单地使用公司法的公示原则认定权属	1.《证券投资基金法》规定基金财产具有独立性,非因基金财产本身承担的债务,不得对基金财产强制执行 2. 私募投资基金虽然并非必然属于证券投资基金,但可以参照使用《证券投资基金法》的规定 3.《私募投资基金监督管理暂行办法》《私募投资基金合同指引1号(契约型私募基金合同内容与格式指引)》中都明确私募基金的财产为投资人购买基金时投入的成本及管理人投资时的收益。基金投资的股权虽然是由管理人的名义持有,但是其仍属于基金所有 4. 因管理人本身的债务纠纷而采取的保全措施,不应涉及其管理的基金财产 判决结果:支持排除执行	关于权属确认(基金独立性的论证): 《证券投资基金法》第5、7条,《私募投资基金监督管理暂行办法》第4条 关于排除执行(股权具有人身性和财产性): 北京市高级人民法院《关于执行查控时财产权属判断规则及案外人异议审查中权利冲突规则若干问题的意见》第25条,《中华人民共和国信托法》(以下简称《信托法》)第2、16条

续表

序号	案例	争议焦点	案外人主张理由	认定基金份额归属的依据及是否可以排除执行	相关法条及理论
3	是某某、邹某等与黄某某执行异议之诉二审，江苏省无锡市中级人民法院（2019）苏02民终3405号民事判决书	登记在管理人名下的基金账户被冻结，基金份额持有人可否申请排除执行	基金产品托管账户中的所有款项均系基金份额持有人是某某等，非唐某某或智慧公司的财产，故应驳回黄某某的诉讼请求，停止对基金托管账户中款项的执行	1.涉案专户系是某某等因投资智慧一号私募基金使用的专用账户，是基金财产，并非管理人智慧公司的财产 2.蔡某汇入100万元确已加入基金经营运行，并对基金相关盈亏情况产生实质性的影响 判决结果：支持排除执行	《证券投资基金法》第5、7条，《私募投资基金监督管理暂行办法》第23条
4	刘某某与苏某某、姜某某等执行异议之诉一审，江苏省盐城经济技术开发区人民法院（2020）苏0991民初1674号民事判决书	契约型私募基金财产登记在管理人名下，被强制执行，基金份额持有人能否申请排除执行	1.子沐基金持有的子沐弘某49.21%财产份额，属于“首汽一号基金”的基金财产，不属于子沐基金固有财产 2.契约型基金不具有独立民事主体资格，子沐基金作为管理人，代表“首汽一号基金”将基金财产投资于子沐弘某财产份额 3.非因基金财产本身承担的债务，不得对基金财产强制执行	1.“首汽一号基金”投资人与子沐基金形成信托合同法律关系 2.“首汽一号基金”投资款资金流向清晰明确，与基金管理人子沐基金的固有财产不存在混同 3.投资人、子沐基金对于案涉合伙份额登记于子沐基金名下主观上并无过错，正是基于契约型私募基金无法人资格的客观实际，且子沐基金对该种代持关系已通过一定的方式予以披露公示 4.该基金的设立具有基金合同依据，且已通过一定的方式予以公示，不同于一般的股权或合伙份额代持行为，不适用最高人民法院《关于人民法院办理执行异议和复议案件若干问题的规定》第25条规定 判决结果：支持排除执行	《信托法》第2、16、17条

续表

序号	案例	争议焦点	案外人主张理由	认定基金份额归属的依据及是否可以排除执行	相关法条及理论
5	曹某与湖北福诚澜海资产管理有限公司等案外人执行异议之诉一审,湖北省武汉市江岸区人民法院(2017)鄂0102民初8095号民事判决书	合伙型基金份额权属的审查	其虽未登记但是已经实际取得了基金份额所有权,可以排除执行	曹某、福诚澜海公司均不能提交证据证明涉案基金份额转让在本院查封前已履行有限合伙协议规定的基金份额向有限合伙人以外的第三方转让的前置程序。故基金份额所有权为澜海公司 判决结果:不支持排除执行	《合伙企业法》第22条
6	嘉兴润石仁方股权投资合伙企业(有限合伙)与傅某等案外人执行异议之诉,北京市高级人民法院(2021)京民终634号民事判决书	未登记的合伙型基金份额持有人可否排除执行	已经取得了合伙企业份额,可以排除执行:合伙份额有别于一般的财产形态,性质上类似于股权,只要该合伙份额的转让合同合法有效就应该视为持有,内部流程和工商登记仅是内外部的管理、确认程序,并不是该合伙份额所有权是否转移交付的标准	待嘉兴润石的信息记载合伙人名录并且完成相应的工商变更登记之时,该案涉基金财产份额的转让才算最终完成。但至今未完成工商变更登记的情况下,嘉兴润石基于其履行基金财产份额转让协议而享有的权利实质为对新华联控股公司的债权,不能排除执行 判决结果:不支持排除执行	《合伙企业法》第13条、第22条、第66条

表1显示,涉及私募基金财产在案外人执行异议之诉案件中的司法审查的问题,主要包括:执行标的为未登记或未及时变更登记的私募基金份额,引发的案外人执行异议之诉;执行标的为登记在管理人名下契约型私募基金所持有财产,引起的案外人执行异议之诉。案外人提起执行异议之诉的目的是排除对执行标的的强制执行,法院在认定是否能够排除执行的一个重要因素就在于涉案标的的权属确认。各地法院存在两种认定基金财产归属的审理思路:一是登记确认法,以基金份额登记机关所作的外部登记或基金管理人所作的内部登记作为确认基金份额归属的唯一依据;二是实质确权法,通过对基金份额转让合同的实际履行、管理人情况说明等事实进行实质性审查来确定基金份额归属,从而确定案外人是否有权申请排除执行。从司法实践来看,绝大多数法院在审理基金财产归属时选择登记确认的处理方式。

(二)登记确认的处理方式及其问题

各地法院在审理此类执行异议案件时,之所以多采用登记确权的处理方式,是因为此种处理方式化繁为简,大大降低了案件事实认定的审理难度,不过此种审判思路也存在适用困境。

1. 不同类型登记的区分困境

现代商事法遵循商事外观主义原则,强调商事参与者承担的风险与其理性预期应当一致。① 从所涉案例来看,在遵循登记确认权属处理方式的案件中也会出现不同类型登记的效力认定的问题。例如,在公司型或合伙型私募基金中,中国证券基金业协会备案登记的基金份额和在工商登记机关登记的股东(合伙人)不一致;②在契约型私募中基金管理人所作的投资者名册和托管人所作的份额内部登记记载不同③等情况。面对以上情况,如果要实现对商事外观主义的保护,必然要对各类登记的效力进行区分,不可一概而论。

2. 不同类型基金的适用困境

按照私募基金类型的不同可以分为私募证券投资基金和私募股权投资基金,目前《证券投资基金法》对于证券投资基金的相关份额登记进行了规制,但是

① 参见刘胜军:《论商事外观主义》,载《河北法学》2016年第8期。

② 参见江苏省盐城市中级人民法院民事判决书,(2020)苏0991民初1674号。

③ 参见北京市高级人民法院民事判决书,(2021)京民终634号。

对于股权投资基金的登记问题,我国法律目前未有明确且集中的规则,只能根据基金经营方式的具体类型判断适用法律。按照私募股权投资基金的经营方式不同,可以分为公司型、合伙型、契约型。《私募投资基金备案须知》关于公司型基金和合伙型基金投资者确权的相关规定明确,公司型基金或合伙型基金应当按照《公司法》或《合伙企业法》规定的程序和期限要求,向工商登记机关申请办理登记。① 值得注意的是,法律对契约型私募股权投资基金没有明确的登记要求及登记规则指引,基金份额持有人无法通过具有公示效力的外部登记进行确权,其权属确认往往只能依据内部记载或实质性的审查。

(三)实质审查的处理方式及其优势

实质性审查的处理方式在司法实践中的样本数量较少,但管中窥豹,依然可以看出此种审理思路的路径。例如,在上海双创与恒泰证券案外人执行异议纠纷一案②中,法院在认定未登记的合伙型私募基金份额持有人是否可以申请排除执行的问题时,依据基金份额转让协议的履行情况、合伙协议的内部规则及《合伙企业法》关于有限合伙人之间转让合伙份额的规定,认定基金份额转让有效,上海双创取得基金份额所有权,可以排除执行。实质性审查的思路有利于切实保障私募基金财产在执行中得到切实救济,具体来说主要有以下三点优势:

1. 实质性审理保护投资者的权益

基金份额未登记往往是管理人怠于履行职责、基金份额登记现实不能、基金份额变更未及时登记等不能归责于投资者的原因,在此情况下如果片面强调登记主义,在执行中对基金份额进行强制执行,无疑会损害无过错投资者的权益。基金财产登记在管理人名下的情况也是如此,在我国契约型基金并不具备法人主体资格,若想进行股权投资必须要将购买的股权登记在管理人名下,而此时因管理人的其他债务导致登记在其名下的基金财产被强制执行,会损害基金投资者的合法权益。可见在以上情况下,唯有通过实质性审查的方式判定基金财产的真实所有权归属,才能够保护投资者的合法权益并且维护私募基金行业的健

① 《私募基金投资基金备案须知》第20条规定:"【公司型与合伙型基金前置工商登记和投资者确权】公司型或合伙型私募投资基金设立或发生登记事项变更的,应当按照《公司法》或《合伙企业法》规定的程序和期限要求,向工商登记机关申请办理登记或变更登记。"

② 参见北京市高级人民法院民事判决书,(2021)京民终593号。

康发展。

2. 实质性审查有利于纠纷的一次性化解

在登记确认的处理思路下，基金财产或基金份额被执行后，实际权利主体必然会提起另案诉讼来维护自身的合法权益。而与其不同的是，实质性审查的思路从根源上限制基金财产被不当执行，有利于纠纷的一次性化解。实际上在执行程序中作为执行标的的基金财产背后的实际权益人往往是各类中小投资者和机构，登记确认的审理思路虽然在处理个案时方便快捷，但会引发接下来的一系列复杂纠纷案件，在一定程度上给有限的司法资源增加了不必要的负担。

3. 实质性审查切合执行异议之诉的审查要求

执行异议之诉不同于普通民事诉讼，其是从执行程序中衍生出的一种兼有实体利益目的的特殊类型诉讼。执行异议之诉的审理，应准确把握实体审查标准，妥善平衡申请执行人、被执行人、案外人分别对执行标的具有的执行利益、表象权利、实体权利发生冲突之时的权利实现顺位，通过实质性审理的方式确认基金财产的真实权属更符合执行异议之诉的处理思路。

虽然实质性审查有上述优点，但是我们也不能忽略，此种审理思路的重点与难点在于司法机关如何通过事后的分析判断来确定基金的实际权属，以及如何处理该种审理思路与商事外观主义之间的冲突，这些问题也正是一直以来困扰司法实践的难题。

二、问题提炼：登记"名实不符"的情况下涉私募基金财产权属的认定性质分析

（一）区分：与股权隐名代持的区别

有判决认为在私募基金份额或基金持有财产未登记（未及时变更登记）等权属登记名实不符的情况下，对于私募基金财产权属的处理可以适用股权隐名代持的法律规定。① 但笔者并不同意此观点。

首先，对于未登记（未变更登记）的基金份额来说，参照适用股权隐名代持的法律规定并不准确。在股权隐名代持关系中通常存在隐名股东和显名股东之间

① 参见四川省德阳市中级人民法院民事判决书，(2020)川06民终25号。

的代持合意,但是在此类基金权属纠纷中,因为法律规定了严格的关于合格投资者的审查规则,所以很大程度上限制了基金代持的现象。在股权代持法律关系中,隐名股东自愿放弃了显名的权利,而在此类案件中未登记或未及时变更登记是非因基金份额持有人自身的原因导致的,更不是出于其自愿。在代持法律关系中,登记的名实不符并不是管理人等的过错导致的,而在基金权属纠纷的案件中未登记却很可能是管理人的过失或原持有人的过错。

最高人民法院《关于适用〈中华人民共和国公司法〉若干问题的规定(三)》明确实际出资人想要显名,必须经过其他半数以上股东同意这一前置条件。该条规定充分说明资合性与人合性的统一是有限责任公司的一大特点,出资人仅仅出资并不能直接成为公司股东,具备法律上的股东地位,而是必须要满足一定的条件。因此,隐名股东在符合上述条款规定的获得同意的条件之前仅仅享有向股权代持人主张返还投资权益的债权,无物权优先于债权的适用条件。

其次,在契约型私募基金的案件中将登记在管理人名下的私募基金财产看作是股权代持也不够准确。最高人民法院《关于人民法院办理执行异议和复议案件若干问题的规定》第25条第1款规定:"对案外人的异议,人民法院应当按照下列标准判断其是否系权利人:……(四)股权按照工商行政管理机关的登记和企业信用信息公示系统公示的信息判断;(五)其他财产和权利,有登记的,按照登记机构的登记判断;无登记的,按照合同等证明财产权属或者权利人的证据判断。"上述司法解释第1款第4项关于权利人的判断,系对一般民事主体权利归属的判断,但是此类案件中认定私募基金持有财产即股权或合伙份额的实际权利人,涉及对不具有民事主体资格的契约型基金是否为"权利人"的判断。对该事实的审查,还应结合《证券投资基金法》《信托法》《私募投资基金监督管理暂行办法》以及上述司法解释第1款第5项、涉案基金合同的相关约定进行审查。例如在刘某某与孙某某案外人执行异议之诉一案[①]中,从涉案"首汽一号基金"的设立及其管理人的代持行为的特殊性来看,法院认为该基金的设立具有基金合同依据,且已通过一定的方式予以公示,不同于一般的股权或合伙份额代持行为。该案中子沐公司系在中基协登记备案的私募基金管理人,"首汽一号基金"亦在中基协进行了登记备案,上述登记备案信息亦具有公示公信力,且"首汽

---

① 参见江苏省盐城市中级人民法院民事判决书,(2020)苏0991民初1674号。

一号基金"的设立符合《证券投资基金法》《信托法》《私募投资基金监督管理暂行办法》的相关规定，亦符合案涉基金合同的相关约定，应依法认定案涉合伙份额的实际出资人为"首汽一号基金"，受制于其自身无民事主体资格，"首汽一号基金"借基金管理人子沐公司之名，代其持有合伙份额。但管理人代表契约型私募基金"首汽一号基金"持有合伙份额系基于管理人（受托人）与投资人（委托人）之间的信托法律关系，该种代持关系显然不同于基于一般合同法律关系的股权或合伙份额代持行为。

另外，从商事外观主义的功能来看，契约型私募基金的设立及运作，已满足了相关法律的规定及行业规范。商事活动中应当遵循商事外观主义原则，以商主体的行为外观认定其行为所产生的效果，其目的是促进商事交易、提高交易效率、维护交易安全、保障正常经济秩序。具体来说，如果基金管理人身份及基金的设立均已在中基协进行备案，募集的投资款也进行了专门托管，基于信托法律关系的代持行为也在工商行政管理部门档案中予以公示，可认定私募基金的上述一系列行为已在尽力满足法律规定的基金运作要求，是商事外观主义的具体体现。申请执行人仅依据工商行政管理部门登记的单一表象权利外观，难以对抗基金本身作为实体权利人的信托受益权。

（二）基金份额原持有人与现持有人：基金份额转让法律关系

基金份额原持有人与现持有人之间的法律关系应理解为是基于合同履行完毕而产生的所有权转移。例如，在上海双创诉中泰证券案外人执行异议之诉一案①中，法院结合基金份额转让协议中的相关约定、份额转让款的付款情况、被执行人名下出资份额实际占有情况、合伙人名录记载等信息综合判断，认定该协议已经实际履行完毕，并且结合《合伙企业法》、合伙协议的约定、有限合伙人内部转让的说明函已经实际送达其他合伙人，认定案外人享有基金份额所有权。之所以未办理登记是因为合伙企业内部其他有限合伙人不予配合，不影响基金份额所有权的移转。在所有权已经移转的情况下，不得因基金份额原持有人的其他债务，对该基金份额强制执行。

---

① 参见北京市高级人民法院民事判决书，(2021)京民终593号。

(三)基金份额持有人与管理人:信托法律关系

在契约型私募基金中,关于基金份额持有人与管理人之间的法律关系,有判决认为:"《证券投资基金法》为《信托法》之特别法,私募基金法律关系为'信托法律关系',受《证券投资基金法》《信托法》《私募投资基金监督管理暂行办法》等法律及规章调整。无论根据《证券投资基金法》还是《信托法》,非因基金财产本身承担的债务,不得对基金财产强制执行。"①不仅如此,我国现有的相关法律法规也普遍将此类法律关系定性为信托法律关系。②

私募基金财产具有独立性。《信托法》第16条第1款规定:"信托财产与属于受托人所有的财产(以下简称固有财产)相区别,不得归入受托人的固有财产或者成为固有财产的一部分。"《证券投资基金法》第5条也规定:"……基金财产独立于基金管理人、基金托管人的固有财产……基金管理人、基金托管人因基金财产的管理、运用或者其他情形而取得的财产和收益,归入基金财产……"独立性是私募基金财产的一大特征,即使登记在管理人名下也不因此与管理人财产混同而丧失独立性。

私募基金财产执行具有排他性。根据《信托法》第17条的规定,除受托人处理信托事务所产生债务、信托财产本身应担负的税款等特殊情况外,"信托财产不得强制执行"。《证券投资基金法》第7条规定:"非因基金财产本身承担的债务,不得对基金财产强制执行。"根据以上法律法规可知,私募基金财产的执行具

---

① 《证券投资基金法》第7条规定:"非因基金财产本身承担的债务,不得对基金财产强制执行。"《信托法》第17条规定:"除因下列情形之一外,对信托财产不得强制执行:(一)设立信托前债权人已对该信托财产享有优先受偿的权利,并依法行使该权利的;(二)受托人处理信托事务所产生债务,债权人要求清偿该债务的;(三)信托财产本身应担负的税款;(四)法律规定的其他情形。对于违反前款规定而强制执行信托财产,委托人、受托人或者受益人有权向人民法院提出异议。"

② 最高人民法院《全国法院民商事审判工作会议纪要》第88条第2款规定:"根据《关于规范金融机构资产管理业务的指导意见》的规定,其他金融机构开展的资产管理业务构成信托关系的,当事人之间的纠纷适用信托法及其他有关规定处理。"中国人民银行、中国银行保险监督管理委员会、中国证券监督管理委员会、国家外汇管理局《关于规范金融机构资产管理业务的指导意见》(银发〔2018〕106号,即"资管新规")第2条规定:"……私募投资基金适用私募投资基金专门法律、行政法规,私募投资基金专门法律、行政法规中没有明确规定的适用本意见……"《中国人民银行有关负责人就〈关于规范金融机构资产管理业务的指导意见〉答记者问》第6条明确指出,"资管业务是'受人之托、代人理财'的金融服务",法律关系为信托关系。

有特殊性,虽然该基金登记在管理人名下,但因管理人其他债务而提起诉讼的债权人,不得主张对基金财产强制执行。

三、路径探索:登记确认与实质性审查相结合的审判思路

本文认为,应采用登记确认与实质审查相结合的审判思路来处理该类问题,即有登记按登记,无登记或登记与实际情况不符的再综合依据现有的登记及实质审查的方式综合判断基金财产的权属。在虽有登记,但登记与实际不符时,如何进行审查? 即是此处需要重点讨论的问题。

此种情况下涉私募基金财产在执行程序中的救济路径,主要针对私募基金份额持有人提起的案外人执行异议之诉,主要包括以下两种诉请:(1)在基金份额原持有人未变更登记的情况下发生的争议,基金份额持有人请求对登记在原持有人名下的其实际持有的基金份额排除执行;(2)在契约型基金中基金管理人以基金财产购买股权并以其自身的名义登记为股东的情况下,基金份额持有人申请排除对管理人该部分股份的强制执行。对于以上两种诉请的请求权基础的确定要从法律及法理角度出发综合考虑,并结合案件的事实进行有效的法律要件涵摄。

(一)相关立法的解读及扩展

《证券投资基金法》第65条规定:开放式基金的基金份额的申购、赎回、登记,由基金管理人或者其委托的基金服务机构办理。可见《证券投资基金法》对于开放式基金有明确规定,即由基金管理人或者基金服务机构办理份额的申购、赎回、登记工作。对于私募股权投资基金,通常是由管理人负责,在基金合同中约定。但是,当管理人不行使此项职责时,基金份额持有人的权益将受到一定的影响。

1. 关于公司型基金份额权属的法律规定

实践中,私募基金以公司形式设立的情况非常常见,此时对基金份额的登记实际上就是对股权的登记。对于股权转让是否需要进行工商变更登记,我国《公司法》以及《公司登记管理条例》(已失效)没有明确要求。《公司法》第32条第3

款规定:"公司应当将股东的姓名或者名称向公司登记机关登记;登记事项发生变更的,应当办理变更登记。未经登记或者变更登记的,不得对抗第三人。"可见,股权的工商变更登记仅为行政管理行为,该变更登记并非设权性登记,而是宣示性登记,旨在使公司有关登记事项具有公示效力。不进行工商变更登记,并不影响受让方股东权利的行使。因此,在双方没有约定基金份额转让生效要件的情况下,判断基金份额权属是否转让的标准不是是否进行工商变更登记。我国《公司法》第71条关于股权转让的规定明确有限责任公司的股东之间可以相互转让其全部或部分股权。股东向股东以外的人转让股权,应当经其他股东过半数同意。综上所述,基金份额的转让只要满足了《公司法》的规定及公司章程等关于股权转让相关约定,并且已经实际履行完毕转让合同,该转让行为就属有效。

2. 关于合伙型基金份额权属的法律规定

《合伙企业法》第22条规定:除合伙协议另有约定外,合伙人向合伙人以外的人转让其在合伙企业中的全部或者部分财产份额时,须经其他合伙人一致同意。合伙人之间转让在合伙企业中的全部或者部分财产份额时,应当通知其他合伙人。通过《合伙企业法》的内容来看,合伙人的财产份额对外转让时,需要经过其他合伙人的全部同意;合伙人之间转让财产份额时,不需要经过其他合伙人的同意,通知即可,这种通知义务是应当、必需的。合伙人的合伙份额应按照《合伙企业法》进行登记或变更登记,但是与股权登记一样,登记也是具有公示效力。在实践中,私募股权投资基金以合伙企业形式设立,在基金份额持有人内部的转让比较常见,因为合伙企业的人合性较强,所以基金份额持有人的内部转让通常不通过工商登记等形式进行变更。此时应综合考虑基金份额转让是否符合法律及合伙协议的规定、转让协议是否履行完毕等判断基金份额的权属。

3. 关于契约型基金财产权属的法律规定

因契约型基金财产权属登记引发的争议通常出现在基金对股权或合伙企业份额进行投资的情况下,该投资标的的登记问题。私募基金投资上市公司成为股东的登记,所依据的是《证券法》及证监会、中国证券登记结算有限责任公司相关规定,[①]相关法律法规明确规定可以直接将私募基金、资产管理计划等股票持有人登记为股东。但是,对于非上市公司、合伙企业,其股东、合伙人的登记主体仅限于自然人、法人、其他组织。[②] 在此种情况下,契约型基金作为非上市公司的股东或合伙企业的合伙人必然需要管理人代持,此时不能仅以登记作为判断权属的唯一依据。

(二)法理基础:商事外观主义的权衡

理论指导实践,实践的困惑源于理论上的争议。登记确权和实质确权之间的争议实际上是围绕究竟采用事实标准抑或外观标准进行展开。这与目前理论界形成的"权利外观优先保护论"与"权利外观优先保护质疑论"两种不同的观点有关。[③] 前者主张法院在审理登记"名实不符"的财产执行异议之诉案件时应当将外观主义作为裁判的依据,并从多角度加以论证。在执行程序中对执行标的权属的判断,除了动产、不动产可以适用物权公示原则外,股权等无形财产则须依据外观主义标准。[④] 而反对权利外观优先保护的学者则主张从客观事实出发,例如,有些案件中隐名股东才是股权实际出资者,故此时不应当执行名义股

---

① 证监会《证券登记结算管理办法》(2018 年修正)第 17 条规定:"投资者通过证券账户持有证券,证券账户用于记录投资者持有证券的余额及其变动情况。"第 19 条第 1、2 款规定:"投资者开立证券账户应当向证券登记结算机构提出申请。前款所称投资者包括中国公民、中国法人、中国合伙企业、符合规定的外国人及法律、行政法规、中国证监会规章规定的其他投资者。"《中国证券登记结算有限责任公司证券账户管理规则》第 17 条规定:"符合法律、行政法规、国务院证券监督管理机构及本公司有关规定的自然人、法人、合伙企业以及其他投资者,可以申请开立证券账户。证券资产托管人或资产管理人,可以按本公司规定为证券投资基金、保险产品、信托产品、资产管理计划、企业年金计划、社会保障基金投资组合等依法设立的证券投资产品申请开立证券账户。"《中国证券登记结算有限责任公司特殊机构及产品证券账户业务指南》对资金管理公司资产管理计划证券账户、私募基金证券账户、商业银行理财产品证券账户的开立以及名称规则均有详细规定,其中第 2.5.1 条规定,"经基金业协会备案的私募基金,可以申请开立私募基金证券账户"。同时,根据该指南第 2.5.4 条的规定,私募基金证券账户的"名称"应为"私募基金管理人全称—私募基金名称"。

② 根据《合伙企业法》第 2 条的规定,合伙人仅限于自然人、法人和其他组织。根据原《民法总则》第 102 条(现已被《民法典》第 102 条所修改)的规定,"其他组织"包括个人独资企业、合伙企业、不具有法人资格的专业服务机构等,但显然不包括契约型私募基金。

③ 参见赵忠奎:《公司实际出资人执行异议之诉理论检视与裁判路径选择》,载《江西财经大学学报》2020 年第 3 期。

④ 参见肖建国:《执行标的的实体权属的判断标准——以案外人异议的审查为中心的研究》,载《政法论坛》2010 年第 3 期。

权。主要依据是股权登记仅有宣示性对抗效力并不能构成权利外观基础。① 同时在执行程序中隐含的逻辑前提是财产必须是被执行人的。因此,倘若不加分辨地将他人的财产作为执行对象加以执行则属于执行错误,严重侵犯了他人的正当利益,也违背执行理论。因此,执行异议之诉中必须兼顾登记确权与实质确权的审判思路,综合登记和实际情况确认财产的归属与是否应排除执行。

对于以上问题,本文认为,在适用外观主义的基础上应对其严格把握。《公司法》第32条规定公司未向登记机关办理股东姓名或名称登记或者在发生变更时未进行变更的,不得对抗第三人。这里的第三人仅指有交易关系的第三人,目的是使股权交易行为的效力处于确定状态进而维护交易秩序的稳定。因此,唯有基于工商登记产生交易行为的第三人才属于法律应当保护的不能对抗的对象。如果申请执行人仅仅因债务人无法按时偿还金钱债务便申请执行基金份额,无信赖利益予以保护的必要。另外,善意取得制度可谓是从外观主义发展而来,是该原则的具体表现,而该制度则致力于保护善意买受人。债权人仅仅因为普通债务纠纷请求执行基金份额,与商事交易活动并无任何关联,不能适用外观主义原则。

四、具体适用:回归本案与延展探讨

(一)回归本案:未登记的私募基金份额权属认定

本案核心争议焦点在于孙某某是否对涉案系争基金份额享有所有权并可据此排除执行。

一是对于基金份额所有权的归属,有登记的,应当按照登记机构的登记判断,无登记的,应当按照合同等证明财产权属或者权利人的证据判断。本案中,李某某与孙某某、滚石公司于2016年7月签订运能能源股权基金份额转让协议,约定李某某向孙某某转让折合700万份股权基金份额及相关一切衍生权利。之后孙某某亦按约支付700万元转让价款。滚石公司作为基金管理人于2019年9月17日出具转让说明,确认系争基金份额转让协议签订的事实,并特别强调滚

① 参见王延川:《执行程序中权利外观优先保护之检讨——以名义股东被执行为例》,载《法学杂志》2015年第3期。

石公司作为管理人在份额转让协议上用印，对孙某某的滚石3号700万份基金份额权益进行了登记确认的事实，上述事实均可以确认孙某某对系争股权基金份额享有所有权。

二是孙某某曾起诉至浦东法院要求确认系争基金份额与收益，后因在一审法院提起案外人执行异议之诉而向浦东法院撤回起诉。滚石公司于2019年9月17日向浦东法院出具的转让说明，内容清晰，不存在任何歧义。一审法院在明知浦东法院已确认吴某等3人享有滚石3号股权基金份额的事实，以及基金管理人滚石公司也已确认孙某某享有滚石3号700万份基金份额权益的情况下，仍对孙某某的诉请不予支持，既与客观事实不符也有违公平原则。

三是一审法院驳回孙某某的诉讼请求，理由是认为孙某某未经滚石公司确认登记为滚石3号基金的持有人。上海金融法院认为，本案系争基金性质系私募股权投资基金，并非证券投资基金，目前并无强制性法律规定要求私募股权投资基金必须按照《证券投资基金法》的规定进行份额登记。国泰君安公司作为涉案基金新的托管人进行的内部基金份额登记，并不能否认滚石公司之前对孙某某基金份额的确认。况且，基于滚石公司出具的转让说明，应当认定当时的涉案基金管理人滚石公司已经对孙某某所持的系争基金份额进行了内部登记。

（二）思路总结

1. 基金份额权属争议

对于未登记或登记与实际情况不符的基金份额执行引发的争议，审理应遵循的思路为：有登记的按照登记确认权属，无登记或者登记与实际情况不符时，以下要件的审查可以作为确认权属的依据。

（1）在查封之前已经签订了合法有效的基金合同或基金份额转让合同，合同合法有效且不违反法律法规的相关规定。需要注意的是，公司性基金份额转让应按照《公司法》的规定，向有限责任公司股东以外的人转让的要经过半数以上的股东的同意。合伙型基金份额转让应依据《合伙企业法》，向合伙人以外的主体转让，应取得全部合伙人的同意。

（2）合同已经实际履行。已经支付了全部的价款，并且实际占有基金份额。判断合同实际履行可以依据支付款项的凭证，由行使股权或合伙人权益的主体来判断。如果有管理人或托管人出具的情况说明或者相关的确权诉讼，也可以将其作为此处判断权属的依据。

(3)非因基金份额持有人自身原因未办理登记。未办理登记是因为原持有人、其他份额持有人不配合办理,或者基金管理人怠于办理,而非股权代持中双方协议股东通过隐名的方式持有股权。

(4)申请执行人对登记不存在信赖利益。申请执行人的交易并非基于对被执行人登记财产的信赖,如执行人与申请执行人之间交易的发生早于基金份额登记在申请执行人名下的日期,在这种情况下就可以认定申请执行人对登记不存在信赖利益。

2. 基金所有财产权属争议

对于登记在管理人名下的基金所有财产的权属应依据以下情况综合判断:(1)基金合同及管理人备案登记情况。审查基金及管理人备案登记的内容,厘清基金与管理人之间的信托法律关系。审查备案的基金合同内容,重点关注其中指定基金存储账户是否是案件的执行标的。(2)基金合同约定的投资标的是否是案件的执行标的。(3)管理人对于执行标的进行权属登记或确认时,是否已经备注其是基金的管理人,投资资金源于基金并且投资权益由基金享有。综合以上3种情况,可认定基金财产的真实权属。

相似案件的处理可参照以上审判思路,具体见图1。

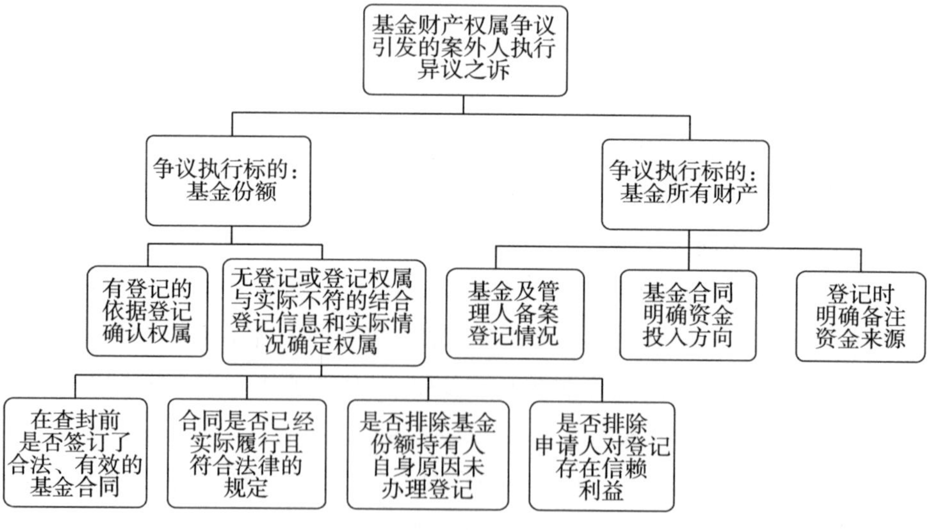

图1　类案处理逻辑

人民法院将财产抵债过户至资管计划名下的合法性及审查标准

——网信证券有限责任公司与科瑞天诚投资控股有限公司质押式证券回购纠纷申请执行案①

徐　俊*

【裁判要旨】

金融类案件的执行司法实践当中,资管计划管理人作为申请执行人的案件颇为常见。本案中申请执行人作为资管计划的管理人,依法向本院申请以流拍财产抵债,并申请将财产过户至资管计划名下。在收到申请执行人的抵债申请后,上海金融法院根据《中华人民共和国信托法》(以下简称《信托法》)、中国人民银行、中国银行保险监督管理委员会、中国证券监督管理委员会、国家外汇管理局《关于规范金融机构资产管理业务的指导意见》(以下简称《资管新规》)中关于信托财产独立于受托人自有财产的规定,责令网信证券有限责任公司提供材料明确交易资金的真实来源,证明交易资金的独立性。网信公司提供了信富17号定向资产管理计划资产管理合同、苏信理财·恒源J1604单一资金信托合同、网信公司股票质押式回购交易业务协议、上海浦东发展银行对账单等证明材料。上海金融法院在审查前述材料的基础上,查明资金的真实来源和独立性,并确保资管计划后续运行过程中计划财产的独立性,后对申请执行人的抵债申请

---

① 本案入选上海金融法院2021年度十大典型案例。

* 法学硕士,上海金融法院执行局法官助理。

予以支持,将财产过户至资管计划名下。本案是在现有法律框架内作出的实践创新,不是对现有法律规范的突破,反而是在遵守《信托法》规定和强制执行程序的基础上作出的精准判断。

【案号】

上海金融法院(2021)沪74执49号

【案情】

申请执行人:网信证券有限责任公司(以下简称网信公司)

被执行人:科瑞天诚投资控股有限公司(以下简称科瑞公司)

申请执行人网信公司与被执行人科瑞公司质押式证券回购纠纷一案,北京仲裁委员会作出的(2020)京仲裁字第1542号裁决书已经发生法律效力。因科瑞公司未履行前述生效法律文书确定的义务,网信公司向上海金融法院申请强制执行,要求科瑞公司偿还回购款本金人民币12.5亿元和利息及迟延履行期间的加倍债务利息。上海金融法院立案受理后,依法向被执行人科瑞公司发出执行通知,责令其限期履行义务,但被执行人未予履行。

本案执行过程中,依法轮候冻结了被执行人科瑞公司持有的104,539,300股上海莱士股票(以下统称标的股票),标的股票已质押给申请执行人网信公司。上海金融法院查明,深圳市中级人民法院以(2018)粤03财保209号首先冻结了标的股票,后(2018)粤03财保209号案件权利人向上海市第一中级人民法院申请执行,案号为(2019)沪01执1597号。据此,2021年3月8日,上海金融法院根据《最高人民法院关于首先查封法院与优先债权执行法院处分查封财产有关问题的批复》的规定,向上海市第一中级人民法院发函商请移送标的股票的处置权。上海市第一中级人民法院于2021年4月2日向上海金融法院回函,将标的股票移送上海金融法院执行。

上海金融法院取得标的股票处置权后,依法委托上海华夏拍卖有限公司于2021年7月29日10时至2021年7月30日10时在"公拍网"司法拍卖平台第一次公开拍卖标的股票,因无人参与竞价而流拍。申请执行人网信公司申请将标的股票按照第一次拍卖流拍价抵债,并提出,其为“网信公司信富 17 号定向资产管理计划”(以下简称“信富 17 号资管计划”)的管理人,与被执行人科瑞公司进行涉案股票的质押式证券回购业务的资金源于“信富 17 号资管计划”,“信富 17 号资管计划”的委托人为苏州信托有限公司,故申请将本次处置的标的股票抵债至“信富 17 号资管计划”名下。

【审判】

上海金融法院收到申请执行人网信公司的抵债申请后,根据《信托法》《资管新规》中关于信托财产独立于受托人自有财产的规定,责令网信公司提供材料明确资金的真实来源和独立性,提供资管计划专用证券账户受让标的股票,确保资管计划后续运行过程中计划财产的独立性。网信公司提供了“信富 17 号资管计划”资产管理合同、苏信理财 · 恒源 J1604 单一资金信托合同、网信公司股票质押式回购交易业务协议、上海浦东发展银行对账单等证明材料,并根据要求提供了资管计划在中国证券登记结算有限责任公司开立的专用账户。

本院在查明资金真实来源、明确财产独立性的基础上,对申请执行人网信公司的申请予以支持,于 2021 年 8 月 11 日依法裁定将标的股票过户至“信富 17 号资管计划”名下。

【评析】

一、资管计划管理人申请将财产抵债至资管计划名下的合法性分析

本院在执行中查明,本案涉案交易的资金来自“信富 17 号资管计划”,该资金的最终来源方是上海浦东发展银行股份有限公司苏州分行(以下简称浦发银行苏州分行)。浦发银行苏州分行作为委托人和受益人,投入资金并委托苏州信托有限公司设立“苏信理财 · 恒源 J1604 单一资金信托”。后苏州信托有限公司执行该信托过程中,将资金委托申请执行人网信公司管理,并据此设立

“信富17号资管计划”。网信公司作为资管计划管理人,将资金融出给被执行人科瑞公司,因科瑞公司未按约定回购标的股票,申请执行人网信公司向北京仲裁委申请仲裁,最终进入本院执行。执行过程中,对于申请执行人网信公司以标的股票抵偿债务,并过户至资管计划名下的申请,其合法性分析需要遵循以下路径展开:以资管计划的法律性质为基点,厘清资管计划及其管理人在民事诉讼过程中的法律地位,明确计划财产独立性的要求,并将该等要求在人民法院执行程序中予以遵循,最终证成资管计划管理人的抵债申请合法,应当予以支持。

(一)资管计划的法律性质

对资管计划法律性质的争议由来已久,“委托关系说”和“信托关系说”难分伯仲,其原因既有金融分业监管的法律框架对民商法定性的干扰,也有概念层面的辩论与实践脱节的局限。① 学术界的主流观点认为,资管计划中各主体之间形成信托法律关系,计划管理人为信托受托人,资产出资人作为信托委托人。从现有的法律、司法解释的规定来看,并无明文对资管计划的法律性质进行定性。但是从《资管新规》以及中国证券监督管理委员会《证券公司及基金管理公司子公司资产证券化业务管理规定》的规定来看,目前以及未来金融机构开展的资管义务应当归属于信托关系,而非委托代理关系。如《资管新规》第8条规定金融机构应当对所管理的不同产品受托财产分别管理、分别记账,进行投资;第13条第3款规定,金融机构开展资产管理业务,应当确保资产管理业务与其他业务相分离,资产管理产品与其代销的金融产品相分离,资产管理产品之间相分离,资产管理业务操作与其他业务操作相分离。《证券公司及基金管理公司子公司资产证券化业务管理规定》第5条第2、3款规定,专项计划资产独立于原始权益人、管理人、托管人及其他业务参与人的固有财产。原始权益人、管理人、托管人及其他业务参与人因依法解散、被依法撤销或者宣告破产等原因进行清算的,专项计划资产不属于其清算财产,上述规定明确了计划资产的独立性和相应的破产隔离制度。

---

① 参见刘燕:《资管计划的结构、功能与法律性质——以券商系资管计划为样本》,载《投资者》2018年第3期。

（二）资管计划及其管理人在民事诉讼中的法律地位

根据《中华人民共和国民事诉讼法》（以下简称《民事诉讼法》）第51条的规定，可以作为民事诉讼当事人的主体包括公民、法人和其他组织，对应《中华人民共和国民法典》（以下简称《民法典》）所规定的自然人、法人、非法人组织三种民事主体。但是我国的信托法体系中，信托并未被赋予法人资格，对照《民法典》第102条关于非法人组织的规定，信托亦无法认定为非法人组织，其更不属于自然人。因此，信托或者信托财产并没有民事诉讼的主体资格，这意味着信托或信托财产不能起诉也不能被起诉。[①] 资管计划本质上属于信托，其同样不具有民事诉讼的主体资格，无法形成自己的意思表示并按照自己的意思表示设立、变更、终止民事法律关系，无法担当民事诉讼中的原告或被告。

在信托财产未实现主体化的情况下，有观点认为，信托受益人能够担当民事诉讼的当事人。诚然，受益人享有信托受益权，享有信托财产管理、运用后的剩余收益，理论上由其担任当事人能够保证信托财产避免出现不当减损的情况，但是如此有悖于信托的基本原理。信托财产管理权与受益权的分离是信托的基本特征，一般而言，如果受托人对信托的管理和运作是适当的，在管理行为持续过程中，受益人并没有权利干涉，而只能等待信托利益的给付。[②] 信托运行过程中，参与民事诉讼、担当民事诉讼的当事人并行使诉讼权利，是受托人行使信托财产管理权的外在表现之一，其不应当由受益人执行。当然，如果受托人对信托财产进行了不当的管理和运作，没有及时给付信托利益，受益人可以采取措施强迫受托人适当管理、及时给付，以捍卫其法定地位和利益。但是需要明确的是，此时涉及的诉讼是信托内容关系，而不涉及信托与第三方的外部交易关系，受益人也不是为信托财产进行诉讼，而是为了自身利益进行的诉讼。《资管新规》第8条第2款第3项亦明确了金融机构应当以管理人名义，代表投资者利益行使诉讼权利或者实施其他法律行为。前述规定虽并非属于法律、司法解释，但全国各地法院均已如此进行实践。综上所述，资管计划运行过程中，资管计划无法担当民

---

① 参见赵廉慧：《信托法解释论》，中国法制出版社2015年版，第68页。

② 参见赵廉慧：《信托法解释论》，中国法制出版社2015年版，第405页。

事诉讼的当事人,而应当由资管计划管理人担当民事诉讼的当事人,根据资管计划合同要求,为受益人利益行使诉权。

(三)人民法院执行程序中应维持资管计划财产独立性的要求

"若无信托财产,则无法创立信托。"信托法作为财产管理法,无信托财产之存在,则无管理之对象。① 信托财产独立性是信托关系的核心特征,信托财产独立于委托人、受托人和受益人的固有财产。我国《信托法》用大量篇幅来明确信托财产的独立性,《证券公司及基金管理公司子公司资产证券化业务管理规定》第5条第1、2款亦明确规定,因专项计划资产的管理、运用、处分或者其他情形而取得的财产,归入专项计划资产。因处理专项计划事务所支出的费用、对第三人所负债务,以专项计划资产承担。专项计划资产独立于原始权益人、管理人、托管人及其他业务参与人的固有财产。《资管新规》虽未明文提出独立性要求,但通过规定金融机构的分别管理、分别记账等义务,明确了资管计划财产的独立性要求。

对于信托财产独立性的要求,尤其是金融资管业务领域,保证财产独立性的义务主要施加于管理人之上。其主要原因有二:一是资管计划财产,如银行存款、股票、债券等,一般存放或登记在管理人名下,可能为管理人滥用权利损害资管计划财产开"方便之门",因此有必要对管理人予以严格监管,防止其滥用权利导致信托财产不当减损;二是管理、运用、处分资管计划财产是管理人的权利和职责,可能存在违反忠实义务和善管义务的道德风险,自然有必要对管理人进行监督。

诚然,一般情况下,若管理人能够忠实、勤勉地执行资管计划合同,财产的独立性自然能够得到有效保障,但不能认为维持资管计划财产独立性的义务仅归于受托人。资产管理计划及受托人等主体涉诉时,人民法院作为国家司法机关,亦应当主动维持资管计划财产独立性。对于人民法院在司法活动中维持信托财产独立性的要求,我国《信托法》亦有规定,如第16条第2款规定,"受托人死亡或者依法解散、被依法撤销、被宣告破产而终止,信托财产不属于其遗产或者清算财产";第17条则规定了人民法院不得强制执行信托财产以及例外情形。总

① 参见张淳:《信托财产独立性的法理》,载《社会科学》2011年第3期。

结《信托法》的前述规定,人民法院维持财产独立性的情形主要体现在受托人、委托人、受益人破产清算时信托财产是否作为破产财产以及受托人成为被执行人时信托财产不得强制执行。

从目前的金融司法实践来看,资管计划管理人作为名义申请执行人,向人民法院申请强制执行其他主体财产,实现资管计划对外债权的情形更为普遍。在此种情况下,就人民法院在强制执行程序中如何维持资管计划财产的独立性,既无法律、司法解释的明文规定,也未在各地法院形成统一的司法实践经验。其一,作为申请执行人的资管计划管理人,可能出于各种原因,申请法院将执行案款发放至管理人自有账户,而非资管计划的专用账户,导致资管计划财产与管理人固有财产混同。其二,管理人会主动申请法院将执行案款直接发放至资管计划受益人的账户,法院经审查该账户确实为资管计划合同约定的受益人账户便径行发放。如此操作后,若受益人对收益数额有所疑问,管理人便可能以"收益数额由法院确定"来解释受益人的疑问。其三,对于执行法院拍卖流拍的财产,资管计划管理人根据最高人民法院《关于人民法院民事执行中拍卖、变卖财产的规定》申请以物抵债至自己名下,亦会导致资管计划财产与管理人固有财产混合。

究其原因,主要是资管计划财产管理权与受益权的分离,导致强制执行程序中作为资管计划管理人的申请执行人并非实际债权人,因而无法契合传统执行方式和现有执行规范。基于此,在强制执行程序中,人民法院需要在遵守现有执行规范的基础上,贯彻《信托法》关于信托财产独立性的要求。执行法院应查明资管计划的基础法律事实,厘清管理人和受益人之间的法律关系,执行案款应发放至管理人开立的资管计划专户中,抵债财产应过户至资管计划名下,在执行程序中维持资管计划财产的独立性。

综上所述,执行程序中,《信托法》对于信托财产独立性的要求依然存在,人民法院应当根据《信托法》的规定持续实现和保障信托财产的独立性,这也是强制执行程序规范性要求的体现。因此,申请执行人网信公司以标的股票抵偿债务,并过户至资管计划名下的申请具备合法性,应当依法予以支持。

二、资管计划管理人申请将财产抵债至资管计划名下的审查标准

《信托法》第16条规定,信托财产与属于受托人所有的财产相区别,不得归入受托人的固有财产或者成为固有财产的一部分。资管计划本质上属于信托,因此资管计划财产应当独立于管理人的固有财产,资管计划运行过程中(包括人民法院强制执行程序),应当持续实现和保障资管计划财产独立性。

本案认为,申请执行人网信公司申请以标的股票抵偿债务,并过户至资管计划名下,应当依法予以支持。当然,人民法院在执行抵债程序时,应当查明资金的真实来源和独立性,并明确抵债股票过户至资产计划名下,确保资管计划后续运行过程中计划财产的独立性。

一方面,关于执行法院如何查明资金的真实来源和独立性,可以要求案件的名义申请执行人即资管计划管理人提供。根据《资管新规》的要求,资管计划管理人应当对所管理的不同产品受托财产分别管理、分别记账,保存受托财产管理业务活动的记录、账册、报表和其他相关资料。因此,提供相关材料的义务主体应当为资管计划的管理人。另外,本案的资管计划属于多层嵌套资管产品,质押式股票回购交易的出资方为"信富17号资管计划",其管理人为网信公司,委托人为苏信理财·恒源J1604单一资金信托,该信托管理人为苏州信托有限公司。基于此,执行法院要求申请执行人网信公司提供涉案基础交易合同(股票质押式回购交易合同)、资管计划合同(信富17号定向资管计划资产管理合同)、财产管理业务活动记录(资金托管银行的对账资料等)以及资管计划委托人关于资金来源和独立性的说明(苏州信托有限公司相关说明材料),用以查明资金的真实来源和独立性。

另一方面,关于维持资管计划财产即标的股票的独立性问题。以目前的股票登记规则来看,资管计划可以在中国证券登记结算有限责任公司登记持有上市公司股票,因此人民法院强制执行程序中,资管计划管理人申请以股票抵债的,应当将股票过户至资管计划名下。基于此,执行法院要求申请执行人网信公司提供"信富17号资管计划"在中登开立的专门证券账户信息,并将标的股票过户至"信富17号资管计划"名下。

本案基本确立了资管计划管理人作为案件申请执行人通过抵债程序将财产过户至资管计划名下的审查标准,即应当查明资金的真实来源和独立性,并明确抵债股票过户至资产计划名下,确保资管计划后续运行过程中计划财产的独立性。执行法院主要通过审查资管计划管理人提供的财产受让账户信息、资管计划管理合同、基础交易合同、银行对账单、资管计划委托人的说明材料等来确定。执行程序中,人民法院应当审查前述材料,查明资金的真实来源和独立性,确保能够将抵债财产过户至资产计划名下,且在能够保证资管计划后续运行过程中计划财产独立性的前提下,对于申请执行人的抵债申请,应当予以支持。

香港特别行政区仲裁程序中当事人申请内地法院财产保全之审查

——瑞士联合银行集团新加坡分行与上海国储能源集团有限公司香港特别行政区仲裁程序在内地申请财产保全案①

徐　玮*　潘　祎**

【裁判要旨】

我国香港特别行政区仲裁程序(以下简称香港仲裁程序)的当事人,在香港特别行政区仲裁裁决(以下简称香港仲裁裁决)结果作出前,可参照内地相关规定,向被申请人住所地、财产所在地或者证据所在地的内地中级人民法院(以下简称内地法院)申请保全。当事人可直接将保全申请书连同仲裁机构或者常设办事处的转递函自行提交给内地法院,内地法院可向相关仲裁机构或常设办事处核实情况。

对于当事人在香港仲裁程序中以外币为单位提出仲裁请求的,法院认可当事人在向内地法院申请财产保全时以人民币为单位折算确定保全财产数额。同时出于支持仲裁的考虑,对于仲裁机构或者常设办事处提出希望获知保全申请裁定结果的,法院可将裁定结果反馈。

---

① 本案入选上海金融法院2021年度十大典型案例。

* 法学硕士、理学硕士,上海金融法院立案庭庭长。

** 法学硕士,上海金融法院立案庭法官助理。

【案号】

上海金融法院(2020)沪74财保7号

【案情】

申请人:瑞士联合银行集团新加坡分行(UBS AG,Singapore Branch,以下简称瑞士银行新加坡分行)

被申请人:上海国储能源集团有限公司(以下简称上海国储公司)

2017年4月5日,申请人瑞士银行新加坡分行与被申请人上海国储公司签订担保函,约定上海国储公司作为保证人为借款人签订的贷款协议下的还款责任提供保证。该担保函第9.2条约定,因本契据产生的争议"应提交至香港国际仲裁中心(Hong Kong International Arbitration Centre,HKIAC),根据HKIAC收到仲裁通知之时有效的《香港国际仲裁中心机构仲裁规则》,经HKIAC进行仲裁予以最终解决"。后借款人未按约归还本息,故瑞士银行新加坡分行于2020年3月30日向香港国际仲裁中心对上海国储公司提起仲裁并获受理(案号:HKIAC/A20050)。仲裁中,瑞士银行新加坡分行为确保其权利得以实现,向上海金融法院提出财产保全申请,请求冻结上海国储公司的银行存款370,325,094.84美元(以仲裁通知书中请求金额暂计截至日期2020年3月27日中国银行公布的现汇买入比率"1美元=7.0587人民币"计算,为人民币2,614,013,746.95元)或查封、扣押、冻结被申请人其他等值财产。2020年5月15日,香港国际仲裁中心向上海金融法院转递申请人的财产保全申请和相关材料。2020年6月8日,申请人自行向上海金融法院补齐财产保全申请材料。中国平安财产保险股份有限公司上海分公司向上海金融法院出具诉讼财产保全责任保险担保书,保证承担瑞士银行新加坡分行因申请错误造成被申请人或第三人经济损失的赔偿责任。

【审判】

上海金融法院经审查认为,申请人系香港仲裁程序的当事人,在仲裁裁决作出前,依据最高人民法院《关于内地与香港特别行政区法院就仲裁程序相互协助保全的安排》(以下简称《仲裁保全安排》)的规定,向本院提出财产保全申请,符合法律规定,可予准许。

上海金融法院于2020年6月9日作出(2020)沪74财保7号民事裁定书,裁定冻结被申请人上海国储公司的银行存款370,325,094.84美元(以仲裁通知中请求金额暂计截至日期2020年3月27日中国银行公布的现汇买入比率"1美元=7.0587人民币"计算,为人民币2,614,013,746.95元)或查封、扣押、冻结被申请人上海国储公司其他等值财产。

【评析】

2019年10月1日,最高人民法院发布的《仲裁保全安排》正式生效。该安排系最高人民法院与香港特别行政区政府于2019年4月2日签署,总体思路是在保全方面将香港仲裁程序与内地仲裁程序类似对待,允许香港仲裁程序的当事人向内地法院申请保全;同时,内地仲裁程序的当事人亦可向我国香港特别行政区法院(以下简称香港法院)申请强制令以及其他临时措施。①

一、背景解读:《仲裁保全安排》的出台具有重大意义

1999年,最高人民法院与我国香港特别行政区政府签署了《关于内地与香港特别行政区相互执行仲裁裁决的安排》,为促进仲裁裁决的异地执行、增加香港仲裁地吸引力发挥了重要作用。但该安排仅针对两地终局性仲裁裁决的相互认可和执行,不涉及仲裁程序中的保全或临时措施,有一定的局限性。

在《仲裁保全安排》出台之前,内地仲裁程序的当事人已可根据香港特别行政区现行法律,包括香港《仲裁条例》(第609章)及香港《高等法院条例》(第4

① 鉴于本文所涉案例情形为前一种情形,加之囿于篇幅,本文主要研究范围即香港仲裁程序当事人向内地法院申请保全的情形。

章)、相关附属法例等向我国香港特别行政区高等法院申请临时措施的协助程序。① 而内地法院准许香港仲裁程序当事人保全申请的法律依据则不够明确。除海事案件外的香港仲裁程序的当事人如希望针对内地被申请人获得临时救济,须依赖仲裁庭或香港法院作出临时措施的相关命令,但该临时措施如何通过内地的认可和执行程序在内地法院获得强制执行并没有明确的法律依据。② 总而言之,在《仲裁保全安排》出台前,香港仲裁程序的当事人很难对内地当事人采取有效的保全措施,③而《仲裁保全安排》的出台则填补了这一空白。并且值得注意的是,目前内地与香港特别行政区之间就诉讼程序的相互协助,仅限于判决的相互认可和执行,尚未就诉前保全或者诉讼保全协助签署有关安排。因此,从司法协助方面而言,仲裁走在了诉讼前面。④

此外,《仲裁保全安排》也是最高人民法院首次签署向其他法域仲裁程序提供保全协助的文件,这使我国香港特别行政区成为首个也是目前唯一一个我国内地以外仲裁程序当事人有明确依据可申请内地法院保全的司法管辖区,进一步增强了香港特别行政区作为仲裁地的吸引力,这是党中央支持香港特别行政区建设亚太区国际法律及解决争议服务中心的务实举措。

---

① 根据我国香港特别行政区《仲裁条例》(第 609 章,2011 年 6 月生效)第 45 条,香港高等法院原讼法庭可为香港以外地区的仲裁批准临时措施命令。根据该条例第 61 条,香港以外地区的仲裁庭就仲裁程序作出的临时措施,在香港高等法院原讼法庭许可下可获得强制执行力。参见电子版香港法例:https://www.elegislation.gov.hk/hk/cap609?xpid=ID_1438403521336_004。根据香港《高等法院条例》第 21M 条,香港高等法院原讼法庭可在没有实质法律程序进行的情况下施加临时救济。参见电子版香港法例:https://www.elegislation.gov.hk/hk/cap4?xpid=ID_1438403154052_002。

② 原因在于,其一根据最高人民法院《关于内地与香港特别行政区法院相互认可和执行当事人协议管辖的民商事案件判决的安排》(法释〔2008〕9 号)第 2 条,内地法院可予认可和执行的判决须为具有执行力的终审判决,不包括香港法院作出的有关临时措施的命令;其二,根据最高人民法院《关于内地与香港特别行政区相互执行仲裁裁决的安排》(法释〔2000〕3 号),内地法院可予认可和执行的范围限于仲裁裁决。

③ 上述情形海事案件除外。根据最高人民法院《关于适用〈中华人民共和国海事诉讼特别程序法〉若干问题的解释》(2003 年发布、2008 年调整)第 21 条第 2 款规定,外国法院已受理相关海事案件或其纠纷已经提交仲裁,但涉案的财产在中华人民共和国领域内,当事人向财产所在地的法院提出海事请求保全申请的,海事法院应当受理。

④ 参见司艳丽:《粤港澳大湾区法律规则衔接疑难问题研究——以多元化纠纷解决机制为切入点》,载《中国法律评论》2022 年第 1 期。

二、实践要点:内地法院协助保全的审查要点

如前文所述,《仲裁保全安排》的总体思路是在保全方面将香港仲裁程序与内地仲裁程序类似对待,故对于香港仲裁程序中当事人的保全申请审查,内地法院可依据《中华人民共和国仲裁法》《中华人民共和国民事诉讼法》等相关内地法律予以审查,在部分申请程序、申请审查时间等方面的要求与内地仲裁程序当事人保全申请的要求一致。[①] 但鉴于我国香港特别行政区仲裁与内地仲裁分属两种不同法域,故《仲裁保全安排》在管辖法院、申请人资格等方面予以特别规定。以本案为例,实践中本院审查协助保全时所涉主要法律问题有:(1)本案是否属于上海金融法院管辖;(2)保全申请主体资格及申请时点是否符合要求;(3)当事人提交的保全申请书是否符合要求。

(一)管辖

根据《仲裁保全安排》第3条第1款规定,对于香港仲裁程序中的当事人提出的保全申请,应由被申请人住所地、财产所在地或者证据所在地的内地中级人民法院管辖。实践中,受理保全申请的法院应当依法审查该申请是否满足地域管辖、级别管辖、专属管辖三方面要求。此外,根据《〈最高人民法院关于内地与香港特别行政区法院就仲裁程序相互协助保全的安排〉的理解与适用》,保全的目的是保障仲裁裁决的执行,因此受理仲裁保全申请的法院一般应当与受理仲裁裁决执行申请的法院一致。[②] 而根据最高人民法院《关于涉外民商事案件诉讼管辖若干问题的规定》(法释〔2002〕5号,2020年修正)第1条、第3条和第5条的规定,涉港民商事案件参照涉外民商事案件确定管辖,仅省会、自治区首府、直辖市所在地的中级人民法院、经济特区、计划单列市中级人民法院、最高人民法

① 例如,在审查时间上,对于香港仲裁程序当事人提起的保全申请的审查应与内地仲裁程序一致,根据最高人民法院《关于人民法院办理财产保全案件若干问题的规定》第4条,"人民法院接受财产保全申请后,应当在五日内作出裁定;需要提供担保的,应当在提供担保后五日内作出裁定;裁定采取保全措施的,应当在五日内开始执行。对情况紧急的,必须在四十八小时内作出裁定;裁定采取保全措施的,应当立即开始执行"。

② 参见最高人民法院研究室:《〈最高人民法院关于内地与香港特别行政区法院就仲裁程序相互协助保全的安排〉的理解与适用》,载《人民法院报》2019年9月26日,第3版。

院指定的其他中级人民法院和高级人民法院对申请承认与执行国际仲裁裁决的案件具有管辖权。因此,内地法院在审查香港特别行政区仲裁协助保全案件是否具有管辖权时,还应综合考量法院是否具备涉港仲裁案件管辖权这一因素。

本案中,上海金融法院审查是否具有管辖权主要是依据地域管辖及专属管辖两方面来确定:一是地域管辖,根据《仲裁保全安排》第 3 条第 1 款,被申请人的住所地及财产所在地位于上海,属于该法院辖区;二是专属管辖,根据最高人民法院《关于上海金融法院案件管辖的规定》(法释〔2018〕14 号,现已修改),本案属于金融民商事纠纷范围的仲裁保全,由该法院管辖。

(二)《仲裁保全安排》的适用范围

1. 申请人:香港仲裁程序的当事人

《仲裁保全安排》的适用范围包括香港仲裁程序当事人向内地法院申请保全的情形。根据《仲裁保全安排》第 2 条的规定,"香港仲裁程序"须满足以下要求:(1)仲裁地位于香港特别行政区;(2)仲裁程序由满足特定条件的机构或常设办事处管理,[①]该机构或常设办事处须经香港特别行政区政府及最高人民法院共同确认。据我国香港特别行政区政府律政司公布的名单显示,符合资格的机构及常设办事处包括 HKIAC、中国国际经济贸易仲裁委员会香港仲裁中心、国际商会国际仲裁院亚洲事务办公室、香港海事仲裁协会、华南(香港)国际仲裁院和一邦国际网上仲调中心。[②] 值得注意的是,我国香港特别行政区仲裁仅限于机构仲裁,因此,根据《联合国国际贸易法委员会仲裁规则》在香港特别行政区进行的临时仲裁(没有机构管理的仲裁)不适用《仲裁保全安排》,且《仲裁保全安排》仅适用于平等主体之间的商事仲裁,不包括投资者与东道国之间的投资仲裁。

2. 申请时点:仲裁裁决作出前

《仲裁保全安排》第 3 条规定了申请保全时间点为"在仲裁裁决作出前",不

---

① 《仲裁保全安排》第 2 条规定,有关机构或者常设办事处包括"(一)在香港特别行政区设立或者总部设于香港特别行政区,并以香港特别行政区为主要管理地的仲裁机构;(二)中华人民共和国加入的政府间国际组织在香港特别行政区设立的争议解决机构或者常设办事处;(三)其他仲裁机构在香港特别行政区设立的争议解决机构或者常设办事处,且该争议解决机构或者常设办事处满足香港特别行政区政府订立的有关仲裁案件宗数以及标的金额等标准"。

② 有关详情,参见香港特别行政区律政司网,https://www.doj.gov.hk/en/community_engagement/announcements/interim_measures_outcome.html。

包括仲裁裁决作出后、裁定执行前。换言之,香港仲裁程序的当事人依据《仲裁保全安排》向内地法院申请保全的时点仅为仲裁申请受理前(仲裁前)及仲裁程序进行中(仲裁中)。①

然而,虽《仲裁保全安排》仅允许香港仲裁程序的当事人在仲裁裁决作出前申请保全,但在2020年最高人民法院与我国香港特别行政区政府签署《关于内地与香港特别行政区相互执行仲裁裁决的安排》生效20周年之际,两地签署了《关于内地与香港特别行政区相互执行仲裁裁决的补充安排》,对原安排进行了部分修订。现该补充安排已由最高人民法院发布(法释〔2020〕13号),其中第4条自2020年11月27日起施行。根据该补充安排第4条之规定,内地法院可在受理执行仲裁裁决申请之前或之后,依申请并按照内地法律规定采取保全或者强制措施。② 此次修订将内地法院为香港仲裁程序当事人提供保全协助的范围扩展至仲裁裁决作出后,至此实现了仲裁全流程中的保全(包括仲裁前、仲裁中以及仲裁裁决作出后、裁定执行前的保全)以及仲裁裁决的相互认可和执行的全方位多维度覆盖。

回到本案,申请人系向香港国际仲裁中心提起仲裁后,于仲裁程序进行中向内地法院申请保全。法院经审查申请人与被申请人之间的仲裁条款约定、香港国际仲裁中心出具的转递函及证明函件,确定了仲裁地为香港特别行政区,且香港国际仲裁中心属于上列名单中的仲裁机构,并受理了争议仲裁案件,载明了仲裁案号,符合《仲裁保全安排》所称的"香港仲裁程序"要件。

(三)申请材料:保全申请书

根据《仲裁保全安排》第4条第1款及内地相关法律,当事人向内地法院申请

---

① 如在仲裁申请受理前申请保全,则与申请内地仲裁前保全一样,当事人需要在30日内向内地法院提交有关机构已受理仲裁案件的证明函件,否则法院将解除保全。

② 早在《关于内地与香港特别行政区相互执行仲裁裁决的补充安排》发布前,即有内地法院在香港仲裁裁决作出后,法院受理当事人认可和执行香港仲裁裁决之前,准许当事人申请保全被申请人财产的请求。其理由之一是,《仲裁保全安排》规定了香港仲裁程序的当事人在仲裁裁决机构受理仲裁之前、仲裁程序之中均可向内地法院申请保全。举重以明轻,申请人在香港仲裁机构作出仲裁裁决后、向内地法院申请认可和执行仲裁裁决前,当然应享有保全被申请人财产的权利。参见徐春龙、陈文志:《认可和执行香港仲裁裁决前申请人有权申请财产保全》,载《人民司法(案例)》2021年第2期。

保全一般须提交以下材料:保全申请书、仲裁协议[①]、身份证明材料、仲裁申请文件和有关证明函件、保全申请人的担保文件。其中,根据《仲裁保全安排》第5条,须审查保全申请书记载是否完整、明确,具体包括:(1)当事人的基本情况;(2)具体的请求事项,包括申请财产保全的数额;(3)请求所依据的事实、理由和相关证据;(4)申请保全的财产、证据的明确信息或者线索;(5)提供担保的文件等。本案即涉及第2点申请财产保全的数额。实践中,在香港特别行政区仲裁的案件,申请人时常以美元等外币为单位提出仲裁请求数额。但在内地法院保全过程中,需以人民币为单位向内地银行、工商登记机构、公司等协助单位明确保全数额。本案中,申请人在以美元为币种单位列明申请财产保全数额同时,补充提交折算成人民币后的金额及折算依据,上海金融法院予以准许,这也使保全在实践中更便于操作。

此外,对比香港法中的临时措施,内地法院对于保全申请的审查,一是不包括"便利平衡"和"实体胜诉可能性";[②]二是审查程序无须被申请人应诉答辩,而香港法院或仲裁庭一般会进行双方听证,即使是紧急措施,香港法院或仲裁庭也会进行单方听证,审查临时措施的必要性;三是保全申请的费用也较低廉。[③] 因此,相较而言,内地法院的保全审查在程序上整体而言有"短、平、快"的特点,当事人的法律和经济成本更低。但也有观点认为,当事人可能会滥用保全而造成对被申请人不公的结果。因为与内地诉讼按标的金额收取诉讼费不同,香港仲裁仅须缴纳相对低廉的预付款,因此当事人可能利用《仲裁保全安排》,在香港仲裁机构提起仲裁后向内地法院申请保全被申请人财产,以迫使被申请人让步。[④]

---

① 提交仲裁协议仅为方便内地法院判断当事人之间的基础法律关系,此为形式审查,内地法院并不判断仲裁协议的效力。参见最高人民法院研究室:《〈最高人民法院关于内地与香港特别行政区法院就仲裁程序相互协助保全的安排〉的理解与适用》,载《人民法院报》2019年9月26日,第3版。

② 此为根据2006年联合国国际贸易法委员会《国际商事仲裁示范法》第17A条规定总结。根据该条规定,申请人向仲裁庭提出对争议标的采取临时性措施时,必须提供如下证据证明:(1)不下令采取这种措施可能造成损害,这种损害无法通过判给损害赔偿金而充分补偿,而且远远大于准予采取这种措施而可能对其所针对的当事人造成的损害;以及(2)根据索赔请求所依据的案情,请求方当事人相当有可能胜诉。对这种可能性的判定不影响仲裁庭此后作出任何裁定的自由裁量权。香港特别行政区《仲裁条例》也是以该示范法为蓝本。

③ 内地法院的保全申请费用一般按照所涉及的财产数额按比例收取,最高为5000元人民币。

④ 对比内地法院收取的诉讼费及内地仲裁机构收取的费用,香港仲裁机构收取的费用低。参见香港国际仲裁中心网(https://www.hkiac.org/arbitration/fees/procedure-fees)及中国国际经济贸易仲裁委员会网(http://www.cietac.org/index.php? m = Page&a = index&id = 121)就手续费等作出的规定。

也有建议认为,应当允许被申请人在内地法院裁定保全后在一定期限内申请听证,内地法院可参考香港法中临时措施的审查标准,在满足保全紧迫性的同时,也考虑保全的必要性。[①] 实践中,在审查保全申请过程中,要求申请人提供担保,也是一种对申请人滥用保全的预防,确保如发生保全错误,被申请人或案外人由此遭受的损失能够得到赔偿。

三、创新亮点:允许当事人转递保全申请并将裁定结果反馈仲裁机构

本案是上海金融法院受理的首例香港仲裁程序中当事人向内地法院申请财产保全的案件,也是上海金融法院首次适用《仲裁保全安排》的案件。本案最终成功保全了被申请人的包括车辆、银行存款、公司股权在内的多项财产,有效保护了申请人的权利。同时,本案也在现有法律框架下作出了有益创新,极大地便利了香港仲裁程序当事人向内地法院申请财产保全:一是认可香港仲裁程序中的境外申请人直接提交保全申请,提高了保全效率;二是满足仲裁机构及时知晓财产保全裁定结果的需求,确保仲裁信息顺畅。

(一)灵活允许当事人提交保全申请

根据《仲裁保全安排》第3条第2款的规定,香港仲裁程序中的当事人在香港仲裁机构或常设办事处受理仲裁申请后向内地法院提出保全申请,应当由受理香港仲裁的机构或常设办事处转递其申请。本案中,申请人为境外机构,香港国际仲裁中心已受理其对被申请人的仲裁申请,此时若依据上述规定,由香港国际仲裁中心转递其保全申请,转递周期较长,不利于充分发挥保全的作用。

因此,考虑到保全的紧急性,作为对香港仲裁程序的特殊安排,参考最高人民法院研究室发布的《〈最高人民法院关于内地与我国香港特别行政区法院就仲裁程序相互协助保全的安排〉的理解与适用》,法院认为,应当允许申请人将保全申请书连同仲裁机构或者常设办事处的转递函或证明函自行提交给法院,法院

① 参见罗志强、王希真、陈创:《从比较法的角度看——香港仲裁中内地协助保全的措施及实务指南》,载《中国法律》总第141期上。

在接收申请后，根据我国香港特别行政区政府律政司提供的联系方式向香港国际仲裁中心核实情况。① 此外，根据《仲裁保全安排》第4条第2款，在内地以外形成的身份证明材料才需要办理公证、认证，故对于上述转递函或证明函，并无办理公证、认证的强制要求。

（二）给予仲裁机构反馈

本案审理中，受理申请人仲裁请求案件的香港国际仲裁中心向上海金融法院提出希望获取保全裁定的结果。对此，《仲裁保全安排》并未明确规定，且仲裁机构或常设办事处并非案件当事人，也并非必须送达裁定书的对象，故并无明确法律要求向仲裁机构反馈保全裁定的结果。但法院经检索发现，对于内地仲裁程序中的当事人向法院申请财产保全的，根据最高人民法院《关于人民法院办理财产保全案件若干问题的规定》（法释〔2016〕22号，2020年修正）第3条规定，人民法院裁定采取保全措施或者裁定驳回申请的，应当将裁定书送达当事人，并通知仲裁机构。鉴于《仲裁保全安排》的总体思路是在保全方面将香港仲裁程序与内地仲裁程序类似对待，且将保全裁定结果反馈至香港仲裁机构也有助于仲裁信息的通畅和共享，故上海金融法院认为，可将财产保全裁定结果反馈至香港国际仲裁中心。同时，及时的反馈可使双方建立良好的信息共享机制，对于内地法院而言也可及时知悉申请人在香港仲裁程序的进展情况。

综上所述，《仲裁保全安排》的出台系“一国两制”的成功实践在司法领域的新发展，可进一步深化内地与我国香港特别行政区民商事司法法律规则的衔接。本案是对《仲裁保全安排》的一次有益实践，进一步明确了香港仲裁程序中的当事人向内地法院申请保全时的审查要点，创新性地认可了当事人自行转递提交保全申请，且满足了仲裁机构及时知晓财产保全结果的需求，为构建内地与我国香港特别行政区共商共建共享多元化纠纷解决新机制的建设作出了积极尝试和有益探索。

① 参见最高人民法院研究室：《〈最高人民法院关于内地与香港特别行政区法院就仲裁程序相互协助保全的安排〉的理解与适用》，载《人民法院报》2019年9月26日，第3版。

涉外独立保函不符合受益人滥用付款请求权情形下应依法驳回止付申请

——上海船用柴油机研究所(中国船舶重工集团公司第七一一研究所)与巴基斯坦法蒂玛能源公司、第三人中国建设银行上海市分行申请中止支付保函项下款项纠纷案[①]

周　荃*

【裁判要旨】

受益人明知其没有付款请求权仍滥用该权利的情形构成独立保函欺诈,而申请止付一方提供证据证明存在上述情形的证明标准由相关司法解释明确规定为具有高度可能性;在涉外案件中,由于此类保函止付案件审理期限较短,需在48小时内作出判断,则涉外企业即受益人难以到庭参加诉讼的情况下,申请止付一方仅以基础债权债务交易关系中存在的违约情形作为证明受益人存在保函欺诈的依据,尚不足以达到高度可能性的证明标准;第三人金融机构在举证证明其受托开立涉外独立保函的过程合法合规,且能够证明申请止付一方在涉外独立保函履行过程中存在多期支付行为时,则在申请止付人提供证据尚不充分的情况下不宜认定构成受益人滥用付款请求权情形。

---

① 本案入选上海法院服务保障“一带一路”建设典型案例,上海金融法院涉外、涉港澳台金融纠纷典型案例。

* 法学博士,上海金融法院综合审判二庭法官。

【案号】

一审：上海金融法院（2019）沪74民初416号－422号

复议：上海金融法院（2019）沪74行保复1－7号

【案情】

申请人：上海船用柴油机研究所

被申请人：巴基斯坦法蒂玛能源公司（以下简称法蒂玛能源公司）

2013年12月，上海船用柴油机研究所与法蒂玛能源公司就电站建造项目分别签订了施工合同、离岸供货合同、项目桥接协议。2014年1月，应上海船用柴油机研究所的申请，第三人中国建设银行股份有限公司上海市分行（以下简称建行上海分行）以法蒂玛能源公司作为受益人开立了8份见索即付独立保函，共计金额2.4亿元人民币。履约过程中，除失效的保函外，上海船用柴油机研究所就其余7份保函先后10次主动申请延长保函期限，到期日均延至2019年4月1日。2019年3月27日，法蒂玛能源公司向建行上海分行提出索兑电文，要求兑付保函项下款项。上海船用柴油机研究所在2018年5月3日发送邮件催促法蒂玛能源公司出具案涉工程项目的最终验收证书，但法蒂玛能源公司既未予拒绝，亦未予签发。上海船用柴油机研究所认为，根据其和法蒂玛能源公司签订的《关于120兆瓦联合发电项目的建造合同》第11.9条“最终验收证书申请”的约定，应视为法蒂玛能源公司已出具最终验收证书，由此证明上海船用柴油机研究所已经按合同完成了义务，法蒂玛能源公司属明知没有付款请求权而索兑保函构成保函欺诈，因此，向上海金融法院提起中止支付保函项下款项的申请。

【审判】

上海金融法院认为：申请人上海船用柴油机研究所的申请依据不足，难以支持。这是因为：第一，本案起诉状中，申请人上海船用柴油机研究所自认涉案保函无论是预付款保函还是履约保函，均是独立保函，且均载明见索即付内容。根据国际商会第758号出版物《见索即付保函统一规则》第2条b款规定,见索即付保函与可能作为其基础的合同或者投标条件是相互独立的交易,担保人即本案中第三人的义务是在收到表面上与保函条款相一致的书面付款要求及保函所规定的其他单据后支付保函所规定的金额。第二,独立保函的独立性原则是维系独立保函"先付款、后争议"运作机制稳定性的根基,以保函欺诈否定独立保函的独立性属于特殊的例外情形。独立保函作为独立于基础合同的独立担保合同,是否已完成基础合同项下的义务不能作为独立保函欺诈情形是否成立的理由。第三,根据最高人民法院《关于审理独立保函纠纷案件若干问题的规定》第14条第1款的相关规定,申请人举证证明构成保函欺诈应达到高度可能性的程度,而申请人本案中诉称的保函欺诈行为所依据的理由及证据并未达到高度可能性的程度,不可以认定被申请人构成独立保函欺诈。据此,上海金融法院依照2017年《中华人民共和国民事诉讼法》(以下简称《民事诉讼法》)第154条第1款第11项、最高人民法院《关于审理独立保函纠纷案件若干问题的规定》第14条第1款第1项之规定,裁定驳回申请人上海船用柴油机研究所中止支付保函项下款项的请求。

申请人上海船用柴油机研究所不服上述裁定,向上海金融法院申请复议称:(1)原裁定未能依法在48小时内作出;(2)原裁定在未对基础合同进行基本审查的情况下否定申请人上海船用柴油机研究所享有的申请止付令的权利,应当予以撤销、变更;(3)原裁定错误适用了保函中止支付审查标准,申请人上海船用柴油机研究所提交的证据能够证明被申请人法蒂玛能源公司具有恶意欺诈情形。故请求撤销原裁定,并请求裁定第三人建行上海分行中止向被申请人支付保函项下款项。

上海金融法院经二审,确认了一审查明的事实。另查明,第三人到庭陈述,上海船用柴油机研究所曾在案涉独立保函使用过程中,因施工进度、电价审核等原因经与法蒂玛能源公司协商后,多次向第三人申请独立保函支付期限予以顺延。

上海金融法院在作出复议裁定过程中认为:申请人上海船用柴油机研究所的复议申请难以支持。主要理由如下:第一,关于构成独立保函欺诈的情形及独立保函中止支付的证明标准问题。根据最高人民法院《关于审理独立保函纠纷案件若干问题的规定》第12条的规定,具有下列情形之一的,人民法院应当认定构成独立保函欺诈:(1)受益人与保函申请人或其他人串通,虚构基础交易的;(2)受益人提交的第三方单据系伪造或内容虚假的;(3)法院判决或仲裁裁决认定基础交易债务人没有付款或赔偿责任的;(4)受益人确认基础交易债务已得到完全履行或者确认独立保函载明的付款到期事件并未发生的;(5)受益人明知其没有付款请求权仍滥用该权利的其他情形。同时第 14 条第 1 款第 1 项规定,人民法院裁定中止支付保函项下款项的条件之一为申请人提交的证据材料证明前述第 12 条情形的存在具有高度可能性。本案中上海船用柴油机研究所主张根据第 12 条第 5 项的情形,以被申请人法蒂玛能源公司明知没有付款请求仍滥用该权利为理由申请保函止付。因此本案审查重点在于,目前申请人提供的证据是否达到证明被申请人明知没有付款请求权仍滥用该权利这一情形的存在具有高度可能性的证明标准。第二,关于上海船用柴油机研究所提交的证据是否达到相应证明标准问题。上海船用柴油机研究所认为,根据上海船用柴油机研究所和法蒂玛能源公司签订的《关于 120 兆瓦联合发电项目的建造合同》第 11.9 条"最终验收证书申请"的约定,承包商(上海船用柴油机研究所)在工程质保期届满前至少 14 日向雇主(法蒂玛能源公司)提出签发最终验收证书的申请。雇主应在收到承包商申请后 28 日内,向承包商签发最终验收证书,或拒绝承包商申请并说明理由。如果在上述 28 日期间内,雇主未能签发最终验收证书或者拒绝承包商的申请,最终验收证书应视为在上述期限的最后一日签发。因上海船用柴油机研究所在 2018 年 5 月 3 日发送邮件催促法蒂玛能源公司出具最终验收证书,但法蒂玛能源公司既未予拒绝,亦未予签发,据此上海船用柴油机研究所认为应视为法蒂玛能源公司已出具最终验收证书,法蒂玛能源公司属明知没有付款请求权而索兑保函构成保函欺诈。法院认为,上海船用柴油机研究所虽于 2018 年 5 月 3 日发送邮件催促法蒂玛能源公司开具最终验收证书,但现有证据表明,此后上海船用柴油机研究所又三次申请案涉保函延期,这一做法与上述合同约定不符,上海船用柴油机研究所亦无法提供证据对此作出合理解释。综上,上海船用柴油机研究所目前提供的证据未达到证明法蒂玛能源公司明知没有付款请求权仍滥用该权利这一情形的存在具有高度可能性的证明标准。另外,原裁定在立案后两个工作日内作出,并未违反最高人民法院《关于审理独立保函纠纷案件若干问题的规定》的相关规定。

依照最高人民法院《关于审理独立保函纠纷案件若干问题的规定》第 12 条、第 14 条、第 17 条,2017 年《民事诉讼法》第 108 条、第 154 条第 1 款第 11 项,2020 年最高人民法院《关于适用〈中华人民共和国民事诉讼法〉的解释》第 171 条之规定,裁定驳回上海船用柴油机研究所的复议请求。

【评析】

随着我国"一带一路"建设持续深入推进,我国与各国之间的贸易、金融交往日益增多,国际投资及基础设施建设规模不断扩大,国有企业在"一带一路"国家开展的基础设施建设工程项目明显增多,应涉外企业的要求对外开具独立保函等金融工具的数量快速递增,近年来诉至法院的独立保函纠纷案件亦逐年增长。独立保函纠纷作为我国对外开放新格局下出现的新类型纠纷,处理过程中将不可避免地涉及国际通用规则的适用、对国内司法解释相关规定的理解以及金融机构跨境支付结算过程中的信用保障等金融司法实践难题。

本案中,一方面,涉及对国际商会第758号出版物《见索即付保函统一规则》第2条b款规定的适用和理解,也即见索即付保函与可能作为其基础的合同或者投标条件是相互独立的交易,基础交易的合同违约情形不影响见索即付独立保函本身的法律效力;另一方面,根据最高人民法院《关于审理独立保函纠纷案件若干问题的规定》第12条、第14条、第17条的相关规定,申请人诉称的保函欺诈行为所依据的理由及证据无法排除合理怀疑地认定被申请人构成独立保函欺诈。本案复议裁定在法律规定时效期间内,在难以通知涉外企业到庭的情况下,以案件现有证据和基本事实,结合对国际通行规则和国内司法解释两个规定的理解和适用,从案件事实和法律适用两个维度进行说理,适用法律精准,事实判断准确,论证充分,使人信服。本案裁定作出之后,裁判者从我国国企在"一带一路"建设实施过程中,对独立保函这一国际结算金融工具的风险认识、交易过程中风险控制意识、主张权利时举证能力等需要引起重视的问题出发,主动发挥司法延伸职能,向国务院国资委发出相关司法建议,取得抄送单位上海市经济和信息化委员会、上海市国有资产监督管理委员会和主送单位国务院国资委出具的书面回复,其中上海市国资委将该司法建议在全部监管企业中转发,国务院国资委在该司法建议的基础上起草了《关于防范独立保函纠纷风险的提示函》,并下发全部中央企业。本案复议裁定以及相关司法建议书一定程度上防范了类似金融风险再次发生,得到了国有企业监管部门一致认可,成为上海金融法院履行司法审判职责、参与社会经济建设、创新社会治理手段的重要体现和抓手。

会议综述

《民法典》视野下证券侵权的司法适用问题

——"《民法典》司法实务论坛"第十期研讨活动会议综述

2021年5月31日,由上海市高级人民法院、上海市法学会民法学研究会、上海司法智库学会共同主办,上海金融法院与复旦大学法学院承办,复旦大学中国金融法治研究院与复旦大学数字经济法治研究中心协办的"《民法典》司法实务论坛"第十期研讨活动在复旦大学顺利召开。上海市高级人民法院党组副书记、副院长、上海市法学会民法学研究会会长茆荣华,上海金融法院党组书记、院长赵红,上海金融法院党组成员、副院长肖凯,复旦大学法学院院长王志强等出席会议。上海法院《民法典》研究小组成员、全市法院资深法官及来自复旦大学、华东政法大学、上海交通大学、上海财经大学、中央财经大学、华东师范大学等高校的专家学者,以及中国证券监督管理委员会上海监管局、上海证券交易所、中国金融期货交易所、上海期货交易所、中证中小投资者服务中心有限公司、国泰君安证券股份有限公司等金融实务部门的行业代表近60人参加研讨。

第十期研讨活动的主题聚焦"证券侵权司法实务问题",由茆荣华副院长做总主持。在主持中,茆荣华副院长指出,本期"《民法典》司法实务论坛"研讨活动正值《中华人民共和国民法典》(以下简称《民法典》)颁布1周年的重要时刻,也是检验《中华人民共和国证券法》(以下简称《证券法》)实施1年以来具体效果的关键阶段。围绕《民法典》侵权责任法律制度下证券侵权的相关问题进行研讨,恰逢其时,意义重大。目前,证券虚假陈述案件已成为上海法院金融商事纠纷的重要案件类型,上海法院也根据修改后的《证券法》的新精神和新制度,依法审理了具有典型意义的证券侵权类案件,提高了证券违法成本,强化了信息披露力度,得到了社会认可。本期研讨活动以"《民法典》视野下证券侵权的司法适用问题"为主题紧贴审判实践,围绕证券侵权的责任主体、责任构成和损害赔偿三个方面进行研讨,具有较强的实践意义和研讨价值。

一、致辞环节

首先,由上海金融法院党组书记、院长赵红致辞。在致辞中,赵红院长表示,《民法典》是新中国第一部以"法典"命名的法律,是市场经济的基本法,也是规制金融交易的基础性法律制度。证券侵权作为一类特殊的侵权案件,具有案件数量大、涉中小投资者多、市场关注度高等特点,需要妥善审理,希望通过本次研讨会深入探讨证券侵权司法实务中的关键争议点和适法难点,凝聚智慧、达成共识,进一步落实证券侵权责任,加强中小投资者保护,促进资本市场健康发展。

其次,由复旦大学法学院院长王志强教授致辞。在致辞中,王志强院长介绍了复旦大学法学院在民商法、金融法等学科上的研究实力和学术研究团队,并希望本次研讨会能够聚焦审判实践,关注理论前沿,研讨司法对策,凝聚学术共识,为《民法典》的准确理解和适用提供指引,为完善我国法治建设提供"上海智慧"。

二、研讨环节

第一单元:责任主体及权利主体相关问题

研讨问题:

问题一:证券虚假陈述民事责任纠纷案件中,除《证券法》明确规定的虚假陈述责任主体之外,可否依据《民法典》判决其他主体承担侵权责任?

问题二:证券内幕交易民事责任纠纷案件中,非法获取内幕信息人员的范围如何确定?

问题三:操纵证券市场民事责任纠纷案件中,适格投资人的范围是否仅限于直接对手方?

第一单元由复旦大学法学院副院长、上海市法学会民法学研究会副会长李世刚教授主持。

在主题发言环节,金融法院综合审判一庭副庭长朱颖琦从域内外证券法意义上的责任主体、内幕交易主体的认定应从身份主义向行为主义转变、操纵市场案件索赔主体的多样性等角度作了发言。金融法院综合审判三庭副庭长许晓骁从区分《证券法》上的证券虚假陈述与因证券虚假陈述行为引发的民事侵权、内幕交易中的责任主体应把握"内部人"的法律实质、操纵市场中权利主体"同时反向交易"规则的适用范围等角度作了发言。复旦大学法学院班天可副教授从司法解释和《证券法》之间的关系、由"反欺诈理论"到"市场诚信理论"的转向、"欺诈市场理论"是否适用于操纵市场案件等角度作了发言。

在自由研讨环节,中国金融期货交易所巡回审理部总监助理牛广济,国泰君安证券股份有限公司法律合规部诉讼保全主管张斌,中央财经大学法学院教授、中国法学会证券法学研究会副会长兼秘书长邢会强等围绕第一单元研讨问题进行了交流发言。

在与谈环节,华东政法大学法律学院院长、上海市法学会民法学研究会常务副会长兼秘书长金可可教授认为,证券虚假陈述主体只要符合侵权责任构成要件,除民事责任特殊豁免外,都要承担赔偿责任;内幕交易判定的基本原则是违反信息披露原则,同时要进一步区分获取行为本身是否具有违法性;在操纵市场案件的责任主体认定中,根据对《证券法》第 53 条的文义解释,不应将投资者范围限缩为直接对手方。

复旦大学中国金融法治研究院执行院长、中国法学会银行法学研究会副会长季立刚教授认为,相关主体承担的责任类型要严格按照其适用的法律类型确定;不同类型的中介服务机构因合同关系和责任承担对象不同,应承担不同责任;应注意到《民法典》与《证券法》在立法价值取向上的区别,《民法典》主要保护民事基本权利,而《证券法》还保护包括证券市场正常秩序在内的特殊价值。

第二单元:责任构成相关问题

研讨问题:

问题一:发行人根据《证券法》第 85 条的规定对外承担虚假陈述的赔偿责任后,是否可以向董事、监事、高级管理人员等连带责任人进行追偿及追偿范围如何确定?

问题二:专业中介服务机构对外如何承担责任?承担责任后,对内如何追偿?

问题三:金融基础设施提供者在内幕交易案件中的民事责任应如何认定?

第二单元由上海市高级人民法院研究室主任、上海司法智库学会秘书长顾全主持。

在主题发言环节,上海市高级人民法院金融审判庭副庭长沙洵从追偿权的请求权基础及内部责任比例分担、《证券法》对证券服务机构承担连带赔偿责任的规定、证券交易所在证券交易中的双重职能等角度作了发言。上海金融法院综合审判一庭审判员孙倩从《证券法》上连带责任的原因追溯、公司内部治理关系、证券交易所民事责任相对豁免的规定等角度作了发言。上海证券交易所法律部副总监武俊桥从董监高对信息披露的勤勉义务、聚焦"关键少数"、区分发行人与中介机构的民事责任等角度作了发言。

在自由研讨环节,上海期货交易所法律合规部总监助理鲁晓、上海财经大学法学院朱晓喆教授、华东政法大学金可可教授等围绕第二单元研讨问题进行了交流发言。

在与谈环节,上海交通大学凯原法学院副院长、上海市法学会民法学研究会副会长彭诚信教授认为,发行人承担责任后的内部追偿应适用真正连带责任理论,同时应回归公司内部治理结构,根据董监高在内部管理上的过错和造成损害的大小,确定具体承担的责任;中介服务机构的对外责任与内部追偿,应按照共同侵权责任原理,适用部分连带责任,以中介机构的过错大小确定具体损害范围;金融基础设施不适用绝对的民事豁免责任,应根据其在造成损失后果中扮演的角色确认其应承担的责任。

中央财经大学法学院教授、中国法学会证券法学研究会副会长兼秘书长邢会强认为,发行人承担赔偿责任后的内部追偿,从利益匹配角度应仅针对存在故意造假等情况的董监高,不包括未勤勉尽责的董监高;在司法实践中创立的中介机构在一定比例范围内的连带责任规则值得赞赏,司法要发挥填补法律漏洞的作用,但对于没有受到行政处罚的中介机构,要慎用比例连带。

第三单元:损害赔偿相关问题

研讨问题:

问题一:"诱空型"虚假陈述民事责任纠纷案件中,投资者可否依据《民法典》第1184条的规定请求虚假陈述行为人赔偿损失?

问题二:根据《民法典》第1184条的规定,证券内幕交易民事责任纠纷案件中的投资者的损失额应如何合理计算?

问题三：操纵证券市场民事责任纠纷案件中，投资者损失额的计算可否参照虚假陈述案件的计算方式，或者是否有其他合理方式？

第三单元由上海金融法院综合审判二庭庭长符望主持。

在主题发言环节，上海市高级人民法院金融审判庭团队负责人董庶从《证券法》有关内幕交易的制度目的、对内幕交易行为所侵害法益的认识、交易对手获益的正当性等角度作了发言。上海金融法院申诉审查及审判监督庭副庭长沈竹莺从诱空型虚假陈述是否适用侵权赔偿责任及因果关系的认定、内幕交易可否参照虚假陈述损失计算方法、交易型操纵与虚假陈述的显著差异及相关损失计算方法等角度作了发言。华东师范大学法学院副教授、上海市法学会民法学研究会副秘书长李建星从买入、卖出时间决定损害赔偿的适用、卖出时间与基准日决定损害赔偿大小、"诱空型"虚假陈述的损害赔偿按照基准价格抑或是实际价值等角度作了发言。

在自由研讨环节，中证中小投资者服务中心有限责任公司维权部资深经理周理岗、中国证券监督管理委员会上海监管局法制工作处二级调研员宋宇力等围绕第三单元研讨问题进行了交流发言。

在与谈环节，上海财经大学法学院教授、上海市法学会民法学研究会副会长朱晓喆认为，"诱空型"虚假陈述的请求权基础应类推适用《证券法》第 85 条，"诱空型"虚假陈述类似于民法中的消极欺诈，因果关系可类推适用；内幕交易案件中，应注重董监高的信义义务和信息平等使用，判断损害得利的关键点在于界定反向交易的时间段；对于操纵市场案件的民事责任承担可采用类型化区分的方法，对信息型操纵市场可参照虚假陈述的因果关系推定规则。

复旦大学法学院许凌艳教授认为，我国的金融法治建设要结合我国国情，回归金融业发展初心和自身运行规律；金融产品的规制思路不应简单地适用传统产品责任，应当绘制金融消费者画像，精准分配责任承担；金融法治的目标在于推动建立公正、合理的交易价格机制，为金融创新预留发展空间。

复旦大学法学院教授、中国法学会民法学研究会副会长刘士国对研讨活动进行了学术总结。刘士国教授对本次研讨会给予了充分肯定，认为本次活动主题明确、讨论热烈，形成了诸多有价值的学术与司法观点。同时，他围绕研讨主题指出，就责任主体，应当明确《证券法》对虚假陈述责任主体的规定严格限于信息披露义务人；就责任构成，一是应当区分双向连带责任与单向连带责任，二是应当区分法定代表人与高级管理人员的责任,三是应当在“诱空型”虚假陈述案件中运用类型化思维来认定责任;就损害赔偿计算,建议创新科学的损失赔偿计算方法,努力确保结果公平,避免有过错的人从中受益。

三、总结讲话

茆荣华副院长就第十期研讨活动作了总结。他指出,本期研讨活动聚焦证券侵权责任领域的前沿和热点问题,大家讨论充分,观点鲜明,形成了诸多共识。研讨活动具有三个特点:一是参会的人员代表性强。与会人员包括法院法官、专家学者和金融业界代表,多元化的主体身份让讨论更加充分全面。二是研讨的主题专业性强。坚持问题导向,围绕证券侵权纠纷中的虚假陈述、内幕交易和操纵市场的案件类型进行专题研讨,体现了较强的技术性、实务性和时代性。三是讨论的过程互动性强。嘉宾之间相互发问,观点交锋更加明显,大部分问题均能够形成共识,部分分歧意见也都得到了研究论证。同时他就如何进一步研究好证券侵权纠纷类案件提出三点要求:一是要注重民事法律规范与金融商事特别法的衔接适用。《民法典》是基本法,基本原理有普遍的适用性,证券侵权属于民事侵权的特殊类型,在适用特别法规制的同时,不能脱离侵权责任的基本原理。特别是《民法典》实施以后,要认真处理好适用新法与旧法,一般法与特别法之间的关系。只有在不违背《民法典》基本原理的基础上,才能适用特别法的相关规定。二是要注重国内法治与国外法治的衔接适用。习近平总书记在中央全面依法治国工作会议上强调“坚持统筹推进国内法治和涉外法治”的重要意义。目前,《证券法》中的部分规定在实践中金融商事案件审理的涉外因素呈现增长态势,为了更好地应对金融市场灵活性强、发展速度快等特点,就需要认真研究国内法治与涉外法治有机衔接适用的具体问题。三是要注重司法裁判与金融监管的衔接适用。原则上,应坚持法律的既有规定进行案件审理,但是也应考虑法律滞后性与金融产品自发性之间产生的监管缺失问题。应严格把握司法裁判与金融监管二者之间的关系,一方面,应保持司法裁判与金融监管方向基本一致,可适度探索对金融监管的标准进行适度微调;另一方面,司法裁判作为守护社会公平正义的最后一道防线,应保持中立的判定标准,适当地就证券侵权相关问题进行“冷思考”,维护好金融市场健康稳定发展。

附件："《民法典》司法实务论坛"第十期研讨活动要点摘编

"《民法典》司法实务论坛"第十期研讨活动要点摘编

问题一：证券虚假陈述民事责任纠纷案件中，除《证券法》明确规定的虚假陈述责任主体之外，可否依据《民法典》判决其他主体承担侵权责任？

研讨活动中，有观点认为，鉴于证券侵权责任的理论假设和因果关系认定的特殊性，证券虚假陈述的民事责任主体应当限于证券法律所规定的证券市场主体，不宜扩大解释。但多数意见认为，民法的侵权责任体系包括一般侵权责任和特殊侵权责任，证券侵权则属于特殊侵权责任之一。《民法典》关于侵权责任的规定与《证券法》关于证券侵权民事责任的规定之间，是一般法和特别法的关系。证券虚假陈述引发的民事责任可以适用民法的一般侵权理论。因此，除了《证券法》明确规定的虚假陈述责任主体之外，也可以依据《民法典》判决其他主体承担侵权责任。

关联法条：《民法典》第1165条、《证券法》第85条。

问题二：证券内幕交易民事责任纠纷案件中，非法获取内幕信息人员的范围如何确定？

研讨活动中，有观点认为，社会公众偶然获知内幕信息并从事证券交易的，不承担内幕交易的民事责任。与证券虚假陈述相比，内幕交易的民事责任更具特殊性。内幕交易行为与损失之间的因果关系难以认定，其民事责任的正当性尚有争议。故内幕交易责任主体应当严格限定，不宜泛化。但多数意见认为，任何人都可能成为内幕交易的主体。除了负有信义义务的主体以及基于违法手段和特殊身份关系而知悉内幕信息的主体之外，任何人都不得滥用其信息优势而获益。即便是偶然、被动知悉内幕信息的人，只要其知道或者应当知道该信息为内幕信息，并以谋取个人利益为目的从事证券交易，就违背了证券市场主体平等获取信息的原则，则可以认定其为内幕交易的责任主体。

关联法条：《民法典》第1165条、《证券法》第53条。

问题三:操纵证券市场民事责任纠纷案件中,适格投资人的范围是否仅限于直接对手方?

研讨活动中,一致意见认为,适格投资人的范围不限于直接对手方。操纵市场行为不仅对同期反向交易的投资者造成直接的损害,还会对信赖证券市场价格的投资者造成间接的损害。由于操纵市场的行为多样,民事责任上应当作类型化的区分:在信息型操纵案件中,可以参照证券虚假陈述的责任认定方式,推定因果关系成立;在交易型操纵案件中,应当结合操纵手法、交易品种、交易时间等多方面因素对相当因果关系进行认定。

关联法条:《民法典》第1165条、《证券法》第55条。

问题四:发行人根据《证券法》第85条的规定对外承担虚假陈述的赔偿责任后,是否可以向董事、监事、高级管理人员等连带责任人进行追偿及追偿范围如何确定?

研讨活动中,多数观点认为,发行人根据《证券法》第85条的规定对外承担虚假陈述的赔偿责任后,可以向董事、监事、高级管理人员等连带责任人追偿。就追偿范围而言,有观点认为,发行人承担赔偿责任后,可以向董事、监事、高级管理人员等连带责任人全额追偿。在公司内部治理结构上,董事、监事、高级管理人员与公司之间构成代理关系。董事、监事、高级管理人员决策让公司实施虚假陈述的违法行为构成越权并违反信义义务,应当就公司因对外赔偿所产生的财产损失承担终局责任。但就追偿范围而言,多数意见认为,发行人承担赔偿责任后,不可以向董事、监事、高级管理人员等连带责任人全额追偿。《证券法》第85条规定的证券虚假陈述责任针对的是公司行为,应当由公司承担首要的、基础的责任。《证券法》第85条与《民法典》第62条之间是特别法与一般法的关系,前者排除后者的适用。关于求偿关系,《证券法》没有明确规定,应当适用《民法典》第178条第2款,按照原因力大小判断具体的责任份额。故根据《证券法》第85条的精神,发行人是证券虚假陈述的首要责任主体,在确定追偿范围时,可以考虑由发行人承担更大的责任。

关联法条:《民法典》第62条和第178条、《证券法》第85条。

问题五:专业中介服务机构对外如何承担责任?承担责任后,对内如何追偿?

研讨活动中,有观点认为,专业中介服务机构应当对外承担全额连带责任。《证券法》第 163 条规定了证券服务机构的连带责任,最高人民法院关于证券虚假陈述的司法解释也指出,该连带责任的基础为共同侵权。因此,应当坚持按份责任和连带责任的二元责任框架,认定专业中介服务机构承担全额连带责任。但多数意见认为,可以判定专业中介服务机构对外承担部分连带责任。最高人民法院关于审计业务活动的司法解释区分了责任人明知和过失两种情况,其中当责任人为过失时,根据过失大小确定其赔偿责任。中介服务机构的业务是证券虚假陈述的一个环节。《全国法院审理债券纠纷案件座谈会纪要》(2020)也强调要结合中介服务机构的注意义务、注意能力和过错程度确定其责任。这符合近年来国内外理论和实践中出现的"连带责任限缩"的思路。因控股股东、实际控制人的原因造成中介服务机构未勤勉尽责履职的,前者应当承担更重的责任。相反如果中介服务机构的内部责任比例较低,但仍须对外承担全额连带责任,那么外部责任和内部份额悬殊,将导致中介机构承担责任风险过重,因此对于专业中介服务机构,可以结合其过错程度等因素予以适当限缩。

关联法条:《民法典》第 178 条、《证券法》第 163 条。

问题六:金融基础设施提供者在内幕交易案件中的民事责任应如何认定?

研讨活动中,一致意见认为,与一般的经营场所、公共场所的经营者、管理者和群众性活动的组织者不同,证券交易所履行着自律管理的职责,在民事责任上相对豁免。依《证券法》第 111 条及第 113 条的规定,证券交易所就为应对突发性事件和重大异常波动所采取的处置措施造成的损失,不承担民事赔偿责任,但存在重大过错的除外。在审理此类案件时,应持审慎介入的态度,对证券交易所合法履职行为,不宜过度干预,以维护证券交易所的自律管理行为,稳定市场预期。

关联法条:《民法典》第 1165 条、《证券法》第 111 条和第 113 条。

问题七:诱空型虚假陈述民事责任纠纷案件中,投资者可否依据《民法典》第1184条的规定请求虚假陈述行为人赔偿损失?

研讨活动中,一致意见认为,投资者因诱空型虚假陈述而受到损失的,可以请求虚假陈述行为人承担侵权赔偿责任。虽然法律和司法解释未对诱空型虚假陈述作明确规定,但并未否定投资者请求损害赔偿的权利。诱空型虚假陈述和诱多型虚假陈述都是以虚假信息扭曲市场价格,无论价格信号为正向影响还是负向影响,只要符合证券侵权行为的构成要件,就应当根据《民法典》《证券法》的规定判定虚假陈述行为人承担损害赔偿责任。法院可以参考2003年最高人民法院《关于审理证券市场因虚假陈述引发的民事赔偿案件的若干规定》第18条、第19条来认定诱空型虚假陈述行为与损失之间的因果关系,并依据《民法典》第1184条认定损失额。在因果关系的判断上,若投资者于虚假陈述行为实施日前买入,并在实施日后、揭露日或更正日前卖出涉案股票,应当认定因果关系成立;若投资者于虚假陈述行为实施日后、揭露日或更正日前买入,又在该时段内卖出涉案股票,则不宜认定因果关系成立。

关联法条:《民法典》第1165条和第1184条、《证券法》第85条。

问题八:根据《民法典》第1184条的规定,证券内幕交易民事责任纠纷案件中的投资者的损失额应如何合理计算?

研讨活动中,多数意见认为,以交易价格与基准价格之间的差额认定受害人所受损失的计算方式,不能完全有效扣除系统性风险或其他因素对股价的影响。以交易价格与实际价格(若不存在内幕交易时的公允价格)之间的差额认定受害人所受损失的计算方式,考虑了对其他影响因素的扣除,符合精细化计算损失的要求。此外,内幕交易本身不扭曲价格,其欺诈性表现为不当增加交易量,导致交易对手方失去因利好信息而获利的机会,或者进行因利空信息而注定受损的交易。但由于场内证券交易采用集合竞价、匿名撮合的方式,内幕交易的直接对手方难以确定,故为追究该侵权行为的民事责任,较可行的办法是主张赔偿的权利主体不限于直接对手方,而是作反向交易的全体投资者,同时对赔偿额设置上限。此外,有观点认为,应当关注内幕交易对公众信心、市场效率、流动性等造成的社会性外部成本,将损失限于内幕交易人的获益,淡化填补损失的性质,并辅以行政处罚措施。损失额的计算方式为，以内幕交易人的获益除以特定时间总交易量，再乘以各反向交易者的数量。也有观点认为，与其以内幕交易人的获益为赔偿上限，不如尽量精确地确定权利主体，在尽可能限定实际交易对手的前提下，以交易价格与基准价格之间的差额确定受害人所受的损失。

关联法条：《民法典》第1184条。

问题九：操纵证券市场民事责任纠纷案件中，投资者损失额的计算可否参照虚假陈述民事责任案件的计算方式，或者是否有其他合理方式？

研讨活动中，一致意见认为，操纵市场案件的类型多样，其中信息型操纵与虚假陈述类似，可以参照虚假陈述案件的损失计算方式，但是交易型操纵的表现形态较复杂，应当采用更精确的计算方式。在交易型操纵市场案件中，一方面，操纵行为终止时并不会向市场释放明确信号，使市场价格恢复，因此无法确定对应的揭露日；另一方面，不同的操纵行为对股价影响幅度不一，当操纵行为叠加时，每笔交易均可能受到不同程度的影响。因此，交易型操纵无法参照虚假陈述的计算方式，而是应当采用真实差价法计算损失。

关联法条：《民法典》第1184条。